ARIZONA
MÉXICO
OCEANO PACÍFICO
ROTEIRO 11
pp. 122-131
ROTEIRO 12
pp. 132-141
ROTEIRO 16
pp. 172-179
ROTEIRO 18
pp. 190-199
ROTEIRO 19
pp. 200-209
ROTEIRO 20
pp. 210-217
ROTEIRO 21
pp. 218-225
ROTEIRO 22
pp. 226-235
ROTEIRO 23
pp. 236-243
ROTEIRO 24
pp. 244-255
pp. 28-35
Modesto
San Jose
Gilroy
Santa Cruz
Merced
Madera
Monterey
Fresno
Hanford
Three Rivers
Bishop
Independence
Lone Pine
Porterville
San Simeon
Paso Robles
Bakersfield
Ridgecrest
Las Vegas
Mojave
Santa Maria
Lompoc
Ojai
Santa Barbara
Lancaster
Santa Clarita
Simi Valley
Oxnard
Santa Monica
Los Angeles
Long Beach
Orange
San Clemente
Avalon
Encinitas
Escondido
San Diego
Palm Springs
Salton City
Twentynine Plalms
Yucca Valley
Bullhead City
Needles
Parker Dam
Blythe
El Centro
Mexicali

GUIA VISUAL - FOLHA DE S.PAULO

ESTRADAS DA CALIFÓRNIA

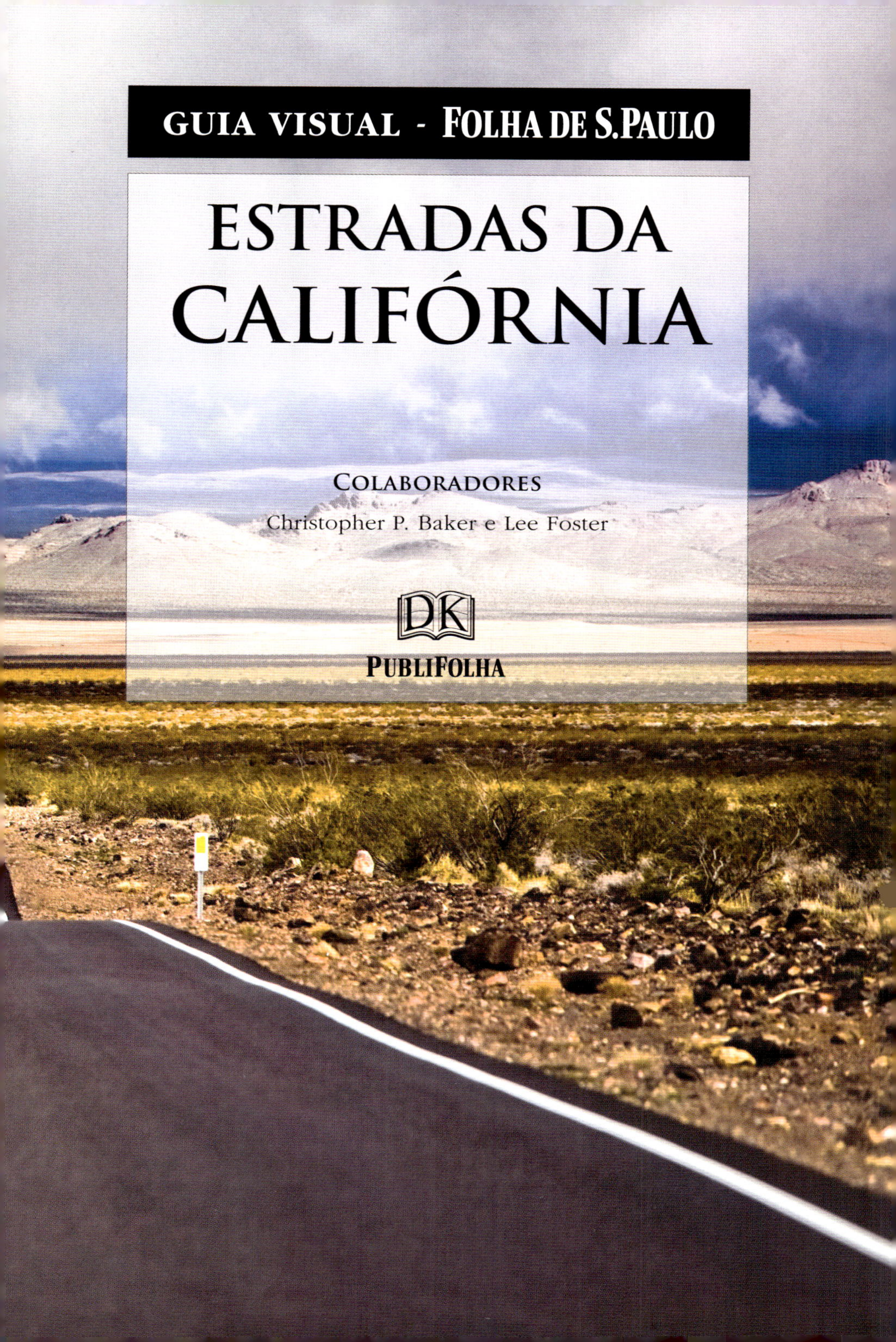

GUIA VISUAL - FOLHA DE S.PAULO

ESTRADAS DA CALIFÓRNIA

COLABORADORES
Christopher P. Baker e Lee Foster

DK
PUBLIFOLHA

DK | Penguin Random House

www.dk.com

Título original: *Back Roads California*

Publicado originalmente na Grã-Bretanha em 2013 pela Dorling Kindersley Limited, 80 Strand, Londres WC2R 0RL, Inglaterra, uma empresa da Penguin Random House.

COORDENAÇÃO DO PROJETO
PUBLIFOLHA
Editora-assistente: Mariana Zanini
Coordenadora de produção gráfica: Mariana Metidieri

PRODUÇÃO EDITORIAL
PÁGINA VIVA
Edição: Carlos Tranjan
Tradução: Thaïs Costa
Produção gráfica: Bianca Galante
Revisão: Inês Azevedo, Pedro Ribeiro

DORLING KINDERSLEY
Diretor editorial: Madhu Madhavi Singh
Gerente editorial: Sheeba Bhatnagar
Gerente de arte: Mathew Kurien
Editora do projeto: Divya Chowfin
Projeto gráfico: Namrata Adhwaryu
Designer: Rupanki Arora Kaushik
Gerente de pesquisa iconográfica: Taiyaba Khatoon
Pesquisa iconográfica: Lokesh Bisht, Nikhil Verma
Produtor gráfico sênior: Azeem Siddiqui
Cartografia: Uma Bhattacharya, Subhashree Bharati
Ilustrações: Arun Pottirayil

Dados Internacionais de Catalogação na Publicação (CIP)
(Câmara Brasileira do Livro, SP, Brasil)

Estradas da Califórnia / colaboradores Christopher P. Baker e Lee Foster ; [tradução Thaís Costa]. – São Paulo : Publifolha, 2015.

2ª reimpr. da 1ª ed. de 2013.
Título original: Back roads California.
ISBN 978-85-7914-481-3

1. Califórnia (Estados Unidos) – Descrição e viagens – Guias I. Baker, Christopher P. II. Foster, Lee.

13-08752 CDD-917.94

Índices para catálogo sistemático:
1. Califórnia : Estados Unidos : Guias de viagem 917.94
2. Guias de viagem : Califórnia : Estados Unidos 917.94

Este livro segue as regras do Acordo Ortográfico da Língua Portuguesa (1990), em vigor desde 1º de janeiro de 2009.

Impresso na South China, China.

PUBLIFOLHA
Divisão de Publicações do Grupo Folha
Al. Barão de Limeira, 401, 6º andar
CEP 01202-900, São Paulo, SP
Tel.: (11) 3224-2186/2187/2197
www.publifolha.com.br

Foi feito o possível para garantir que as informações deste livro fossem as mais atualizadas disponíveis até o momento da impressão. No entanto, alguns dados, como telefones, preços, horários de funcionamento e informações de viagem, estão sujeitos a mudanças. Os editores não podem se responsabilizar por qualquer consequência do uso deste guia, nem garantir a validade das informações contidas nos sites indicados.

Os leitores interessados em fazer sugestões ou comunicar eventuais correções podem escrever para a Publifolha, Al. Barão de Limeira, 401, 6º andar, CEP 01202-900, São Paulo, SP, ou enviar um e-mail para: atendimento@publifolha.com.br.

Capa: A Highway 1 ao longo da costa do Pacífico, Big Sur

SUMÁRIO

Acima O Lassen Peak e o Manzanita Lake, Lassen Volcanic National Park

Abaixo Cactos no Joshua Tree National Park

Abaixo O impressionante arco da Bixby Bridge na costa do Big Sur

Acima Passeio de trator nos vinhedos da Benziger Winery em Glen Ellen, Sonoma County

Acima Ondas quebram nas areias de La Jolla Cove, La Jolla

Abaixo A imensa General Sherman Tree no Sequoia National Park

Abaixo O posto de bombeiros original de Nevada City

Página anterior Estrada no Death Valley National Park
Página de rosto Casa em Navarro

Sobre Este Guia

Os 24 roteiros apresentados neste guia abrangem a fantástica diversidade de paisagens da Califórnia – do norte, com suas montanhas nevadas e florestas de sequoias envoltas em neblina, ao sul, terra de desertos e praias ensolaradas. Em meio aos diferentes cenários, a vida urbana se distribui por cidades pacatas localizadas na base da Sierra – surgidas no século XIX, com a Corrida do Ouro – e por metrópoles vibrantes como Los Angeles e São Francisco. Com uma malha rodoviária excelente, a Califórnia proporciona fantásticas viagens de carro, seja para sair de São Francisco em uma excursão aos vinhedos do Napa Valley, seja para explorar o deserto de Mojave na primavera, quando as flores silvestres desabrocham; para passear pelo lindo litoral de Mendocino ou, ainda, dirigir pelas estradas sinuosas do Yosemite National Park. Esses roteiros, que desvendam áreas menos conhecidas e os tesouros escondidos do estado, permitem aos viajantes descobrir até mesmo as facetas mais inexploradas da Califórnia.

Primeiros passos

A seção inicial do guia traz todas as informações necessárias para o planejamento de uma fantástica viagem de carro pela Califórnia, incluindo dicas de quando ir e como chegar, orientações para alugar um veículo e detalhes da documentação exigida. A introdução aborda, ainda, regras de direção, condições das estradas, explicações sobre como abastecer o veículo e procedimentos em caso de panes e acidentes. Há também informações sobre câmbio de dinheiro, meios de comunicação, horários de funcionamento, saúde e segurança, assim como indicações de hospedagem e alimentação, para que se desfrute ao máximo a hospitalidade californiana.

Os roteiros

A principal seção do guia é dividida em 24 roteiros com lindas paisagens, cuja duração varia de um a cinco dias. Os itinerários podem ser percorridos com um carro comum e não exigem habilidades especiais do motorista, mas alguns incluem trechos de terra, para os quais se recomenda um veículo 4x4. Os roteiros abrangem todas as regiões do estado, desde o deserto acidentado de Mojave, na região sul, até o Redwood National Park, no norte; do cenário alpino da Sierra Nevada até as praias e os rochedos escarpados da costa do Pacífico.

Cada roteiro, introduzido por uma lista de destaques e um mapa, apresenta dicas sobre a melhor época do ano para a viagem, as condições das estradas, os dias de mercado e as datas comemorativas. As páginas seguintes descrevem os pontos de parada e fornecem orientações precisas sobre o trajeto. Painéis laterais indicam os melhores lugares para se hospedar e comer, e boxes coloridos mostram dados adicionais e curiosidades. Todos os roteiros sugerem ao menos uma caminhada pela cidade ou pelo campo, ilustrada com um mapa e programada para levar até três horas em ritmo suave, com paradas. Flexíveis, as excursões podem, ainda, ser combinadas em uma viagem mais longa ou ser realizadas em partes, divididas em passeios de apenas um dia.

Como usar o mapa desdobrável

No final deste guia há um mapa desdobrável da Califórnia. Ele contém todas as informações necessárias para dirigir pelo estado e passar de um roteiro a outro. É muito fácil localizar nele as rodovias, estradas principais, aeroportos domésticos e internacionais e portos. Por isso, é um complemento excelente aos mapas de itinerários ao longo do livro. Há também um índice para facilitar a localização dos lugares. O viajante encontra ainda um quadro de quilometragem, para identificar sem dificuldade a distância entre as principais cidades do estado.

No alto, esq. Vinhedo no Anderson Valley **No alto, dir.** South Beach, em Point Reyes **No meio, esq.** Pastos nos arredores de Etna **No meio, dir.** Armstrong Redwoods State Natural Reserve **Abaixo, esq.** Rochedos no Rock Canyon State Park **Abaixo, dir.** Scotty's Castle, no Death Valley

Acima Estrada sinuosa no Owens Valley

Introdução à Califórnia

Com um relevo variado, formado por aproximadamente 1.950km de litoral e elevações que vão de 86m abaixo do nível do mar aos 4.421m do pico mais alto do território continental dos EUA, a Califórnia é uma região de extremos. A rodovia costeira passa por praias ideais para surfe, cruza a paisagem acidentada do Big Sur e transpõe as altíssimas sequoias, quase sempre escondidas pela neblina. No interior do estado, a vida nas terras viticultoras e nas cidades surgidas com a Corrida do Ouro segue em ritmo lento. A região selvagem de Shasta-Cascade é dominada por riachos transparentes e picos vulcânicos, enquanto os cânions escavados por geleiras dos parques nacionais Yosemite e Sequoia são simplesmente de tirar o fôlego. Além das inúmeras maravilhas naturais, a Califórnia abriga cidades cosmopolitas repletas de restaurantes e museus excelentes, e, longe das principais rodovias, o interior esconde estradas secundárias panorâmicas que merecem ser descobertas.

Quando ir

Os roteiros indicam a época ideal para cada viagem, seja porque as paisagens ficam ainda mais bonitas ou porque o clima se torna mais propício. Um território com relevo tão diversificado só poderia apresentar grandes contrastes de clima. Os desertos na região sul devem ser explorados no inverno ou, de preferência, na primavera, quando as flores silvestres desabrocham; o verão é extremamente quente. O inverno também é época de esqui na Sierra Nevada e em Shasta-Cascade. A maior parte da Califórnia fica ensolarada no verão, mas neblinas espessas podem encobrir as costas norte e central em julho e agosto, quando os californianos vão se bronzear nas praias. O início do verão é a melhor época para rafting em corredeiras no Yosemite National Park, pois a neve derretida dá volume às cataratas, que talvez já estejam secas até o fim da estação. O outono (setembro a novembro, conforme o local) traz um espetáculo colorido sobretudo às regiões viticultoras e aos sopés das montanhas, e nessa época vinhedos e árvores se tingem de tons de vermelho e marrom.

Épocas a evitar

O clima de verão pode propiciar as melhores viagens, mas se o destino for dos mais disputados por turistas locais ou estrangeiros, reserve hospedagem com bastante antecedência. Em julho e agosto, São Francisco esfria nas manhãs, quando se forma uma neblina que muitas vezes se estende pela costa; já os desertos no sudeste, sobretudo o Death Valley, podem ficar demasiado quentes. No inverno há a possibilidade de geadas e nevascas nas estradas montanhosas no sul do estado, o que exige correntes nos pneus. Muitas rodovias em locais elevados ficam fechadas por semanas e até meses seguidos – passagens na High Sierra, como a Tioga Road no Yosemite National Park, geralmente permanecem fechadas de nov-mai (ou mais tempo), conforme o clima.

Festas

A Califórnia sedia muitas feiras, festivais, eventos esportivos, festas folclóricas e exposições agrícolas. Há festivais de arte e música o ano inteiro, e todo mês ocorre um grande evento em algum lugar do estado. Dezembro é tomado pelas comemorações natalinas. Grande parte do apelo cultural da Califórnia se deve à sua diversificada mistura étnica, que gera uma profusão de festivais ligados às raízes culturais de cada cidade ou região.

Feriados

Ano-Novo (1º jan)
Aniversário de Martin Luther King Jr. (3ª seg de jan)
Dia dos Presidentes (3ª seg de fev)
Aniversário de George Washington (22 fev)
Memorial Day (31 mai)
Dia da Independência (4 jul)
Dia do Trabalho (1ª seg de set)
Dia de Colombo (2ª seg de out)
Dia dos Veteranos (11 nov)
Dia de Ação de Graças (4ª qui de nov)
Natal (25 dez)

À esq. Highway 1, perto de Elk
À dir. Celebração dinamarquesa em Solvang

Como Chegar à Califórnia

Destino popular, a Califórnia é bem conectada ao resto do mundo. Suas maiores cidades – Los Angeles, San Diego e São Francisco – têm aeroportos internacionais, e várias outras localidades recebem voos do exterior. Quem cruza o Pacífico ou vem da Europa pode ficar indisposto por um ou dois dias após a chegada, devido à diferença de fuso horário; por isso, é recomendável alugar um carro apenas depois de se aclimatar. Uma eficiente malha de rodovias interestaduais e diversos voos domésticos fazem a conexão da Califórnia com o restante do país. Locadoras de veículos estão presentes nos principais aeroportos e em todas as cidades californianas.

Acima Ônibus da Greyhound, empresa que opera em todo o país

De avião

Como a Califórnia é o terceiro destino preferido dos brasileiros nos EUA, a partir de dezembro de 2013 a **American Airlines** pretende oferecer o primeiro voo direto entre São Paulo e Los Angeles. Por enquanto, porém, é preciso pegar um avião até outros destinos e depois seguir para o estado dourado. A **United Airlines**, a **American Airlines**, a **Delta Airlines** e a **TAM** operam voos diários do Brasil para várias cidades norte-americanas. Outras empresas de aviação que servem a linha aérea entre cidades brasileiras e californianas são a **Copa** e a **Aeromexico**.

Voos para os EUA podem ser caros, sobretudo durante períodos de maior procura, como o verão, o Dia de Ação de Graças, o Natal e outros feriados. As tarifas na baixa temporada em geral são mais baratas, e também sai mais em conta viajar em dias úteis do que em fins de semana. Para quem tem flexibilidade em relação às datas de viagem e aos aeroportos de chegada, vale a pena consultar promoções de agências de viagem on-line, pois as maiores companhias aéreas liberam assentos de última hora. Ao agendar voos, considere também a questão do fuso horário – não troque o dia pela noite para que seu corpo se habitue o quanto antes à hora local. É possível, ainda, aproveitar a escala para conhecer cidades interessantes, como Miami e Nova York. Entre as principais opções de parada, no entanto, estão destinos menos turísticos, como Houston, Atlanta, Cidade do Panamá, Lima e Cidade do México.

A maioria das grandes linhas aéreas da Europa tem voos para a Califórnia saindo de vários países. Algumas empresas, como **Delta** e **Air France**, oferecem voos diretos, enquanto outras, caso de **Alitalia**, **KLM**, **Iberia**, **Air Berlin**, **Swiss Air** e **Lufthansa**, fazem escalas. Muitos voos da Europa são via Miami, Nova York ou outros pontos de chegada nos EUA. A **United Airlines**, cujo foco é São Francisco, vai para os principais aeroportos do estado a partir de cidades na América do Sul, Europa, Oceania e Ásia. Há também linhas aéreas menores, com tarifas mais baratas do que as das concorrentes maiores.

Voos domésticos da e para a Califórnia são frequentes, e é muito fácil inserir uma conexão doméstica em seus planos de viagem. O voo entre Los Angeles e São Francisco, por exemplo, dura só uma hora. Dentro da Califórnia, a **Southwest Airlines** oferece voos e boas tarifas para todas as principais cidades. Antes de fazer reserva, informe-se sobre o limite de bagagem, que pode ser inferior em voos domésticos, acarretando taxas no caso de excesso. Verifique também se voos internacionais e domésticos usam terminais diferentes, e calcule tempo suficiente para pegar as conexões, sobretudo se tiver de enfrentar as filas da imigração e da alfândega. Os procedimentos de segurança também podem consumir bastante tempo. Antes da chegada na Califórnia, os visitantes recebem papéis para declarações à imigração

e à alfândega. Preencha sempre o formulário da alfândega corretamente e declare qualquer coisa sobre a qual você tenha dúvidas, a fim de evitar problemas. Consulte no site da **US Customs and Border Protection** itens proibidos ou restritos, sobretudo alimentos. Estes representam um risco biológico potencial à indústria agrícola da Califórnia, e frutas e legumes frescos são vetados. Portanto, descarte lanches antes de o avião pousar. Os funcionários da alfândega têm cães farejadores para ajudar na verificação de bagagens.

Aeroportos na Califórnia

Os principais aeroportos da Califórnia são o **Los Angeles International Airport** (ou Tom Bradley Airport) e o **San Francisco International Airport**, a partir dos quais o visitante pode pegar voos de conexão para outras cidades no estado. Quem vem do exterior provavelmente irá desembarcar em um desses aeroportos. O **Oakland International Airport** e o **San Jose International Airport**, assim como o **Ontario International Airport**, o **John Wayne International Airport**, perto de Los Angeles, e o **San Diego International Airport**, também recebem voos de fora, ao passo que o **Palm Springs International Airport** opera voos do Canadá e do México. A maioria dos outros aeroportos só recebe voos domésticos.

Todos os aeroportos principais têm postos de informação disponíveis para os visitantes. Há também quiosques de locadoras de carro, casas de câmbio e serviços de ônibus para traslado.

De trem

Trens de longa distância da **Amtrak**, a principal empresa ferroviária dos EUA, ligam a Califórnia a cidades por todo o país. O "California Zephyr" conecta Chicago e Denver a São Francisco; o "Southwest Chief" vai de Chicago a Los Angeles via Albuquerque, ao passo que o "Texas Eagle" liga Chicago e Los Angeles passando por St. Louis e Dallas; o "Coast Starlight" viaja entre Seattle e Los Angeles via São Francisco; e o "Sunset Limited" liga New Orleans e Los Angeles com escala em San Antonio. Os ônibus Amtrak Thruway fazem conexões para mais de 90 destinos por todo o estado, sendo uma boa opção para turistas.

De ônibus

A **Greyhound**, maior empresa de ônibus da América do Norte, serve a Califórnia a partir de todos os estados vizinhos e de todo o país. Dentro da Califórnia, ela tem estações em mais de cem cidades. Em geral, a passagem é bem mais barata que a de avião, e seus ônibus, confortáveis, têm ar-condicionado, poltronas reclináveis e até wi-fi. A maioria das viagens longas para ir ou vir de outros estados tem um trecho noturno. Vir de Nova York, por exemplo, leva pelo menos três dias, com possível troca de ônibus. Muitas estações ficam em áreas urbanas descuidadas, e os ônibus podem estar lotados. Viajar de ônibus, porém, dá a chance de conhecer muitos locais que ficam invisíveis a bordo de um avião.

AGENDA

DE AVIÃO DO BRASIL PARA OS EUA

American Airlines
www.aa.com.br

Aeromexico
www.aeromexico.com

Copa
www.copaair.com

Delta Airlines
www.pt.delta.com

TAM
www.tam.com.br

United Airlines
www.united.com.br

US Customs and Border Protection
www.cbp.gov

AEROPORTOS NA CALIFÓRNIA

John Wayne International Airport
www.ocair.com

Los Angeles International Airport
www.lawa.org

Oakland International Airport
www.flyoakland.com

Ontario International Airport
www.lawa.org

Palm Springs International Airport
www.palmspringsca.gov

San Diego International Airport
www.san.org

San Francisco International Airport
www.flysfo.com

San Jose International Airport
www.sjc.org

DE TREM

Amtrak
www.amtrak.com

DE ÔNIBUS

Greyhound
www.greyhound.com

Abaixo, da esq. p/ dir. Aeroporto de São Francisco; Check-in no aeroporto de São Francisco; Amtrak em San Diego

Informações Práticas

Importante destino turístico, a Califórnia recebe muito bem visitantes estrangeiros. Na maioria das cidades há centros de informações turísticas com dicas de atividades, atrações, hospedagem e restaurantes. Os serviços públicos são eficientes e a extensa malha rodoviária está em bom estado. O sistema de saúde é excelente, as redes de comunicação têm nível internacional e todos os bancos dispõem de caixas eletrônicos. A hospedagem no estado abrange todas as faixas de preço, e encontra-se gastronomia do mundo todo.

Acima Farmácia Del Mar Vitamin Center, em San Clemente

Passaporte e visto

Para ir aos EUA, todos os estrangeiros devem ter um passaporte válido por no mínimo seis meses além da duração de sua estada. Cidadãos brasileiros têm de solicitar visto com antecedência para entrar no país; para turismo o visto é o B-2, obtido mediante o preenchimento de um extenso formulário on-line, o pagamento de uma taxa, uma ida a um posto consular para a coleta de dados biométricos e uma entrevista na embaixada dos EUA. Cidadãos do Reino Unido e da maioria dos países europeus, Austrália, Nova Zelândia e certas nações asiáticas têm direito ao Visa Waiver Program, que é obtido on-line mediante uma taxa no site **Electronic System for Travel Authorization** (ESTA) até a data da partida – e os vistos de turista valem por seis meses, que podem ser prorrogados a critério dos funcionários da imigração.

Seguro de viagem

Todos os visitantes devem fazer um seguro de viagem que cubra diversas emergências. É muito importante ter ampla cobertura de saúde, pois o atendimento médico costuma ser bem caro na Califórnia. Em geral, emergências odontológicas não são cobertas pelo seguro de viagem padrão, portanto, faça uma apólice de seguro para isso. Visitantes sem esse tipo de proteção podem deparar pesadas contas de tratamento médico.

A maioria das apólices de seguro de viagem cobre a perda ou o furto de bagagem e outros pertences, acidentes e repatriação no caso de um incidente grave. Voos atrasados ou cancelados geralmente são cobertos, assim como as despesas decorrentes. As apólices também protegem bagagem perdida, para que você possa repor itens como roupas e produtos de higiene pessoal imediatamente. Se você pretende fazer atividades e esportes considerados perigosos pela seguradora, isso irá requerer outra apólice de seguro ou o pagamento de uma taxa extra.

Leia atentamente os termos e condições, pois cobertura, quantias adicionais, exclusões e itens dedutíveis variam muito. Verifique também se a apólice de seguro dá alguma cobertura. Algumas bandeiras de cartão de crédito também oferecem certos benefícios no seguro de viagem se você usar seu cartão na reserva de voo e hospedagem ou para alugar um carro.

Saúde e segurança

A Califórnia não apresenta riscos graves à saúde nem exige que turistas tomem vacinas antes de entrar no país. Em geral, os serviços médicos californianos são de alto nível, e a maioria dos hospitais e clínicas é privada e exige pagamento. Quase todas as cidades, porém, também têm hospitais públicos para pessoas de baixa renda e sem seguro, mas os prontos-socorros são lotados e o tempo de espera pode ser bem longo. Se necessário, hotéis podem chamar um médico para atender hóspedes nos quartos. Disque 911 para chamar uma ambulância.

Há farmácias em todos os centros urbanos e em supermercados. Elas vendem muitos medicamentos no balcão, mas os nomes de itens familiares podem ser diferentes, e é possível que certos remédios vendidos livremente em seu país só sejam disponíveis nos EUA com receita.

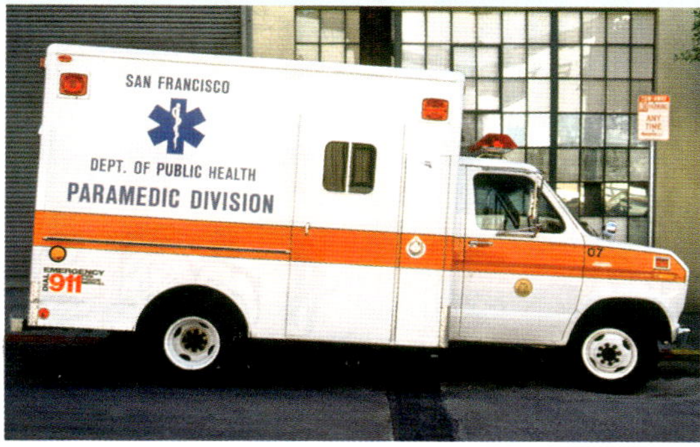

Acima, da esq. p/ dir. Ambulância pública; Placa com avisos na Carpinteria State Beach

Turistas que tomam medicamentos com receita devem trazê-los em quantia suficiente para a estada.

Em matas, tome cuidado com cascavéis e mantenha-se longe delas. Em montanhas, pumas e ursos-negros são comuns; nunca deixe comida à vista.

Segurança pessoal

A Califórnia é relativamente segura, mas a maioria das cidades tem bairros perigosos – pergunte no hotel que partes você deve evitar. Como em qualquer país, há vigilância em zonas urbanas contra batedores de carteira e ladrões. Guarde passaportes, joias e itens caros no cofre do hotel e, em caminhadas, mantenha escondidos ou cruzados no peito os objetos de valor, como câmeras. Não vá a áreas escuras e parques à noite. Em geral, táxis são seguros, mas tome cuidado ao usar transporte público à noite. Caso haja um problema sério, como a perda do passaporte, turistas devem recorrer a seu **consulado**. Muitos países, inclusive o Brasil, têm consulados em Los Angeles e São Francisco, que podem ajudar os turistas a obter novo passaporte, assistência jurídica e até ajuda monetária emergencial, caso seja comprovada a necessidade.

Portadores de deficiência

A lei da Califórnia exige que todo edifício público ofereça acesso a portadores de deficiência, assim como banheiros e outros recursos adaptados. Hotéis, restaurantes, a maioria dos locais turísticos, cinemas, teatros e estádios têm acesso para cadeirantes, e muitos parques estaduais e nacionais oferecem trilhas devidamente adaptadas. A maioria dos ônibus urbanos, trens e metrôs também é equipada para cadeirantes. As calçadas têm rampas, muitas passagens de pedestres dispõem de sinais em áudio para deficientes visuais, e caixas eletrônicos trazem instruções em braille. Os portadores de deficiência visual também recebem privilégios em estacionamentos. A **Society for Accessible Travel & Hospitality** (SATH) é um recurso excelente.

Abaixo, da esq. p/ dir. Placa de alerta na Big Morongo Canyon Preserve; Táxi em San Diego; Café com acesso para cadeirantes, em San Diego

AGENDA

CONSULADOS

Consulado-Geral do Brasil em Los Angeles
8484 Wilshire Blvd, Suite 711/730 Beverly Hills, CA 9021-3216; (323) 651-2664; www.brazilian-consulate.org/

Consulado-Geral do Brasil em São Francisco
300 Montgomery Street, Suite 300 São Francisco, CA 94104; (415) 981-8170; www.brazilsf.org

Consulado-Geral dos EUA em São Paulo
R. Henri Dunant, 700 - Chácara Sto. Antonio, 04709-110 São Paulo, SP; (11) 5186-7000; http://portuguese.saopaulo.usconsulate.gov/

Consulado-Geral dos EUA no Rio de Janeiro
Av. Presidente Wilson, 147, Castelo, 20030-020 Rio de Janeiro, RJ; (21) 3823-2000; http://portuguese.riodejaneiro.usconsulate.gov/

VISTO

Electronic System for Travel Authorization (ESTA)
https://esta.cbp.dhs.gov/

SAÚDE

Polícia, Bombeiros e Ambulância
911

PORTADORES DE DEFICIÊNCIA

Society for Accessible Travel & Hospitality (SATH)
www.sath.org

Comunicações

A Califórnia tem bons serviços postais e de telecomunicações. Há 25 códigos de área de três dígitos, seguidos de um número local de sete dígitos. Distritos com muitos códigos de área requerem que você disque 1 e o código de área mesmo em ligações dentro do próprio distrito.

Telefones públicos estão por toda parte em áreas urbanas; em áreas rurais geralmente ficam em postos de gasolina. A maioria deles aceita moedas, cartões telefônicos e pagamento com cartão de crédito. Cartões telefônicos pré-pagos de grandes operadoras estão à venda em lojas e postos de gasolina. O custo de uma ligação local dentro do mesmo código de área é de no mínimo 50 centavos, e ligações diretas valem menos do que as feitas com auxílio da operadora. Os hotéis cobram caro por ligações telefônicas.

Antes de viajar, informe-se com sua operadora se seu telefone celular funciona nos EUA. Um celular GSM deve funcionar na maioria das cidades, mas a cobertura em áreas rurais é fraca. É possível comprar um cartão SIM pré-pago na Califórnia, mas sua disponibilidade é baixa. As operadoras americanas **AT&T** e **T-Mobile** usam GSM, enquanto a **Sprint** e a **Verizon** empregam CDMA. A AT&T e a Verizon dão cobertura melhor do que a T-Mobile, sobretudo em áreas rurais. Alguns celulares CDMA também suportam redes GSM para uso internacional. Alugar um telefone na Califórnia pode ser caro.

A internet está em toda parte. A maioria dos hotéis e motéis já oferece wi-fi (e/ou cabo de banda larga) nos quartos ou pelo menos nas áreas de uso comum; alguns cobram uma taxa. Aeroportos, rodoviárias, vários locais públicos, muitos parques estaduais e nacionais, cafés e restaurantes também têm wi-fi. É fácil achar cibercafés nas cidades.

O correio nos EUA é eficiente. A correspondência doméstica é entregue entre 1 e 5 dias. Via aérea internacional leva 4-10 dias para destinos na Oceania, Canadá e Europa. A opção prioritária tem entrega mais rápida, e a Express Mail entrega no dia seguinte dentro do país e em 72 horas em muitos destinos internacionais.

Bancos e dinheiro

A moeda na Califórnia é o dólar, que se divide em 100 centavos. Como é difícil trocar notas de US$50 e US$100, especialmente em áreas rurais, faça isso em bancos, se necessário. Taxistas, por exemplo, têm de saber antes se você vai pagar com uma nota de valor alto, para verificar se há troco disponível.

Há caixas eletrônicos em todos os bancos e shopping centers, e vários outros estabelecimentos. Os cartões de crédito MasterCard e Visa são aceitos na maioria dos lugares, e muitos comerciantes também aceitam American Express, Discovery e Diners. Informe a seu banco que você irá viajar, para que ele não limite o uso do cartão de crédito ou débito por questão de segurança. Pergunte também sobre taxas bancárias para saque com o seu cartão no exterior, e se seu cartão de débito irá funcionar durante a estada nos EUA. Você precisa de uma senha (PIN) para usar o cartão de débito; o custo de compras é debitado diretamente de sua conta. Muitas vezes irão lhe perguntar nas lojas se você quer levar algum dinheiro extra, o que pode ser útil em áreas remotas com poucos bancos e caixas eletrônicos para saque. Há casas de câmbio em aeroportos internacionais, mas elas são raras em outros locais. Muitos bancos trocam moeda estrangeira com cobrança de uma taxa.

Acima Diversas notas e moedas de dólar norte-americano

Informações turísticas

A **California Travel & Tourism Commission**, o órgão oficial de turismo, tem vários California Welcome Centers em localidades estratégicas por todo o estado. Esses centros disponibilizam folhetos, guias e mapas, e dão informações úteis a turistas. Além disso, toda cidade e região importante possui seu próprio órgão de turismo, com postos de informação que enfocam atividades e atrações regionais. Os postos em cidades menores, cuja equipe é formada por voluntários, são uma ótima fonte de informações locais, incluindo meteorologia e condições das estradas, excursões e passeios guiados. Muitos postos de turismo fornecem ou vendem cartões espe-

Acima, da esq. p/ dir. Agência do Bank of America em Palm Springs; Telefone público em Fiddletown, Shenandoah Valley

ciais ou passes que dão direito a descontos para visitar museus e conhecer outras atrações.

Fumantes

Na Califórnia é proibido fumar em restaurantes, bares, escritórios, edifícios públicos e federais, e no transporte público. Às vezes, é permitido fumar em mesas externas de bares e restaurantes. Muitos hotéis também proíbem o tabaco, mas outros o permitem em alas de certos andares.

Horários de funcionamento

Os horários de funcionamento de lojas, escritórios e outros estabelecimentos dependem muito do tamanho da cidade. Em cidades médias e grandes, o horário comercial é de 9h-17h seg-sex e 9h-12h sáb. Com frequência, supermercados e outras lojas funcionam por mais horas. Muitos supermercados ficam abertos até as 22h, e poucos funcionam 24 horas. O expediente bancário é de 9h-18h seg-sex e de 9h-16h sáb, mas bancos em áreas rurais têm horário mais restrito. Em geral, museus abrem de 10h-17h, mas isso pode variar bastante. A maioria dos museus também fecha uma vez por semana, geralmente na segunda-feira, então informe-se bem antes de ir. Nos últimos anos, muitos parques estaduais foram fechados devido à crise orçamentária do estado.

Eletricidade

A voltagem mais comum na Califórnia é de 110 volts, mas alguns hotéis e residências também usam a de 220 volts. As tomadas têm dois pinos planos (um mais largo e outro mais estreito). Se necessário, compre um adaptador.

Fuso horário

De março a outubro, o fuso horário da Califórnia é de quatro horas a menos do que o de Brasília. No horário de verão do Brasil, a diferença aumenta para cinco horas. A Califórnia adota o horário de verão a partir do segundo domingo de março, quando fica com seis horas a menos do que Brasília.

Abaixo, da esq. p/ dir. Kohm Yah-Mah-Nee Visitor Center, Lassen Volcanic National Park; Placa de boas-vindas, Laws Railroad Museum & Historical Site; Agência de correio, Pioneer Town; Placa com horários de funcionamento de uma vinícola no Shenandoah Valley

AGENDA

COMUNICAÇÕES

AT&T
www.att.com

Sprint
www.sprint.com

T-Mobile
www.t-mobile.com

Verizon
www.verizon.com

Ligar de outro lugar nos EUA para a Califórnia
Disque 1, o código de área e o número local

Ligar da Califórnia para outro lugar nos EUA
Disque 1, o código de área e o número local

Ligar do Brasil para a Califórnia
Disque 00, o prefixo da operadora, 1, o código de área sem o zero inicial e o número local

Ligar da Califórnia para o Brasil
Disque 01155, o código de área sem o zero inicial e o número local

INFORMAÇÕES TURÍSTICAS

California Travel & Tourism Commission
www.visitcalifornia.com

Como Dirigir na Califórnia

A melhor maneira de explorar a Califórnia é de carro. As condições das estradas são excelentes, a extensa malha rodoviária se estende por todas as direções e estradas asfaltadas vão a quase todos os recantos do estado. Fácil acesso e paisagens maravilhosas se aliam para proporcionar roteiros incríveis de carro, desde lindas estradas costeiras que passam por cidades pesqueiras até vias quase desertas que cruzam o acidentado deserto de Mojave. É fácil dirigir na Califórnia, mas informe-se bem antes de iniciar a viagem.

Acima Placa indica o começo de uma rota cênica

Seguro e cobertura para quebras

Para viajar com seu próprio veículo é preciso ter um seguro válido na Califórnia. Algumas apólices estrangeiras de seguro de carro dão cobertura para dirigir na Califórnia, mas a maioria das apólices emitidas nos EUA é suficiente. Verifique se o seguro de seu veículo cobre acidentes com carros alugados. Às vezes, o cartão de crédito usado para alugar um carro oferece cobertura, então confirme isso e se há exclusões – em certas circunstâncias, pode não haver cobertura ou esta pode ser limitada. Se seu seguro de carro ou cartão de crédito derem cobertura, não faça o seguro para danos em colisões, que custa US$8-15 por dia e cobre o custo de danos em carro alugado se você se envolver em um acidente.

Em geral, as locadoras exigem um comprovante escrito de seguro que cubra danos a terceiros ou a seus bens. Apólices de seguro válidas para carros incluem seguro se você machucar alguém em um acidente. Locadoras geralmente têm ligação com um serviço de assistência, ao qual você pode recorrer sem custo. A **California State Automobile Association** e o **Auto Club of Southern California** oferecem serviços excelentes, e seus associados contam com privilégios como assistência em quebras e panes.

O que levar

Para dirigir na Califórnia é preciso ter uma carteira de habilitação válida, assim como o registro e a apólice de seguro do veículo. Carteiras de habilitação estrangeiras e as de caráter internacional emitidas no país de origem do visitante são aceitas. Mas é bom verificar isso junto à locadora de carro com antecedência, sobretudo se sua carteira de habilitação nacional não estiver em língua inglesa. O **Departamento Nacional de Trânsito** (DENATRAN) e entidades de automobilismo nacionais como o **Automóvel Clube do Brasil** (ACB) emitem carteiras de habilitação internacionais. Em geral, é possível alugar aparelhos de GPS nas locadoras de carro a um custo diário de cerca de US$10. As locadoras também fornecem triângulos de alerta, ferramentas para trocar pneus e assentos especiais para crianças abaixo de 6 anos ou 23 kg, que são afixados no banco traseiro dos carros.

Malha rodoviária

A Califórnia tem uma malha de autoestradas com várias pistas, identificadas por escudos azuis e vermelhos com o número da autoestrada. O prefixo "I" indica uma autoestrada "Interstate", ou seja, que liga a Califórnia a um estado vizinho. Há também ótimas "California State Highways" (indicadas por um escudo verde invertido e o prefixo "SR", de State Route). Outras denominações são "County Routes" (com prefixo "S"), "Scenic Routes" (indicadas por placas azuis com uma flor desenhada) e "Historical Routes" (indicadas por placas marrons).
O acesso a alguns locais recomendados neste guia é por estradas de terra interioranas, que geralmente têm boa manutenção e podem ser percorridas facilmente com um sedã comum.

Acima, da esq. p/ dir. Trânsito em cidade no Mendocino County; Placa indica o início do Death Valley

Limites de velocidade e multas

O limite máximo de velocidade na maioria das estradas da Califórnia é de 65m/h (105km/h); em certos trechos, chega a 70m/h (113km/h). A menos que haja indicação em contrário, o limite máximo de velocidade é de 55m/h (89km/h) em rodovias de duas pistas e para veículos com trailer. Em bairros comerciais e residenciais, em geral é de 25m/h (40km/h). Outras placas com o limite de velocidade se baseiam em condições locais. Zonas com escolas e edifícios geralmente demandam menor velocidade. A **California Highway Patrol** (CHP) e a polícia local usam radares e câmeras de vigilância em locais estratégicos para apanhar infratores. O motorista também pode ser multado por "colar" no veículo da frente e estacionar em áreas proibidas. Locadoras de carros irão lhe cobrar qualquer multa enviada a elas, além de uma taxa administrativa.

Se for dirigir, não beba; as leis sobre isso são rígidas, e quem for pego dirigindo com 0,08% de álcool ou mais no sangue (0,04% para veículos comerciais) vai preso. Se você estiver embriagado e se envolver em um acidente, o seguro de seu veículo perderá a validade.

Regras da estrada

Na Califórnia dirige-se pela direita, como no Brasil, e todos os ocupantes de um veículo devem usar cinto de segurança. Usar telefone celular ao volante é ilegal, mas fones de ouvido Bluetooth são permitidos. Em geral, é permitido ultrapassar outro veículo pela esquerda ou direita, a menos que placas indiquem o contrário. É preciso sempre dar passagem a veículos de emergência; basta sair para o lado da estrada. A menos que indicado em contrário, você pode virar à direita após parar em uma placa de "pare" ou sinal vermelho; também pode virar à esquerda em uma rua de mão única em um cruzamento em T. Californianos dirigem bem, e ultrapassagens agressivas são raras. Em estradas de montanha, sempre que cinco ou mais veículos estiverem atrás, um carro em marcha lenta deve parar assim que for seguro para que os outros o ultrapassem. É aconselhável sempre manter uma distância de três segundos do veículo à sua frente.

As distâncias são indicadas em milhas. A sinalização rodoviária segue o padrão internacional. Faça download grátis do California Driver Handbook no site do **California Department of Motor Vehicles**.

AGENDA

SEGURO E COBERTURA PARA QUEBRAS

Auto Club of Southern California
www.calif.aaa.com

California State Automobile Association
www.csaa.com

O QUE LEVAR

Departamento Nacional de Trânsito (DENATRAN)
www.denatran.gov.br

Automóvel Clube do Brasil (ACB)
www.automovelclubedobrasil.org.br

LIMITES DE VELOCIDADE E MULTAS

California Highway Patrol (CHP)
www.chp.ca.gov

REGRAS DA ESTRADA

California Department of Motor Vehicles
www.dmv.ca.gov/pubs/pubs.htm

Abaixo, da esq. p/ dir. Viagem de carro pelo belo Marin County; Entrada do Sequoia National Park; Placa da célebre Rodeo Drive, rua de Los Angeles; Rodovia serpenteia pela costa de Sonoma

Condições das estradas

A maioria das estradas na Califórnia é bem pavimentada e todas são bem sinalizadas. Muitas estradas e autoestradas, porém, estão desgastadas. A ótima malha rodoviária permite percorrer longas distâncias em poucas horas, mas a viagem completa entre as fronteiras do México e do Oregon requer no mínimo 20 horas ao volante. Caso pretenda cobrir longas distâncias, calcule tempo suficiente.

As condições do trânsito variam muito. As cidades no interior são bem sinalizadas, mas o trânsito pode confundir estrangeiros. Os motoristas ali podem ser mais agressivos do que em estradas calmas de cidades pequenas e áreas rurais. Quando for passar por uma metrópole, programe-se para evitar os horários de pico do trânsito, 7h-9h30 e 16h30-19h. A maioria das autoestradas tem uma "pista de carona", indicada por um diamante desenhado na placa, para carros com mais de um passageiro durante os horários de pico. Boletins do trânsito são transmitidos por emissoras de rádio locais, e placas em rodovias indicam como sintonizar rádios especializadas em condições de trânsito. Ao dirigir em cidades, estude um mapa e memorize de antemão os números de rodovias, para não se confundir com tantas placas e destinos. Caso fique perdido, pare com segurança no acostamento da estrada (em autoestradas, porém, só é permitido parar em emergências) e consulte o mapa ou peça informações.

O site do **California Department of Transport** (Caltrans), órgão estadual de manutenção de rodovias, dá informações atualizadas sobre condições das estradas no estado. É vital checar rotas de montanha no inverno, pois rodovias fecham de repente devido a nevascas. Muitas rotas neste guia passam por rodovias estreitas, sinuosas e com uma só pista em montanhas. Seja paciente para ultrapassar veículos em baixa velocidade – quase sempre há trechos mais largos com faixas de ultrapassagem. Muitas vezes ocorrem deslizamentos de rochas em estradas de montanha. Animais no meio da pista causam muitos acidentes, portanto, não exagere na velocidade.

Paradas

As distâncias na Califórnia são desanimadoras, e você pode demorar mais para chegar a um destino do que se supõe com base no mapa. Se o cansaço bater, pare e faça uma pausa. Há muitas áreas de descanso sinalizadas em autoestradas e estradas grandes, nas quais você pode estacionar o carro, esticar as pernas, consultar um mapa e ir a um banheiro limpo. Uma parada curta ajuda a combater a sonolência que causa muitos acidentes, sobretudo em autoestradas. É possível encontrar postos de gasolina em autoestradas a intervalos regulares, onde você pode abastecer o carro e se reanimar com um café e um lanche.

As belas paisagens às vezes deixam os motoristas distraídos, portanto, é melhor parar se quiser admirar as vistas. Parques e áreas com trilhas também são bons para tomar um ar fresco e apreciar a beleza da Califórnia. A maioria dos motoristas fica menos atenta à noite, sobretudo de madrugada, por isso quem dirige à noite deve fazer paradas mais frequentes.

Acima Alerta sobre a presença de alces no Prairie Creek Redwoods State Park

Se dirigir no deserto durante o verão, tome bastante água, pois a desidratação também causa sonolência.

Quebras e acidentes

Se tiver um problema em uma autoestrada, use um dos telefones disponíveis na rodovia para pedir ajuda. No caso de quebra ou acidente, retire cuidadosamente o carro da estrada, acenda as luzes de alerta e coloque o triângulo de sinalização cerca de 20m atrás do veículo. Em geral, locadoras de carros dão um número de telefone para casos de emergência ou problemas com o veículo. Muitas autoestradas são patrulhadas por caminhões do Caltrans, que fazem reboque grátis em emergências.

No caso de um acidente envolvendo outro veículo, você e as outras partes envolvidas devem trocar detalhes do seguro, nome, endereço e informações do registro dos carros. Se houver um acidente grave, a polícia atenderá uma chamada rapidamente. Como as circunstâncias podem ser confusas na hora de um acidente, não admita falha, não assuma a responsabilidade nem dê dinheiro a parte alguma. Se possível, peça os dados

Acima, da esq. p/ dir. Pausa para admirar a paisagem na 17-Mile Scenic Drive; Posto de informação turística

de contato de testemunhas independentes, além de tirar fotos dos danos no veículo e da cena do acidente. Se alguém se ferir, ligue para 911 e solicite a vinda de uma ambulância. É ilegal abandonar a cena de um acidente que envolva danos, ferimentos graves ou morte; o motorista que cometer tais infrações fica sujeito à acusação por crime de evasão e pode ir parar em uma delegacia. Para fins de seguro, relate qualquer acidente que envolva danos de veículos à polícia e à locadora do carro.

Estacionamento

Como ocorre em qualquer país, é bem difícil achar uma vaga de estacionamento no centro de cidades grandes e movimentadas. As regras para estacionar ficam bem visíveis. Em geral, vagas de rua em centros urbanos têm parquímetro e dão direito a uma ou duas horas no horário comercial. É aconselhável ter sempre dinheiro trocado para usar nos parquímetros. Em estacionamentos públicos pagos, geralmente há uma máquina com tíquetes a 45m da sua vaga; deixe o tíquete visível no painel de seu veículo. Se quiser estacionar por muitas horas, use algum dos estacionamentos de vários andares; você paga pelas horas utilizadas, e geralmente é possível fazê-lo com cartão de crédito. Certas cidades têm zonas demarcadas nas quais é permitido estacionar apenas fora dos horários de pico. Muitas cidades destinam um dia específico para limpeza das ruas, quando não é permitido estacionar em certos horários; caso desrespeite isso, seu veículo será guinchado ou você será multado. Se o veículo for guinchado, procure o órgão de trânsito ou a polícia local para saber seu paradeiro e recuperá-lo após pagar uma multa e taxas de guincho e depósito. Carros guinchados à noite são recuperados no dia seguinte.

Mapas

É útil ter à mão um mapa detalhado para dirigir na Califórnia. Há mapas grátis em postos de turismo, mas raramente eles são adequados para dirigir em cidades e estradas. Vale a pena comprar um mapa atualizado da área local e um atlas detalhado de estradas da Califórnia da **Thomas Bros.**, à venda em postos de gasolina. Lembre que as locadoras de carros mais conhecidas alugam veículos dotados de aparelho de GPS, o que alivia muito o estresse de dirigir e tentar se orientar em áreas totalmente desconhecidas.

AGENDA

CONDIÇÕES DAS ESTRADAS

California Department of Transport (Caltrans)
www.dot.ca.gov

QUEBRAS E ACIDENTES

Ambulância e Polícia
911

MAPAS

Thomas Bros.
www.thomas.com

Abaixo, da esq. p/ dir. Caminhada na Pacific Crest Trail, perto da Highway 96; Estrada asfaltada para o Death Valley; Parquímetro em Sausalito; Placa com mapa, Muir Beach; Rua de São Francisco

Combustível

A Califórnia tem muitos postos que vendem diesel e gasolina sem chumbo. Alguns também oferecem biocombustíveis. Comparando com o Brasil, os combustíveis na Califórnia são relativamente baratos, e os preços variam muito conforme as empresas. Em áreas mais remotas, o galão pode custar 50 centavos a mais do que em áreas urbanas. Em estradas pequenas e áreas remotas, como os desertos no sudeste, às vezes a distância entre postos de gasolina é considerável, então tenha sempre combustível suficiente. Quase todos os postos são self-service; o preço é bem mais alto quando há frentistas.

Trailers e motorhomes

Há centenas de campings bem mantidos para trailers e motorhomes no estado; muitos têm piscinas, lojas e playgrounds. A maior entidade do setor é a **KOA**, com 35 campings por toda a Califórnia. A maioria dos parques nacionais e muitos estaduais também possuem campings, que variam desde alguns equipados com eletricidade, chuveiros e banheiros até terrenos básicos com pouco além de uma churrasqueira. Muitos funcionam o ano todo, mas outros abrem sazonalmente, em geral de abr-out. Na Califórnia é tradição rebocar um sedã ou um 4x4 atrás de um motorhome – os dois primeiros são para explorar uma área, e o motorhome, estacionado, serve de alojamento. Trailers e motorhomes são sujeitos às mesmas regras de direção que outros veículos, embora às vezes haja limites diferentes de velocidade para veículos que rebocam trailers.

Transporte de bicicletas e trailers

Bicicletas e trailers devem ficar presos firmemente no carro. Você pode acoplar a bicicleta em suportes adequados na traseira ou na capota do carro. O peso dos itens em um suporte na capota deve ser distribuído uniformemente. No caso de trailers, prenda com firmeza os objetos no interior para que nada caia ou se quebre se você tiver que dar uma freada súbita ou tomar uma atitude defensiva ao volante.

Motocicletas

A Califórnia é um destino excelente para viajar de motocicleta, e todos os roteiros neste guia também são ideais para fazer de moto. Você pode alugar diversos tipos de moto, desde uma clássica Harley-Davidson urbana até uma BMW 1200GS própria para aventura, capaz de resistir a estradas de terra acidentadas. A **Eaglerider** aluga Harley-Davidsons e BMWs.

É obrigatório usar capacete o tempo todo e aconselhável se proteger com roupas e botas resistentes.

Crianças

Os motoristas são responsáveis por assegurar que as crianças usem cinto de segurança. Um assento especial para crianças até 6 anos ou 23kg deve ser afixado no banco traseiro. Todas as locadoras de carros fornecem esses cintos e assentos, mas solicite-os com antecedência quando reservar o veículo. Fumar dentro de um carro com menores de 18 anos é passível de multa. A Califórnia tem praias, parques de diversão, zoos e muitos espaços abertos para entreter as crianças. No entanto, o maior desafio é manter a meninada tranquila em viagens longas. Obviamente, jogos, MP3 e DVD players são recursos úteis em períodos de tédio durante as viagens. Tenha bom senso ao escolher os pontos de parada e reabasteça o carro em postos que ofereçam algo interessante para os pequenos.

Acima Placa de vaga exclusiva para portadores de deficiência

Portadores de deficiência

Por lei, as locadoras devem atender motoristas com deficiências físicas. No entanto, é preciso combinar tudo com pelo menos 72 horas de antecedência. Todos os estacionamentos têm zonas prioritárias para motoristas portadores de deficiência, indicadas por uma placa azul com uma cadeira de rodas desenhada. Consulte o California Department of Motor Vehicles para saber se você tem direito a uma Disabled Drivers Parking Permit; isso requer no mínimo um atestado médico oficial da deficiência em questão.

Aluguel de carro e trailer

Locadoras internacionais de carros, como **Avis**, **Budget**, **Dollar** e **Hertz**, estão presentes em aeroportos, esta-

Acima, da esq. p/ dir. Camping no Yosemite Valley; Trailer na entrada do Death Valley National Park

ções ferroviárias, hotéis de alto padrão e principais destinos turísticos. Há diversas opções disponíveis, de subcompactos a grandes 4x4 e vans. Além das diferenças de preço, considere que veículo é mais adequado para seus planos. É melhor alugar um 4x4, por exemplo, se você pretende viajar bastante no interior. Empresas locais podem oferecer contratos mais baratos, mas são menos convenientes em termos de retirar e devolver carros em lugares diferentes ou para substituir um veículo no caso de uma pane. Para alugar um carro é necessário apresentar passaporte e carteira de habilitação válidos, e ter mais de 25 anos. Faça reserva com bastante antecedência para a alta temporada, a fim de obter preços menores e ter mais chance de conseguir o tipo de veículo desejado.

É comum turistas alugarem trailers para conhecer o estado. A principal locadora do setor é a **CruiseAmerica**, dona de trailers confortáveis de quatro tamanhos que comportam de três a sete pessoas e têm banheiro, chuveiro e cozinha. Veículos maiores, porém, podem ser inadequados para áreas íngremes de montanha, onde há restrições quanto à sua extensão.

Como dirigir no inverno

Neva muito em áreas montanhosas durante o inverno – 10m ou mais nas High Sierras, onde as estradas que cruzam as montanhas podem ficar fechadas por tempo indefinido. No inverno, leve correntes para pneus em viagens acima de 1.200m em qualquer ponto no estado, sobretudo no extremo norte. Pode-se comprar ou alugar correntes de pneus em rotas-chave rumo a estações de esqui. Consulte os sites do Caltrans *(p. 19)* e da CHP *(p. 17)* para condições meteorológicas e requisitos para o uso de correntes nos pneus. Leve roupas quentes, um cobertor, alimentos e água para o caso de haver algum imprevisto.

Tempestades de inverno trazem chuvas torrenciais para áreas costeiras; dirija com cautela. Em regiões de grande altitude pode haver gelo; em áreas desertas, enchentes súbitas. Sob condições adversas, reduza a velocidade, pois é difícil avançar em estradas escorregadias e a má visibilidade dá menos tempo para reagir. Tome cuidado nas curvas e mantenha o controle. Se o carro derrapar, tire o pé do acelerador – não freie – e manobre o volante até recuperar a estabilidade.

AGENDA

COMBUSTÍVEL

Biocombustíveis
www.nearbio.com

Preços de combustíveis
www.californiagasprices.com

TRAILERS E MOTORHOMES

KOA
www.koa.com

MOTOCICLETAS

Eaglerider
www.eaglerider.com

ALUGUEL DE CARRO E TRAILER

Avis
www.avis.com

Budget
www.budget.com

CruiseAmerica
www.cruiseamerica.com

Dollar
www.dollar.com

Hertz
www.hertz.com

Abaixo, da esq. p/ dir. Crianças brincam na Muir Beach; Posto de gasolina, Randsburg; Estrada fechada devido à neve, Mammoth Lakes; Motociclistas viajam pelo San Diego County

Onde Ficar

A Califórnia tem diversas opções de hospedagem, de charmosos B&Bs de gestão familiar a belos hotéis-butique e resorts exclusivos. Há também muitos motéis – hotéis de beira de estrada simples e baratos –, o que resolve a questão de acomodação para quem não tem reserva. Campings são numerosos, e todo parque estadual ou nacional tem pelo menos um terreno para estacionar trailers e armar barracas. Pode ser caro se hospedar em centros urbanos, mas há quartos para alugar a preços razoáveis nas cidadezinhas localizadas em áreas turísticas. Quanto mais popular uma localidade, mais altas as tarifas.

Acima Interior de cabana no Pinewood Cove, em Trinity Lake *(p. 100)*

Hotéis

Os hotéis são classificados pelo número de estrelas concedido de acordo com as instalações e o padrão dos serviços. Esse sistema, porém, não considera aspectos mais subjetivos de um hotel, como o estilo da decoração e o grau de hospitalidade. Em cidades maiores, não é difícil conseguir um quarto ou apartamento em hotéis bons de redes internacionais como **Hyatt**, **Hilton**, **Sheraton**, **Westin** e **Intercontinental**. Há também muitos estabelecimentos menores com preço acessível. Em geral, eles não são ligados a redes e variam de pitorescos a vanguardistas, como o **Viceroy**. Entre as opções de luxo há resorts de golfe, que geralmente têm spa e restaurante gourmet. Em áreas selvagens e acidentadas há fazendas de criação de cavalos que também funcionam como resorts.

Entre as redes de motéis com mais estabelecimentos nas paradas principais dos roteiros estão a **Best Western**, a **Days Inn** e a **Motel 6**. Todas essas opções são limpas e confiáveis, e muitas têm restaurantes com culinária típica dos EUA.

Pousadas e B&Bs

Em geral, pousadas funcionam em casas particulares. A maioria delas fica em propriedades pitorescas, usualmente históricas e, com frequência, decoradas com antiguidades; muitas são mansões com lindos jardins e tombadas pelo patrimônio. Presentes em cidades menores e povoados, são uma alternativa econômica aos hotéis.

B&Bs são outra opção em áreas populares como Napa Valley, Gold Country e Mendocino. Com poucos quartos, eles são bem mais intimistas do que hotéis.

Camping

O verão é a melhor época para acampar na Califórnia devido ao clima agradável e ao fato de que muitos campings fecham em nov-abr. Há campings por todo o estado e, com frequência, eles oferecem mais acesso a atrações e matas do que os hotéis da região. Bem equipados, os campings fornecem eletricidade e água para trailers, banheiros e chuveiros de uso compartilhado. Muitos também têm piscina, playground e mercearia. Com frequência, há terrenos para armar barracas ou cabanas independentes, assim como estacionamento para trailers e motorhomes. Reserve vaga com muita antecedência para o verão, especialmente em destinos populares. Em parques estaduais e nacionais, algumas áreas de camping são grátis, mas podem ter pouca estrutura – portanto, vá bem preparado.

Por conta própria

Nas estradas do interior, cenários naturais espetaculares são perfeitos para piqueniques. Os supermercados têm tudo o que os viajantes precisam para acampar com conforto, com uma grande variedade de alimentos e utensílios. Muitos supermercados contam com rotisseries que vendem saladas e sanduíches prontos e outros itens para piquenique. Na maioria das cidades e povoados, as feiras ao ar livre em dias específicos também são boas para escolher produtos locais frescos.

Alugar um imóvel nas férias é uma opção em alta para viajantes na Califórnia. Essas residências privadas

Acima, da esq. p/ dir. La Costa Resort and Spa, Carlsbad *(p. 232)*; Saguão aconchegante no The Ahwahnee, Yosemite Valley *(p. 168)*

são alugadas pelos proprietários para estadas curtas ou longas e propiciam a experiência agradável de se sentir em casa. Elas variam de cabanas simples em montanhas a mansões de luxo na costa, e para estadas longas saem mais em conta do que se hospedar em um hotel. O site da **Vacation Rental By Owner** (VRBO) mostra milhares de imóveis para aluguel temporário.

Reservas

As reservas de hospedagem podem ser feitas diretamente com o hotel por telefone, internet, carta e fax. Você pode contratar um agente de viagem ou usar sites de reserva como o **Expedia** e o **Hotels.com**. Para reservar um quarto, uma confirmação por escrito e o número do cartão de crédito podem ser exigidos, assim como um depósito que não será devolvido no caso de desistência. Quem tem flexibilidade quanto às datas de viagem acha ótimas ofertas em sites como o **Cheap Tickets**. Se a viagem for na alta temporada, reserve hotel com meses de antecedência. Caso tente fazer reserva enquanto está na estrada, saiba que telefones celulares nem sempre funcionam em áreas remotas.

Instalações e preços

O preço de qualquer tipo de hospedagem depende do nível das instalações. Exceto em montanhas, a maioria dos hotéis tem ar-condicionado. Cafeteiras e TV também são comodidades presentes em todas as faixas de preço. Luxos como roupão de banho, spa e quadra de tênis são mais encontrados em hotéis de alta categoria. Para se hospedar com simplicidade, pousadas são uma boa opção. Os preços, porém, são muito influenciados por fatores como localização e época do ano. Em áreas de balneários, os preços sobem no verão, e em cidades maiores, a primavera e o outono são mais caros. Os preços também aumentam quando há grandes eventos na localidade. As tarifas de fim de semana são mais altas.

Abaixo, da esq. p/ dir. Mt Shasta Ranch B&B *(p. 90)*; Murphys Historic Hotel *(p. 158)*; Camping no Yosemite Valley

AGENDA

HOTÉIS

Best Western
www.bestwestern.com

Days Inn
www.daysinn.com

Hilton
www.hilton.com

Hyatt
www.hyatt.com

Intercontinental
www.ichotelsgroup.com

Motel 6
www.motel6.com

Sheraton
www.sheraton.com

Viceroy
www.viceroypalmsprings.com

Westin
www.westin.com

POR CONTA PRÓPRIA

Vacation Rental By Owner (VRBO)
www.vrbo.com

RESERVAS

Cheap Tickets
www.cheaptickets.com

Expedia
www.expedia.com

Hotels.com
www.hotels.com

CATEGORIAS DE PREÇO

Preços da diária de um quarto de casal standard, na alta temporada, com impostos e café da manhã incluídos.

barato: menos de US$100
moderado: US$100-US$200
caro: acima de US$200

Onde Comer e Beber

Talvez a Califórnia seja o estado americano com maior variedade de opções gastronômicas. A "California cuisine" apresenta pratos à base de ingredientes locais frescos e em vários estilos internacionais. A profusão de restaurantes italianos, japoneses, mexicanos, tailandeses e do Oriente Médio reflete o caráter cosmopolita do estado. Há também os clássicos diners, que servem café da manhã reforçado, bifes, batatas fritas e hambúrgueres. A refeição pode ser acompanhada de uma garrafa de vinho local ou de uma cerveja regional.

Acima Placa de café em San Clemente

Informações práticas

A maioria dos restaurantes abre do meio-dia às 21h ou 22h, mas pode fechar para uma pausa no meio da tarde. Muitos cafés servem o café da manhã a partir das 7h. Aos domingos, muitos restaurantes servem brunch até as 15h, e alguns fecham mais cedo. Alguns também não funcionam em um dia da semana, em geral na segunda-feira. É melhor fazer reservas para restaurantes de hotéis conhecidos.

O custo de uma refeição depende de fatores como a localização e a fama do chef. Em certos restaurantes, uma refeição de três pratos pode custar US$25, mas será mais cara em um estabelecimento equivalente em áreas centrais de cidades grandes. Em restaurantes chiques, você gasta US$75 ou mais. O preço de bebidas alcoólicas varia conforme o padrão do restaurante. Em locais sofisticados, há uma extensa carta de vinhos locais e internacionais de alto nível.

A conta inclui um imposto local e taxa de serviço de 15% ou 20% para grupos grandes. A norma é dar gorjeta de 15%. A maioria dos restaurantes aceita cartões de crédito.

Por lei, todos os estabelecimentos novos e os que estão em reforma devem ter acesso e banheiro adaptado para cadeirantes, além de vagas exclusivas de estacionamento.

Restaurantes

Na Califórnia há desde diners simples de beira de estrada, do tipo "mom-and-pop" (familiares), a restaurantes de alta gastronomia que figuram entre os melhores do mundo. Muitos locais são especializados em pratos étnicos das mais variadas origens.

As cidades grandes e a região vitivinicultora do Napa Valley têm chefs de grande prestígio mundial. Refeições nesses restaurantes são extremamente caras, mas em alguns há ótima relação custo-benefício. Muitos chefs são especializados em fusion saudável ou "California cuisine", uma mistura de técnicas e ingredientes das culinárias europeia e asiática com ingredientes da Califórnia, como alcachofras, ostras frescas e tâmaras do deserto. A maioria desses restaurantes faz pratos vegetarianos. Alguns dos melhores chefs se formaram no **Culinary Institute of America**, no Napa Valley, onde é possível comer e ver os professores fazendo demonstrações de técnicas culinárias.

Comer em um clássico diner americano é uma experiência imperdível. Esses restaurantes evocam a década de 1950 e muitas vezes são decorados no estilo daquela época. O cardápio típico mantém tradições do país, como panqueca, presunto com ovo e frituras no café da manhã, além de tigelas de chili, hambúrguer, cachorro-quente e outros pratos rápidos de almoço.

As onipresentes lojas de fast-food oferecem comida barata e satisfatória para quem prefere economizar. Redes como McDonalds, Pizza Hut e Taco Bell preparam comida em grande quantidade mas nem sempre saborosa. É comum haver várias lanchonetes de fast-food agrupadas em torno de postos de gasolina.

Bares e cafés

O termo "café" se aplica tanto a um coffee shop tradicional que serve ótimos cafés e chás como a um pequeno restaurante caseiro frequentado pelos moradores no café da manhã e no almoço. Há uma profusão de cafés, desde a conhecida rede **Starbucks** até concorrentes como **Peet's** e **Coffee Bean & Tea Leaf**, que vendem sucos, smoothies, doces,

Acima, da esq. p/ dir. Variedade de queijos em loja de Sonoma; Mesas ao ar livre no píer em San Clemente

saladas e sanduíches, além de cafés, lattes e chás. Alguns têm sofás, poltronas confortáveis e até pátios ao ar livre, e a maioria oferece wi-fi grátis.

Muitos bares também servem comida. Isso varia desde a "beer food" dos pubs de cerveja artesanal no norte da Califórnia até as tapas e os pratos fusion de lugares badalados e bares especializados em vinho nas cidades maiores. Em pequenas cidades e áreas rurais, os bares são bem simples e atraem caminhoneiros e trabalhadores locais. Seu cardápio geralmente inclui pizzas, massas, hambúrgueres e pratos rápidos.

Piqueniques e churrascos

A Califórnia é ideal para piqueniques e churrascos ao ar livre. Em fins de semana e feriados, os parques ficam repletos de famílias e grupos de amigos que fazem churrasco a céu aberto. A maioria dos campings oferece grelhas ou churrasqueiras, além de bancos e mesas para piquenique. Saiba que em áreas habitadas por ursos existem regulamentos especiais sobre como e onde se pode guardar alimentos e quaisquer itens que tenham aroma pronunciado.

Muitas vinícolas também são boas para piqueniques e têm mesas e bancos em gramados, além de pátios com vista para os vinhedos. Algumas contam com delicatessens que vendem presuntos, queijos, patês e pães para acompanhar seus próprios vinhos. Muitos supermercados têm seções onde se encontram legumes e azeitonas marinados, saladas prontas, sanduíches e outras delícias para um piquenique.

Compras

É de praxe comprar vinhos na Califórnia. Seja no mundialmente famoso Napa Valley ou em regiões viticultoras menos conhecidas, como Amador County e Temecula, no sul do estado, você encontra excelentes vinhos brancos frutados e tintos encorpados que refletem os surpreendentes *terroirs* da Califórnia. Muitas áreas de viticultura também cultivam azeitonas e frutas cítricas.

Os vales no interior são famosos por seus produtos frescos, vendidos em barracas de estrada a preços baixos. Dependendo da região, isso inclui alcachofras, maçãs, damascos, pepinos, abóboras e abobrinhas. Em toda cidade, pelo menos uma vez por semana, há uma feira livre na qual você encontra pão caseiro, mel e outros produtos. Ao longo da costa, barcos pesqueiros trazem frutos do mar frescos.

AGENDA

RESTAURANTES

Culinary Institute of America
www.ciachef.edu/california

BARES E CAFÉS

Coffee Bean & Tea Leaf
www.coffeebean.com

Peet's
www.peets.com

Starbucks
www.starbucks.com

CATEGORIAS DE PREÇO

Preços de uma refeição de três pratos para uma pessoa, com meia garrafa de vinho da casa, serviço e impostos incluídos.

barato: menos de US$25
moderado: US$25-US$50
caro: acima de US$50

Abaixo, da esq. p/ dir. Feira em Lake Tahoe; Terraço em vinícola no Mendocino County; Mesas ao ar livre no Mendocino County; Pratos feitos com produtos locais; Quiosque em San Diego

Union Town
Humboldt City
Shasta
Cotton Wood
Coast Range
TRINITY
Mt. Linn
Sacramento R.
Sycamore
Feather R.
Nelson
Downieville
Hamilton
COLUSI
MENDOCINO
Butte
Colusi
Marysville
Yuba City
Nevada
Fremont
Vernon
Bonpland
Barra de Arena
Russian R.
SONOMA
Sonoma
Auburn
Sacramento City
Coloma
EL DORADO
Bodega
Bodega B.
Napa
Vallejo
MARIN
Benicia
Martinez
Double Springs
Pt. de los Reyes
S. Rafael
San Francisco B.
San Francisco
CONTRA COSTA
Stockton
Stanislaus
S. Joaquin
SAN JOSE
Santa Clara
SANTA CRUZ
Santa Cruz
Monterey B.
S. Juan
Merced City
Merced R.
Baltimore
Pt. Pinos
Monterey
MONTEREY
Coast Range
S. Buenaventura R.
San Joaquin R.
Tule La
S. Miguel
SAN LUIS OBISPO
San Luis Obispo
Pt. del Estero

OS ROTEIROS

ROTEIRO **1**

O Fascínio do Golden Gate

Do Fort Funston ao Angel Island State Park

Destaques

- **A magia da Ponte Golden Gate**
  Aprecie lindas vistas desse ícone a partir de São Francisco e do Marin County
- **Parque urbano interessante**
  Explore o Golden Gate Park: visite sua bela estufa de flores e veja as obras de arte no de Young Museum
- **Descobertas na área da baía**
  Entregue-se ao encanto da beira-mar em Sausalito e Tiburon, dois ótimos pontos para compras e gastronomia
- **Passeio de balsa**
  Vá de ferryboat de Tiburon até a histórica Angel Island

A espetacular Ponte Golden Gate, em São Francisco

O Fascínio do Golden Gate

A área do Golden Gate continua a atrair viajantes, assim como instigou garimpeiros na Corrida do Ouro em 1849. Seu fascínio se deve à beleza das encostas verdes do Marin County, à magnífica Ponte Golden Gate e aos parques e praias fascinantes do lado de São Francisco. Esse roteiro começa no Fort Funston, onde asas-deltas planam no ar, e acompanha o litoral até a icônica ponte alaranjada. Conheça os luxuriantes Marin Headlands, explore as charmosas cidades de Sausalito e Tiburon, junto à baía, e então pegue uma balsa para o Angel Island State Park.

Acima Estrada junto às colinas do Angel Island State Park *(pp. 34-5)*

ATIVIDADES

Veja asas-deltas planando enquanto os ventos do Pacífico atingem os rochedos no Fort Funston

Relaxe na Baker Beach e aprecie o pôr do sol na Ponte Golden Gate

Pegue uma balsa em Sausalito ou Tiburon rumo a São Francisco

Visite as lojas de arte e design na Ark Row em Tiburon, que foi ancoradouro de casas flutuantes

Ande ou pedale pelo Angel Island State Park apreciando o belo panorama da Bay Area

LEGENDA

Roteiro

À esq. Vista da Ponte Golden Gate a partir dos Marin Headlands *(p. 34)*

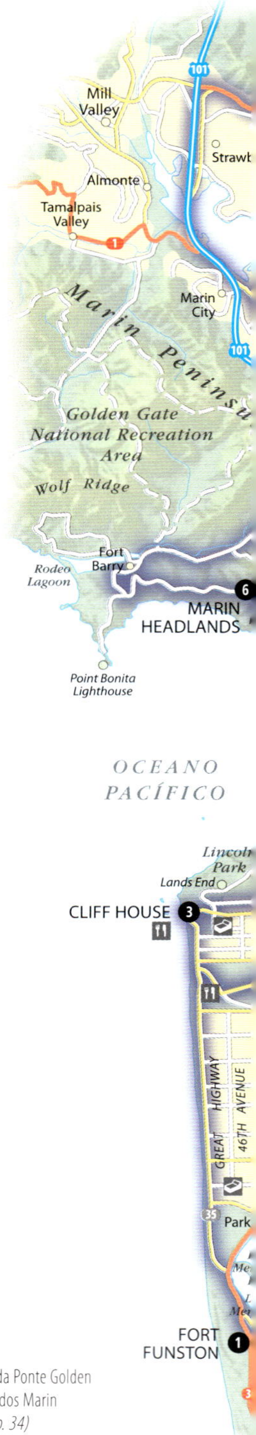

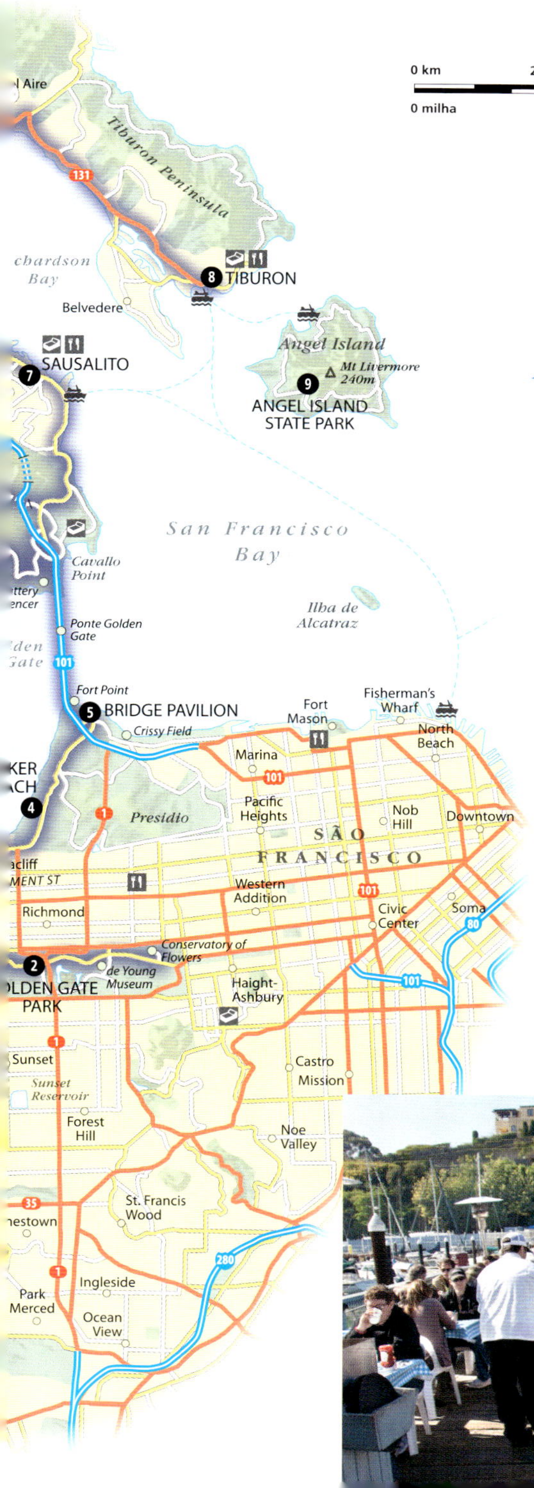

PLANEJAMENTO

Início/fim: Do Fort Funston ao Angel Island State Park.

Número de dias: 2, com alguns desvios.

Distância: 80km (50 milhas).

Condições das estradas: Todas são boas, mas fique atento nas estradas estreitas e sinuosas dos Marin Headlands. A Great Highway e os Marin Headlands podem ficar nublados, sobretudo no verão.

Quando ir: A primavera e o outono têm dias claros e ensolarados, ótimos para uma visita. O verão pode ser nublado, e no inverno é provável haver chuvas intermitentes.

Horários de funcionamento: A maioria dos estabelecimentos abre das 10h às 18h diariam, e restaurantes geralmente funcionam até as 21h ou 22h.

Compras: Arte, moda e lojas de decoração em Sausalito e Tiburon. O Ruth Livingston Studio, em Tiburon, tem móveis muito elegantes.

PASSEIOS DE 1 DIA

Viciados em arte vão gostar de conhecer o **de Young Museum**, no Golden Gate Park. **Amantes da natureza** podem explorar os verdejantes **Marin Headlands** além da Conzelman Road, onde um farol costeiro tem vista para as ondas que quebram abaixo. Detalhes *p. 35.*

Abaixo Mesas ao ar livre em restaurante de Tiburon *(p. 34)*

Acima, da esq. p/ dir. Pintura dos históricos Sutro Baths, na Cliff House; Asas-deltas no Fort Funston

PARA VISITAR SÃO FRANCISCO

Informação turística
San Francisco Travel Association
Hallidie Plaza, 900 Market St, São Francisco, 94102; 415 391 2000; aberto 9h-17h diariam; www.onlyinsanfrancisco.com

PARA VISITAR FORT FUNSTON

Estacionamento
Amplo estacionamento grátis no alto de rochedos no Fort Funston.

ONDE FICAR

ARREDORES DO FORT FUNSTON

Ocean Park Motel of San Francisco *barato*
Um dos primeiros motéis em São Francisco, esse tesouro art déco foi construído nos anos 1930. Uma opção calma, confortável e perto do mar.
2690 46th Ave, São Francisco, 94116; 415 566 7020; www.oceanparkmotel.com

ARREDORES DO GOLDEN GATE PARK

Belvedere House *moderado*
Esse simpático B&B tem seis quartos.
598 Belvedere St, São Francisco, 94117; 415 731 6654; www.belvederehouse.com

ARREDORES DA CLIFF HOUSE

Seal Rock Inn *moderado*
Hospedaria moderna, com localização tranquila perto da praia. Quartos espaçosos com vista para o mar, alguns com cozinha.
545 Point Lobos Ave, São Francisco, 94121; 415 752 8000; www.sealrockinn.com

1 Fort Funston

San Francisco County; 94131

Com um parque no alto de um rochedo e uma praia embaixo, o Fort Funston é um local muito usado para saltos de asa-delta. Do mirante se veem os praticantes desse esporte saltando dos rochedos, planando graças às brisas marinhas e às correntes térmicas e passando perto de quem assiste. Como muitos parques na área do Golden Gate, o Fort Funston era uma propriedade militar que depois passou para o National Park Service.

Saia do Fort Funston para o sul pela Hwy 35; após cerca de 350m, pegue um retorno e vire à esquerda na Great Hwy. Dobre à direita na John F Kennedy Dr rumo ao Golden Gate Park; vire à esquerda na placa da primeira parada e dirija até o Conservatory of Flowers. Há estacionamento grátis ao lado da estrada.

2 Golden Gate Park

San Francisco County; 94117

Considerado um dos melhores parques urbanos do mundo, o Golden Gate Park tem muitas atrações. O **Conservatory of Flowers** *(www.conservatoryofflowers.org)*, branco e de linhas vitorianas, é uma refinada estufa pública de 1879. Suas exposições de horticultura são espelhadas nos extensos jardins externos. Nas cercanias, o **de Young Museum** *(www.deyoungmuseum.org)* é um destaque na cena de belas-artes de São Francisco, com suas coleções que abrangem de esculturas africanas a pinturas americanas.

Dirija de volta para o oeste até a Great Hwy e vire para o norte após 500m. À esquerda fica a Cliff House, com estacionamento em frente.

3 Cliff House

San Francisco County; 94121

Hoje um restaurante fino, a Cliff House *(1090 Point Lobos; www.cliffhouse.com)* tem raízes na São Francisco do século XIX, quando esse era o local dos Sutro Baths – várias piscinas grandes de água marinha, onde as pessoas vinham nadar e se encontrar. Veja a obra de arte no restaurante para ter ideia de como eram os Sutro Baths, depois vá até os fundos do edifício para dar uma espiada em Seal Rocks, um santuário de focas, leões-marinhos e aves. A uma curta caminhada da Cliff House rumo ao norte, **Lands End** é um promontó-

Abaixo Vista da Ponte Golden Gate a partir de Lands End

Acima, da esq. p/ dir. Conservatory of Flowers e seus jardins, no Golden Gate Park; Totem na Cliff House

rio com vista para a inspiradora Ponte Golden Gate.

Continue subindo para a 45th Ave. Vire à esquerda, depois à direita na Clement St, e à esquerda na Legion of Honor Dr. Vá para o norte pelo Lincoln Park e pegue o sentido leste em El Camino del Mar, que se torna Lincoln Blvd. Veja a via lateral para Baker Beach à esquerda; há estacionamento.

4 Baker Beach

San Francisco County; 94121

A Baker Beach tem algumas das melhores vistas da Ponte Golden Gate do lado de São Francisco, sobretudo ao pôr do sol, quando o brilho final do dia banha a imponente estrutura com uma luz dourada. Trata-se de uma ampla praia de areia, batida por ondas fortes, excelente lugar para um piquenique. Leve uma garrafa de vinho, um queijo local e um dos famosos pães rústicos de São Francisco.

Continue no Lincoln Blvd até uma placa à esquerda indicar a Ponte Golden Gate. Deixe o carro no estacionamento no Bridge Pavilion, o mirante que fica situado no lado sul da ponte.

5 Bridge Pavilion

San Francisco County; 94121

Esse mirante tem ampla vista da ponte e da silhueta de São Francisco. Veja a estátua de Joseph Strauss, o engenheiro germano-americano que concluiu a Ponte Golden Gate em 1937, e depois admire a arquitetura da ponte. Caminhe pela Ponte Golden Gate e olhe para trás para ter ideia do tamanho de São Francisco. Abaixo fica o **Fort Point** *(www.nps.gov/fopo)*, um forte militar de tijolos que protegeu a Bay Area do ataque sulista durante a Guerra Civil. A leste, o **Crissy Field** é um belo parque no local de uma antiga pista de pouso, onde você pode caminhar ao longo da baía ou fazer um piquenique.

Saia do Bridge Pavilion seguindo as placas da 101 North e cruze a ponte rumo aos Marin Headlands. Pegue o desvio na Alexander Ave; no cruzamento, siga a placa para a 101 San Francisco, sentido sul, vire à direita na Conzelman Rd e siga para os Marin Headlands. Há estacionamentos do lado da estrada nas principais paradas.

Acima Faixas para corrida e ciclismo na base da Ponte Golden Gate

ONDE COMER E BEBER

ARREDORES DO GOLDEN GATE PARK

The Beach Chalet Brewery & Restaurant *moderado*
Esse restaurante de comida americana fica em um mirante histórico com vistas do Pacífico. Veja os murais da década de 1930 no térreo.
1000 Great Hwy, São Francisco, 94121; 415 386 8439; aberto diariam para café da manhã, almoço e jantar; www.beachchalet.com

Mai's *moderado*
O vietnamita Mai's representa bem os restaurantes étnicos sofisticados da cidade. Peça o frango com coco ou uma entrada de carne ao capim-limão.
316 Clement St, São Francisco, 94118; 415 221 3046; aberto 11h-20h30 diariam

CLIFF HOUSE

Cliff House *caro*
Deguste pratos finos em uma casa histórica com vista do oceano. Há diversas opções com frutos do mar e carne, com destaque para vieiras na brasa e carré de cordeiro.
1090 Point Lobos, São Francisco, 94121; 415 386 3330; aberto diariam, veja os horários no site; www.cliffhouse.com

ARREDORES DO BRIDGE PAVILION

Greens *caro*
Restaurante líder em cozinha vegetariana zen, o Greens serve produtos orgânicos de sua Green Gulch Farm, no Marin County.
Fort Mason, Edifício A, São Francisco, 94123; 415 771 6222; veja os horários no site; www.greensrestaurant.com

Onde Comer e Beber: barato, menos de US$25; moderado, US$25-US$50; caro, acima de US$50

Acima Lojas em rua de Tiburon
Abaixo Veleiros em Sausalito

PARA VISITAR A GOLDEN GATE NATIONAL RECREATION AREA

Informação turística
Fort Barry, Marin Headlands, 94965; 415 331 1540; aberto 9h30-16h30 diariam; www.nps.gov/goga

PARA VISITAR SAUSALITO E TIBURON

Estacionamento
Há vagas nas ruas e em estacionamentos em ambas as cidades.

ONDE FICAR

SAUSALITO

The Gables Inn *caro*
Elegante B&B a curta caminhada do mar.
62 Princess St, 94965; 415 289 1100; www.gablesinnsausalito.com

ARREDORES DE SAUSALITO

Cavallo Point Lodge *caro*
Opção chique na Golden Gate National Recreation Area.
601 Murray Circle, 94965; 415 339 4700; www.cavallopoint.com

TIBURON

Water's Edge Hotel *moderado*
Quartos com vistas do porto, da San Francisco Bay e da Angel Island. Há lojas e restaurantes por perto.
25 Main St, 94920; 415 789 5999; www.watersedgehotel.com

⑥ Marin Headlands

Marin County; 94965

A rota na Conzelman Road rumo aos Headlands *(www.nps.gov/goga; veja também p. 48)* tem três vistas da Ponte Golden Gate. A primeira é em Battery Spencer, depósito de armas da Segunda Guerra. O cume seguinte tem uma vista clássica da ponte, com São Francisco ao fundo. Continue na estrada, vire à esquerda em uma rotatória e siga pela Conzelman Road até a Hawk Hill e o Point Bonita Lighthouse, onde há vista panorâmica da ponte.

Saia de Point Bonita pela Fort Barry Rd para a Bunker Rd; siga as placas para a 101 Tunnel Route. Ao sair do túnel, passe sob a I-101 e vire à esquerda para Sausalito.

⑦ Sausalito

Marin County; 94965

Com muitos restaurantes em píeres de madeira, Sausalito merece uma parada para comer algo à beira d'água *(veja também p. 48)*. A Bridgeway é repleta de artistas de rua, a exemplo de Bill Dan, que empilha pedras com inacreditável perícia.

Continue rumo ao norte pela Bridgeway até ela se fundir com a Hwy 101. Vire para leste na Hwy 131, na direção de Tiburon.

Obra de Bill Dan, Sausalito

O nome Golden Gate

O estreito que liga o oceano Pacífico e a San Francisco Bay foi batizado de Golden Gate (Portão Dourado) por John Fremont, dos US Topographical Engineers, antes mesmo da descoberta de ouro na Califórnia. Inspirado pelas encostas onduladas e as espetaculares vistas marítimas, ele escreveu em 1848: "Dei a esse portão o nome de Chrysopylae, ou Golden Gate".

⑧ Tiburon

Marin County; 94920

Essa cidade descontraída atrai visitantes por conta do calçadão ao lado da baía, dos restaurantes em píeres e das lojas de arte em edifícios pitorescos. O porto é ponto de embarque em balsas que vão para São Francisco e a Angel Island. Ande no centro até o **Ark Row**, com edifícios que já foram, nos anos 1890, casas flutuantes de capitães de navios, artistas e gente que vinha de São Francisco no verão. As casas de números 104, 106, 108 e 116 são barcos autênticos.

Deixe o carro em Tiburon e pegue uma balsa no porto para a Angel Island. A balsa vai e volta entre as 10h e as 15h30 (diariam no verão e apenas nos fins de semana no inverno).

⑨ Angel Island State Park

Marin County; 94920

Maior ilha na San Francisco Bay, a Angel Island foi uma instalação militar e um importante posto de imigração antes de ser transformada em um parque estadual *(www.angelisland.com)*. Hoje, atrai pessoas que vêm visitar os edifícios históricos, andar em trilhas e passar o dia nas praias. A caminhada de 8km na estrada perimetral propicia vistas formidáveis do Golden Gate, de São Francisco e da baía. Os visitantes também podem passear em um bonde que para nas atrações principais.

Passeio a pé de 2 horas

Passageiros desembarcam em **Ayala Cove** ①, cujo nome deriva do capitão de navio espanhol que mapeou a área. Há um pequeno centro de visitantes e uma loja que aluga bicicletas e oferece um passeio de segway. Várias trilhas nos meandros da ilha começam no centro de visitantes. Uma caminhada até o cume do monte Livermore, 240m acima do nível do mar, rende vistas panorâmicas da Bay Area. Ande no sentido anti-horário na estrada perimetral para **Camp Reynolds** ② e veja casas intactas dos soldados e uma praça de armas que evocam a vida militar no século XIX. Camp Reynolds é um dos muitos fortes na Bay Area que perderam o caráter militar e foram integrados a parques. Após passar por ele, procure um caminho que sai

Onde Ficar: barato, menos de US$100; moderado, US$100-US$200; caro, acima de US$200

Acima A Ponte Golden Gate vista da Conzelman Road **Abaixo, esq.** Balsa em Ayala Cove, Angel Island State Park

da estrada para a isolada **Perles Beach** ③, onde há vistas estupendas do Golden Gate. Uma curta caminhada adiante na estrada perimetral leva a **Battery Drew** ④, um dos depósitos de armas que protegiam a San Francisco Bay. Instalações como essa ficaram obsoletas após o ataque japonês a Pearl Harbor mostrar o que forças aéreas podiam realizar. Continue na estrada até o abandonado **Nike Missile Site** ⑤, legado da Guerra Fria. Na década de 1950, havia mísseis teleguiados aqui e nos Marin Headlands para contra-atacar potenciais bombardeiros soviéticos. Mais adiante, o grande **Fort McDowell** ⑥, ou East Garrison, foi ponto de envio de mais de 300 mil soldados para a arena do Pacífico na Segunda Guerra Mundial. Continue até a **United States Immigration Station** ⑦ *(www.aiisf.org)*, ponto crucial de entrada nos EUA entre 1910 e 1940. Mais de 1 milhão de imigrantes de 80 países passaram por triagem aqui, incluindo 175 mil chineses. Atualmente é um grande museu, no qual os visitantes podem ver casernas que reconstituem os dormitórios onde imigrantes asiáticos aguardavam os interrogatórios que decidiriam sua sorte. Veja nas paredes os poemas entalhados pelos desesperados imigrantes chineses. Volte a Ayala Cove para pegar a balsa.

ONDE COMER E BEBER

SAUSALITO

The Trident *moderado*
Fica em um píer de madeira com vistas da baía. Peça ostras ou lula.
558 Bridgeway, 94965; 415 331 3232; aberto 11h-22h diariam; www.horizonssausalito.com

TIBURON

Don Antonio Trattoria *moderado*
Bom bistrô com especialidades como nhoque à bolonhesa e risoto.
114 Main St, 94920; 415 435 0400; aberto 17h-21h30 ter-dom; www.donantoniotrattoria.com

Guaymas *moderado*
Serve cozinha mexicana, a exemplo de camarões gigantes marinados e grelhados. Deque ensolarado.
5 Main St, 94920; 415 435 6300; aberto 11h-21h diariam; www.guaymasrestaurant.com

PASSEIOS DE 1 DIA

A riqueza cultural do Golden Gate Park e as atividades ao ar livre nos Marin Headlands merecem um passeio de um dia.

Artes e plantas no parque
O de Young Museum, no Golden Gate Park ❷, tem coleções excelentes, incluindo uma mostra de arte étnica da Oceania. Do outro lado da rua, a California Academy of Sciences *(www.calacademy.org)* exibe a réplica de uma floresta tropical e um crocodilo branco. Veja plantas carnívoras no Conservatory of Flowers, nas proximidades.

Estacione na garagem do de Young Museum e ande por esses locais, a curta distância uns dos outros.

Destaques dos Headlands
Um passeio de carro pelos Marin Headlands ❻ e caminhadas compõem um dia agradável. Da Hawk Hill, desça uma colina íngreme para o oeste. Pare no centro de visitantes para pegar um mapa da área. Faça uma revigorante caminhada de 800m até o Point Bonita Lighthouse. A caminhada de 2,5km em torno da Rodeo Lagoon mostra a diversidade de aves que habita o estuário.

Há um grande estacionamento no centro de visitantes e no início das trilhas.

大來
13951

ROTEIRO **2**

Delta do Sacramento

De Martinez ao Wine and Pear Country

Destaques

- **Festival de aves**
  Aviste garças e outras aves aquáticas na Peytonia Slough Ecological Reserve, em Suisun Marsh

- **Ofícios campestres**
  Visite o Rush Ranch e veja um ferreiro em ação, além de aves raras em charcos ao longo de trilhas

- **Relíquia nos trilhos**
  Passeie em um bonde antigo no Western Railway Museum

- **Povoado pitoresco**
  Ande pelas ruas empoeiradas de Locke e veja museus-lojas que evocam a época dos pioneiros

Casa de madeira com inscrições chinesas em Locke

Delta do Sacramento

Abrangendo mais de 1.600km de canais, o delta do Sacramento, a nordeste de São Francisco, é ponto de confluência de quatro rios que fluem para a San Francisco Bay. No alto das barragens há vias panorâmicas que ligam povoados históricos e oferecem lindas vistas de terras cultivadas e charcos frequentados por aves migratórias. Esse roteiro serpenteia pelo delta, desde a cidade histórica de Martinez, na foz, até campos verdejantes com plantações de uvas e árvores frutíferas. No caminho, faça paradas para provar vinhos, comprar frutas frescas e conhecer cidades em ruínas – como Locke – que evocam os tempos da construção das barragens por operários chineses.

Acima Outdoor de boas-vindas em Walnut Grove, perto de Locke *(p. 43)*

Acima Aves migratórias ao sol no Martinez Waterfront Park *(p. 40)*

LEGENDA

Roteiro

ATIVIDADES

Ande pelas ruas tranquilas do centro histórico de Martinez, onde há antigos edifícios em vários estilos

Veja de perto muitos tipos de aves no Suisun Wildlife Center

Procure lontras e alces enquanto caminha pelas trilhas da Peytonia Slough Ecological Reserve

Entre na cabine de um bombardeiro da Segunda Guerra Mundial no Jimmy Doolittle Air & Space Museum

Imagine os fantasmas de operários chineses no velho povoado de Locke

Prove vinhos premiados em uma das vinícolas ao longo da River Road

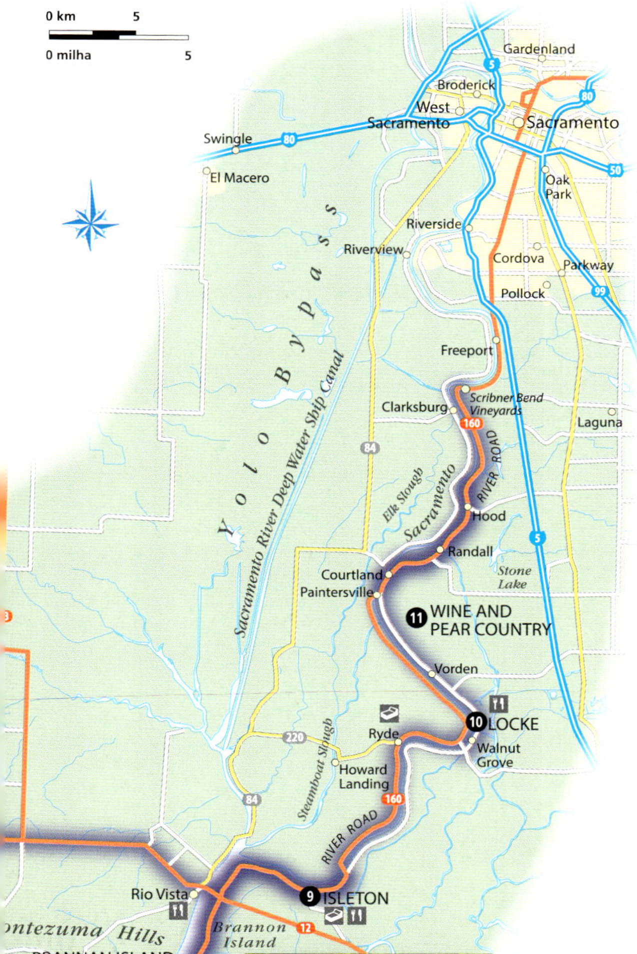

PLANEJAMENTO

Início/fim: De Martinez ao Wine and Pear Country.

Número de dias: 1-2, com meio dia explorando Martinez.

Distância: 180km (112 milhas).

Condições das estradas: Em geral, excelentes, com trânsito tranquilo. Certas partes antigas da rota incluem passar por uma autoestrada. Fora de áreas urbanas, a SR 12 e a SR 160 (River Road) são mal iluminadas.

Quando ir: A primavera é ideal, pois os dias são ensolarados e temperados e é época de frutas cítricas e peras nos pomares. O verão é quente, mas seu final é uma boa oportunidade para ver a colheita de frutas e uvas.

Horários de funcionamento: A maioria das atrações abre diariam, mas os horários variam no verão e no inverno. Ligue antes para saber se os parques estaduais estão abertos.

Compras: Encontre produtos frescos na SR 160 (River Road). Isleton, Locke e Walnut Grove têm antiquários.

Principais festas: Travis Air Force Base: Travis Air Show, ago; **Isleton:** Crawdad Festival, jun; **Courtland:** Pear Fair, jul.

PASSEIOS DE 1 DIA

Mergulhe em história andando pelas ruas de **Benicia** e **Locke** e vendo bondes antigos no **Western Railway Museum** e um avião da Segunda Guerra Mundial no **Jimmy Doolittle Air & Space Museum**. Se você gosta de **vida selvagem**, observe aves e caminhe na **Peytonia Slough Ecological Reserve** e no **Rush Ranch**. Detalhes *p. 43*.

À esq. O Alhambra Creek, que passa por Martinez *(p. 40)*

Acima Sede vitoriana do Martinez Museum
Abaixo Bela vista do Waterfront Park

❶ Martinez

Contra Costa County; 94553

Cercada por colinas com matas, Martinez é voltada para o estreito de Carquinez, na foz do delta do Sacramento. Projetada em 1849, tem um centro histórico em que se destacam edifícios bem preservados. Contrastando com as refinarias de petróleo nas cercanias, a natureza bucólica de Martinez fica evidente nas ruas arborizadas e no Alhambra Creek, onde há abundante vida selvagem.

PARA VISITAR MARTINEZ

Estacionamento
Há estacionamento pago na rua e gratuito na estação de trem Amtrak na Estudillo St.

ONDE FICAR

MARTINEZ

Muir Lodge *barato*
Esse motel charmoso tem uma piscina ao ar livre.
3930 Alhambra Ave, 94553; 925 228 3308; www.muirlodgemotel.com

BENICIA

Inn & Spa at Benicia Bay *moderado*
Decorado com antiguidades, um centenário B&B com biblioteca aconchegante.
145 E D St, 94510; 707 746 1055; www.theinnatbeniciabay.com

Union Hotel *moderado*
Nesse hotel histórico bem preservado há camas antigas com dossel e vitrais.
401 1st St, 94510; 707 746 0110; www.unionhotelbenicia.com

Passeio a pé de 2 horas

Após deixar o carro no estacionamento da estação Amtrak, na ponta norte da Estudillo Street, vá à **Martinez Chamber of Commerce** ① *(603 Marina Vista)* para pegar um mapa e depois siga para oeste pela Marina Vista Avenue. Pare na ponte na Castro Street para avistar castores no **Alhambra Creek** ②. Continue no rumo oeste até a Talbart Street, vire à direita e siga a Carquinez Scenic Drive até o **Alhambra Cemetery** ③, onde há túmulos dos primeiros colonos do condado. Retome a rota pela Marina Vista Avenue e vire à direita na Berrellessa Street. Pegue a direção sul rumo à Henrietta Street e, nesta, entre no **Plaza Ygnacio Martinez Park** ④, cujos destaques são uma fonte espanhola e canteiros de flores. Duas quadras adiante, vire à esquerda na Ferry Street, que tem edifícios históricos, e à direita na Main Street, que se inclina para leste até um relógio grande na Court Street. Dobre à direita e passe pelo **Contra Costa Country Courthouse** ⑤, neoclássico, e pela **Martinez Public Library** ⑥, art déco, de 1941, com sua coleção de livros originais de John Muir. Cruze a Ward Street para ver o **correio** ⑦, da época da Depressão, que tem um mural do New Deal, do artista Maynard Dixon (1875-1946). Volte pela Court Street e passe pelo **Contra Costa County Finance Building** ⑧, neoclássico, construído em 1901 como tribunal. Adiante, o **Martinez Museum** ⑨ *(1005 Escobar St; 925 228 8160; aberto 11h30-15h ter e qui, 13h-16h dom)*, vitoriano, enfoca a história da cidade. Dobre à esquerda na Marina Vista Avenue, rumo à Ferry Street; a estação de trem **Old Southern Pacific Depot** ⑩ fica à direita. Cruze os trilhos, passe pela **locomotiva a vapor Southern Pacific 1228** ⑪ e entre no **Waterfront Park** ⑫, onde há lagos com patos, marina e píer pesqueiro. Volte para o carro.

Do estacionamento da Amtrak vá à Marina Vista Ave e vire à esquerda na Berrellessa St rumo à Alhambra Ave. Na direção sul, dirija-se ao John Muir National Historic Site, que tem estacionamento grátis.

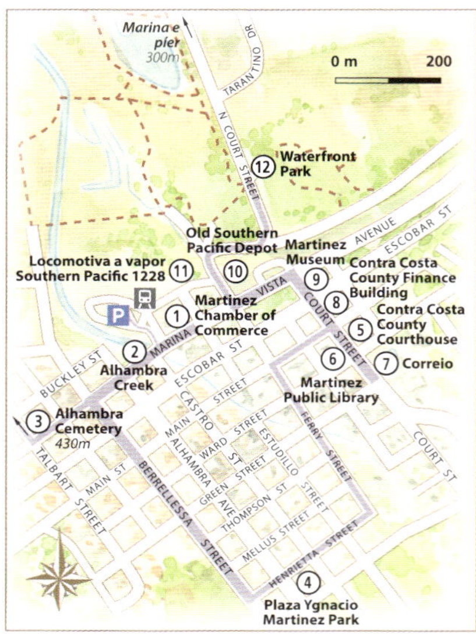

② John Muir National Historic Site

Contra Costa County; 94553

No alto de uma colina, essa mansão vitoriana com dezessete aposentos *(4202 Alhambra Ave; www.nps.gov/jomu)* foi a residência do imigrante escocês, ambientalista e escritor John Muir nos últimos 24 anos de vida, e exibe seus pertences. O centro de visitantes passa um filme curto sobre ele e organiza caminhadas guiadas por bosques de carvalho.

Pare no Martinez Adobe, antigo armazém que tem mostra sobre a Juan Bautista de Anza National Historic Trail, sobre a rota de uma expedição espanhola do México até a área da San Francisco Bay.

Coruja no Suisun Wildlife Center

Volte para o norte pela Alhambra Ave. Vire à direita na Escobar St rumo à Marina Vista Ave. Siga as placas para a Benicia-Martinez Bridge (pedágio) via I-680. Cruze a ponte. Pegue a 780 oeste para Benicia. Saia na E 5th St, dobre à esquerda na 5th St, à direita na Military E St e à esquerda na 1st St. Estacione junto à estrada.

John Muir

John Muir (1838-1914), o pai dos parques nacionais dos EUA, é considerado o pioneiro da defesa do meio ambiente no país. Após anos explorando os campos da Califórnia, ele se tornou um ferrenho defensor da preservação ecológica. Ganhou o apoio do presidente Theodore Roosevelt ao levá-lo para acampar no Yosemite Valley. Seus livros sobre a natureza e a Sierra Nevada da Califórnia foram fundamentais para a criação do National Park Service em 1899. Em 1892 ele fundou o Sierra Club, uma importante entidade preservacionista.

③ Benicia

Solano County; 94510

Fundada em 1847, essa cidade à beira do rio tem charme histórico. O edifício restaurado **Capitol** *(115 W G St; aberto 10h-17h sáb-dom)* foi sede do governo estadual de 1853 a 1854. A First Street tem lojas e cafés, e leva à **Benicia State Recreation Area**, um pântano protegido que atrai aves aquáticas migratórias. Aqui, um píer tem vistas do Carquinez Strait e do movimento de navios. Uma esquadra de reserva de navios antigos da Marinha dos EUA fica ancorada a leste de Benicia e pode ser vista a partir da baía.

Refaça a rota rumo leste para a I-780 e siga as placas da 680 para Sacramento. Saia após 21km (13 milhas) na Cordelia Rd e pegue-a na direção leste até Suisun City. Vire à direita no Kellogg St. Park, no Suisun Wildlife Center.

④ Suisun Wildlife Center

Solano County; 94585

Dedicado ao resgate de animais silvestres locais e à preservação do Suisun Marsh, o centro *(www.suisunwildlife.org)* instrui visitantes sobre a flora e a fauna locais, e oferece caminhadas nos charcos adjacentes. Além disso, cuida de animais feridos, como coiotes, águias e corujas.

Ande 75m para o leste no estacionamento e entre na **Peytonia Slough Ecological Reserve** *(707 944 5500)*, parte dos quase 47ha do Suisun Marsh. Ali descansam e se alimentam milhões de aves aquáticas seguindo pela Pacific Flyway, uma grande rota de aves migratórias. Uma trilha começa na rampa de barcos da Suisun City e leva às terras alagadas que margeiam um charco. Fique de olho em pegadas de alces e texugos na trilha, e procure por lontras entre os juncos.

Pegue a Kellogg St e a Main St rumo norte por Suisun City até a SR 12. Vire à direita e saia na Grizzly Island Rd. Siga até o Rush Ranch.

Abaixo Vista do Carquinez Strait a partir da Benicia State Recreation Area

Acima Entrada sombreada do Café Katie, em Martinez

PARA VISITAR BENICIA

Informações turísticas
601 1st St, 94510; 707 745 2120; www.beniciachamber.com

ONDE COMER E BEBER

MARTINEZ

Café Katie *barato*
Serve sanduíches, saladas e sopas.
925 Main St, 94553; 925 229 3595; aberto 7h-15h seg-sex

BENICIA

Lucca Bar & Grill *moderado*
Pratos italianos e *comfort food* americana em um ambiente chique.
439 1st St, 94510; 707 745 0943; aberto 11h30-21h seg-sex, 10h-12h sáb-dom; www.luccabar.com

ARREDORES DO SUISUN WILDLIFE CENTER

Cast Iron Grill & Bar *moderado*
Restaurante e bar em estilo de bistrô moderno.
700 Main St, Suisun City, 94585; 707 425 1700; 11h30-21h seg-sex, 9h30-20h sáb, 9h-21h dom; www.castirongrillandbar.com

Acima Pastagens no Rush Ranch, ao longo do Suisun Marsh **Abaixo** Casas antigas em Locke

ONDE FICAR

ISLETON

Delta Daze Inn *moderado*
B&B no centro de Isleton, tem quartos charmosos decorados com antiguidades.
20 Main St, 95641; 916 777 7777; www.deltadazeinn.com

ARREDORES DE LOCKE

Ryde Hotel *moderado*
Construído em 1927 junto ao rio, conta com jardins serenos e quartos com camas antigas de ferro.
14340 SR 160 Walnut Grove, 95690; 916 776 1318; www.rydehotel.com

5 Rush Ranch

Solano County

Essa fazenda histórica *(aberta 8h-18h diariam; www.rushranch.net)* funciona também como museu e tem demonstrações de ferreiros, cercados para animais, um estábulo com uma diligência e um velho "cemitério" de equipamentos agrícolas. O centro de visitantes abriga mostras de história natural. Além da criação de gado, há 838ha de charco e prado, com acesso por três trilhas. No estuário, que abriga mais de 200 espécies de aves, veem-se falcões, cobras pequenas e linces.

Volte para a SR 12. Continue no rumo leste até a Walters Rd; vire à esquerda e à direita no Air Base Pkwy. Siga as placas para o Jimmy Doolittle Air & Space Museum.

6 Jimmy Doolittle Air & Space Museum

Solano County; 94535

Com um dos maiores acervos de aviões militares dos EUA, esse museu *(Travis Air Force Base; 707 424 5605; www.jimmydoolittlemuseum.org)* expõe bombardeiros B-52 Stratofortress, um B-29 Superfortress e vários caças a jato. Dá ênfase às guerras da Coreia e do Vietnã, e ao primeiro ataque aéreo ao Japão, em 18 de abril de 1942. Ligue antes para pedir um guia e leve documento com foto e registro do veículo.

Saia da Travis Air Force Base e vire à esquerda na Walters Rd. Dirija para o sul até a SR 12, vire à esquerda e continue no rumo leste até o Western Railway Museum.

7 Western Railway Museum

Solano County; 94585

Volte um século nesse museu de história viva *(www.wrm.org)*, onde antigos trens, bondes e ônibus elétricos mostram o desenvolvimento das estações ferroviárias urbanas. Funcionários em trajes de época conduzem os visitantes. Pare no Cameron Hall Visitor Center, que conta a história da operação de ferrovias elétricas dos anos 1890 em diante, e onde se veem restauradores trabalhando na oficina. Passeios de trem *(11h, 12h30, 14h e 15h30)* transpõem as Montezuma Hills.

Continue no rumo leste na SR 12, que atravessa encostas onduladas e prados verdejantes com centenas de turbinas eólicas da Shiloh Wind Power Plant. Veja ovelhas e gado pastando tranquilamente sob os moinhos de vento de 80m de altura. Esse terreno foi fotografado e hoje é uma das imagens de tela do software Windows XP, da Microsoft.

Mantenha-se na direção leste na SR 12, até Rio Vista. Cruze o Sacramento River pela Lift Bridge e vire à direita na SR 160 (River Rd) para alcançar a Brannan Island State Recreation Area.

Bonde no Western Railway Museum

8 Brannan Island State Recreation Area

Sacramento County; 95476

Cortada por canais sinuosos, a Brannan Island State Recreation Area *(877 444 6777; www.recreation.gov)* tem três lados cercados pelo Sacramento River e por charcos. O parque abrange numerosas ilhas e é margeado por um pântano onde vivem castores, ratos-almiscarados, lontras e pelo menos 76 espécies de aves. O centro de visitantes fornece um mapa interativo e promove mostras sobre a história natural e cultural do delta do Sacramento. Quem gosta de esportes pode nadar, pescar e fazer windsurfe, e há também trilhas, campings e instalações para piquenique.

Volte pela SR 160 (River Rd) para Rio Vista e continue no rumo norte ao longo do lado leste do rio, até Isleton.

Onde Ficar: barato, menos de US$100; moderado, US$100-US$200; caro, acima de US$200

9 Isleton

Sacramento County; 95641

Barcos a vapor e com roda de pá já circularam nesse porto fluvial outrora importante, que era uma estação intermediária de pioneiros chegados à Califórnia durante a Corrida do Ouro, em 1849. Muitas estruturas de madeira e zinco desse povoado do século XIX ainda exibem símbolos chineses da época em que havia no local um grande contingente de trabalhadores oriundos da China. Hoje, Isleton é mais conhecido pelo anual Crawdad Festival, que atrai multidões de fãs de lagostins.

Continue no rumo norte por 16km na SR 160 (River Rd) via Ryde, então vire à direita seguindo as placas do outro lado do rio para Locke.

Corrida do Ouro

Com a descoberta de ouro no American River em 1848, a notícia da Gum Shan (Gold Mountain, ou Montanha Dourada) atraiu uma legião de garimpeiros chineses para a Califórnia. Em 1852, cerca de 25 mil imigrantes da China haviam construído assentamentos exclusivos, entre eles Locke. Eles foram vitais na construção da Central Pacific Railroad de Sacramento, que cortava as montanhas da Sierra Nevada, e das barragens do delta do Sacramento, no fim do século XIX. Seu legado ainda é evidente em cidades no delta.

10 Locke

Sacramento County; 95327

Construído em 1915 por mão de obra rural chinesa, esse povoado pitoresco mantém o antigo espírito pioneiro mais do que outras cidades no delta. Os bordéis e as casas de jogo sumiram, mas o povoado ainda exala um charme rude e autêntico. Pare em uma das frágeis casas de madeira que foram transformadas em charmosos museus com lojas de antiguidades, nas quais se veem peças interessantes.

Continue seguindo a SR 160 (River Rd) pela região de vinhos e peras.

11 Wine and Pear Country

Sacramento County; 95615

Ao norte da histórica Locke, a SR 160 (River Road) passa por um trecho vasto de fazendas com pomares de peras e vinhedos – que justificam o nome da região –, irrigados pelas águas dos rios e charcos do delta. O polo da indústria da pera fica em volta do povoado de **Courtland**, que todos os anos festeja a colheita com a Pear Fair.

Muitas vinícolas ao longo da rota são abertas a visitas. Se você não estiver dirigindo, vá à **Scribner Bend Vineyards** *(www.scribnerbend.com)*, que oferece degustação de cortesia. Os visitantes podem relaxar nos gramados e belos jardins, enquanto provam os vinhos premiados.

Acima, da esq. p/ dir. Placa do Isleton Joe's; Pereiras em Courtland

ONDE COMER E BEBER

ISLETON

Rogelio's *barato*
Antes um bar, o Rogelio's serve comida chinesa, italiana e mexicana. *34 Main St, 95641; 916 777 5878; aberto 16h-20h ter-qua, 11h-20h qui e dom, 11h-21h sex e sáb; www.rogelios.net*

Isleton Joe's *moderado*
O melhor lugar para comer lagostins, em coquetéis, omeletes e porções. *212 2nd St, 95641; 916 777 6510; aberto 11h-21h seg-sex, 8h-21h sáb-dom*

ARREDORES DE ISLETON

The Point Waterfront Restaurant *moderado*
Restaurante de peixes e carnes junto ao rio Sacramento, com tendas para refeições. *120 Marina Dr, Rio Vista, 94571; 707 374 5400; horários variam muito; www.pointrestaurant.com*

LOCKE

Al's Place *barato*
Peça bifes e massas nessa lanchonete. *13936 Main St, 95690; 916 776 1800; aberto 11h30-14h seg-sex, 11h30-21h sáb-dom*

PASSEIOS DE 1 DIA

É possível segmentar esse roteiro em vários passeios de um dia.

Todos a bordo
Fãs de trens ficam encantados com os apitos no Western Railway Museum 7, enquanto entusiastas de aviação e de temas militares podem admirar uma série de aviões da Segunda Guerra Mundial e outros modelos antigos no Jimmy Doolittle Air & Space Museum 6.

Do museu ferroviário, pegue a SR 12 para a Walters Rd rumo à Travis Air Force Base.

Paraíso das aves
Chegue perto de mais de 200 espécies de aves e outros animais protegidos no Suisun Wildlife Center 4, depois siga uma trilha para o habitat de aves aquáticas no Rush Ranch 5.

Em Suisun City pegue a SR 12 e saia na Grizzly Island Rd, que leva ao Rush Ranch.

Memórias do Oriente
Quem se interessa por história vai adorar a caminhada por Isleton 9 e Locke 10, que mostram vestígios do passado chinês na Califórnia.

A SR 160 (River Rd) liga as cidades.

ROTEIRO **3**

Encostas Arborizadas e Belo Litoral

Do Vista Point ao Point Reyes Headland

Destaques

- **Calçadão com vista da baía**
  Ande pelo calçadão junto ao mar em Sausalito e admire as estupendas vistas de São Francisco

- **Gigantes da natureza**
  Percorra as trilhas do Muir Woods National Monument para conhecer as árvores mais altas do mundo

- **De olho no alce-tule**
  Passeie pela Tule Elk Reserve e veja essa espécie endêmica de cervídeo

- **Observação de baleias**
  Veja as baleias-cinzentas que passam pelo Point Reyes Lighthouse

Vista ampla da costa no Point Reyes National Seashore

Encostas Arborizadas e Belo Litoral

O litoral do Marin County é uma agradável mescla de contrastes. Abrange desde as sublimes vistas de Sausalito e as antiquíssimas sequoias *(Sequoia sempervirens)* em Muir Woods até as praias batidas pelo vento e os rochedos escarpados no Point Reyes National Seashore. A Shoreline Highway (SR 1) é a estrada que liga todas essas paisagens, e garante uma dose extra de emoção com suas curvas fechadas à beira de despenhadeiros. Esse roteiro combina os melhores panoramas de Marin, com floresta, montanha e litoral. Além disso, não faltam oportunidades de andar por trilhas convidativas, e até o viajante mais sedentário tem a chance de avistar muitos exemplares de vida selvagem e marinha, como alces-tule, elefantes-marinhos e baleias.

Acima Em estilo Tudor, o Pelican Inn fica em Muir Beach *(p. 49)*

ATIVIDADES

Jogue o anzol na Stinson Beach para tentar pescar um salmão

Vá ao Audubon Canyon Ranch e observe garças na Martin Griffin Preserve

Caminhe pela Earthquake Loop Trail, em Bear Valley, e constate como a falha de San Andreas se moveu em 1906

Reme um caiaque na Tomales Bay à procura de leões-marinhos e focas

Coma ostras na Drakes Bay e depois compre algumas para um churrasco

Suba os degraus no Point Reyes Lighthouse para ver a lente original do farol

Acima Marina de Sausalito *(p. 48)*

Acima Tomales Point, com vistas incríveis do mar, Point Reyes National Seashore *(pp. 50-1)*

PLANEJAMENTO

Início/fim: Do Vista Point ao Point Reyes National Seashore.

Número de dias: 1-2.

Distância: 137km (85 milhas).

Condições das estradas: Bem asfaltadas, mas a Shoreline Highway (SR 1) entre Muir Beach e Stinson Beach tem curvas fechadas e é sujeita a desmoronamentos. Em fins de semana quentes, há congestionamentos na Muir Woods Road. A névoa pode envolver o Point Reyes National Seashore em qualquer época do ano.

Quando ir: Na primavera para ver as flores silvestres, e no final do outono pelo clima agradável. Evite jul-set devido à neblina pesada. Jan-mar é boa época para ver baleias em migração.

Horários de funcionamento: A maioria das atrações e centros de visitantes abre diariam das 10h às 17h.

Principais dias de mercado: Point Reyes Station: Jun-nov sáb manhã. Sausalito: Mai-out sex tarde.

Compras: Sausalito tem dezenas de butiques e galerias de arte.

Principais festas: Sausalito: Film Festival, ago; Art Festival, set. **Point Reyes:** Birding & Nature Festival, abr; Big Time Native American Festival, abr.

PASSEIOS DE 1 DIA

Fotógrafos vão adorar as vistas em **Vista Point** e nos **Marin Headlands**. Vá ao **Point Reyes National Seashore** e a **Muir Beach** para se divertir na praia. **Quem gosta de animais** deve conhecer a **Bolinas Lagoon** e a **Tule Elk Reserve**. Detalhes *p. 51*.

Acima Vista da Stinson Beach
Abaixo Trilha em Muir Woods

PARA VISITAR SAUSALITO

Informação turística
780 Bridgeway, 94965; 415 332 0505; aberto 11h30-16h ter-dom

Estacionamento
Há vagas de estacionamento com parquímetro no Gabrielson Park.

ONDE FICAR

VISTA POINT

Cavallo Point *caro*
Instalado no antigo Fort Baker, do exército dos EUA, esse hotel tem linda vista de São Francisco e do Golden Gate.
601 Murray Circle, Fort Baker, 94965; 415 339 4700; www.cavallopoint.com

SAUSALITO

Casa Madrona Hotel & Spa *caro*
Quartos bem equipados, com lindas vistas da baía. Também tem chalés.
801 Bridgeway, 94965; 415 332 0502; www.casamadrona.com

MUIR BEACH

Pelican Inn *moderado*
Em estilo inglês, hospedagem muito aconchegante.
10 Pacific Way, 94965; 415 383 6000; www.pelicaninn.com

STINSON BEACH

The Sandpiper *moderado*
Quartos limpos e agradáveis. Jardim em estilo inglês.
1 Marine Way, 94970; 415 868 1632; www.sandpiperstinsonbeach.com

1 Vista Point

Marin County
Esse mirante no extremo norte da Ponte Golden Gate tem vistas de São Francisco e de Alcatraz. Pode-se estacionar por até 4 horas.

Vá para o norte pela I-101 e saia na Alexander Ave; vire à esquerda e passe sob a autoestrada. Siga a Conzelman Rd e a Bunker Rd ao largo dos promontórios.

2 Marin Headlands

Marin County; 94965
Os Marin Headlands integram a Golden Gate National Recreation Area. A Conzelman Road sobe os promontórios até **Battery Mendell**, depósito de armas da Segunda Guerra Mundial, e o **Point Bonita Lighthouse**, farol acessível por uma trilha. Os dois lugares têm vistas incríveis. A estrada então desce até um vale e passa pelo **Nike Missile Site** *(415 331 1453)*, museu da Guerra Fria, e pelo **Marin Headlands Visitor Center** *(415 331 1540; www.nps.gov/goga)*, em antiga capela da época da Segunda Guerra. O **Marine Mammal Center** *(www.marinemammalcenter.org)* é um centro de resgate e reabilitação de mamíferos marinhos. Faz frio e venta nos promontórios.

Saia dos Marin Headlands na Bunker Rd; após o túnel, passe sob a I-101 até a Alexander Ave. Vire à esquerda e continue até Sausalito. Deixe o carro no Gabrielson Park.

3 Sausalito

Marin County; 94965
Essa pitoresca aldeia pesqueira virou uma área residencial valorizada e tem vistas imbatíveis da San Francisco Bay. Há casas vitorianas nas colinas íngremes junto à baía e, abaixo, Bridgeway é um calçadão à beira-mar no qual se encontram marinas com veleiros, restaurantes e belas casas flutuantes.

Passeio a pé de 2 horas

Comece no **Gabrielson Park** ①, que tem vista panorâmica dessa bela cidade e da baía. Admire a escultura de aço *Hermandad*, do chileno Sergio Castillo, e vá para o sul, passando pelo terminal de balsas de Sausalito, até a arborizada **Sausalito Town Square** ②, onde há uma fonte espanhola. Por perto, na Bridgeway, o **Yee Tock Chee Park** ③ é uma passarela triangular com bancos. Vire para oeste e siga a Bridgeway, passando por lojas e restaurantes, até o **Sausalito Visitor Center & Historical Exhibit** ④ *(780 Bridgeway; 415 332 0505)*. Rume para o norte na Bridgeway e vire à direita na Marinship Way. Vá ao **Bay Model Visitor Center** ⑤ *(www.spn.usace.army.mil/bmvc)* e veja a imensa maquete hidráulica em 3D de toda a área da San Francisco Bay, com o movimento das marés. Se tiver tempo para uma caminhada mais longa, siga a Marinship Way até a Harbor Drive. Dobre à direita e à esquerda na Gate 5 Road, que leva a cerca de 500 casas flutuantes da época hippie e à balsa amarela SS *City of Seattle*, do século XIX. Volte à Bridgeway e rume para oeste até a Napa Street. Vá para o sul

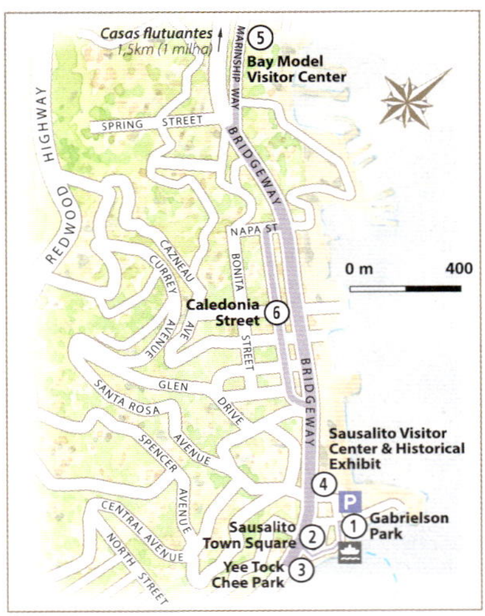

Acima, da esq. p/ dir. Viagem pelo Marin County; A imponente Ponte Golden Gate

até a **Caledonia Street** ⑥, onde há cafés e lojas. Siga essa rua até a Bridgeway para voltar ao estacionamento no Gabrielson Park.

Vá para o norte na Bridgeway até a I-101; saia da autoestrada na Shoreline Hwy (SR 1) e siga as placas para Stinson Beach. Vire à direita na Panoramic Hwy e à esquerda na Muir Woods Rd, que vai a Muir Woods.

④ Muir Woods National Monument

Marin County; 94941

Milhares de sequoias antiquíssimas podem ser vistas ao longo de 10km de trilhas nessa reserva florestal *(www.nps.gov/muwo)* criada pelo presidente Theodore Roosevelt em 1908. As árvores, algumas com mais de mil anos, estão entre as mais altas do mundo.

Continue descendo a Muir Woods Rd. Vire à direita na Shoreline Hwy (SR 1) rumo a Muir Beach. Pare no estacionamento público.

⑤ Muir Beach

Marin County; 94965

O povoado de Muir Beach se localiza em uma enseada diante de um trecho de areia dourada e junto a promontórios escarpados no sopé do Mount Tamalpais. O pântano atrás da praia é ideal para ver aves e borboletas-monarcas. Dali, a SR 1 segue a face do rochedo subindo até o topo, com descidas íngremes ocasionais e subidas até vales fluviais. O cenário é impressionante, com quedas abruptas até enseadas protegidas por penhascos açoitados pelas ondas. Em dias límpidos, as Farallon Islands parecem flutuar ao longe.

De Muir Beach, siga a SR 1 até a Stinson Beach. Deixe o carro no estacionamento da State Beach.

⑥ Stinson Beach

Marin County; 94970

As areias brancas dessa praia se estendem por 5km na Bolinas Bay, formando uma restinga em volta da Bolinas Lagoon. As ondas quebram nessa praia boa para pesca, mas inadequada para nado devido a correntezas fortes, água fria e eventuais tubarões-brancos, que podem levar ao fechamento preventivo do local por até cinco dias.

Siga para o norte na SR 1 via Bolinas Lagoon. Pare no acostamento.

⑦ Bolinas Lagoon

Marin County; 94970

Essa laguna triangular atrás da Stinson Beach fica em uma depressão criada pela falha de San Andreas. Um dos charcos costeiros mais intocados da Costa Oeste, ela é importante na Pacific Flyway, com milhões de aves migratórias parando no local duas vezes por ano. A maré baixa expõe mais de 240ha de mangues, atraindo focas que vêm tomar sol e aves marinhas em busca de alimento. Na primavera, colônias de garças nidificam na Martin Griffin Preserve, no **Audubon Canyon Ranch** *(www.egret.org)*, nas cercanias. A reserva tem trilhas autoguiadas e um mirante para observação de aves.

Placa do Pelican Inn

Continue na SR 1, que passa por uma mata de eucaliptos e pelo Bear Valley rumo a Olema, a 19km (12 milhas) da Bolinas Lagoon. Deixe o carro ao lado da estrada.

ONDE COMER E BEBER

SAUSALITO

Venice Gourmet Market *barato*
Essa delicatéssen serve sanduíches em mesas no pátio, com vistas da baía.
625 Bridgeway, 94965; 415 332 3544; aberta 9h-19h diariam; www.venicegourmet.com

Scoma's *caro*
Com vista da baía, esse restaurante italiano oferece frutos do mar frescos.
588 Bridgeway, 94965; 415 332 9551; aberto 11h30-21h diariam, até 22h sex-sáb; www.scomassausalito.com

MUIR BEACH

Pelican Inn *moderado*
Pub clássico com cervejas, bangers'n' mash (salsichas com purê) e tortas salgadas.
10 Pacific Way, 94965; 415 383 6000; aberto 11h30-21h diariam; www.pelicaninn.com

STINSON BEACH

Sand Dollar *moderado*
Peça mariscos no vapor, tacos de peixe e cioppino (cozido de peixe). Jazz ao vivo nos fins de semana.
3458 Shoreline Hwy, 94970; 415 868 0434; aberto 11h30-21h diariam; www.stinsonbeachrestaurant.com

COMPRAS EM SAUSALITO

Butterflute Studios
Estúdio da artista Victoria Colella, que vende arte popular.
2350 Marinship Way, 94966; 415 332 6608; www.butterflute.com; só com hora marcada

Sausalito Artists Open Studios
O Industrial Center Building abriga ateliês de cerca de 80 artistas.
480 Gate 5 Rd, 94966; 415 332 0730; www.sausalitoartistsopenstudios.com

Onde Comer e Beber: barato, menos de US$25; moderado, US$25-US$50; caro, acima de US$50

Acima Centro de visitantes no Point Reyes National Seashore

⑧ Olema

Marin County; 94950

No alto da falha de San Andreas, o sereno e charmoso povoado de Olema surgiu como um centro madeireiro no final do século XIX. Hoje, tem alguns antiquários, restaurantes e B&Bs.

No norte de Olema, saia da SR 1 e entre na Bear Valley Rd, que leva ao Point Reyes National Seashore. Siga as placas para o Bear Valley Visitor Center.

ONDE FICAR

OLEMA

Alta Olema Bed & Breakfast *moderado*
Decorados com peças ecléticas e toques luxuosos, esses quartos e chalés são muito charmosos.
9876 Sir Francis Drake Blvd, 94950; 415 663 1500; www.altaolema.com

Point Reyes Seashore Lodge *caro*
Lodge gracioso, tem quartos com cobertores de retalhos e piso aquecido.
10021 Coastal Hwy 1, 94950; 415 663 9000; www.pointreyesseashore.com

TOMALES BAY

Manka's Inverness Lodge *caro*
Ex-alojamento de caça e pesca, oferece quartos em uma casa de barcos reformada. As românticas cabanas na mata têm banheiras antigas.
30 Callender Way, Inverness, 94937; 415 669 1034; www.mankas.com

Abaixo Alces-tule vistos a partir de Tomales Point **À dir.** O Point Reyes Lighthouse, do século XIX

⑨ Point Reyes National Seashore

Marin County; 94956

Essa massa de terra em forma de gancho, junto ao oceano Pacífico, tem paisagens incríveis. As ondas quebram nas longas faixas de areia, que dão lugar a promontórios com florestas e prados verdejantes. Batido pelo vento, o Point Reyes Headland é ideal para ver baleias, e há mirantes e muitas trilhas a partir dos quais se podem avistar elefantes-marinhos, leões-marinhos e alces-tule.

① Bear Valley Visitor Center

Há mostras interativas sobre cultura, geologia e história natural do parque, e réplicas de vários ecossistemas *(aberto 9h-17h diariam)*. Muitas trilhas começam aqui; a Earthquake Loop Trail passa por uma ruptura que deslocou a área de Point Reyes por 6m durante o terremoto de 1906.

Siga no sentido norte da Bear Valley Rd até ela cruzar com o Sir Francis Drake Blvd. Vire à esquerda e siga 3km (2 milhas) até a Tomales Bay.

② Tomales Bay

A margem oeste desse estuário costeiro tem pinheiros, abetos e eucaliptos, além de praias onde focas tomam sol. Veja patos e águias em passeios de caiaque da **Blue Water Kayaking** *(www.bwkayak.com)*. Barcos encalham na maré baixa na pitoresca comunidade de Inverness. Na Heart's Desire Beach há mesas de piquenique e águas tranquilas para nadar.

Siga pelo Sir Francis Drake Blvd até ele desembocar na Pierce Point Rd. No fim da estrada, estacione no histórico Pierce Point Ranch.

③ Tule Elk Reserve

Estendendo-se até a ponta norte de Point Reyes, Tomales Point se distingue pela presença do alce-tule. Quase extinto, esse grande cervídeo endêmico da região foi reintroduzido no local em 1978. Os animais são vistos nos prados e nas montanhas, sobretudo em ago-set, quando os machos disputam as fêmeas.

Volte à rota pela Pierce Point Rd até o Sir Francis Drake Blvd. Vire à direita e, na placa para a Drakes Bay Oyster Company, dobre à esquerda na via de terra. Pare no estacionamento.

④ Drakes Estero

Ao que consta, o explorador britânico Francis Drake adernou o *Golden Hinde* nesse estuário em 1579. Aves aquáticas, pernaltas e pelicanos brancos se juntam nos charcos, e a bordo de caiaques se veem arraias, tubarões-tigres e focas. Aprenda sobre aquicultura na **Drakes Bay Oyster Company**

Onde Ficar: barato, menos de US$100; moderado, US$100-US$200; caro, acima de US$200

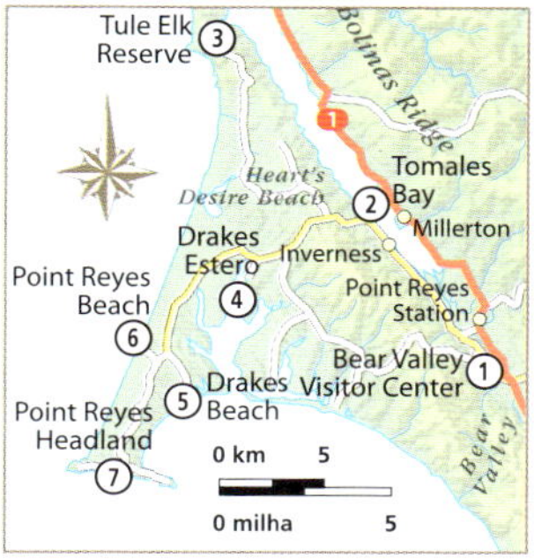

Acima Vista do Tomales Point, Point Reyes National Seashore

Baleias-cinzentas

Essas baleias com até 16m de comprimento migram do Alasca no inverno para se reproduzir nas lagunas quentes da Baja California, no México. Elas ficam próximas às praias quando passam na costa da Califórnia em sua viagem de dois meses (cada trecho) em meados dez-meados jan e mar-abr.

(www.drakesbayoyster.com), que cultiva e enlata ostras.

Volte ao Sir Francis Drake Blvd e vire à esquerda. Siga até a Drakes Beach Rd; dobre à esquerda para a Drakes Beach. Pare no centro de visitantes.

⑤ Drakes Beach

Abarcando a Drakes Bay, no sopé de rochedos de arenito, essa praia é perfeita para nado e caminhadas. O **Kenneth C. Patrick Visitor Center** *(aberto 10h-17h sáb-dom)* tem mostras sobre exploração marítima e história natural, incluindo o esqueleto de uma baleia. Focas usam as areias como viveiro e, com frequência, baleias são avistadas.

De volta ao Sir Francis Drake Blvd, vire à esquerda e depois à direita na placa para Point Reyes Beach South; pare no estacionamento.

⑥ Point Reyes Beach

Essa praia de areia dourada, também conhecida como Great Beach, tem ondas fortes. Brinque nas dunas e nas piscinas de marés, e faça caminhadas para ver diferentes espécies de aves.

Continue no rumo sudoeste até o fim do Sir Francis Drake Blvd. Pare no estacionamento ou junto à estrada e ande até o farol.

⑦ Point Reyes Headland

Projetando-se 16km no oceano Pacífico, o Point Reyes Headland, na ponta oeste da península, é um dos locais com mais vento e névoa da América do Norte. Em dias límpidos, porém, oferece vistas sensacionais da Point Reyes Beach. O centro de visitantes tem um mirante com binóculos para ver as baleias de passagem. Desça a escada de 300 degraus pela face do rochedo até o **Point Reyes Lighthouse** *(aberto 10h-16h30 qui-seg)*, farol que foi construído em 1870 e ainda tem sua lente Fresnel original. A Chimney Rock Trail, a leste do centro de visitantes, fica repleta de flores silvestres na primavera. Nas proximidades, o Elephant Seal Overlook descortina os viveiros.

ONDE COMER E BEBER

OLEMA

Farm House Restaurant *moderado*
Esse restaurante usa produtos locais frescos e tem mesas no pátio.
10021 Coastal Hwy 1, 94950; 415 663 1264; aberto 11h30-21h diariam, 11h30-22h sáb; www.pointreyesseashore.com

TOMALES BAY

Station House Café *moderado*
Ambiente alegre de pub com música ao vivo. Peça fettuccine com cogumelos e caçarola de halibute.
11180 SR 1, Point Reyes Station, 94937; 415 663 1515; veja os horários no site; www.stationhousecafe.com

Vladimir's *moderado*
Serve pratos europeus clássicos ao ar livre e em um salão amplo. Muito aconchegante.
12785 Sir Francis Drake Blvd, 94937; 415 669 1021; horário varia, fecha seg

DRAKES BEACH

Drakes Beach Café *barato*
Lanchonete praiana, serve hambúrgueres, sanduíches e pratos quentes.
1 Drakes Beach Rd, 94937; 415 669 1297; veja os horários no site; www.drakescafe.com

PASSEIOS DE 1 DIA

O roteiro pode ser dividido em viagens de um dia de acordo com um interesse específico.

Ponto de vista urbano

Fotógrafos podem achar ângulos perfeitos de São Francisco a partir do Vista Point ❶, dos Marin Headlands ❷ e de Sausalito ❸.

Do Vista Point, pegue a Alexander Ave, cruze sob a autoestrada e entre na Conzelman Rd, que retorna pela Bunker Rd a Sausalito.

Programa praiano

Para areia e ondas, vá a Muir Beach ❺, Stinson Beach ❻ e Heart's Desire Beach, no Point Reyes National Seashore ❾.

A rodovia SR 1 liga as praias. Em Olema, vire à esquerda no Sir Francis Drake Blvd e continue até a Heart's Desire Beach.

Animais silvestres

Visite Bolinas Lagoon ❼, Tomales Bay, Tule Elk Reserve e Drakes Estero para ver aves e animais em profusão.

Pegue a SR 1 no rumo norte para Olema. Vire à esquerda no Sir Francis Drake Blvd até a Tomales Bay. Continue até a Point Pierce Ranch Rd rumo à Tule Elk Reserve. Volte ao Sir Francis Drake Blvd e siga no sentido oeste para Drakes Estero.

Onde Comer e Beber: barato, menos de US$25; moderado, US$25-US$50; caro, acima de US$50

ROTEIRO **4**

Terra dos Vinhos

De Napa a Sonoma

Destaques

- **Vinhos de nível internacional**
  Conheça rótulos premiados em vinícolas ecléticas por toda a região
- **Um sopro de arte**
  Surpreenda-se com obras de arte contemporânea na galeria da vinícola Hess Collection
- **Prazeres termais**
  Visite o gêiser Old Faithful, em Calistoga, e faça uma imersão terapêutica em lama quente
- **Pegadas literárias**
  Explore os lugares descritos nos livros de Robert Louis Stevenson e Jack London

Paisagem com vinhedos diante do Castello di Amorosa, Napa Valley

Terra dos Vinhos

Renomado por seus vinhos de nível internacional, o Napa Valley é um dos diversos vales de paisagem deslumbrante que integram o Wine Country, no norte da Califórnia. Toda a região é abençoada com um clima mediterrâneo quente, e no caminho entre as vinícolas os visitantes passam por vales recobertos de vinhedos, circundados por montanhas muito arborizadas. Diversas vinícolas têm galerias de arte e museus, e outras, na orla de Healdsburg e St. Helena, são maravilhas arquitetônicas – há até mesmo algumas mansões vitorianas. Vá à histórica Sonoma para ver sua missão e as casernas antigas, ou visite algum dos curiosos museus de Santa Rosa. Há também tratamentos de spa, gastronomia e hospedagem de alto nível, bem como caminhadas e passeios em balão.

ATIVIDADES

Prove vinhos em áreas que cultivam diferentes tipos de uvas

Jante como um rei em um dos restaurantes finos de Yountville

Voe em um balão ao amanhecer em Calistoga e veja o Napa Valley de uma perspectiva diferente

Tome um banho de lama quente em Calistoga e sinta os efeitos curativos dessa terapia

Caminhe pelas trilhas nos vales de Napa e Sonoma

Veja curiosidades cinematográficas na Francis Ford Coppola Winery

Acima Flores na Benziger Winery, perto de Glen Ellen *(p. 60)*

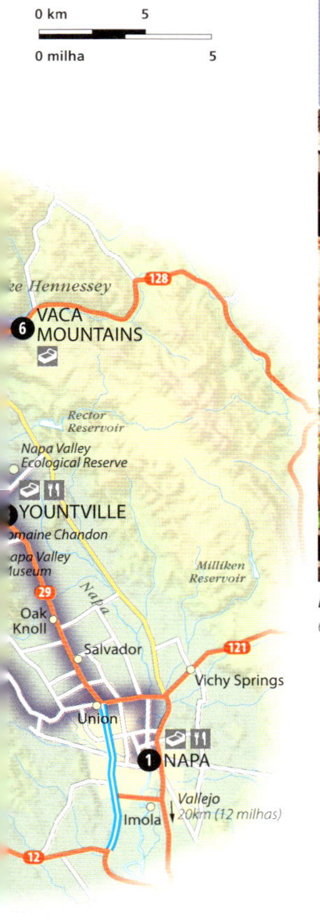

Acima O histórico Calistoga Depot tem lojas de vinho e butiques *(p. 58)*

PLANEJAMENTO

Início/fim: De Napa a Sonoma.

Número de dias: 2-3.

Distância: 226km (140 milhas).

Condições das estradas: Todas são bem asfaltadas. Há congestionamentos nos fins de semana na SR 29 e nos horários de pico no centro de Santa Rosa.

Quando ir: O Wine Country é um bom destino o ano todo. Na primavera, os campos de lavanda e mostarda florescem, e o verão tem dias ensolarados e menos turistas. O outono é tempo de colheita, quando os vinhedos ficam rubros e dourados, e as vinícolas, muito movimentadas. O inverno pode ser enevoado.

Horários de funcionamento: A maioria das vinícolas abre diariam, mas os horários variam. Algumas exigem hora marcada, e pode ser necessário fazer reserva para tours e visitas.

Principais dias de mercado: Healdsburg: sáb manhã. Santa Rosa: qua e sáb manhã. Sonoma: sex manhã.

Compras: Vinícolas vendem vinhos finos, além de azeite de oliva e queijos locais. As cidades têm muitos antiquários.

Principais festas: Napa: Napa Valley Wine Festival, mai. **Alexander Valley:** Barrel Tasting Weekend, mar. **Guerneville:** Russian River Jazz Festival, ago. **Sonoma:** Sonoma County Harvest Fair, set.

Álcool ao volante: É melhor contratar um motorista para esse roteiro.

PASSEIOS DE 1 DIA

Apreciadores de arte devem visitar as vinícolas **Hess Collection** e **Robert Mondavi**. Quem gosta de **literatura** pode ir a **Glen Ellen**, ao **Jack London State Historic Park** e ao **Robert Louis Stevenson State Park**. **Enófilos** podem esquentar ainda mais o debate sobre qual vinícola da região produz os melhores vinhos. Detalhes *p. 61*.

PARA VISITAR NAPA

Informação turística
600 Main St, 94559; 707 251 5895; www.legendarynapavalley.com

Estacionamento
Pare no estacionamento público na 5th St com a Main St.

ONDE FICAR

NAPA

Churchill Manor *caro*
Esse gracioso B&B mantém o estilo e a hospitalidade do século XIX. Os quartos são decorados com antiguidades. *485 Brown St, 94559; 707 253 7733; www.churchillmanor.com*

Westin Verasa *caro*
Esse hotel de luxo oferece quartos temáticos modernos e um excelente restaurante. *1314 McKinstry St, 94559; 707 257 1800; www.westinnapa.com*

YOUNTVILLE

Napa Valley Railway Inn *moderado*
Hotel singular e aconchegante instalado em antigos vagões de trem. *6523 Washington St, 94599; 707 944 2000; www.napavalleyrailwayinn.com*

ARREDORES DE RUTHERFORD

Auberge du Soleil *caro*
Spa e refúgio romântico em uma colina, com luxo de nível internacional. *180 Rutherford Hill Rd, 94573; 707 963 1211; www.aubergedusoleil.com*

ARREDORES DE ST. HELENA

Meadowood Resort *caro*
Em terreno arborizado, esse resort tem spa, campo de golfe, quadra de tênis e um restaurante com três estrelas do Michelin. *900 Meadowood Lane, 94574; 707 963 3646; www.meadowood.com*

Abaixo Caminho em meio a vinhedos no Napa Valley

Acima, da esq. p/ dir. A fachada do Culinary Institute of America em Greystone, ao norte de St. Helena; Loja da Hess Collection

1 Napa

Napa County; 94559

O centro histórico restaurado, que antes era um porto fluvial, tem edifícios vitorianos que abrigam antiquários, galerias de arte e restaurantes, sobretudo na Main Street. Polo de compras e gastronomia, o Napa Mill, do século XIX, fica em plena beira-rio de Napa. Perto, a **Opera House**, construída em 1880 em estilo italiano, é o orgulho da cidade, ao passo que a **First Presbyterian Church**, datada de 1874, constitui belo exemplo de arquitetura gótica vitoriana.

Saia na Main St. Vire à direita na 1st St e à esquerda na Soscol Ave e vá até a Trancas St. Rume para o norte e vire à esquerda após 2,5km (1,5 milha); siga a Trancas St (depois Redwood Rd). Siga as placas para a Hess Collection, que fica 6km (4 milhas) acima.

Vinhos da Inglenook

2 The Hess Collection

Napa County; 94558

No alto das encostas do monte Veeder, essa é uma das melhores vinícolas da região *(www.hesscollection.com)*. Sua galeria de arte contemporânea fica em um mosteiro reformado com ousadia. Exposta em dois andares, a coleção tem obras de artistas como Leopoldo Maler e Franz Gertsch, e também de nomes europeus. Revestida de hera, a vinícola produz vinhos premium, que podem ser provados na sala de degustação. Graças a uma parede de vidro, é possível ver a sala onde descansam os barris.

Volte pela Redwood Rd para a SR 29 (St. Helena Hwy), virando à esquerda na SR 29, rumo norte, ao passar pela entrada. Continue até Yountville; pare o carro ao lado da estrada.

3 Yountville

Napa County; 94599

A charmosa cidadezinha de Yountville tem alguns dos melhores restaurantes do estado, a exemplo do The French Laundry. Conheça um pouco do legado cultural e da história natural do vale no **Napa Valley Museum** (www.napavalleymuseum.org), fora da cidade. Ali perto, a **Domaine Chandon** *(1 California Dr; www.chandon.com)* merece visita por seus espumantes. Vale a pena ir à **Napa Valley Ecological Reserve** *(www.dfg.ca.gov/)*, onde aves e outros animais habitam os prados, e salgueiros e carvalhos margeiam o rio.

De Yountville, dirija para o norte pela SR 29 para Oakville; deixe o carro ao lado da estrada.

4 Oakville

Napa County; 94562

Esse povoado charmoso foi um polo viticultor pioneiro na Califórnia nos anos 1870. Vá à **Robert Mondavi**

Onde Ficar: barato, menos de US$100; moderado, US$100-US$200; caro, acima de US$200

Winery *(www.robertmondavi.com)*, no estilo das Missões, que tem belas esculturas e oferece visitas excelentes. Uma parada na **Oakville Grocery**, que atende a comunidade do Napa Valley há mais de 120 anos, é de praxe: ali se acha de tudo para um lauto piquenique.

Continue no rumo norte pela SR 29 até Rutherford; pare o carro na margem da estrada.

5 Rutherford

Napa County; 94573

Situado 3km ao norte de Oakville, esse lugarejo tem algumas vinícolas excelentes em uma das AVAs (regiões específicas de viticultura dos EUA) de maior renome do Wine Country. A **Inglenook Winery** *(www.rubiconestate.com)* é uma das propriedades mais belas da região. A vinícola, pertencente ao cineasta Francis Ford Coppola, tem um museu com artefatos da história da propriedade e mostras sobre a invenção do cinema.

Saia da SR 29 para o leste na Rutherford Rd. Vire à esquerda na Conn Creek Rd e à direita na Silverado Trail. Vire à esquerda na Sage Canyon Rd, rumo ao Lake Hennessey, onde há estacionamento ao lado da estrada.

6 Vaca Mountains

Napa County; 94573

Um rápido desvio para o leste nas Vaca Mountains leva ao Lake Hennessey – o lugar perfeito para fugir do calor do verão no vale. Esse reservatório atrás da Conn Creek Dam irriga o Napa Valley e é ótimo para pesca. Na estrada íngreme, aprecie lindas vistas do vale. Pare no **Auberge du Soleil** *(www.aubergedusoleil.com)*, um luxuoso spa e resort que lembra a paisagem da Riviera francesa, com oliveiras, villas charmosas e vistas para os vinhedos que se estendem abaixo.

De volta à Silverado Trail, vá para o norte até a Zinfandel Lane e vire à esquerda. Após 1,6km (1 milha), dobre à direita na SR 29. Dirija por 3km em St. Helena e estacione na Main St.

7 St. Helena

Napa County; 94574

A serena e arborizada St. Helena é sem dúvida a cidade mais bela da região. Sua Main Street, de ar antigo, reúne antiquários, bares de vinho e restaurantes sofisticados instalados em edifícios vitorianos. Reserve pelo menos uma hora para andar pelo centro e visite o **Silverado Museum** *(1490 Library Lane; www.silveradomuseum.org)*, dedicado ao escritor Robert Louis Stevenson, que passou sua lua de mel em St. Helena em 1880.

No lado norte da cidade, a **Beringer Winery** *(www.beringer.com)* é uma mansão vitoriana de pedra e madeira com dezessete aposentos e uma sala de degustação de vinhos. Visite os históricos Greystone Cellars, que foram a vinícola do **Culinary Institute of America** *(www.ciachef.edu/california)*. Greystone tem atrações como uma grande coleção de saca-rolhas, o Vintners Hall of Fame, demonstrações de culinária e degustação de vinhos. Pare no **Bale Grist Mill Stone Historic Park** *(www.parks.ca.gov/)*, no norte da cidade, para ver um moinho restaurado do século XIX e sua roda-d'água de 118m de altura.

Continue no rumo norte pela SR 29 para alcançar o Castello di Amorosa, que fica à esquerda da rodovia e tem estacionamento.

Acima Escultura na Robert Mondavi Winery, Oakville

ONDE COMER E BEBER

NAPA

ZuZu *moderado*
Esse aconchegante bar de tapas serve porções e tem equipe atenciosa.
829 Main St, 94559; 707 224 8555; aberto 11h30-22h seg-qui, 11h30-23h sex, 16h30-23h sáb, 16h30-21h30 dom; www.zuzunapa.com

YOUNTVILLE

Hurley's *moderado*
Esse restaurante mediterrâneo usa ingredientes locais frescos e conta com mesa comunitária. Há uma opção de almoço a preço fixo.
6518 Washington St, 94599; 707 944 2345; aberto 11h30-21h seg-qui e dom, 11h-22h sex-sáb; www.hurleysrestaurant.com

The French Laundry *caro*
O restaurante do chef Thomas Keller é muito elogiado por seus pratos franceses. Faça reserva dois meses antes.
6640 Washington St, 94599; 707 944 2380; aberto 17h30-21h15 seg-qui, 11h-13h sex-dom; www.frenchlaundry.com; só com reserva

ARREDORES DE YOUNTVILLE

Mustards Grill *moderado*
Diner com churrasqueira a lenha. Peça codorna ao chipotle ou lula bem tenra com salada de repolho.
7399 St. Helena Hwy, 94558; 707 944 2424; aberto 11h30-21h seg-qui, 11h30-22h sex, 11h-22h sáb, 11h-21h dom; www.mustardsgrill.com

À esq. A Rhine House, na Beringer Winery

Acima Torreões em estilo medieval do Castello di Amorosa

PARA VISITAR CALISTOGA

Informação turística
1133 Washington St, 94515; 707 942 6333; www.calistogavisitors.com

ONDE FICAR

CALISTOGA

Brannan Cottage Inn *moderado*
Nesse B&B de 1860, com decoração curiosa e uma varanda ampla, os quartos têm lareira e cama de dossel.
109 Wapoo Ave, 94515; 707 942 4200; www.brannancottageinn.com

Calistoga Ranch *caro*
Em um cânion privado, esse resort oferece 48 cabanas nas matas.
580 Lommel Rd, 94515; 707 254 2800; www.calistogaranch.com

HEALDSBURG

Healdsburg Inn *moderado*
Ao lado da praça, o Healdsburg Inn tem quartos grandes e luxuosos.
112 Matheson St, 95448; 707 433 6991; www.healdsburginn.com

The Raford Inn *moderado*
Com vista para vinhedos, esse hotel vitoriano oferece quartos com móveis antigos, ótimo café da manhã e spa.
10630 Wohler Rd, 95448; 707 887 9573; www.rafordinn.com

8 Castello di Amorosa

Napa County; 94515
Sonho realizado do viticultor Dario Sattui, o castelo *(www.castellodi amorosa.com)* tem uma ponte levadiça, torreões e uma lareira de 500 anos, além de uma câmara com instrumentos antigos de tortura. Vinhos premiados são produzidos atrás da edificação. Vá às salas subterrâneas de degustação e à adega, onde há um festival medieval no verão, ou passeie pelos vinhedos em uma carruagem puxada por cavalos.

Volte à SR 29 e continue no rumo norte para a Dunaweal Lane; vire à direita para chegar aos Sterling Vineyards, onde há estacionamento.

9 Sterling Vineyards

Napa County; 94515
Em um outeiro de 91m de altura, a Sterling Vineyards é um local marcante, com vistas espetaculares do Napa Valley. Um teleférico leva os visitantes a essa vinícola em estilo mediterrâneo. Faça uma visita autoguiada sem pressa e assista ao "Winemaker's Video Tour".

Volte à SR 29 e continue no rumo norte para Calistoga. Vire à direita na Lincoln Ave e pare o carro na rua.

10 Calistoga

Napa County; 94515
Abençoada com fontes termais, essa cidade charmosa foi projetada pelo milionário Sam Brannan nos anos 1860 para ser um spa. A Lincoln Avenue mantém traços originais da cidade e reúne lojas ecléticas, hotéis e restaurantes. Vá à histórica estação ferroviária **Calistoga Depot**, onde seis vagões antigos restaurados abrigam butiques. Relaxe com um banho terapêutico de lama no **Dr Wilkinson's Hot Springs Resort** *(www.drwilkinson.com)*, e ao sair da cidade, visite o **Old Faithful of California** *(Tubbs Lane; www.oldfaithful geyser.com)*, um dos três únicos gêiseres no mundo que entram em erupção a intervalos regulares; para chegar lá, vire à esquerda na Stevenson Street com a Grant Street e continue por 1,6 km (1 milha).

Do gêiser, siga a Tubbs Lane no rumo leste para a Lake County Hwy (SR 29). Vire à esquerda e suba a estrada. Estacione no desvio sinalizado para o Robert Louis Stevenson State Park.

Julgamento de Paris

Em 1976, o britânico Steven Spurrier organizou uma degustação cega em Paris, na qual os melhores vinhos de Bordeaux e da Borgonha concorriam com rótulos da Califórnia. O chardonnay do Chateau Montelena e o cabernet dos Stag's Leap Wine Cellars foram os vencedores, o que deu fama aos vinhos californianos.

11 Robert Louis Stevenson State Park

Napa County; 94515
Nesse parque no Mount Saint Helena, a Stevenson Memorial Trail sobe uma encosta até um livro de granito aberto, que marca o local da cabana onde o escritor escocês e sua mulher passaram a lua de mel em 1880. Suba 8km na colina por uma estrada bem mantida até o cume, onde vistas panorâmicas se estendem ao Napa Valley e à San Francisco Bay. Em dias límpidos, é possível ver os picos nevados da High Sierra reluzindo ao sol.

Volte à Tubbs Lane e, após 2,5km, vire à direita na SR 128 rumo ao Alexander Valley. Após 24km (15 milhas), vire à direita no cruzamento da Alexander Valley Rd com a W Sausal Lane e a SR 128.

À dir. Estrada arborizada rumo aos Sterling Vineyards

⓬ Alexander Valley

Sonoma County

Ao norte de Calistoga, a rodovia serpenteia por montanhas gêmeas com matas que cruzam esse vale longo e estreito banhado pelo Upper Russian River. Protegido contra o ar costeiro úmido, o Alexander Valley produz vinhos opulentos. Saia da SR 128 para explorar esse local bucólico com vinhedos, pomares de maçã e prados verdes. Fãs de vinho devem ir à **Stryker Sonoma Winery** *(www.strykersonoma.com)*, onde uma sala de degustação envidraçada tem vista para os vinhedos e o vale. Continue por 10km (6,5 milhas) ao norte até o belo povoado de **Geyserville**, onde vinícolas oferecem degustação de alguns dos melhores vinhos da região.

Em Geyserville, vire à esquerda na Geyserville Ave, que passa duas vezes sob a autoestrada I-101. Vire à direita na Independence Underpass. Passe sob a autoestrada e entre na Francis Ford Coppola Winery.

Acima Escadaria na sede da Francis Ford Coppola Winery

⓭ Francis Ford Coppola Winery

Sonoma County; 95441

Francis Ford Coppola, o famoso diretor de cinema de Hollywood, é o dono dessa vinícola que leva seu nome *(www.franciscoppolawinery.com)*. Veja curiosidades cinematográficas expostas em dois andares, incluindo o carro Tucker de 1948, que aparece em *Tucker: um homem e seu sonho* (1988) e fica no saguão de entrada. Outros elementos icônicos de filmes de Coppola espalhados pela vinícola são o enorme copo de martíni de *Do fundo do coração* (1982), trajes de *Drácula de Bram Stoker* (1992) e a escrivaninha de Vito Corleone em *O poderoso chefão* (1972). Há também piscinas, quadras de bocha e um anfiteatro para shows ao vivo.

Continue no rumo sul pela Geyserville Ave. Vire à esquerda na Lytton Spring Rd e logo à direita na Healdsburg Ave, que leva a Healdsburg. Pare o carro na praça ou em uma rua secundária.

⓮ Healdsburg

Sonoma County; 95448

Uma das cidades mais serenas do Wine Country, Healdsburg parece um museu vivo de belas casas vitorianas. A praça do século XIX tem um gazebo à sombra de sequoias e palmeiras altas, e as ruas arborizadas reúnem restaurantes finos e salas de degustação de vinhos. Muitos artistas e músicos se radicaram no local, criando uma cultura vibrante. O **Healdsburg Museum** *(www.healdsburgmuseum.org)*, na Healdsburg Library, neoclássica, na Matheson Street, enfoca a história do Sonoma County.

Saia da cidade para o sul pela Healdsburg Ave, que mais a leste se torna a Old Redwood Hwy. Continue nela e passe por Windsor, 13km (8 milhas) ao sul de Healdsburg. Passe sob a I-101 e continue na Old Redwood Hwy, que se torna Mendocino Ave, indo na direção da área central de Santa Rosa, 16km (10 milhas) ao sul de Windsor.

Acima, da esq. p/ dir. Interior do Cyrus, em Healdsburg; Vinhedos da Francis Ford Coppola Winery

PARA VISITAR HEALDSBURG

Informação turística
217 Healdsburg Ave, 95448; 707 433 6935; www.healdsburg.com

ONDE COMER E BEBER

CALISTOGA

Calistoga Inn *barato*
Esse pequeno pub agrada em cheio os fãs de cerveja. Os pratos incluem carnes grelhadas no fogo a lenha.
1250 Lincoln Ave, 94515; 707 942 4101; aberto 11h-24h diariam; www.calistogainn.com

HEALDSBURG

Barndiva *moderado*
Nouvelle cuisine da Califórnia. Pratos feitos com ingredientes sustentáveis, servidos em um ambiente casual porém sofisticado.
231 Center St, 95448; 707 431 0100; aberto 12h-23h qua-qui, 12h-24h sex-sáb, 11h-22h dom; www.barndiva.com

Zin Restaurant & Wine Bar *moderado*
Na decoração minimalista, vigas de madeira expostas e pisos e paredes de cimento. Pratos americanos sazonais à base de produtos locais frescos. No inverno, peça o ótimo Coq au Zin.
344 Center St, 95488; 707 473 0946; aberto 11h30-14h e 17h30-21h seg-sex, 17h30-21h sáb-dom; www.zinrestaurant.com

Cyrus *caro*
Elogiado por sua criativa cozinha fusion, esse restaurante fino requer reserva com certa antecedência.
29 North St, 95448; 707 433 3311; aberto 17h30-21h30 qui-seg, 11h30-13h30 sáb; www.cyrusrestaurant.com

Onde Comer e Beber: barato, menos de US$25; moderado, US$25-US$50; caro, acima de US$50

Acima, da esq. p/ dir. Detalhe em vinícola de Sonoma; Trator em vinhedo perto de Glen Ellen **Abaixo** Flores de lótus no Quarryhill Botanical Garden, Glen Ellen

PARA VISITAR SANTA ROSA

Informação turística
94th St, 95401; 707 577 8674; www.visitsantarosa.com

PARA VISITAR SONOMA

Informação turística
453 1st St E; 707 996 1090; www.sonomavalley.com

ONDE FICAR

SANTA ROSA

Hotel La Rose *moderado*
Hotel centenário no Railroad Square Historic District, oferece conforto em ambiente gracioso.
308 Wilson St, 95401; 707 579 3200; www.hotellarose.com

GLEN ELLEN

The Gaige House Inn *caro*
Esse hotel de luxo tem decoração asiática e um spa.
13540 Arnold Dr, 95442; 707 935 0237; www.gaige.com

SONOMA

The Sonoma Hotel *moderado*
Antiguidades decoram os quartos nesse hotel do século XIX, na praça.
110 W Spain St, 95476; 800 468 6016; www.sonomahotel.com

⑮ Santa Rosa

Sonoma County; 94501

Maior cidade no Wine Country, Santa Rosa é um polo de artes, gastronomia e entretenimento. O **Charles M. Schulz Museum** *(www.schulzmuseum.org)* mostra os personagens da Turma do Snoopy e a vida do autor da série, com centenas de seus trabalhos originais. O **Sonoma County Museum** *(www.sonomacountymuseum.org)* tem exposições interessantes sobre arte, cultura e história do Wine Country. Vá para o sul até o revitalizado **Railroad Square Historic District** *(Davis St, entre 3rd St e 6th St; railroadsquare.net)*, construído por pedreiros italianos em 1904. Os edifícios foram convertidos em restaurantes, butiques e bares badalados. Ali perto, veja a antiga residência do famoso horticultor Luther Burbank e os jardins onde ele tentava criar plantas híbridas no **Luther Burbank Home & Garden** *(www.lutherburbank.org)*.

Na Sonoma Ave vá para leste até a Summerfield Rd. Vire à esquerda, depois à direita na Montgomery Dr, à esquerda no Mission Blvd e à direita na SR 12, rumo a Glen Ellen. Pare o carro no estacionamento na Arnold Dr com London Ranch Rd.

⑯ Glen Ellen

Sonoma County; 94501

No sopé de colinas arborizadas, Glen Ellen é bonita e tranquila. Carvalhos sombreiam as ruas sinuosas repletas de edifícios do século XIX. No lado norte, o **Quarryhill Botanical Garden** *(12841 Sonoma Hwy; www.quarryhillbg.org)* tem uma coleção encantadora de plantas asiáticas.

Saia da cidade para o oeste pela London Ranch Rd, cujo final é um estacionamento.

⑰ Jack London State Historic Park

Sonoma County; 95442

Esse parque arborizado *(2400 London Ranch Rd; www.parks.ca.gov/)* preserva o antigo sítio de Jack London, que construiu sua casa no local em 1905. Trilhas serpenteiam pelos 567ha do parque, ligando a casa do escritor a um lago, uma cabine de banho e vestígios da "Casa do Lobo" e de "A Casa das Paredes Felizes", onde há um museu sobre a vida de London. No caminho, pare na **Benziger Family Winery** *(www.benziger.com)* e passeie pelo vinhedo em um bonde puxado por trator.

Volte a Glen Ellen, pegue a Arnold Dr e vire à esquerda na Madrone Rd. Na SR 12, vire à direita para Sonoma e, uma vez lá, dobre à esquerda na W Spain St, seguindo as placas para o Sonoma State Historic Park. Pare no centro de visitantes.

⑱ Sonoma

Sonoma County; 95476

A pitoresca Sonoma tem edifícios históricos de 1823 bem preservados, que remontam às últimas 21 missões espanholas dos padres franciscanos na Califórnia. Um conjunto de edifícios mexicanos de adobe evoca os anos de formação da cidade, quando ela era o centro político do norte do estado. Com muitos cafés, restaurantes e galerias, o centro de Sonoma é ideal para um passeio agradável.

Passeio a pé de 2 horas

Comece no centro de visitantes do Sonoma State Historic Park em **Lachryma Montis** ① *(363 3rd St W; 707 996 1090; www.parks.ca.gov/)*, a ex-residência gótica do general Mariano Vallejo (1808-90), fundador da cidade. Admire os adornos, arcos pontiagudos e janelões dessa casa da época vitoriana. O terreno é plantado com vinhedos e árvores frutíferas, e tem um reservatório de pedra e tijolo,

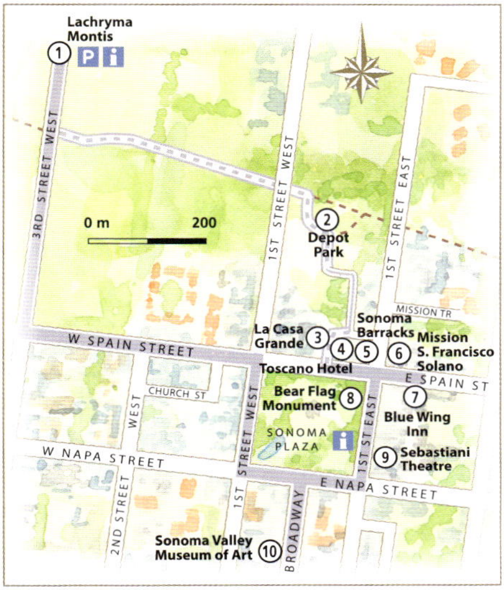

onde nadam tartarugas e patos. Após explorar o local, ande para o sul no caminho arborizado e vire à esquerda na via que vai para o leste, por um prado, até **Depot Park** ②, onde a história da cidade é relembrada na velha estação de trem. Rume para o sul e passe por um estacionamento até chegar a **La Casa Grande** ③. Antigo alojamento de empregados, essa casa de adobe é tudo o que resta da primeira casa do general Vallejo, destruída por um incêndio em 1867. A leste dela, entre no histórico **Toscano Hotel** ④, que hoje é um museu dedicado ao início do século XX, mas parece aguardar a chegada de hóspedes. Logo adiante, **Sonoma Barracks** ⑤ foi o quartel-general do exército mexicano na fronteira norte. Cruze a 1st Street E para visitar a **Mission San Francisco Solano** ⑥, concluída em 1832. Destruída pelo terremoto de 1906, a missão foi restaurada em 1913 e dá ideia de como era a vida no local naquela época. Atravesse a rua para ver a **Blue Wing Inn** ⑦, de adobe, que hospedava soldados designados para a missão. Ande 50m para o oeste até o **Bear Flag Monument** ⑧ no canto nordeste da Sonoma Plaza. Ele lembra a rebelião de 1846 que incitou a independência da Califórnia do México e a transformou em um estado dos EUA. Siga a 1st Street E para o sul e passe pelo **Sebastiani Theatre** ⑨, art déco, datado de 1933. Vire à direita na E Napa Street e à esquerda na Broadway até o **Sonoma Valley Museum of Art** ⑩, que expõe obras multimídia de artistas locais e internacionais. Volte à Sonoma Plaza e vá em sentido horário para a W Spain Street. Dobre à esquerda e ande 400 m até a 3rd Street W. Vire à direita e continue em frente a fim de retornar à Lachryma Montis.

Logo dos parques estaduais

Acima Pavilhão El Delirio na Lachryma Montis, Sonoma

ONDE COMER

SANTA ROSA

Petite Syrah *caro*
Decoração bonita e menu inventivo que destaca pratos regionais, como salada de beterraba e peito de pato.
205 5th St, 95401; 707 568 4002; aberto 17h-21h seg-sex, 17h-22h sáb-dom; www.petitesyrah.com

SONOMA

Della Santinas *moderado*
Com ambiente toscano romântico, esse restaurante serve excelentes pratos italianos.
133 E Napa St, 95476; 707 935 0576; aberto 11h30-15h e 17h-21h30 diariam; www.dellasantinas.com

The Girl & the Fig *caro*
Esse descontraído bistrô francês vive lotado por conta de seus pratos regionais saudáveis e deliciosos.
110 W Spain St, 95476; 707 938 3634; aberto 11h30-22h seg-qui, 11h30-23h sex-sáb, 10h-22h dom; www.thegirlandthefig.com

PASSEIOS DE 1 DIA

Essa área pode ser dividida em viagens de três dias, cada uma voltada a um interesse específico.

Para apreciadores de arte

Comece o dia na Hess Collection ❷, pare na Robert Mondavi Winery, em Oakville ❹, e depois vá à Clos Pegase Winery *(www.clospegase.com)*, em Calistoga ❿.

Para ir à Hess, pegue a Redwood Road rumo oeste a partir da SR 29 norte e siga as placas. Volte à SR 29, que vai para o norte e passa pela Mondavi. Continue no rumo norte e vire à direita na Dunaweal Lane, para a Clos Pegase.

Para leitores de livros

Faça uma jornada literária visitando Glen Ellen ⓰, o Jack London State Historic Park ⓱ e o Robert Louis Stevenson State Park ⓫.

Para ir a Glen Ellen, pegue o sentido norte da SR 12 em Sonoma; a London Ranch Rd vai ao Jack London State Historic Park. De Glen Ellen, pegue a sinuosa Trinity Rd (que vira Oakville Rd) no rumo leste para a SR 29, e depois norte para Calistoga; vire à direita na Lincoln Ave e siga as placas para o Robert Louis Stevenson State Park.

Para enófilos

Prove alguns dos melhores vinhos do Sonoma Valley nas vinícolas Kenwood, Ledson e St. Francis.

A SR 12 liga Santa Rosa e Sonoma pelo Sonoma Valley; as vinícolas são bem sinalizadas ao longo do caminho.

ROTEIRO **5**

Vales, Vinícolas e Vistas Costeiras

De Healdsburg a Boonville

Destaques

- **Cidadezinha encantadora**
  Passeie pelo centro de Healdsburg e aprecie o charme vitoriano desse centro agrícola e ferroviário

- **Lembrança russa**
  Visite o Fort Ross, ex-base russa para caça de lontras-do-mar

- **Vale bucólico do rio Russian**
  Conheça vinícolas e florestas de sequoias em um dos mais belos roteiros fluviais da Califórnia

- **Fazendas e vinhedos**
  Compre uma garrafa do fino Pinot Noir da região e prove as maçãs plantadas em Philo

Dia ensolarado no rio Russian, perto de Guerneville

Vales, Vinícolas e Vistas Costeiras

Esse roteiro começa em Healdsburg, onde há salas de degustação de algumas das melhores vinícolas da Califórnia. A seguir, os visitantes passam por parques com sequoias e cidadezinhas ao longo do sinuoso Russian River Valley, para depois dirigir pela costa de Sonoma, onde as praias são ideais para uma caminhada. Em Jenner avistam-se focas tomando sol e há vistas marítimas maravilhosas a partir do farol histórico em Point Arena. Por fim, a rota serpenteia pelo interior através do rústico Anderson Valley, outro paraíso para enófilos.

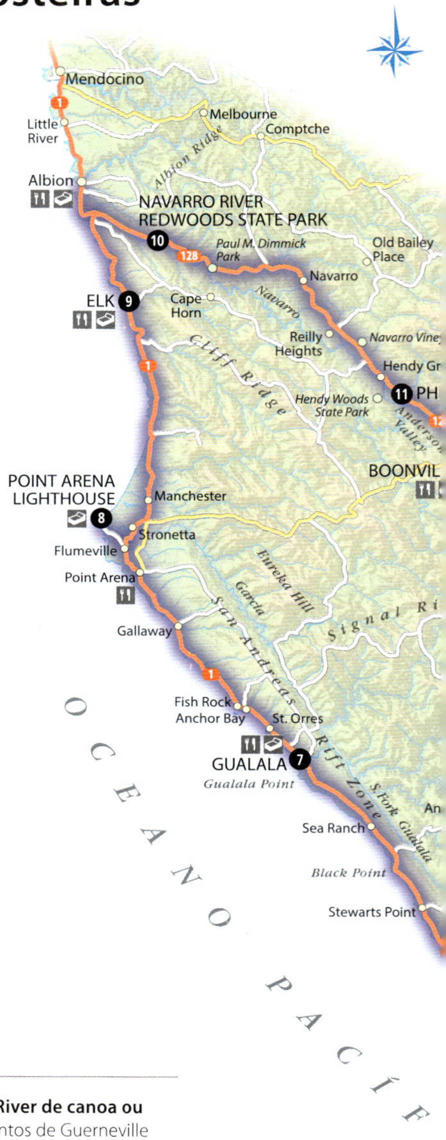

Acima Casa em rua de Guerneville *(p. 66)* **Abaixo** O Historic Point Arena Lighthouse e o antigo alojamento dos guardiões *(p. 70)*

ATIVIDADES

Navegue pelo Russian River de canoa ou caiaque, com equipamentos de Guerneville

Veja lontras-do-mar nos leitos de alga no Fort Ross State Historic Park

Passe uma noite perto de um farol histórico em Point Arena

Caminhe por uma floresta de sequoias em um dos parques desse roteiro

Prove os famosos vinhos tintos da região, entre eles o Pinot Noir e o Zinfandel

Acima Rodovia segue o litoral no norte de Jenner *(p. 67)*

PLANEJAMENTO

Início/fim: De Healdsburg a Boonville.

Número de dias: 2-3.

Distância: 280km (175 milhas). Reserve bastante tempo, pois há estradas estreitas e sinuosas, além de muitas atrações.

Condições das estradas: Todas asfaltadas e em bom estado, mas com muitas curvas. Portanto, dirija com cautela, sobretudo nas rodovias à beira de despenhadeiros na costa de Sonoma. Pode haver névoa no verão.

Quando ir: Esse roteiro é adequado a qualquer época do ano, mas a primavera e o outono são excelentes.

Horários de funcionamento: A maioria das lojas abre das 10h às 18h diariam, e restaurantes geralmente funcionam até as 21h.

Compras: Healdsburg tem antiquários, salas de degustação dos melhores vinhos da área e galerias de arte com fotos e pinturas da costa e dos vinhedos.

Principais festas: Healdsburg: Feiras de antiguidades; Memorial Day e Labor Day. **Guerneville:** Russian River Jazz & Blues Festival, set. **Fort Ross:** Culture Heritage Day, jul.

PASSEIOS DE 1 DIA

Healdsburg é encantadora por seu charme vitoriano e cena gastronômica vibrante. O Anderson Valley, ao redor de **Boonville**, atrai amantes de **vinhos** e da **natureza** com degustações, fazendas impecáveis e parques com sequoias. Detalhes *p. 71*.

Abaixo Navarro Vineyards, no Anderson Valley *(p. 71)*

PARA VISITAR HEALDSBURG

Informação turística
Healdsburg Chamber & Visitor Bureau
217 Healdsburg Ave, 95448; 707 433 6935; aberto 9h-17h diariam; www.healdsburg.com

PARA VISITAR GUERNEVILLE

Informação turística
Russian River Chamber & Visitor Center
16201 1st St, 95446; 707 869 9000; aberto 10h-17h seg-sáb, 10h-16h dom; www.russianriver.com

ONDE FICAR

HEALDSBURG

Camellia Inn *caro*
Esse B&B vitoriano fica a curta caminhada dos restaurantes.
211 North St, 95448; 707 433 8182; www.camelliainn.com

ARREDORES DE HEALDSBURG

The Raford Inn *moderado*
Cercado por vinhedos, esse solar vitoriano tem quartos com nomes de ervas medicinais e de uso culinário.
10630 Wohler Rd, 95448; 707 887 9573; www.rafordinn.com

MONTE RIO

Village Inn and Lodge *moderado*
Lodge histórico em um bosque de sequoias perto do Russian River.
20822 River Rd, 95462; 707 865 2304; www.villageinn-ca.com

JENNER

Jenner Inn and Cottages *caro*
Quartos, casas mobiliadas para férias e vistas maravilhosas do rio.
10400 Coast Hwy 1, 95450; 707 865 2377; www.jennerinn.com

Acima Lojas em uma rua de Guerneville

1 Healdsburg

Sonoma County; 95448

O foco da vida social de Healdsburg, cidade calma e progressista defronte ao rio, é uma praça em estilo espanhol do século XIX. Cercada por alguns antiquários, a praça sedia duas feiras de antiguidades por ano. A cidade *(veja também p. 59)* tem salas de degustação de vinícolas finas da região e ótimos restaurantes. Estacione na rua.

De Healdsburg, pegue a Westside Rd no rumo oeste por 29km (18 milhas) até ela virar River Rd e depois se fundir com a Hwy 116. Pare em Guerneville, onde há um amplo estacionamento na margem da estrada.

Alimentos para piquenique em uma delicatéssen de Healdsburg

Abaixo, da esq. p/ dir. Fachada do Camellia Inn, Healdsburg; Canoas no Russian River, perto de Guerneville

2 Guerneville

Sonoma County; 95446

Cidade próspera graças ao turismo bem estruturado, Guerneville fica às margens do Russian River e é muito frequentada nas férias por moradores de São Francisco. Com clima intimista, tem pequenas lojas e butiques. Ande na ponte para pedestres e aprecie lindas vistas do rio. Os mais ousados podem alugar caiaques e canoas em estabelecimentos como o **King's Sport & Tackle** *(16258 Main St; 707 869 2156; www.kingsrussianriver.com)* e explorar uma parte do rio.

Saindo de Guerneville, pegue a Armstrong Woods Rd no rumo norte até a Armstrong Redwoods State Natural Reserve; estacione o carro perto da entrada.

Onde Ficar: barato, menos de US$100; moderado, US$100-US$200; caro, acima de US$200

Acima, da esq. p/ dir. Piquenique na Armstrong Redwoods State Natural Reserve; Campos de mostarda em Guerneville

3 Armstrong Redwoods State Natural Reserve

Sonoma County; 95446

A Armstrong Redwoods State Natural Reserve *(www.parks.ca.gov/)*, com 283ha, preserva algumas das antigas sequoias que ficavam à beira do Russian River antes de a extração madeireira se intensificar no século XIX. A árvore mais alta na reserva é a Parson Jones Tree, que tem 1.300 anos e mede 95m.

Ande pela Pioneer Trail, autoguiada, que começa na entrada do parque e se estende pela densa floresta de sequoias. Contemplar as árvores imponentes e antiquíssimas no silêncio de um bosque é sem dúvida uma experiência inesquecível.

Volte a Guerneville pela Armstrong Woods Rd e vire para oeste na Hwy 116. Dirija até Monte Rio; há estacionamento grátis ao lado da estrada.

4 Monte Rio

Sonoma County; 95462

Outra cidadezinha à beira do Russian River, Monte Rio tem charmosos edifícios vitorianos e muitas opções tranquilas de hospedagem. Vá à praia fluvial para tomar sol ou nadar. Procure o cinema local, Rio Theater, inaugurado em 1950 e que preserva o estilo retrô curioso e a estrutura de cúpula semicircular.

A cidade é conhecida por sua proximidade com o clube privado masculino Bohemian Club, cujos sócios incluem figuras da elite empresarial e governamental.

Saia da cidade e dirija 16km (10 milhas) para o oeste na Hwy 116.

Quando a rodovia cruzar com a Coast Hwy 1, vire para o norte e dirija para Jenner; pare ao lado da estrada.

5 Jenner

Sonoma County; 95450

O Russian River se alarga em Duncans Mills e deságua no mar em Jenner. Um banco de areia na foz do rio é área de reprodução de focas cuja população aumenta em abril, com o nascimento dos filhotes. Veja esses animais de algum ponto elevado ou chegue mais perto andando na areia da Goat Rock Beach, que tem pedaços de madeira lançados pelo mar. Refresque-se com a brisa marinha e fique de olho nos pedestais rochosos do local, conhecidos como "montes marítimos".

De Jenner, vá para o norte pela Coast Hwy 1 por 19km (12 milhas), rumo ao Fort Ross State Historic Park.

Acima Chalé de madeira defronte ao Russian River, Monte Rio

ONDE COMER E BEBER

HEALDSBURG

Baci Café & Wine Bar *moderado*
Peça camarão apimentado ao limão, pato assado ou nhoque caseiro.
336 Healdsburg Ave, 95448; 707 433 8111; aberto 17h-21h qui-seg; www.bacicafeandwinebar.com

Zin *moderado*
Usando ingredientes frescos de sua própria fazenda, serve comida americana sazonal em um ambiente praiano.
344 Center St, 95448; 707 473 0946; fechado para almoço sáb-dom; www.zinrestaurant.com

GUERNEVILLE

Taqueria La Tapatia *barato*
Ótima comida mexicana: camarones rancheros (camarão ao molho de manteiga e alho com jalapeños), carne assada e opções vegetarianas.
16632 Main St, 95446; 707 869 1821; aberta 11h-21h diariam

ARREDORES DE MONTE RIO

Blue Heron Restaurant & Tavern *barato*
Peça hambúrguer, salmão no espeto ou taco de peixe nesse favorito local.
25300 Steelhead Blvd, Duncans Mills, 95430; 707 865 2261; aberto 15h-21h seg-sex, 11h-22h sáb-dom; www.blueheronrestaurant.com

JENNER

River's End *caro*
Desde 1927, o River's End serve cordeiro e aves da região.
11048 Hwy 1, 95450; 707 865 2484; aberto 12h-15h30 e 17h-21h diariam; www.ilovesunsets.com

Onde Comer e Beber: barato, menos de US$25; moderado, US$25-US$50; caro, acima de US$50

Acima A sinuosa Coast Highway 1, perto de Gualala

⑥ Fort Ross State Historic Park

Sonoma County; 95450

Um dos marcos históricos da Califórnia, o Fort Ross *(www.parks.ca.gov/)* floresceu de 1812 a 1841 como o entreposto comercial russo mais meridional da América do Norte. Com seu nome derivado de "Rússia", ele foi fundado como uma base de caça e colônia agrícola para abastecer as estações russas no Alasca. As extensas paliçadas fortificadas são impressionantes, e os edifícios restaurados e mostras no museu dão ideia de como era a vida dos russos que moravam no local no início do século XIX. Faça uma caminhada pelo terreno rústico e aproveite as brisas marítimas.

Passeio a pé de 1 hora

Saia da Coast Highway 1 em Fort Ross e pare no estacionamento ao norte do forte. Vá ao excelente **Visitor Center and Museum** ①, onde mostras relembram o clima tumultuado na Califórnia no século XIX, quando muitas nações, entre elas Rússia, Espanha e Inglaterra, ambicionavam seu território. Veja o caiaque aleuta de pele de foca que era usado para caçar lontras-do-mar, cuja pele era muito valorizada naquela época. Uma caminhada de 10 minutos, com bela vista, leva ao imponente **forte** ②, construído com madeira de árvores locais. Pare na Kuskov House, que expõe armas e equipamentos agrícolas, incluindo mosquetes, canhões e ancinhos de madeira que eram usados pelos russos. Continue até o canto nordeste do forte, onde uma capela de madeira é adornada com ícones. Antigo posto avançado da igreja ortodoxa russa, tem estrutura bem diferente da das igrejas de adobe construídas pelas missões espanholas na mesma época. O Officials' Quarters, o edifício mais elaborado, abriga salas onde são exibidos ofícios necessários à sobrevivência dos russos no local – por exemplo, ferraria, curtume, tecelagem e carpintaria. A residência restaurada do comandante do forte, Alexander Rotchev, também merece uma visita para se ver como viviam os líderes da Russian-American Company, que dominava a área. Os dois fortins serviam como pontos de observação elevados de onde os russos vigiavam a aproximação de inimigos, incluindo piratas, espanhóis e tribos indígenas americanas.

Sino na capela ortodoxa russa

Saia pelo portão principal do forte e ande 500m até a **Sandy Cove** ③, onde habilidosos mestres de estaleiros russos construíam navios com madeira de abetos, carvalhos e sequoias da área. Faça uma caminhada agradável e aprecie as vistas panorâmicas do mar. Diversas flores silvestres desabrocham nesse local na primavera, enquanto no outono e no inverno é possível avistar baleias-cinzentas migratórias –

Abaixo O restaurado Fort Ross, do século XIX, visto da praia

ONDE FICAR

FORT ROSS STATE HISTORIC PARK

Fort Ross Lodge *moderado*
Nesse lodge moderno com vista para o mar, as unidades têm pátio privado, lareira e grelha. Há também uma sauna e banheira de hidromassagem. *20706 Coast Hwy 1, 95450; 707 847 3333; www.fortrosslodge.com*

GUALALA

St. Orres *caro*
Situado na costa, o St. Orres oferece chalés. A sede, com sua cúpula em forma de cebola, evoca as tradições arquitetônicas russas de Fort Ross. *36601 Coast Hwy 1, 95445; 707 884 3303; www.saintorres.com*

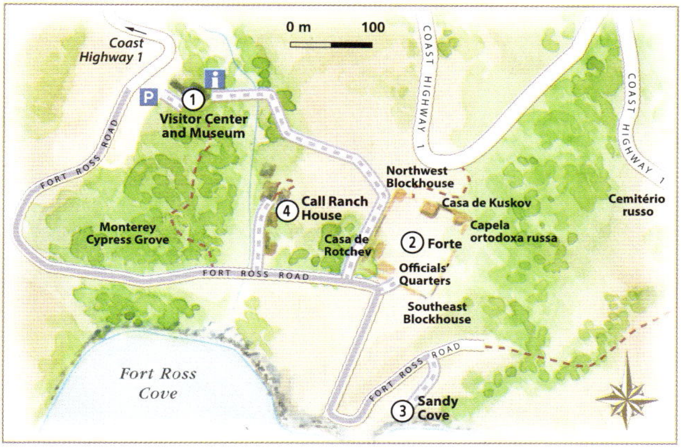

Acima Ferramentas de carpintaria à mostra nos Officials' Quarters, Fort Ross

A lontra-do-mar

No século XVIII o comércio de peles começou a florescer. Diante da demanda crescente da indústria de moda europeia por pele de lontra-do-mar, expedições de caça russas se mudaram de sua base no Alasca e fundaram uma colônia em Fort Ross em 1812. Foram trazidos caçadores aleutas do Alasca que quase levaram as lontras à extinção. Felizmente, a população dos animais aumentou ao longo dos anos, e hoje as lontras vivem livremente nos leitos de alga da costa californiana.

e até as cabeças irrequietas de algumas lontras-do-mar.

Caminhe de volta para o estacionamento, dando uma parada na **Call Ranch House** ④, hoje um museu que mostra como a família pioneira Call assumiu a área do Fort Ross no século XIX e sobreviveu extraindo madeira e produzindo laticínios.

Dirija 800m para o sul na Coast Highway 1 até o cemitério russo. Pare ao lado da estrada e faça uma caminhada por esse cemitério tocante, repleto de cruzes de madeira.

Continue por mais 41km (26 milhas) para o norte pela Coast Hwy 1, até Gualala, e pare o carro ao lado da estrada.

⑦ Gualala

Mendocino County; 95445

Essa descontraída cidade costeira se destaca pelos restaurantes e B&Bs, assim como pelo Gualala Point Park, que tem boa praia e propicia caminhadas excelentes. O nome da cidade, cuja pronúncia local é "ua-la-la", vem de uma palavra do idioma indígena pomo que significa "água que desce", em referência ao Gualala River, que nesse ponto se junta ao mar. A cidade começou como posto madeireiro nos anos 1860 e teve seu auge após o terremoto de 1906 em São Francisco, que gerou grande demanda por madeira para a reconstrução. Nas últimas décadas, o turismo se tornou o motor econômico de Gualala, assim como de toda a costa. A cidade tem muitas opções de hospedagem e alimentação, inclusive restaurantes finos, sendo ideal para um pernoite.

Dirija 30km (19 milhas) pela Coast Hwy 1 no rumo norte, passe em Point Arena, e após 3km (2 milhas) vire à esquerda para o Point Arena Lighthouse.

Abaixo, da esq. p/ dir. Arquitetura russa em St. Orres, perto de Gualala; Ondas quebram nas rochas, ao sul de Gualala

ONDE COMER E BEBER

ARREDORES DO FORT ROSS STATE HISTORIC PARK

Alexander's *moderado*
Esse restaurante serve especialidades regionais como entradas de lula ou abalone vermelho de Monterey, seguidas de cordeiro de Sonoma ou atum local. Linda vista da costa de Sonoma.
Timber Cove Inn, 21780 Coast Hwy 1, Timber Cove, 95450; 707 847 3231; aberto 8h-21h dom-qui, 8h-22h sex-sáb; www.timbercoveinn.com

GUALALA

St. Orres *caro*
Esse pioneiro da cozinha da Costa Norte tem pratos especiais no jantar, como peito de faisão recheado, codorna grelhada, javali assado e medalhões de veado. Atendimento excelente e decoração elegante.
36601 Coast Hwy 1, 95445; 707 884 3335; aberto no verão: 17h-21h diariam, 10h-14h30 sáb-dom; www.saintorres.com

Acima O farol de Point Arena, às margens do oceano Pacífico

❽ Point Arena Lighthouse

Mendocino County; 95459

Uma joia arquitetônica no litoral do estado, o Point Arena Lighthouse *(45500 Lighthouse Rd, Manchester; www.pointarenalighthouse.com)*, com 35m de altura, é um dos faróis mais altos na costa do Pacífico. Suba os 146 degraus até o topo para apreciar as vistas panorâmicas. Sua lente Fresnel original ampliava a luz de um lampião de querosene, que era vista a 32km de distância. Esse farol também é um dos melhores lugares na costa do estado para avistar baleias, sobretudo na época da migração da baleia-cinzenta no Pacífico. No outono, os cetáceos nadam do sul para o México, ao passo que na primavera viajam do norte para o Alasca. Turistas podem se hospedar nas ex-residências dos guardiões do farol e escolher suvenires na loja de presentes.

Do farol, continue para o norte por 30km (19 milhas) pela Coast Hwy 1, na direção da área de Elk/Albion.

Boias de rede de pesca à venda em Point Arena

❾ Elk

Mendocino County; 95432

O litoral em torno de Elk é famoso por seu relevo denteado e por ilhas que se projetam da margem. Em Elk, caminhe nos rochedos acima da **Greenwood State Beach** para apreciar as lindas vistas. Em um dia ensolarado, compre petiscos na Elk Grocery & Deli e faça um piquenique na praia. Ao norte de Elk, a pequena **Albion** é centrada na pesca de ouriços-do-mar e abalone.

10km (6 milhas) ao norte de Elk, vire na Hwy 128 para ir ao Navarro River Redwoods State Park.

❿ Navarro River Redwoods State Park

Mendocino County

Esse parque estadual *(www.parks.ca.gov/)* preserva 268ha de sequoias e se estende por 17km ao longo do Navarro River. O acampamento no **Paul M. Dimmick Park** é ótimo para fazer um piquenique ou se refrescar nadando no rio. A Highway

ONDE FICAR

POINT ARENA LIGHTHOUSE

Point Arena Lighthouse *moderado*
Oferece hospedagem nas casas históricas de ex-guardiões do farol. As casas têm três quartos, duas cabines de banho, lareiras e cozinha completa.
45500 Lighthouse Rd, 95468; 707 882 2809; www.pointarenalighthouse.com

ELK

Harbor House Inn *caro*
Ex-residência de um milionário do setor madeireiro, esse hotel luxuoso oferece quartos com lareira e vista para o mar. A sala de refeições diante das ondas tem clima romântico.
5600 South Hwy 1, 95432; 800 720 7474; www.theharborhouseinn.com

ARREDORES DE ELK

Albion River Inn *caro*
Ideal para ver o pôr do sol, esse lugar moderno e confortável conta com um restaurante fino. Os quartos ficam em um penhasco com vista para o Albion River e o litoral rochoso.
3790 North Hwy 1, Albion, 95410; 707 937 1919; www.albionriverinn.com

BOONVILLE

Boonville Hotel *moderado*
Hotel moderno com charme de cidadezinha, quinze quartos e um restaurante excelente para famílias. É possível ir a pé a todas as atrações.
14050 Hwy 128, 95415; 707 895 2210; www.boonvillehotel.com

Acima Carvalho à beira da estrada perto de Philo

Onde Ficar: barato, menos de US$100; moderado, US$100-US$200; caro, acima de US$200

Acima, em sentido horário Loja de artigos domésticos em Boonville; Carvalhos à beira de um riacho em Boonville; Mesas de piquenique em Elk

128 continua sob um túnel de carvalhos até a cidadezinha de Navarro.

Continue por 14km (8,5 milhas) na Hwy 128 na direção de Philo; pode-se estacionar gratuitamente na rua.

⑪ Philo

Mendocino County; 95415

Mais adiante na estrada, um trecho pitoresco coroado de carvalhos leva à cidade de Philo, onde há cultivo de maçãs. Aqui, o **Hendy Woods State Park** *(www.parks.ca.gov/)* tem trilhas excelentes para caminhadas em bosques intocados de sequoias junto ao Navarro River. Procure a Navarro Vineyards, de gestão familiar, que produz Pinot Noir, Chardonnay e Gewürztraminer excelentes.

Dirija por 13km (8 milhas) na Hwy 128 até Boonville; pare na rua.

⑫ Boonville

Mendocino County; 95415

Parte do charme de Boonville é ter uma língua própria, o boontling, que se desenvolveu no final do século XIX. Com mais de mil palavras, o dialeto provavelmente foi criado para confundir forasteiros. Hoje, essa cidadezinha agrícola abriga salas de degustação de dezesseis vinícolas-butique do Anderson Valley *(www.avwines.com)* abertas ao público.

ONDE COMER E BEBER

ARREDORES DO POINT ARENA LIGHTHOUSE

The Pier Chowder House and Tap Room *moderado*
Peça lula frita ou bolinho de caranguejo, e entradas de linguado ou bacalhau.
790 Port Rd, Point Arena, 95468; 707 882 3400; aberto 11h-21h diariam; www.thepierchowderhouse.com

ELK

Harbor House Restaurant *caro*
O menu muda toda noite, e pode incluir sopa de abóbora, aspargos, linguado e suflê de chocolate.
5600 South Hwy 1, 95432; 800 720 7474; aberto jantar diariam; www.theharborhouseinn.com; faça reserva 24 horas antes

ARREDORES DE ELK

Albion River Inn Restaurant *caro*
Após mariscos no vapor ou sopa de cogumelos silvestres, peça camarões grelhados ao limão e gengibre.
3790 North Hwy 1, 95410; 707 937 1919; aberto 17h30-20h30 diariam; www.albionriverinn.com

BOONVILLE

Mosswood Market *moderado*
Experimente o bolo de cenoura caseiro, os muffins de blueberry, o panini de queijo de cabra ou o wrap de frango com manga.
14111 Hwy 128, 95415; 707 895 3635; aberto 7h-15h diariam

Table 128 *moderado*
Pratos com ingredientes locais sazonais e preço fixo. No jantar pode haver sopa de couve-flor com curry, polenta e carne de panela.
Boonville Hotel, 14050 Hwy 128, 95415; 707 895 2210; aberto 18h30-20h30 qua-dom; www.boonvillehotel.com

PASSEIOS DE 1 DIA

A cidadezinha de Healdsburg e o Anderson Valley, rico em enogastronomia, rendem passeios agradáveis.

Destaques de Healdsburg

Dirija até Healdsburg ① e estacione na praça central. Vá ao Healdsburg Chamber & Visitor Bureau *(p. 66)* para pegar um mapa. Ande pelo centro da cidade para ver seus edifícios vitorianos restaurados. O Healdsburg Museum *(p. 59)* dá destaque à história local. Compre alimentos para fazer um piquenique no rio (em lojas como a Oakville Grocery, *124 Matheson St*) ou vá a um dos diversos restaurantes finos *(p. 67)*. Se quiser um pouco de aventura, alugue uma canoa ou caiaque no River's Edge *(www.riversedgekayakandcanoe.com)* e desça o Russian River. Ao partir, pare para explorar a região da Dry Creek Road, renomada pelos vinhos tintos e pelas hospitaleiras salas de degustação. Dry Creek Vineyard é bom lugar para começar.

Healdsburg fica na 101 Freeway, 112km (70 milhas) ao norte de São Francisco.

Festim gastronômico

O pouco conhecido Anderson Valley se estende entre Navarro e Boonville ⑫ e é o sonho de qualquer gourmet. Alimentos artesanais deliciam o paladar, e vinhedos de Pinot Noir aguardam os enófilos. A Navarro Vineyards, localizada em Philo ⑪, é uma das melhores vinícolas da região. A área também é famosa por suas maçãs. Prove a variedade Sierra Beauty em uma barraca de estrada, participe de uma aula de culinária e se hospede em The Apple Farm *(www.philoapplefarm.com)*, que produz chutneys, geleias, gelatinas e outros alimentos orgânicos.

Dirija na Hwy 128 entre Navarro, Philo e Boonville.

ROTEIRO **6**

O Império das Sequoias

De Mendocino a Crescent City

Destaques

- **Promontórios escarpados**
  Admire o litoral recortado, o mar agitado e a vida marinha nos promontórios de Mendocino
- **Sequoias majestosas**
  Adentre nas densas e antigas florestas dos parques nacional e estadual das sequoias
- **A costa perdida**
  Passeie sem pressa por esse trecho preservado da costa da Califórnia
- **Planeta animal**
  Observe manadas de alces pastando em Prairie Creek ou baleias migratórias na costa de Mendocino

A impressionante Avenue of the Giants, no Humboldt Redwoods State Park

O Império das Sequoias

Da artística Mendocino e dos promontórios fustigados por ventos de Fort Bragg, esse roteiro segue para o norte da Califórnia, acompanhando o Pacífico e desvendando interessantes povoados, cidades bucólicas e comunidades madeireiras. Lontras-do-mar podem ser avistadas em meio às algas na costa de Mendocino. Quando o roteiro envereda para o interior, o visitante adentra o majestoso território das sequoias. O Humboldt Redwoods State Park e os Redwood National and State Parks abrigam milhares de hectares de matas virgens que oferecem condições perfeitas para caminhar e acampar. Alguns dos B&Bs mais sofisticados da Califórnia se distribuem por essa rota encantadora, que prima pelo equilíbrio sutil entre belezas costeiras e interioranas.

Acima Enseada nos Mendocino Headlands *(p. 77)* **Abaixo** O Eel River corta uma floresta de sequoias perto de Leggett *(p. 77)*

ATIVIDADES

Admire os lírios silvestres azuis que crescem nos Mendocino Headlands

Faça um passeio no Skunk Train, de Fort Bragg a Willits

Veja a magnífica Founder's Tree, no Humboldt Redwoods State Park

Fotografe os imensos alces do Prairie Creek Redwoods State Park

Caminhe entre sequoias vermelhas no Jedediah Smith Redwoods State Park

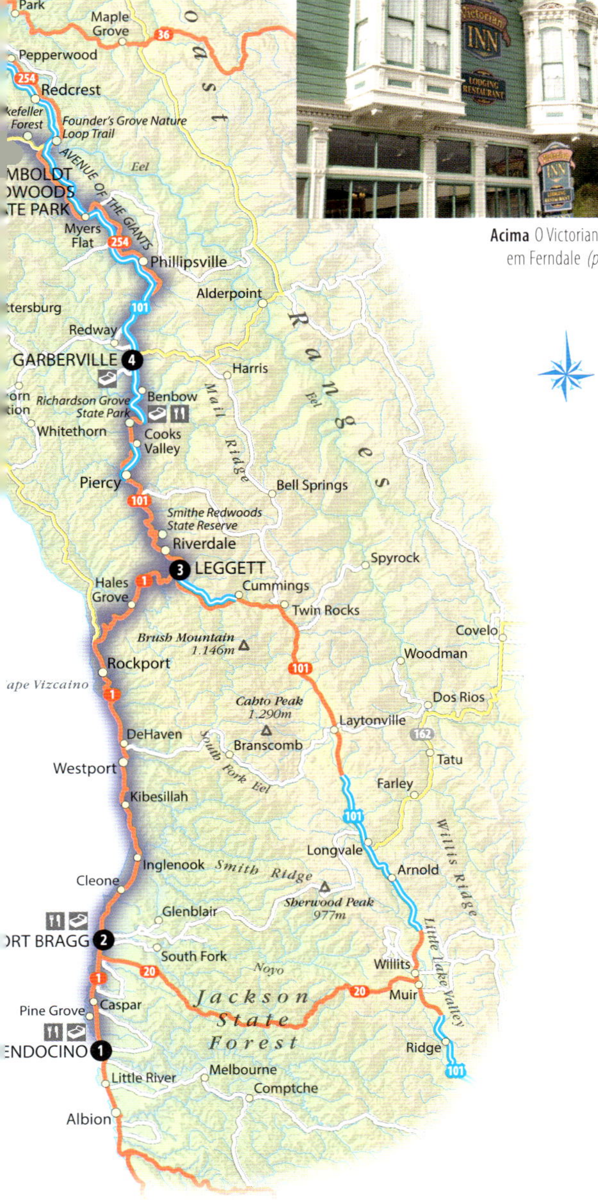

Acima O Victorian Inn, em Ferndale *(p. 79)*

PLANEJAMENTO

Início/fim: De Mendocino a Crescent City *(veja mapa do roteiro de Ferndale a Crescent City na p. 80).*

Número de dias: 4-5.

Distância: Cerca de 483km (300 milhas).

Condições das estradas: A Highway 101 é uma autoestrada em alguns trechos e uma rodovia de pista dupla em outros. As estradas para Honeydew e para a Lost Coast são péssimas; dirija devagar e com cuidado. No verão, é comum a formação de neblina.

Quando ir: O fim da primavera, o verão e o início do outono são as melhores épocas, mas também as mais movimentadas. No fim do outono e no inverno, a neve e as chuvas bloqueiam grande parte da região.

Horários de funcionamento: Durante o verão, o horário comercial é das 10h às 18h diariam, e os restaurantes funcionam até 21h ou 22h diariam.

Compras: Brotos de sequoias estão à venda nas lojas de suvenires. Há também artesanato de madeira, como tigelas e tampos de mesa.

Principais festas: Mendocino: Wine & Mushroom Festival, nov. **Ferndale:** Kinetic Sculpture Race, mai. **Arcata:** The Godwit Dias Shorebird Migration Festival, abr.

PASSEIOS DE 1 DIA

Com muitas exposições de artistas renomados e emergentes, **Mendocino** é obrigatória para os **fãs de arte**, enquanto **entusiastas da natureza** podem explorar os **Redwood National and State Parks**. Detalhes *p. 83*.

Acima A charmosa MacCallum House, em Mendocino

❶ Mendocino

Mendocino County; 95460

Sustentada por amplos promontórios cercados pelo Pacífico, a provinciana Mendocino tem uma beleza incontestável. Com vista para o oceano de ondas revoltas, a cidade se destaca pela arquitetura no estilo da Nova Inglaterra – um legado dos primeiros colonos da comunidade. O turismo representa a principal atividade econômica do local, mas Mendocino também ostenta uma vibrante cena artística.

Passeio a pé de 2 horas

Estacione na Albion Street e vá ao **Kelley House Museum** ① *(www.kelleyhousemuseum.org)*, que aborda a história da cidade como centro de expedição e polo madeireiro. Ex-residência de um pioneiro do negócio, a Kelley House expõe fotos, mapas históricos e artefatos indígenas, além de organizar caminhadas turísticas pela cidade *(11h sáb)*. Ao fim da visita, saia do museu pelo lado que dá para o mar, entre na Main Street, vire à direita e admire o **The Mendocino Hotel** ② *(www.mendocinohotel.com)*. Construído em 1878, esse hotel voltado para o Pacífico mantém o charme vitoriano. O Lobby Lounge, o restaurante do local, é convidativo para um drinque, mas também oferece excelente cozinha litorânea. Desse ponto, siga pela Main Street, vire à direita na Kasten Street e à direita na Albion Street para chegar ao **MacCallum House** ③, um dos mais belos e ornamentados B&Bs da área. A casa é cercada por jardins floridos e tem na entrada a escultura de uma baleia-cinzenta, uma pista de como a migração desses animais é importante para Mendocino, onde todo mês de março ocorre o Whale Festival. A seguir, continue até a Lansing Street e vire à esquerda rumo ao **Moody's Organic Coffee Bar** ④ *(www.moodyscoffeebar.com)*, que oferece bebidas e lanches, além de acesso à internet. Desça a Lansing Street até a Ukiah Street e vire à esquerda. Do lado esquerdo da rua, o edifício vermelho, que já foi uma igreja batista, abriga a loja de produtos naturais **Corners of the Mouth** ⑤ *(www.cornersofthemouth.com)*. Os funcionários são os próprios donos do local desde 1975, e a loja teve papel crucial no movimento de incentivo ao consumo de alimentos orgânicos criado no norte da Califórnia. Mais adiante, no cruzamento com a Kasten Street, o prédio amarelo do **Odd Fellows Hall** ⑥ é um grande espaço expositivo de artes, com mostras temporárias de pintura, escultura e obras em madeira. Continue na Kasten Street até a Little Lake Street. Pare no grandioso **Mendocino Art Center** ⑦ *(www.mendocinoartcenter.org)*, uma entidade fundamental para as artes nessa cidade de pequeno porte. O centro

Escultura exposta no Mendocino Art Center

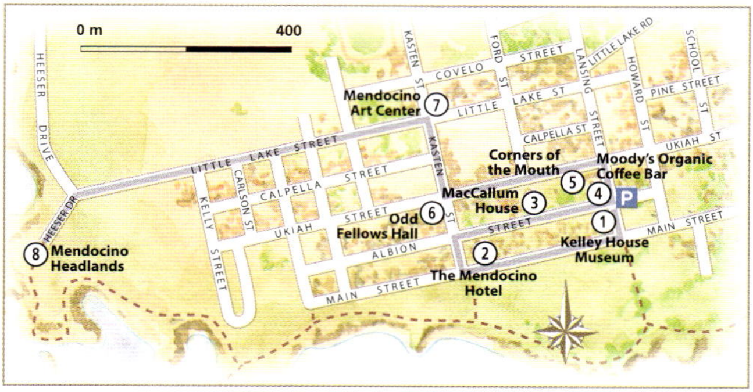

PARA VISITAR O MENDOCINO COUNTY

Informação turística
120 South Franklin St, Fort Bragg, 95437; 707 462 7417; www.visitmendocino.com

ONDE FICAR

MENDOCINO

The Mendocino Hotel & Garden Suites *moderado*
Inaugurado em 1878, esse hotel histórico tem 51 unidades em meio a jardins esplêndidos, em um terreno de 1ha. *45080 Main St, 95460; 707 937 0511; www.mendocinohotel.com*

MacCallum House *caro*
Esse charmoso B&B ocupa um edifício histórico com amplos jardins. Café da manhã gourmet, spa e wi-fi grátis. *45020 Albion St, 95460; 707 937 0289; www.maccallumhouse.com*

FORT BRAGG

The Beachcomber Motel *moderado*
Esse motel moderno, de frente para a praia, ocupa um terreno agradável que mais parece um parque. Todos os quartos têm deque e vista para o mar. *1111 N. Main St, 95437; 707 964 2402; www.thebeachcombermotel.com*

Onde Ficar: barato, menos de US$100; moderado, US$100-US$200; caro, acima de US$200

promove workshops e exposições de artistas locais e nacionais, assim como recepções no segundo sábado de cada mês, das 17h às 20h.

Do centro, ande cerca de 1km para a esquerda, até o cruzamento com a Heeser Drive, para chegar aos **Mendocino Headlands** ⑧. Nada se compara à beleza assombrosa dessa paisagem. O movimento incessante das ondas batendo no promontório deixa o ar saturado com os borrifos do mar. A primavera é o auge da época de migração das baleias-cinzentas, que podem ser avistadas do alto de terrenos revestidos de lírios silvestres azuis. Patos-pretos deslizam na água e lontras-do-mar brincam nos leitos de alga, enquanto pintores tentam captar as cenas ao ar livre. A Heeser Drive segue os lados oeste e norte dos promontórios. Se preferir, refaça a rota pela cidade até seu carro.

Retorne à Coast Hwy 1 e dirija 15km (9 milhas) para o norte até Fort Bragg, onde há um amplo estacionamento.

② Fort Bragg

Mendocino County; 95437

Em muitos aspectos, Fort Bragg é o oposto da serena Mendocino. Fundada como um forte militar, a cidade ganhou vida com a instalação de várias empresas madeireiras nas imediações. Hoje, é um destino requisitado devido a seu litoral acidentado com lindas vistas do oceano Pacífico e à abundância de hospedagem barata. O **Guest House Museum** *(Main St; www.fortbragghistory.org)* fica na ex-residência de um magnata do setor madeireiro e sedia mostras sobre a história da cidade. Ao lado, o **Skunk Train Depot** *(www.skunktrain.com)* é o ponto de partida desse trem cujo nome se deve ao odor da fumaça de lenha. Ele segue viagem até Willits, através do território das sequoias, e de volta até Fort Bragg. Na orla sul da cidade, o **Noyo Harbor** é repleto de barcos usados para pesca e para passeios de observação de baleias.

Continue na Coast Hwy 1 por 69km (43 milhas) até que a autoestrada enverede para o interior e encontre a Hwy 101, em Leggett. Siga as placas para a Drive-Thru Tree.

③ Leggett

Mendocino County; 95585

Esse povoado marca o início da região das sequoias, mas o ponto forte do passeio é o trajeto em si – de Fort Bragg a Leggett. As vistas ao longo da Coast Highway 1 são belíssimas, e o trecho dos 15km finais, junto ao **Eel River**, é o mais sinuoso. Passe de carro no meio da árvore chamada **Chandelier Drive-Thru Tree**, que fica na área de piquenique de um belo parque.

De Leggett, siga no sentido norte da Hwy 101 por cerca de 32km (20 milhas), depois pegue a saída 639A rumo a Garberville; há estacionamento grátis nas proximidades da autoestrada.

Acima, da esq. p/ dir. A Chandelier Drive-Thru Tree, em Leggett; Promontórios de Mendocino **Abaixo** Vista do Eel River

ONDE COMER E BEBER

MENDOCINO

MacCallum House Restaurant *caro*
É especializado na fina cozinha regional. Comece com sopa de batata-doce ou ostra, depois peça cavala ao wasabi ou carré de cordeiro.
45020 Albion St, 95460; 707 937 0289; aberto 8h30-10h30 e 17h30-21h diariam; www.maccallumhouse.com; ligue antes para reservar

Victorian Dining Room *caro*
Pratos criativos servidos em um ambiente aconchegante. Os carros-chefe da casa são os caranguejos e as ostras de Mendocino, além do pato crocante das Maple Creek Farms.
Mendocino Hotel, 45080 Main St, 95460; 707 937 0511; aberto 18h-21h dom-qui, 18h-21h30 sex-sáb; www.mendocinohotel.com

FORT BRAGG

Cliff House Restaurant *moderado*
Com vistas magníficas do oceano e do Noyo Harbor, o Cliff House é especializado em frutos do mar e em produtos locais, como ostras grelhadas ao molho de camarão e risoto de cogumelos chanterelle silvestres.
1011 South Main St, 95437; 707 961 0255; aberto 16h-21h30 dom-sex, 16h-22h sáb; www.fortbraggcliffhouse.com

Onde Comer e Beber: barato, menos de US$25; moderado, US$25-US$50; caro, acima de US$50

À dir. A Founder's Grove, no Humboldt Redwoods State Park

PARA VISITAR OS PARQUES DE SEQUOIAS E A LOST COAST

Informação turística
Garberville-Redway Area Chamber of Commerce *782 Redwood Dr, Garberville, 95542; 707 923 2613; www.garberville.org*

ONDE FICAR

GARBERVILLE

Best Western Humboldt House Inn *moderado*
Todos os quartos contam com uma estrutura básica confortável. Próximo à Avenue of the Giants, o hotel também oferece piscina e café da manhã. É preciso reservar.
701 Redwood Dr, 95542; 707 923 2771; www.humboldthouseinn.com

ARREDORES DE GARBERVILLE

Benbow Hotel and Resort *caro*
Esse resort campestre em estilo Tudor oferece quartos confortáveis decorados com antiguidades. Chá e bolinhos são servidos no imponente saguão.
445 Lake Benbow Dr, Benbow, 95542; 707 923 2124; www.benbowinn.com

FERNDALE

Victorian Inn *caro*
Em um edifício histórico restaurado no centro de Ferndale, o Victorian Inn está próximo a lojas, galerias e museus. Os quartos, com pé-direito alto, têm papel de parede de época.
400 Ocean Ave, 95536; 707 786 4949; www.victorianvillageinn.com

4 Garberville

Humboldt County; 95542

Ao se aproximar dessa cidade, a Highway 101 passa pelo **Richardson Grove State Park** *(10km ao sul de Garberville)*, enquanto o Eel River acompanha a estrada. Conhecida como o "centro da maconha dos EUA", Garberville é uma cidadezinha com poucas atrações, mas serve de base para expedições a pé no encantador Império das Sequoias. Vários estabelecimentos vendem, entre outros itens, tampos de mesa feitos com o tronco dessas árvores.

Siga o rumo norte pela Redwood Dr e vire à direita para entrar na Hwy 101. Pegue a saída 645 e dirija pela SR 254 (Ave of the Giants) por 32km (20 milhas), até chegar ao centro de visitantes do Humboldt Redwoods State Park.

5 Humboldt Redwoods State Park

Humboldt County; 95542

Criado em 1921 pela Save the Redwoods League, esse parque de 21.448ha abriga majestosas sequoias costeiras e é o terceiro maior parque estadual da Califórnia. A **Avenue of the Giants**, uma via cênica e cheia de curvas, passa por um trecho belíssimo dessa floresta antiga, em meio a árvores centenárias que fazem sombra na estrada. Reserve tempo para caminhar e apreciar a grandiosidade dessas maravilhas da natureza. O centro de visitantes promove mostras excelentes sobre a flora, a fauna e a história madeireira da região. A **Founder's Grove Nature Loop Trail** começa cerca de 6km ao norte do centro de visitantes e passa pela **Founder's Tree**, que homenageia os fundadores da Save the Redwoods League. Há uma faixa de floresta densa no lado oeste da Avenue of the Giants, ao longo da Bull Creek Flats Road: o percurso por essa área cruza a **Rockefeller Forest** – um antigo e impressionante bosque cujo solo é recoberto por samambaias – e segue até **Bull Creek**. O parque tem mais de 161km de trilhas para caminhada.

Siga pela Bull Flat Creek Rd, que se transforma na Mattole Rd, e saia do parque na direção oeste. A estrada, deteriorada, ziguezagueia por várias montanhas, descendo até a Lost Coast.

À dir., em sentido horário Casa vitoriana em Ferndale; Vista do Eel River, em um parque; Loja de suvenires em Garberville

À esq. Paisagem perto de Honeydew
Abaixo Equipamento de leiteria no Ferndale Museum

A sequoia

As sequoias da costa da Califórnia *(Sequoia sempervirens)* são as árvores mais altas do mundo. A maior delas tem cerca de 113m de altura e fica na bacia hidrográfica do Redwood Creek, no Redwood National Park *(pp. 82-3)*. Essas árvores precisam de bastante umidade, e cerca de 30% de sua necessidade diária de água é extraída do orvalho. Suas raízes aparentes se entrelaçam, e a casca extremamente resistente ao fogo permite que as sequoias sobrevivam a incêndios florestais.

6 Lost Coast

Humboldt County; 95545

Esse é o último trecho intocado da costa norte da Califórnia – daí seu nome, que significa "Costa Perdida". A **Kings Range** acompanha o litoral com seus rochedos impenetráveis que se projetam no Pacífico e dificultam muito o acesso a essa área selvagem. **Honeydew** e **Petrolia** são cidades bucólicas no caminho para Ferndale, onde o viajante exausto pode parar para descansar. As magníficas passagens sob túneis de sequoias, abetos e carvalhos ao longo da sinuosa Mattole Road rivalizam com o esplendor indiscutível da Kings Range e das pastagens em leitos de rio nos arredores de Honeydew e Petrolia. O **Cape Mendocino**, ao norte de Petrolia, tem quilômetros de praias virgens.

A partir de Cape Mendocino, siga rumo ao nordeste pela Mattole Rd e dirija por cerca de 25km (17 milhas), até chegar a Ferndale; vire à direita na Ocean Ave.

7 Ferndale

Humboldt County; 95536

Com casas vitorianas típicas da arquitetura do século XIX, Ferndale foi elevada ao status de Marco Histórico Estadual. O **Ferndale Museum** *(www.ferndale-museum.org)* aborda a história local por meio de exposições de artefatos, documentos e velhas reportagens desde a Corrida do Ouro até a época das madeireiras. O museu também tem uma coleção excepcional de equipamentos utilizados na produção de laticínios – uma atividade que impulsionou a economia da cidade e sustentou colonos nas pastagens do delta do Eel River desde os anos de 1880.

A partir da Main St, siga para o norte na direção da Fernbridge Dr e entre à direita na Hwy 101, rumo sul. Dirija por cerca de 20km (11 milhas) até a saída 679 para Scotia; há vários locais para estacionar o carro.

ONDE COMER E BEBER

ARREDORES DE GARBERVILLE

Flavors *barato*
Um dos favoritos dos moradores de Garberville, o Flavors tem ótimas saladas, como a de queijo feta e maçã, além de sanduíches de peru e wraps.
767 Redwood Dr, Benbow, 95542; 707 923 7717; aberto 7h-19h diariam

Benbow Hotel and Resort Dining Room *caro*
Uma das melhores opções gastronômicas na região das sequoias desde 1926, o Benbow Dining Room serve entradas como salada de beterraba e sopa de alho-poró, seguidas de miolo de costela ou perna de cordeiro.
445 Lake Benbow Dr, Benbow, 95542; 707 923 2124; aberto 8h-13h30 e 18h-21h diariam; www.benbowinn.com

FERNDALE

VI *moderado*
Esse restaurante fino fica no Victorian Inn. Peça o macarrão artesanal com queijo loleta local ou uma caneca de sopa de moluscos para acompanhar o salmão grelhado.
400 Ocean Ave, 95536; 707 786 4949; aberto 8h-21h diariam; www.victorianvillageinn.com

Onde Comer e Beber: barato, menos de US$25; moderado, US$25-US$50; caro, acima de US$50

Acima Pastagem na Humboldt Bay *(p. 81)*

LEGENDA

Roteiro

Acima A vitoriana Carson Mansion, em Eureka *(p. 81)*

8 Scotia

Humboldt County; 95565

Scotia foi fundada pela Pacific Coast Lumber Company (PALCO), antigamente a maior madeireira no Humboldt County, e construída pelos funcionários dessa empresa. A maioria das edificações da cidade é feita com madeira de sequoia, inclusive as imponentes colunas que escoram o teatro local e o **Scotia Museum**. Do lado de fora do museu, há uma locomotiva e equipamentos para cortar madeira.

Volte à Hwy 101 e dirija 44km (27 milhas) rumo ao norte, até Eureka; há estacionamento próximo à estrada.

9 Eureka

Humboldt County; 95501

Fundada em 1850, Eureka é o maior polo comercial na costa norte. O **centro histórico** fica na beira-mar, entre a C Street e a M Street. Faça um passeio de carruagem por essa área para ver os edifícios do século XIX que foram transformados em cafés e restaurantes. O **Clarke Museum** *(www.clarkemuseum.org)*, na 3rd Street com a E Street, tem mostras sobre cultura indígena. Outras atrações são a **Carson Mansion** – ex-residência do magnata madeireiro William Carson, na 2nd Street com a M Street –, um dos mais belos exemplos de arquitetura vitoriana na Califórnia, e a **Fisherman's Plaza,** no início da C Street, onde se vê o movimento de pescadores que negociam os produtos do dia.

Locomotiva no Scotia Museum

Dirija no sentido leste pela 5th St e vire à esquerda na R St (Hwy 155) para cruzar a ponte sobre a Humboldt Bay. No cruzamento, siga a placa para Samoa e continue ao longo da península.

10 Humboldt Bay

Humboldt County; 95501

O trajeto ao longo da península, ao norte da Humboldt Bay, traz à lembrança a história da extração de madeira na região. Pare na **Samoa Cookhouse**, um restaurante e museu sobre a época madeireira, e depois dirija até a ponta da península, chegando ao **Samoa Dunes Recreation Area**, um parque de 121ha no qual se pode surfar, caminhar e observar aves.

Refaça a rota pela península e mantenha-se na Hwy 255 até Arcata; há estacionamentos ao longo da estrada.

Acima O Carter House Inn, em Eureka
Abaixo Carruagem em Eureka

PARA VISITAR O HUMBOLDT COUNTY

Informação turística
Humboldt County Convention & Visitors Bureau *1034 2nd St, Eureka, 95501; 707 444 6634; www.redwoods.info*

ONDE FICAR

SCOTIA

Scotia Inn *moderado*
Hospedaria histórica perto do Scotia Museum, o Scotia Inn tem um saguão encantador e quartos básicos a preços acessíveis.
100 Main St, 95565; 707 964 5338; www.scotia-inn.com

EUREKA

Best Western Humboldt Bay Inn *moderado*
Em estilo de motel, oferece todos os confortos básicos. Faça sua reserva pelo site. Fica a curta distância a pé do centro histórico local.
232 West 5th St, 95501; 707 443 2234; www.humboldtbayinn.com

Carter House Inn *caro*
Com hospedagem de alto nível, o Carter House Inn ocupa vários edifícios vitorianos no centro de Eureka e fica próximo a lojas, museus, galerias de arte e à Carson Mansion.
301 L St, 95501; 707 444 8062; www.carterhouse.com

ONDE COMER E BEBER

SCOTIA

Scotia Inn Dining Room *moderado*
Cervejas locais e frango com pecã são as especialidades. Outros favoritos são o miolo de costela grelhado e o hambúrguer mediterrâneo de peru.
100 Main St, 95565; 707 764 5338; aberto 11h30-21h30 ter-sáb, 11h30-22h30 sex-sáb; www.scotia-inn.com

EUREKA

Restaurant 301 *caro*
A melhor opção da área, fica no Carter House Inn. Peça coelho ou bife apimentado.
301 L St, 95501; 707 444 8062; aberto 7h30-10h e 18h-21h diariam; www.carterhouse.com

ARREDORES DE EUREKA

Samoa Cookhouse *moderado*
Peça panquecas no café da manhã, bolo de carne no almoço e porco assado no jantar.
908 Vance Ave, Samoa, 95501; 707 442 1659; aberto 7h-21h diariam; www.samoacookhouse.net

Acima, da esq. p/ dir. Alces em Prairie Creek; Farol em Crescent City **Abaixo** A Elephant Tree em meio às Trees of Mystery

⓫ Arcata

Humboldt County; 95521

O roteiro por Arcata passa por pastagens úmidas nas quais se veem inúmeras vacas leiteiras e gansos selvagens do Canadá. Sede da **Humboldt State University**, essa é uma típica cidade universitária com mentalidade liberal. A **Arcata Plaza** reúne lojas como a Rookery Books e a Arcata Artisans Fine Arts, que refletem o caráter jovial, intelectual e progressista da comunidade. Visite também o **Arcata Marsh** *(www.arcatamarshfriends.org)*, um dos habitats com maior diversidade de aves na região das sequoias.

Retorne à Hwy 101 e dirija rumo ao norte por cerca de 48km (30 milhas) ao longo da costa até chegar ao centro de visitantes, que fica à direita da entrada sul do Redwood National Park.

⓬ Redwood National and State Parks

Humboldt e Del Norte County

Constituída em 1968 pelo presidente americano Lyndon B. Johnson, essa longa faixa de parques protegidos abrange antigas sequoias costeiras, vastas campinas, matas de carvalho e 64km de litoral. Os parques preservam a biodiversidade em diversos ecossistemas, que coexistem em harmonia.

Essa região tem gigantescas sequoias costeiras, protegidas dentro do **Redwood National Park** e em três parques estaduais vizinhos. Pare no **Thomas H. Kuchel Visitor Center** para pedir orientações e admirar a canoa indígena yurok – feita com o tronco escavado de uma sequoia –, em exposição. Saindo do centro, dirija pela rodovia rumo a **Orick**, uma cidadezinha com alguns cafés e motéis. Logo após Orick, uma placa grande indica o desvio para a Bald Hills Road. Vire à direita na estrada e siga em frente até o estacionamento surgir à direita. A trilha que vai até o **Lady Bird Johnson Grove** começa aqui. Dedicado à mulher do presidente Johnson, "Lady Bird" Johnson, esse bosque é uma mescla encantadora de sequoias antiquíssimas e vistosos rododendros vermelhos, que florescem em maio e junho. Volte à Highway 101 e pegue a saída a oeste para a Davison Road. A rota leva ao **Prairie Creek Redwoods State Park**, na direção do **Elk Meadow**, onde manadas de alces-roosevelt *(Cervus*

PARA VISITAR O NORTE DA REGIÃO DAS SEQUOIAS

Informação turística
Redwood National & State Parks: Kuchel Visitor Center *Hwy 101, Orick, 95555; 707 465 7765; www.nps.gov/redw*

ONDE FICAR

ARCATA

Plaza View Stay *caro*
Apartamentos com vista para a Arcata Plaza. Algumas unidades têm cozinha completa.
Arcata Plaza, 95521; 877 822 0935; www.arcatastay.com

REDWOOD NATIONAL AND STATE PARKS

Elk Meadow Cabins *moderado*
Cabanas grandes que eram de operários, em um prado com alces. Cada cabana tem três quartos, dois banheiros e cozinha completa. Os proprietários organizam passeios.
7 Valley Green Camp Rd, Orick, 95555; 707 488 2602; www.redwoodadventures.com

Requa Inn *moderado*
Hospedaria de uma família yurok, com vista para a foz do rio Klamath. O café da manhã é reforçado e há artesanatos yurok em uma loja de presentes.
451 Requa Rd, Klamath, 95548; 707 482 1425; www.requainn.com

CRESCENT CITY

Oceanfront Lodge *moderado*
Esse hotel limpo e moderno tem piscina coberta aquecida, spa e sauna, além de vista para o farol de Battery Point.
100 A St, 95531; 707 465 5400

Onde Ficar: barato, menos de US$100; moderado, US$100-US$200; caro, acima de US$200

canadensis roosevelti) pastam nos prados verdejantes. Mais adiante situa-se a isolada **Gold Bluffs Beach**, com pedaços de madeira lançados pelo mar.

Volte à rodovia e pegue a **Newton B. Drury Scenic Parkway**, um trecho repleto de sequoias excepcionais. Após 16km, a estrada se funde com a Highway 101. A próxima parada é no **Klamath River Overlook**, cerca de 10km (7 milhas) adiante no desvio para a Requa Road. Esse local é ótimo para observar baleias na época de migração, assim como outros mamíferos e aves marinhas o ano todo. Por muito tempo os índios yurok controlaram a pesca dos salmões de forma não predatória, mas represas e a pesca intensiva acabaram reduzindo a população desses peixes.

A rodovia serpenteia bastante pelo norte até chegar ao **Del Norte Coast Redwoods State Park**, no qual o **Crescent Beach Overlook** tem vistas estupendas do oceano Pacífico. Para chegar ao local, continue na rodovia após o Klamath River Overlook por cerca de 24km (15 milhas), depois vire à esquerda na Enderts Beach Road (8km/5 milhas ida e volta).

Último parque na região de sequoias, o **Jedediah Smith Redwoods State Park** fica no extremo norte dessa área de reserva e tem o nome do explorador que a atravessou nos anos 1820. Volte à Highway 101; cruze a Humboldt Road e vire à direita na Howland Hill Road (de terra), que atravessa os recantos primitivos mais belos da região.

Acima Estrada em meio a sequoias no parque Jedediah Smith

Siga na Howland Hill Rd por 11km (7 milhas); vire à esquerda na South Fork Rd e de novo à esquerda na Hwy 199. Na Hwy 101, suba a rampa que leva a Crescent City.

⓭ Crescent City

Del Norte County; 95531

Crescent City fica nas proximidades dos parques estaduais Del Norte Coast e Jedediah Smith, e não passa de uma cidadezinha tranquila. A maioria de seus edifícios foi bastante danificada durante o tsunami posterior ao terremoto no Alasca em 1964. Estacione no Battery Point e ande 500m em um caminho arenoso e rochoso para ver o **Battery Point Lighthouse** – a grande atração de Crescent City –, construído em 1856. A cidade tem boas opções de hospedagem e alimentação.

ONDE COMER E BEBER

ARCATA

Plaza Grill *moderado*
No terceiro andar da histórica Jacoby's Storehouse, nas imediações da Arcata Plaza, o Plaza Grill serve comida simples. Peça cogumelos portobello ou sanduíche de frango grelhado com cerveja Arcata local.
Jacoby's Storehouse, Arcata Plaza, 95521; 707 826 0860; aberto 17h-21h30 dom-qui, 17h-22h sex-sáb; www.plazagrillarcata.com

REDWOOD NATIONAL AND STATE PARKS

The Palms Café *moderado*
Diner que serve *comfort food* caseira e substanciosa, como hambúrgueres, fritas, biscoitos e ótimos molhos. Prove as famosas tortas.
21130 Hwy 101, Orick, 95555; 707 488 3381; aberto 6h-20h diariam

Bailey's Dining Room *moderado*
O menu criativo apresenta ingredientes sazonais locais. Entre as especialidades yurok, salmão defumado do rio Klamath.
Requa Inn: 451 Requa Rd, Klamath, 95548; 707 482 1425; aberto no jantar qua-dom; www.requainn.com; reserve

CRESCENT CITY

Good Harvest Cafe *moderado*
Essa popular lanchonete de beira de estrada serve peixe fresco, hambúrgueres de carne e sopas vegetarianas. No café da manhã, peça a omelete com espinafre e alcachofra.
575 South Hwy 101, 95531; 707 465 6028; aberto 7h30-21h seg-sáb, 8h-20h dom

PASSEIOS DE 1 DIA

Este roteiro pode ser dividido em dois itinerários temáticos.

Um pé na arte

Dirija pela bela rota costeira de Mendocino ❶ até Fort Bragg ❷ para conhecer praias intocadas com vistas fantásticas. Pare nas galerias de arte, inclusive de fotografia, espalhadas pela costa. A Mendocino Coast Photographer Guild & Gallery *(343 N Main St; www.mcpgg.com)* expõe fotos incríveis de paisagens e de animais selvagens da região.

Dirija na Coast Highway 1 entre Mendocino e Fort Bragg.

Um pé na natureza

Passe um dia explorando as diversas atrações dos Redwoods National and State Parks ⓬. Ao sul de Orick, as Humboldt Lagoons são habitat de aves, que podem ser facilmente avistadas. Ao norte de Orick, o Fern Canyon no Prairie Creek Redwoods State Park exibe plantas de vários tipos. Esse cânion estreito tem uma trilha de 3km com paredões de 15m revestidos de oxalidáceas e avencas. Prairie Creek tem também a Big Tree, com 6,6m de diâmetro. Três trilhas a partir do Big Tree Wayside convidam os visitantes a se embrenhar pelos bosques de sequoias.

Explore os Redwoods National and State Parks que se estendem para o sul e o norte a partir do centro de visitantes em Orick, na Hwy 101.

ROTEIRO **7**

Terra de Fogo e Gelo

De Redding a Red Bluff

Destaques

- **Rio sagrado**
  Admire o magnífico Sacramento River, que atravessa o Turtle Bay Exploration Park, em Redding
- **Um dia no lago**
  Visite a Shasta Dam e alugue um barco ou uma casa flutuante para explorar o enorme Shasta Lake
- **Beleza alpina**
  Aprecie o espetacular visual do Mount Shasta, um lugar sagrado para os índios americanos
- **Vulcões ardentes**
  Dirija pelo Lassen Volcanic National Park, famoso por suas atrações geológicas

O Mount Shasta domina o cenário de matas e pastagens

Terra de Fogo e Gelo

A beleza dos rios, a grandeza alpina e as maravilhas geológicas da região de Shasta-Lassen são muito inspiradoras. Esse roteiro acompanha o Sacramento River, repleto de trutas silvestres e pontilhado de ótimos trechos para pesca. Se quiser descansar, alugue uma casa flutuante e explore o sereno Shasta Lake. Mais adiante, os acidentados Castle Crags e o Mount Shasta, nevado, são entremeados por trilhas com diferentes graus de dificuldade. Um caldeirão de atividade geotérmica, o Lassen Volcanic National Park é intrigante, com seus gêiseres que exalam vapores, fumarolas borbulhantes e o Lassen Peak, cuja última erupção ocorreu em 1917.

Acima Estrada no Lassen Volcanic National Park *(pp. 92-3)*

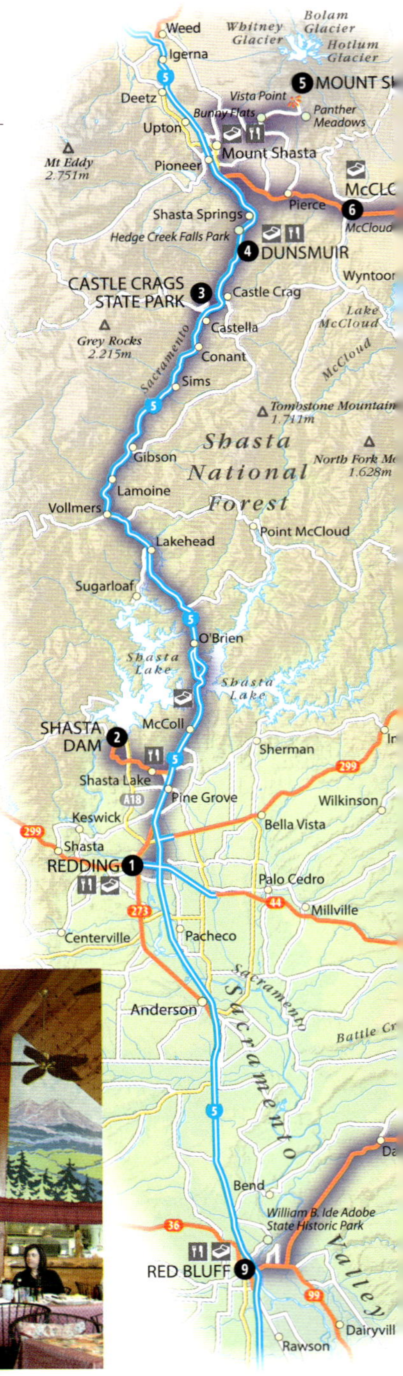

ATIVIDADES

Alugue uma bicicleta no Turtle Bay Exploration Park, em Redding, e pedale pela Sacramento River Trail

Pesque trutas silvestres com equipamento alugado em Redding

Pernoite em uma casa flutuante no Shasta Lake

Durma em um vagão de trem no Railroad Park, em Dunsmuir

Aprecie vistas fantásticas do Mount Shasta a partir das Panther Meadows

Faça a trilha de Bumpass Hell e veja a atividade geotérmica no Lassen Volcanic National Park

Acima Interior do popular Old Mill Eatery, na Shasta Dam *(p. 89)*

Acima Os Castle Crags, no Castle Crags State Park *(p. 90)*

PLANEJAMENTO

Início/fim: De Redding a Red Bluff.

Número de dias: 4-5, com metade do tempo para explorar Redding e o Lassen Volcanic National Park.

Distância: 540km (335 milhas).

Condições das estradas: Todas as estradas, inclusive aquelas em áreas montanhosas, são asfaltadas. De outubro a junho, é essencial ter correntes para pneus e estar alerta a bloqueios temporários de estradas devido à neve. Dependendo da quantidade de neve, a estrada no Lassen Park pode ficar fechada de outubro até o início de junho.

Quando ir: O verão e o outono, de junho a outubro, são ideais para visitar a área.

Horários de funcionamento: A maioria das lojas abre das 10h às 18h, e os restaurantes geralmente aceitam clientes só até as 21h.

Compras: Redding tem boas lojas de equipamentos para pesca e para esportes ao ar livre.

PASSEIOS DE 1 DIA

Ciclistas podem usar **Redding** como base para explorar a cidade e o **Shasta Lake**, e **famílias** vão gostar de fazer um piquenique às margens do Sacramento River.
O **Mount Shasta** atrai **fotógrafos** e adeptos de **trilhas**. Interessados em **geologia** devem conhecer de perto o **Lassen Volcanic National Park**.
Detalhes *p. 93*.

Acima Sundial Bridge, Redding
Abaixo, dir. Casa flutuante no Shasta Lake

❶ Redding

Shasta County; 96003

Uma caminhada pelo vasto Turtle Bay Exploration Park *(www.turtlebay.org)*, a grande atração de Redding, revela a beleza e a história natural da região de Shasta-Lassen, e atravessa o Sacramento River na fabulosa Sundial Bridge, aberta em 2004. Redding tem ótimos pontos para pesca de truta, e em sua área central o Cascade Theatre, art déco *(1733 Market St; www.cascadetheatre.org)*, apresenta ótimos eventos de música e entretenimento em geral.

Passeio a pé de 2 horas

Estacione ao lado da Sundial Bridge, no lado sul do rio, perto da Sundial Bridge Drive. Pegue um mapa no **centro de visitantes** ① e pague a taxa para ver todas as atrações em um dia.

Ainda no lado sul do rio, veja a **Sundial Bridge** ②, para pedestres, uma representação contemporânea de um relógio de sol criada pelo famoso arquiteto espanhol Santiago Calatrava. Ande até o meio da ponte e observe o **Sacramento River** ③, conhecido pelos lendários cardumes de salmão e como o habitat permanente da truta-arco-íris, o que atrai barcos com pescadores. Atravesse a ponte e vire à esquerda no **McConnell Arboretum and Botanical Gardens** ④ *(abertos 7h-17h diariam)*, conjunto impressionante de uma dezena de jardins espalhados por mais de 80ha. Siga o caminho até o **California Garden** ⑤, que destaca plantas nativas do estado, a exemplo de papoula-laranja, tremoços silvestres e uma árvore madrone de casca vermelha. Vá descendo no caminho e vire à direita para ir à **Sounds of Water Fountain** ⑥, que constitui um lembrete sutil de que a preservação das águas tem papel importante na história, política e prosperidade dessa região árida. Veja borboletas coloridas no **Butterfly Garden** ⑦, encantador para crianças e adultos.

Retome o caminho inicial para voltar à Sundial Bridge. As duas extremidades da ponte dão acesso à Sacramento River Trail, que é pavimentada e pode ser explorada a pé ou de bicicleta, se o clima permitir. O centro de visitantes aluga bicicletas.

Truta-arco-íris no Turtle Bay Museum

Cruze a Sundial Bridge e prossiga até o **Turtle Bay Museum** ⑧ *(aberto 9h-16h diariam)*, que fica adjacente à extremidade sul da ponte, para ter uma ideia ampla da história natural dessa região e de seu passado marcado por madeireiros e garimpeiros. Visite a casa de casca de árvore, semelhante às usadas pelos índios wintu, e conheça a

PARA VISITAR REDDING E A SHASTA DAM

Informação turística
Shasta Cascade Wonderland Association
1699 Hwy 273, Anderson, 96007; 530 365 7500; www.shastacascade.com

Estacionamento em Redding
Há muitas vagas nos estacionamentos adjacentes à Sundial Bridge.

ONDE FICAR

REDDING

Bridgehouse Bed & Breakfast *moderado*
Esse B&B moderno tem quatro quartos com banheiro privativo e oferece café da manhã caseiro. Há também acesso direto a trilhas junto ao rio.
1455 Riverside Dr, 96001; 530 247 7177; www.reddingbridgehouse.com

Oxford Suites *caro*
Além de piscina aquecida, hidromassagem e academia, o hotel oferece bufê de café da manhã e petiscos e vinho à noite.
1967 Hilltop Dr, 96002; 800 762 0133; www.oxfordsuitesredding.com

ARREDORES DA SHASTA DAM

Bridge Bay Resort *moderado*
Localizado às margens do Shasta Lake, esse resort com um restaurante e uma marina também aluga casas flutuantes, além de barcos e equipamentos para pesca.
10300 Bridge Bay Rd, 96003; 800 752 9669; www.sevencrown.com/lakes/lake_shasta/bridge_bay/

Onde Ficar: barato, menos de US$100; moderado, US$100-US$200; caro, acima de US$200

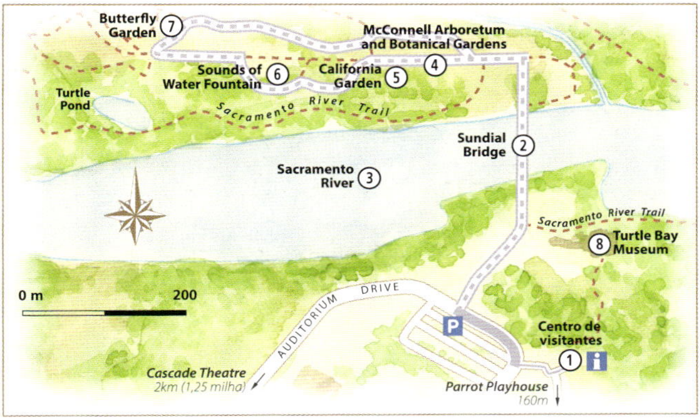

Acima Pescaria de truta-arco-íris no Sacramento River **Abaixo, esq.** Flores no jardim botânico de Redding

cultura indígena americana. O museu também tem mostras sobre o lendário Ishi, último membro da tribo yanae, cuja história de vida foi registrada no livro *Ishi in Two Worlds* (1961). Fãs de pesca irão adorar o perfil hidrográfico, com exemplos da truta-arco-íris grande que vive nos ribeirões dessa região.

Se ainda tiver tempo, caminhe até o centro de visitantes e siga as placas para o aviário Parrot Playhouse *(aberto 9h30-11h45, 13h-17h diariam)*, que pode ser visitado em qualquer época do ano e dá chance de interagir com papagaios coloridos e até alimentá-los. Refaça a rota até o centro de visitantes e depois vá para o estacionamento.

De Redding, vá para o norte até a I-5 por 16km (10 milhas), rumo ao desvio para a Shasta Dam Rd (Hwy 151 oeste). Continue na Shasta Dam Rd até o Vista Point, que não é sinalizado mas fica acima da represa. Estacione no centro de visitantes.

2 Shasta Dam

Shasta County; 96019

Acima da Shasta Dam, o Vista Point oferece um panorama estupendo da represa, que na época de sua construção foi uma proeza de engenharia. A seguir, dirija até o centro de visitantes. A represa, concluída em 1945, é a segunda maior do país, superada apenas pela Grand Coulee Dam, no Columbia River. As águas da Shasta são usadas para irrigar terras agrícolas no árido Central Valley da Califórnia, no verão, e para gerar eletricidade. Se o clima permitir, faça um passeio guiado grátis *(www.shastalake.com)*, que inclui andar pelas margens da represa. Vale a pena conhecer o **Shasta Lake**, reservatório da Shasta Dam, o maior na Califórnia. Vários rios grandes, como o Sacramento, o McCloud e o Pit, convergem para ele. Com 580km (360 milhas) de extensão, o lago também oferece ótimas oportunidades para pescar e passear de barco.

Muitos resorts às margens do lago organizam passeios turísticos e alugam barcos e equipamento de pesca. Cerca de 32km (20 milhas) a nordeste da represa, o conhecido Jones Valley Resort *(www.houseboats.com)* é recomendado para visitantes alugarem um barco no pontão por um dia para passeios ou pescaria no lago. É possível pernoitar no lago, em casas flutuantes bem equipadas.

Volte à I-5 e dirija 82km (51 milhas) para o norte. Fique atento ao desvio sinalizado que leva para o oeste, fora da rodovia, até o Castle Crags State Park.

ONDE COMER E BEBER

REDDING

Tortuga Bay Grill *barato*
Peça tacos de peixe ou sanduíche de porco assado.
1815 Park Marina Drive, 96001; 530 229 0755; aberto 11h-21h diariam

C. R. Gibbs American Grill *moderado*
O restaurante icônico de Redding tem cozinha aberta e um bar que prepara drinques muito originais.
2300 Hilltop Dr, 96002; 530 221 2335; aberto 11h-21h seg-sex, 11h-22h sáb-dom; www.crgibbs.com

Moonstone Bistro *moderado*
Esse restaurante usa ingredientes locais frescos. Prove os tacos de peixe, a salada de tomate e os bolinhos de caranguejo-azul.
3425 Placer St, 96001; 530 241 3663; aberto 11h-21h ter-qui, 11h-22h sex-sáb, 10h-14h dom; www.moonstonebistro.com

SHASTA DAM

Old Mill Eatery *moderado*
Muito frequentado pelos moradores do local, esse restaurante simpático serve comida caseira farta e muito gostosa, como omeletes no café da manhã e sanduíches no almoço.
4132 Shasta Dam Blvd, 96019; 530 275 0515; aberto 7h-15h qua-dom

Acima Paisagem no Castle Crags State Park **Abaixo, da esq. p/ dir.** Vista dos penhascos e um vagão da South Pacific, em Dunsmuir; Igreja em McCloud

ONDE FICAR

DUNSMUIR

Railroad Park Resort *moderado*
Divertido e com um toque de nostalgia, esse motel oferece hospedagem em vagões de trem da Southern Pacific restaurados, que ficam em torno de uma piscina.
100 Railroad Park Rd, 96025; 530 235 4440; www.rrpark.com

ARREDORES DO MOUNT SHASTA

Mt Shasta Ranch B&B *moderado*
Esse elegante B&B tem quartos espaçosos, uma casa sobre rodas e um chalé. Dá vista para o Mount Shasta.
1008 W. A. Barr Rd, Mount Shasta, 96067; 530 926 3870; www.stayinshasta.com

Mt Shasta Resort *caro*
Os chalés e quartos, luxuosos, são cercados por matas com pinheiros. Há também um campo de golfe com dezoito buracos e uma academia com vista para o Mount Shasta.
1000 Siskiyou Lake Blvd, Mount Shasta, 96067; 530 926 3030; www.mtshastaresort.com

MCCLOUD

McCloud River Mercantile *moderado*
Essa propriedade histórica tem quartos com pé-direito alto no andar superior, um restaurante e um empório que vende artigos novos e antiguidades.
241 Main St, 96057; 530 964 2330; www.mccloudmercantile.com

3 Castle Crags State Park

Shasta County; 96017

Cumes altíssimos e vistas estupendas do Mount Shasta e da região com matas saúdam os visitantes no Castle Crags State Park *(www.parks.ca.gov/)*. Há 45km para trilhas fáceis, como na River Trail; quem tem bom condicionamento pode encarar a subida íngreme até o topo dos penhascos para ter uma vista ampla do Mount Shasta. É também possível nadar ou pescar no Sacramento River, que serpenteia pelo parque.

Volte à I-5 e vá para o norte rumo à saída 729 para Dunsmuir.

4 Dunsmuir

Siskiyou County; 96025

Importante cidade ferroviária no corredor norte-sul, Dunsmuir *(www.dunsmuir.com)* tem uma estrutura circular que foi construída para consertar trens a vapor. A cidade tem uma cena vibrante de arte e gastronomia, com galerias em edifícios históricos. Pare na Brown Trout Cafe & Gallery *(5841 Sacramento Ave)* para um café e veja obras de arte.

Ao deixar a cidade, pegue a Dunsmuir Avenue para o norte e vire à esquerda na Mott Road, que depois passa sob a Interstate-5. Fique atento a placas para o **Hedge Creek Falls Park**, onde há vistas do Mount Shasta, do Upper Sacramento River e do cânion ao redor. Siga a trilha que sai do parque para as Hedge Creek Falls. Reza a lenda que Black Bart, um ladrão de diligências, certa vez se escondeu na gruta atrás das cachoeiras.

Volte à I-5 e vá para o norte até o Mount Shasta, saindo da estrada na cidade de Mount Shasta. Lá, pegue a

Onde Ficar: barato, menos de US$100; moderado, US$100-US$200; caro, acima de US$200

Lake St para o norte (depois, ela vira a Everett Memorial Hwy). Suba essa rodovia por 24km (15 milhas) até seu final, em Vista Point.

5 Mount Shasta

Siskiyou County; 96067

Pairando acima da cidade homônima, o imponente Mount Shasta domina visualmente essa região. Seu Vista Point tem panoramas incríveis desse pico nevado e dos divisores de águas de onde o excedente vai para o sul, entrando no Sacramento River, ou para o oeste, se juntando ao Klamath River.

Chegue perto da montanha parando no camping de **Panther Meadows**, 1,6km (1 milha) abaixo do Vista Point. Dali é possível fazer várias trilhas – suaves, em torno da base, ou pesadas, em subidas até o pico. A neve pode cobrir a montanha até o final de maio, quando a estrada fica aberta apenas para Bunny Flats.

Volte à I-5 e vá para o sul, virando para leste na Hwy 89. Dirija até McCloud, 16km (10 milhas) a leste.

O rio Sacramento

O explorador espanhol Gabriel Moraga (1765-1823) foi quem deu a esse curso d'água o nome de Rio del Santissimo Sacramento. Maior rio da Califórnia, ele cobre 643km (400 milhas) desde as montanhas a oeste do Mount Shasta até a San Francisco Bay. No passado, a via era lendária pela abundância de salmões tipo chinook. Há uma campanha em curso para recuperá-lo como habitat aquático e reinstalar as fazendas de piscicultura.

Acima, em sentido horário Lower Waterfalls, no McCloud River; Campo de golfe no Mount Shasta Resort; Veado no Mount Shasta

6 McCloud

Siskiyou County; 96057

Cidade madeireira histórica, McCloud tem vistas estupendas do Mount Shasta. Dirija pela cidade e veja panoramas da região e suas atrações, como a igreja de madeira de St. Joseph.

Também vale a pena ir às três cachoeiras – Lower, Middle e Upper Falls – no McCloud River, 8km (5 milhas) a leste da cidade. As Lower Falls atraem famílias, as Middle Falls são as mais fotogênicas e as Upper Falls são ótimas para nadar e fazer um piquenique.

Continue no rumo leste na Hwy 89 até o McArthur-Burney Falls State Park.

Acima Esqui nas neves do Mount Shasta em maio

ONDE COMER E BEBER

DUNSMUIR

Café Maddalena *caro*
O foco é em fina culinária mediterrânea. Prove a salada de beterraba assada e o filé de lombo bovino.
5801 Sacramento Ave, 96025; 530 235 2725; aberto 17h-22h qui-dom; www.cafemaddalena.com

ARREDORES DO MOUNT SHASTA

Lily's *moderado*
Sopas caseiras e peixes frescos. Peça o sanduíche de peru no almoço ou a clássica berinjela à parmegiana no jantar.
1013 South Mt Shasta Blvd, Mount Shasta, 96067; 530 926 3372; aberto 8h-21h30 diariam; www.lilysrestaurant.com

Wayside Grill *moderado*
No menu há filés, churrasco de costela, saladas, sopas e massas.
2217 South Mt Shasta Blvd, Mount Shasta, 96067; 530 918 9234; aberto 15h30-21h seg-qui, 11h-22h sex-dom; www.waysidegrill.com

Vivify *moderado*
Prove atum apimentado, pastelão de quinoa, tempurá e teriyaki de frango nesse restaurante japonês.
531 Chestnut St, Mount Shasta, 96067; 530 926 1345; aberto 17h-20h qua-dom; www.vivifyshasta.com

Onde Comer e Beber: barato, menos de US$25; moderado, US$25-US$50; caro, acima de US$50

PARA VISITAR O LASSEN VOLCANIC NATIONAL PARK

Informação turística
Mineral, 96063; 530 595 4444; www.nps.gov/lavo

ONDE FICAR

LASSEN VOLCANIC NATIONAL PARK

Manzanita Lake Cabins *barato*
Essas cabanas rústicas, porém funcionais, ficam junto à Main Park Road.
Manzanita Lake Campground, 96063; 877 444 6777; www.lassenrecreation.com

Drakesbad Guest Ranch *caro*
Com bangalôs e uma piscina, esse lugar é a única opção de pernoite no Lassen Park que tem um restaurante anexo.
Fim da Warner Valley Rd, Drakesbad 96020; 866 999 0914; aberto início jun-início out; www.drakesbad.com

RED BLUFF

Best Western Antelope Inn *moderado*
Desse motel dá para ir a pé a restaurantes. Os quartos têm o conforto básico, e há também uma piscina.
203 Antelope Blvd, 96080; 530 527 8882; www.bestwestern.com

Abaixo O Manzanita Lake, no Lassen Volcanic National Park **À dir.** Cabana em camping

7 McArthur-Burney Falls Memorial State Park

Shasta County; 96013

Burney Falls, a maior atração do McArthur-Burney Falls Memorial State Park *(www.parks.ca.gov/)*, é uma cachoeira de 40m de altura resultante de rios subterrâneos que convergem para o local. Como não é alimentada por chuvas, vale a pena conhecê-la até mesmo no auge do verão.

A **Subway Cave** é outro ponto interessante na estrada no sul de Lassen Park. Ali, os visitantes podem andar por um corredor que era atravessado por um rio de lava liquefeita.

Continue no rumo sul na Hwy 89 por mais 77km (48 milhas) até a entrada noroeste do Lassen Volcanic National Park.

8 Lassen Volcanic National Park

Shasta County e Lassen County; 96063

Destino severo e encantador, o Lassen Volcanic National Park é renomado por sua diversidade geológica. A Main Park Road *(aberta meados jun-out)* atravessa o parque e mostra os pontos mais impressionantes: o Lassen Peak, o maior vulcão com domo vedado do mundo; os numerosos lagos montanheses que refletem os picos, cobertos de neve até mesmo no início do verão; e poças de lama borbulhantes e chaminés de vapor em Sulphur Works e Bumpass Hell.

① Manzanita Lake Trail
A caminhada pela margem do Lake Manzanita, um lago alpino elevado, começa no posto dos guardas-florestais, na entrada noroeste do parque. Ande 500m no caminho com pinheirais junto ao lago e você será recompensado com vistas belíssimas do Lassen Peak refletido nas águas do Lake Manzanita e emoldurado pelo céu e os pinheiros ao longo da margem. Para muitos, é a vista mais bonita do parque.

Continue descendo a Main Park Rd, a única estrada que atravessa o parque, até chegar ao Manzanita Lake Campground.

② Manzanita Lake Campground
As atividades no parque giram em torno do camping Manzanita Lake e do **Loomis Museum**. Este tem explicações detalhadas sobre as erupções vulcânicas que ocorreram entre 1914 e 1917, além de muitas fotos históricas. O camping dispõe de cabanas e de uma loja que é a única opção para comprar comida nessa parte do parque.

Continue na Main Park Rd até Chaos Jumbles. Estacione ao lado da estrada, perto do mirante.

③ Chaos Jumbles
Como o nome sugere, Chaos Jumbles é um amontoado de fragmentos de rochas vulcânicas – prova da força explosiva com a qual um

Onde Ficar: barato, menos de US$100; moderado, US$100-US$200; caro, acima de US$200

vulcão em erupção pode atirar penedos. Por perto fica o campo de fragmentos chamado Devastated Area.

Continue na Main Park Rd até o Summit Lake.

④ Summit Lake

Perto do centro do parque, o cristalino Summit Lake é ideal para um mergulho refrescante. Há também um camping para mochileiros que dá acesso a algumas trilhas para caminhada, parte das quais integra a Pacific Crest Trail, que se estende do Canadá até o México.

Continue na Main Park Rd até o estacionamento perto de Bumpass Hell.

⑤ Bumpass Hell

Ande até Bumpass Hell, cujas características geotérmicas variam de poços de lama borbulhantes e fumarolas gasosas a gêiseres. Quem quiser ir ao Lassen Peak, a 3.187m de altitude, pode pegar o desvio para a trilha íngreme perto de Bumpass Hell; estacione no local designado. De volta à Main Park Road, dirija para Sulphur Works, onde se podem ver poças de lama fervente e chaminés de vapor a partir de uma passarela.

Continue na Main Park Rd até o Kohm Yah-Mah-Nee Visitor Center.

⑥ Kohm Yah-Mah-Nee Visitor Center

O moderno centro de visitantes do Lassen Volcanic National Park tem mostras sobre a geologia, a flora e a fauna do parque, além do único restaurante na Main Park Road. O nome

do centro, Kohm Yah-Mah-Nee, é o termo na língua dos índios maidu para Lassen Peak, ou seja, "montanha de neve".

Saia do parque no rumo sul pela Hwy 89, depois vire para oeste na Hwy 36 para Red Bluff.

9 Red Bluff

Tehama County; 96080

Cidade agrícola ao sul de Redding, Red Bluff tem alguns edifícios da época vitoriana em torno da Cone & Kimball Plaza. Nos arredores da cidade, o **William B. Ide Adobe State Historic Park** *(www.parks.ca.gov/)* fica às margens do Sacramento River e merece uma visita pelos históricos edifícios de adobe. O centro de visitantes mostra como era a vida dos colonos e pioneiros que chegaram ao local nos tempos da Corrida do Ouro, quando a área era um movimentado entreposto fluvial.

PARA VISITAR RED BLUFF

Informação turística
100 Main St, 96080; 530 527 6220; www.redbluffchamber.com

ONDE COMER E BEBER

LASSEN VOLCANIC NATIONAL PARK

Drakesbad Guest Ranch Dining Room *caro*
O salão histórico desse lodge recebe os hóspedes com bufê no almoço e entradas no jantar.
Warner Valley Rd, Drakesbad, 96020; 866 999 0914; aberto diariam início jun-início out; www.drakesbad.com; lugares limitados, exige reservas

RED BLUFF

Casa Ramos Mexican Restaurant *moderado*
Serve comida mexicana autêntica, a exemplo do porco assado lentamente. Há também opções vegetarianas.
2001 N Main St, 96080; 530 527 2684; aberto 11h-21h seg-sex, 11h-22h sáb-dom; www.casaramos.net

Acima Vista do Lassen Volcanic National Park

PASSEIOS DE 1 DIA

Essa região é propícia a vários passeios de um dia.

Dia junto ao rio

Use Redding 1 como base para um dia de ciclismo. Alugue uma bicicleta no Turtle Bay Exploration Park e pedale na Sacramento River Trail ou na estrada de 26km (16 milhas) para a Shasta Dam 2. Outro bom programa é fazer um piquenique nas margens do rio.

Redding fica na I-5, 260km (162 milhas) ao norte de Sacramento.

Ida ao Mount Shasta

Da cidade de Mount Shasta vá passar o dia no monte homônimo 5. Pegue a Everett Memorial Highway até a base da montanha, parando para apreciar as vistas no caminho. Leve lanches e bebidas para um piquenique e dirija para o oeste a partir do Mount Shasta, até o Castle Lake, onde há belas vistas dos picos.

Da cidade de Mount Shasta, siga pela Everett Memorial Hwy até a montanha. Pegue a W. A. Barr Rd no rumo sudoeste e depois a Castle Lake Rd até o pitoresco Castle Lake.

Maravilhas geológicas

Dirija pelo Lassen Volcanic National Park 8 e visite suas atrações, inclusive Chaos Jumbles e Bumpass Hell, no canto nordeste.

Desça a Main Park Rd para ver mais atrações. Para o Cinder Cone, dirija no rumo leste na Hwy 44, ao longo do lado norte do Lassen Park, e vire para o sul na estrada para Butte Lake.

ROTEIRO **8**

Montanhas, Lagos e Ranchos

De Shasta City a Yreka

Destaques

- **Contato com a natureza**
  Ande em torno do Whiskeytown Lake ou faça um passeio organizado pelas matas dos Trinity Alps
- **Rio de ouro**
  Descubra como levas de garimpeiros chineses reviraram o Trinity River em busca de ouro
- **Diversão aquática**
  Libere adrenalina passeando de caiaque pelo Trinity River e depois relaxe numa casa flutuante
- **Vida de caubói**
  Assista ao rodeio em Etna e depois coma um bom bife num restaurante local

O East Boulder Creek desce por um prado nos Trinity Alps

Montanhas, Lagos e Ranchos

Esse roteiro passa por lagos cintilantes, acompanha o pitoresco Trinity River e atravessa cidades da Corrida do Ouro que mantêm seu legado histórico, como a charmosa Weaverville. Aprecie as vistas panorâmicas dos Trinity Alps e das Marble Mountains, assim como as amplas pastagens do Scott Valley, em torno de Etna e Fort Jones. Interessados em história verão muitos vestígios da época da Corrida do Ouro, e a região também oferece diversas oportunidades para quem gosta de fazer trilhas, praticar rafting em corredeiras, pescar e acampar.

Acima Altar taoista na Joss House, Weaverville *(pp. 98-9)* **Abaixo** Paisagem perto de Etna *(p. 100)*

ATIVIDADES

Confira o legado histórico da Corrida do Ouro nos museus e edifícios de tijolos à vista de Shasta City e Weaverville

Faça rafting no selvagem Trinity River

Tente pescar trutas-arco-íris no Trinity River

Veja caubóis laçando bois no rodeio de Etna, em julho

Explore a área das Marble Mountains a cavalo, saindo de Etna

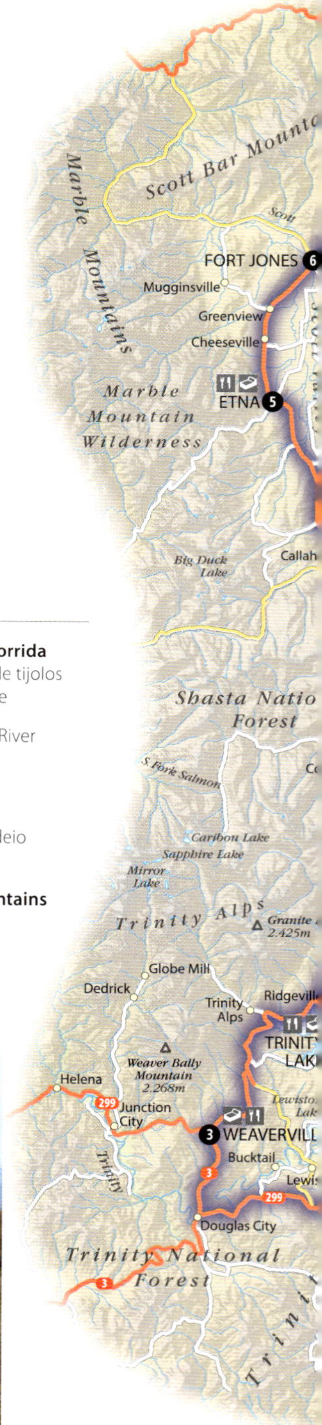

Acima Cabana de madeira para aluguel em Pinewood Cove *(p. 100)*

Acima Papoulas silvestres nas ruínas de Shasta City *(p. 98)*

PLANEJAMENTO

Início/fim: De Shasta City a Yreka.

Número de dias: 2-3, com meio dia para Weaverville.

Distância: 251km (156 milhas).

Condições das estradas: As estradas são asfaltadas, porém seguras apenas no verão e no outono. Devido à neve, as de montanha às vezes ficam fechadas no inverno e na primavera, quando você deve ter à mão correntes para os pneus caso as vias fiquem abertas. Informe-se sobre isso no California Department of Transportation *(800 427 7623; www.dot.ca.gov/cgi-bin/roads.cgi)*.

Quando ir: Jun-out é a melhor época para visitar essa área.

Horários de funcionamento: A maioria das lojas e serviços nessa área abre das 9h às 17h diariam, e restaurantes aceitam clientes até as 21h. Em geral, os museus regionais funcionam das 10h às 16h diariam.

Hospedagem: Para esse roteiro, planeje a hospedagem minuciosamente. Redding, perto do início da viagem, e Yreka, no final, têm muitas opções, mas é difícil achar algo no meio do caminho. Se fizer a viagem no verão, reserve hotel em Weaverville e Etna, e depois confirme.

PASSEIOS DE 1 DIA

A **história da Corrida do Ouro** no norte do estado se mantém viva em **Shasta City** e **Weaverville**. Quem prefere **atividades ao ar livre** deve ir ao **Whiskeytown Lake**, ideal para caminhar, pescar, passear de caiaque e apreciar o visual. Detalhes *p. 101*.

À dir. Vista panorâmica do Whiskeytown Lake **Abaixo** Ruínas da histórica Shasta City, Shasta State Historic Park

PARA VISITAR WEAVERVILLE

Antes de ir, faça o download do mapa Walking Tour of Historic Weaverville no site da cidade *(www.weaverville info.com)*.

ONDE FICAR

WEAVERVILLE

Weaverville Hotel & Emporium *moderado*
Próximo a vários restaurantes, esse hotel histórico tem sete quartos com nomes de minas de ouro locais.
481 Main St, 96093; 530 623 2222; www.weavervillehotel.com

The Whitmore Inn *moderado*
Esse B&B tem quartos com ou sem banheiro, varanda, banheira de hidromassagem e ótimo café da manhã.
761 Main St, 96093; 530 623 2509; www.whitmoreinn.com

Weaverville Victorian Inn *moderado*
Motel moderno com café da manhã, acesso à internet e uma piscina.
2051 Main St, 96093; 530 623 4432; www.trinitycounty.com/weaverville victorianinn/VictorianInn.htm

❶ Shasta City
Shasta County; 96087

Chamada de Rainha das Minas do Norte na época da Corrida do Ouro, Shasta City agora é um esqueleto de edifícios de tijolos à vista que compõem o Shasta State Historic Park *(www.parks.ca.gov/)*. Algumas dessas ruínas foram restauradas – o **County Courthouse**, de 1861, por exemplo, virou um museu que expõe vários artefatos históricos. Não deixe de ver a Boggs Collection, com arte californiana de 1850 a 1950.

Diligência em exibição no Shasta State Historic Park

Siga para oeste na Hwy 299 até o Whiskeytown Lake. Estacione no centro de visitantes.

❷ Whiskeytown Lake
Shasta County; 96095

Joia da Whiskeytown-Shasta-Trinity National Recreation Area *(www.nps.gov/whis)*, o Whiskeytown Lake é um ótimo destino para esportes aquáticos, e seus 58km (36 milhas) de margens têm vários pontos para pesca e saída para passeios de barco e veleiro. Faça passeios de caiaque guiados no lago, um piquenique sob a sombra de árvores antigas ou ande até as quatro cachoeiras grandes por perto, sendo as **Crystal Creek Falls** as de mais fácil acesso. O Waterfalls Weekend, realizado anualmente em abril, estimula os participantes a explorar as quatro cachoeiras. Outra trilha excelente é a **Camden Water Ditch Trail**, de 1,7km, que passa por máquinas de mineração abandonadas e pomares históricos.

Siga para oeste na Hwy 299 até ela cruzar com a Hwy 3. Vire para o norte na Hwy 3, rumo a Weaverville, e pare o carro na Main St.

❸ Weaverville
Trinity County; 96093

Antigo polo de mineração e agropecuária, essa cidade mantém o charme histórico, com edifícios originais de tijolos à vista e madeira sendo ocupados por restaurantes, antiquários e pousadas. Palco de uma cena florescente de artes, teatro e música, Weaverville também é o centro regional de esportes ao ar livre. Conheça o taoismo cultuado pelos trabalhadores chineses que viviam na área, dê uma olhada no gracioso coreto e visite as ótimas galerias de arte.

Passeio a pé de 2 horas

Comece no **Jake Jackson Museum** ① *(www.trinitymuseum.org)*, um dos melhores museus no norte da Califórnia. Veja mostras de vestuário, armas de fogo, instrumentos musicais e objetos de uso cotidiano na agropecuária e mineração. Observe a máquina de moer rochas que continham ouro, depois vá à garagem de veículos antigos para ver uma diligência de 1885 restaura-

Onde Ficar: barato, menos de US$100; moderado, US$100-US$200; caro, acima de US$200

da que passava em Weaverville no trajeto de Sacramento para Portland, no Oregon. No local também há demonstrações de ferreiros e funileiros. Do museu, ande para o norte até a **Joss House** ② *(www.parks.ca.gov/)*, que era um lugar de culto religioso para os 2 mil garimpeiros chineses que prospectavam ouro no Trinity River. Guias explicam o simbolismo da arquitetura da casa e o conceito de "telas espirituais" para espantar espíritos malignos. Logo ao norte da Joss House ficava a Chinatown, onde os chineses viviam amontoados em locais diminutos. Continue até o centro histórico e pare na **Pacific Brewery** ③, de 1854, que era ponto de encontro dos moradores até a Lei Seca proibir a fabricação de bebidas em 1917. Um pouco além fica a **Old Firehouse** ④, cuja fachada de madeira é vermelha e cujas paredes laterais conservam indícios de terra da época em que foi construída. Três edifícios na Main Street têm belas **escadas externas em espiral** ⑤, um estratagema eficaz para escapar de impostos cobrados sobre escadas internas em qualquer estrutura no século XIX.

O centro de Weaverville, bem animado, tem galerias de arte e apresentações musicais. Se restar tempo, vá ao Mamma Lamma Coffeehouse *(490 Main St)* para ver performances. Continue até o **Weaverville Hotel & Emporium** ⑥, construído em 1861. Esse hotel pitoresco tem pé-direito alto e piso de madeira. Mais adiante fica o **coreto** ⑦, de 1901, um elemento clássico nas cidadezinhas de antigamente. O **tribunal** ⑧, do outro lado da rua, data de 1856, sendo um dos mais antigos na Califórnia. Desça duas quadras na **Court Street** ⑨ para ver algumas casas vitorianas, depois volte pelo mesmo caminho para pegar seu carro.

Saindo de Weaverville, vá na direção norte pela Hwy 3 até chegar ao Trinity Lake.

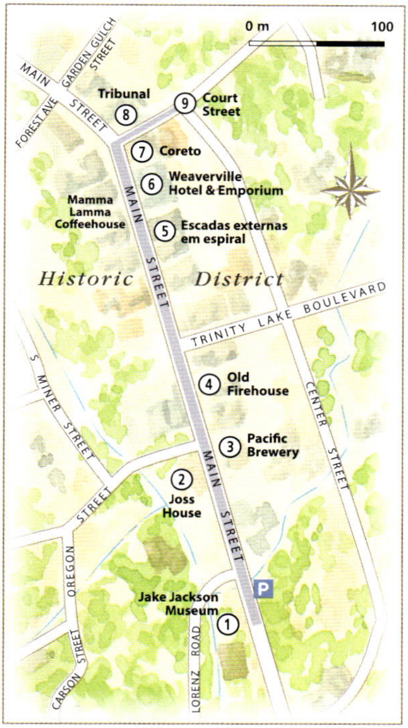

A Corrida do Ouro no norte

A Corrida do Ouro de 1849 se deu nos contrafortes perto de Sacramento, mas também houve grandes descobertas do metal precioso no extremo norte da Califórnia. Nos anos 1850, qualquer achado atraía levas de garimpeiros. Isso aconteceu em 1851 em Yreka *(p. 101)*, para onde foram 5 mil homens em poucos meses. Os primeiros garimpeiros procuravam ouro com bateias, método ao qual se seguiram os canais de drenagem e a mineração hidráulica.

ONDE COMER E BEBER

WEAVERVILLE

Garden Café *moderado*
Localizado no centro histórico, o Garden Café serve panquecas no café da manhã e saladas, sanduíches e wraps no almoço.
570 Main St, 96093; 530 623 2400; aberto 8h-15h ter-dom

Johnson's Steakhouse *moderado*
Prove a sopa caseira e diferentes cortes de carne nessa steakhouse localizada em um campo de golfe.
160 Golf Course Rd, 96093; 530 623 6209; aberta 11h30-14h30 e 17h-21h diariam; www.trinityalpsgolf.com/dining.html

La Grange Café *caro*
Restaurante fino com decoração charmosa, o La Grange Café tem menu variado e um bar animado. Peça perna de cordeiro, ravióli com carne ou costela de porco com avelãs.
520 Main St, 96093; 530 623 5325; aberto 11h30-21h30 diariam

Abaixo, da esq. p/ dir. Objetos de culto taoista na Joss House; Coreto em Weaverville

ONDE FICAR

TRINITY LAKE

Trinity Lake Resort and Marina *moderado*
Esse resort oferece cabanas mobiliadas, casas flutuantes e um restaurante.
45810 State Hwy 3, 96091; 530 286 2225; aberto o ano todo; www.trinitylakeresort.com

ETNA

Alderbrook Manor *moderado*
Em um terreno tranquilo com gramados e um lago, o Alderbrook ocupa um casarão datado de 1877. Oferece quartos convencionais e uma cabana com beliches.
836 Sawyers Bar Rd, 96027; 530 467 3917; www.alderbrookmanor.com

YREKA

Baymont Inn & Suites Yreka *moderado*
Além de muita hospitalidade, há piscina coberta, spa e academia. Café da manhã com waffles e rabanada. Lojas, restaurantes e diversão ficam por perto.
148 Moonlit Oaks Ave, 96097; 530 841 1300; www.baymontinn.com

Yreka Third Street Inn *moderado*
Essa casa vitoriana de 1897 tem quatro quartos decorados com cortinas de renda e banheiro privativo. O café da manhã, robusto, é servido na elegante sala de refeições.
326 3rd St, 96097; 530 598 0615; www.yrekabedandbreakfast.com

Acima, dir. O Trinity Lake e a floresta alpina
Abaixo Cavalos pastam nos arredores de Etna

❹ Trinity Lake

Trinity County; 96091

Formado pela Trinity Dam, esse lago é um destino requisitado para atividades ao ar livre como nado, passeios de barco, esqui aquático e camping. Resorts como o Trinity Lake Resort *(www.trinitylakeresort.com)* e o Pinewood Cove *(www.pinewoodcove.com)*, 27km (17 milhas) ao norte de Weaverville, alugam barcos, casas flutuantes e cabanas. Quem busca adrenalina pode ir a Big Flat, 32km (20 milhas) a oeste de Weaverville, onde operadoras locais como a Trinity River Rafting *(www.trinityriverrafting.com)* oferecem rafting e passeios de caiaque. O Trinity Lake também atrai pescadores de truta (na primavera) e de perca (no verão).

Continue mais 114km (70 milhas) no rumo norte pela Hwy 3, até Etna; pegue a Main St para entrar na cidade.

Chifres de veado em fazenda no Scott Valley

❺ Etna

Siskiyou County; 96027

O itinerário do Trinity Lake até a cidade de Callahan passa por florestas magníficas, com riachos que se encaminham para o Trinity River. A estrada sobe as Scott Mountains, com vistas panorâmicas dos Trinity Alps. Depois ela serpenteia pelo belo Scott Valley, onde há campos de feno e alfalfa, até a charmosa cidade de Etna. Aninhada na base da Marble Mountain Wilderness (uma área selvagem protegida de 978km^2), Etna é uma base muito utilizada por mochileiros, adeptos de caminhadas e praticantes de rafting. É, contudo, mais conhecida pelo rodeio realizado anualmente no primeiro fim de semana de maio. O evento atrai peões famosos e outros profissionais do circuito de rodeios e inclui um desfile e um jantar. Em julho, a cidade sedia o Old Time Rodeo, de caráter mais informal, que é seguido pelo Old Timer Dinner.

Continue na Hwy 3 para Fort Jones; estacione ao lado da estrada.

❻ Fort Jones

Siskiyou County; 96032

Montado como um posto avançado de fronteira para proteger a rota das diligências, Fort Jones logo ganhou impulso com a mineração de ouro, mas a agropecuária se tornou seu esteio econômico. Vá ao **Fort Jones Museum** *(11913 Main St; www.fortjonesmuseum.com)* para conhecer a história do Scott Valley e ver a bela

Onde Ficar: barato, menos de US$100; moderado, US$100-US$200; caro, acima de US$200

Ao lado, da esq. p/ dir. Mostra no Fort Jones Museum; Fachada da Alderbrook Manor, Etna **Abaixo** Restaurante em Yreka

coleção de artefatos indígenas, incluindo cestaria de tribos do norte da Califórnia, fotos, vestuário e outros objetos dos caçadores de peles, garimpeiros e imigrantes que viviam na área na época da Corrida do Ouro. Vale a pena também explorar a Marble Mountain Wilderness em um passeio a cavalo organizado por operadoras locais, como a S&E Outfitters *(www.sandeoutfitters.com).*

Continue na Hwy 3 para Yreka. Estacione em frente ao Siskiyou County Museum.

7 Yreka

Siskiyou County; 96097

Essa cidadezinha, cujo nome é pronunciado "irika", era um povoado importante nos tempos da Corrida do Ouro. Todos os anos, em junho, é realizado o "Yreka Golden Rush Days", que evoca aquela época com feiras de rua, muita comida e música. A Chamber of Commerce *(www.yrekachamber.com)* é um bom lugar para iniciar uma caminhada autoguiada pela Miner Street. Veja "a maior exposição de ouro do sul do Alasca" no saguão do **Siskiyou County Courthouse** *(311 4th St)*. As pepitas de ouro são dos arredores da área e evocam as buscas pelo metal em Yreka e suas imediações. Faça uma visita ao **Siskiyou County Museum** *(910 South Main St; 530 842 3836)*, onde as mostras enfocam a época dos homens montanheses e da caça a peles e o tempo dos pioneiros.

ONDE COMER E BEBER

TRINITY LAKE

Timbers Restaurant & Lounge at Trinity Lake Resort *moderado*
Porções fartas de filés, costelas e frutos do mar servidas em uma atmosfera descontraída. No verão, há churrasco nas noites de sábado.
45810 State Hwy 3, Trinity Center, 96091; 530 286 2225; aberto mai-Dia do Trabalho: 17h-21h qua-dom; www.trinitylakeresort.com

ETNA

Etna Brewing Company *moderado*
Essa cervejaria artesanal vende nove marcas. No menu há sanduíches, wraps, hambúrgueres, saladas, sopas e chili com carne.
131 Callahan St, 96027; 530 467 5277; aberta 11h30-16h ter, 11h30-20h qua, qui e dom, 11h30-21h sex-sáb; www.etnabrew.net

YREKA

The Dutchman *barato*
Fica em um edifício histórico com decoração holandesa. Peça bolinhos e molho *(gravy)* no café da manhã e hambúrgueres ou o prato do dia no almoço.
155 North 11th St, 96064; 530 459 5397; aberto 8h-14h qua-sáb, 8h-13h dom

Grandma's House Restaurant *moderado*
Atmosfera familiar simpática, porções generosas e preços acessíveis fazem desse restaurante um favorito local.
123 East Center St, 96097; 530 842 5300; aberto 7h-20h diariam

PASSEIOS DE 1 DIA

Passe um dia imerso na Corrida do Ouro em Shasta City e Weaverville ou ao ar livre no Whiskeytown Lake.

Visitas a museus

Em Shasta City 1 comece no County Courthouse para ver o acervo especial de arte antiga da Califórnia, que inclui *Landscape with Oaks*, de Percy Gray. No Pioneer Barn há destaques como equipamentos agrícolas do século XIX, ao passo que a Litsch General Store reconstitui uma loja dos anos 1880. Weaverville 3, mais a oeste na Highway 299, também é interessante. Reserve tempo para visitar o Jake Jackson Museum, a Joss House e o centro histórico.

Shasta City fica 10km (6 milhas), e Weaverville, 72km (45 milhas) a oeste de Redding na Hwy 299.

Diversão no lago

Peça informações no centro de visitantes no Whiskeytown Lake 2, onde a J. F. Kennedy Memorial Drive cruza com a Highway 299. Do outro lado do lago veem-se montanhas além de uma margem arborizada. Em Brandy Creek, na margem sul, faça uma caminhada até as Brandy Creek Falls ou entre em uma excursão guiada de caiaques partindo da Brandy Creek Marina. Na ponta norte do lago, alugue um barco para pescar na Oak Bottom Marina. Mais ao norte, ande na Camden Water Ditch Trail e veja pomares ou vá às Crystal Creek Falls, com acesso fácil pela Crystal Creek Road.

O Whiskeytown Lake fica 16km (10 milhas) a oeste de Redding na Hwy 299.

ROTEIRO **9**

O Intocado Norte

De Yreka a Graeagle

Destaques

- **Viagem no tempo**
  Caminhe pelas ruas da época da Corrida do Ouro em Yreka e admire os edifícios do século XIX
- **Paraíso de aves**
  Faça um passeio pelos refúgios de Lower Klamath e Tule Lake para ver milhares de aves migratórias
- **Guerra e vulcões**
  Circule pelo Lava Beds National Monument, conhecido pelos vulcões
- **No meio das montanhas**
  Aventure-se pelas paisagens estupendas da South Warner Wilderness

Em março, gansos-das-neves se refugiam no lago Klamath

O Intocado Norte

O norte da Califórnia se destaca pela diversidade de paisagens ainda preservadas. Esse roteiro começa na cidade histórica de Yreka, passa por uma floresta densa de coníferas e vai até a divisa do estado com o Oregon, cujas reservas naturais de Lower Klamath e de Tule Lake são habitadas por milhares de aves. Após esses refúgios verdejantes, o itinerário continua na direção sul até a paisagem árida do Lava Beds National Monument. Mais adiante, admire a grandiosidade das South Warner Mountains antes de seguir pelas pastagens na orla oeste da Great Basin, onde se vê uma profusão de animais silvestres, como antílopes e galos silvestres.

Acima Floresta de pinheiros nas South Warner Mountains *(p. 108)*

ATIVIDADES

Leve binóculos para observar aves no Tule Lake National Wildlife Refuge

Explore um labirinto de lava no Lava Beds National Monument

Caminhe ou pedale pela Bizz Johnson Trail, em Susanville

Pesque trutas no Eagle Lake, nos arredores de Susanville

Acima Pesca no Feather River, em Graeagle *(p. 109)*

Acima Vista do Mount Shasta a partir do norte de Yreka *(p. 106)*

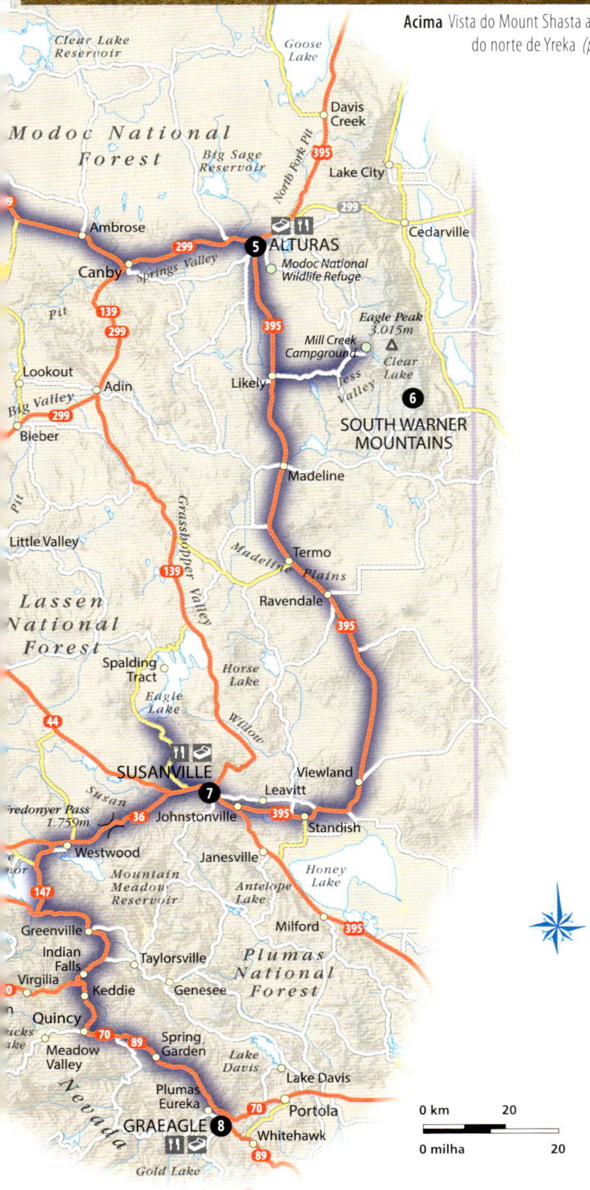

PLANEJAMENTO

Início/fim: De Yreka a Graeagle.

Número de dias: 3-4, contando com meio dia para explorar o Lava Beds National Monument.

Distância: 740km (460 milhas).

Condições das estradas: Apesar de se tratar de uma área remota, as estradas são asfaltadas e bem preservadas. O ideal é ir de junho a novembro. No inverno e na primavera (dez-mai), coloque correntes nos pneus do carro. Algumas estradas fecham entre dezembro e fevereiro devido a nevascas. Fique atento: ao sul de Alturas pela Hwy 395, não há posto de combustível por 145km.

Quando ir: As melhores épocas são o final da primavera (mai), o verão (jun-ago) e o outono (set-nov). De dezembro a fevereiro pode nevar, e março é chuvoso.

Horários de funcionamento: A maioria das lojas abre das 9h às 17h. O horário dos museus é das 10h às 16h, e restaurantes geralmente fecham às 21h.

Hospedagem: Faça um bom planejamento de onde pretende se hospedar ao longo do trajeto, pois as distâncias são longas, e as opções, limitadas – com exceção de cidades maiores, como Yreka, Alturas e Graeagle. Sempre faça reserva. É melhor partir no início da manhã e concluir a parte principal do passeio no meio da tarde.

PASSEIOS DE 1 DIA

História é o grande chamariz em **Yreka**, **Lava Beds Monument** e **Alturas**. Para ver de perto **aves e outros animais**, vá ao **Lower Klamath National Wildlife Refuge** e ao **Tule Lake National Wildlife Refuge**. Detalhes *p. 109*.

Acima Mount Shasta visto do norte de Yreka
Abaixo O Captain Jack's Stronghold

PARA VISITAR O LAVA BEDS NATIONAL MONUMENT

Informação turística
1 Indian Well Headquarters, Tulelake, 96134; 530 667 8113

ONDE FICAR

YREKA

Mountain View Inn *moderado*
Hotel pequeno com vistas do Mount Shasta e quartos básicos.
801 N Main St, 96097; 530 842 1940; www.mountainviewinnyreka.com

ARREDORES DO LOWER KLAMATH LAKE NATIONAL WILDLIFE REFUGE

Hospitality Inn & Dinner House *moderado*
Decoração agradável, equipe prestativa.
200 S California St, Dorris, 96023; 530 397 2097

Fe's Bed & Breakfast *moderado*
Esse B&B oferece quatro quartos confortáveis. Os donos são cordiais.
660 Main St, Tulelake, 96134; 530 667 5145; www.fesbandb.com

1 Yreka
Siskiyou County; 96097
Povoação aninhada no Shasta Valley, Yreka *(ver também p. 101)* oferece vistas estupendas do Mount Shasta. Fundada durante o auge da Corrida do Ouro no norte da Califórnia nos anos 1850, Yreka conserva boa parte de sua arquitetura do século XIX.

Diija para o sul na I-5 para Weed (saída 748), depois vire para nordeste na Hwy 97. Após 88km, vire para leste na Hwy 161 e vá ao Lower Klamath Refuge.

2 Lower Klamath Lake National Wildlife Refuge
Siskiyou County; 96134
Parte do Klamath Basin National Wildlife Refuge Complex *(www.fws.gov)*, esse refúgio foi criado em 1908, sendo o primeiro do país para aves aquáticas. Seus 19 mil ha de charcos, lagos amplos e pastagens elevadas são o habitat ideal para essas aves. Um passeio autoguiado de carro de 16km permite avistá-las facilmente.

Siga para leste na Highway 161, vire para o sudeste na Highway 139 e dirija 26km até Tulelake. Pare aqui para comer e dormir e, na manhã seguinte, vá ao Tule Lake National Wildlife Refuge.

De Tulelake vá para o oeste na East West Rd e vire para o sul na Hill Rd para chegar ao centro de visitantes perto da entrada do Tule Lake National Wildlife Refuge.

3 Tule Lake National Wildlife Refuge
Modoc e Siskiyou County; 96134
Instalado em mais de 15.800ha, esse refúgio é uma parada importante para cerca de 250 espécies de aves que migram todos os anos pela Pacific Flyway do Canadá para os trópicos. Veja aves aquáticas e outras em um passeio de carro ou a pé.

Siga para o sul na Hill Rd para ir ao Lava Beds National Monument. Vire à esquerda na bifurcação em Y e siga as placas para o Captain Jack's Stronghold, onde há um amplo estacionamento.

4 Lava Beds National Monument
Modoc e Siskiyou County; 96134

Palco da Guerra Modoc (1872-3) entre o exército dos EUA e a tribo indígena modoc liderada pelo capitão Jack (também conhecido como Kientpoos), o Lava Beds National Monument *(www.nps.gov/labe)* abrange um platô acidentado no qual erupções vulcânicas levaram à formação de mais de 700 cavernas. Vale a pena caminhar até o Captain Jack's Stronghold, na ponta norte da área, onde o líder dos índios mantinha posições defensivas. Você também pode explorar as cavernas com túneis cilíndricos de lava e desenhos indígenas, e andar nas trilhas.

Passeio a pé de 2 horas
Do estacionamento, siga as placas ao longo da Short Trail para o **Modoc Outpost** ①, um mirante oculto que permitia que os modoc se defendessem. Continue descendo a trilha até a **principal linha defensiva** ②, o perímetro interno das posições de defesa, e à **linha de disparo** ③, um dos muitos lugares estratégicos usados pelos exímios atiradores modoc no combate aos inimigos. Durante a guerra, mais de cem famílias modoc viviam nas numerosas cavernas ao redor do Stronghold, enfrentando o inverno com pouco combustível, comida e água. Pare no **abrigo** ④ em uma pequena caverna para ver como os bravos modoc viviam, depois continue até **Sally Way** ⑤,

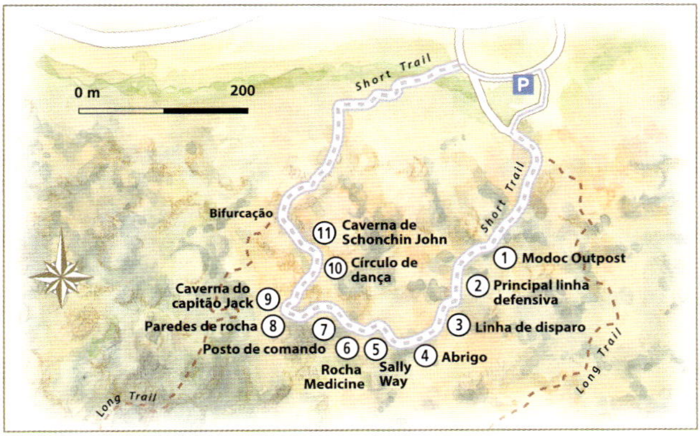

uma posição estratégica de defesa. A curta distância fica a **rocha Medicine** ⑥, onde o xamã Modoc Curly-Headed Doctor cravou uma bandeira feita de pele de zorrilho e penas de gavião. Segundo sua crença, a bandeira protegeria a tribo.

Adiante fica o **posto de comando** ⑦, onde o capitão Jack instruía seu pequeno contingente para resistir ao exército, e as **paredes de rocha** ⑧ construídas pelos modoc para aumentar sua defesa. Ande até a **caverna do capitão Jack** ⑨, onde ele, suas duas esposas e uma filha sobreviveram ao inverno durante a guerra. Ande em torno do **círculo de dança** ⑩, onde a tribo dançava em rituais, depois vá para o norte até a **caverna de Schonchin John** ⑪, morada do vice-comandante modoc. Volte pela trilha ao estacionamento.

Volte à bifurcação em Y e siga pela Hill Rd até a entrada e o centro de visitantes do parque Lava Beds National Monument. Dirija pelo parque e entre na Hwy 139. Vire à direita para Canby, depois à esquerda na Hwy 299 para Alturas; estacione no acostamento.

Guerra Modoc

A Guerra Modoc foi causada por colonos brancos que queriam usurpar terras indígenas, ao passo que os modoc não queriam viver em uma reserva. Um grupo liderado pelo capitão Jack (Kientpoos) deixou a reserva e voltou para suas terras desencadeando uma luta acirrada. Os modoc foram a Lava Beds para o acerto final. Após uma batalha sangrenta, tropas do exército dos EUA venceram os índios e enforcaram três deles, incluindo o capitão Jack. A guerra, porém, ainda é lembrada devido ao pequeno grupo de índios que resistiu às tropas durante meses.

ONDE COMER E BEBER

YREKA

Pat's BBQ *moderado*
Regale-se com carnes defumadas lentamente em lenha de junípero, costelas bovinas e de porco, frango, sanduíches de porco e churrasco, e salada caseira de batata.
1421 S Main St, 96097; 530 841 0300; aberto 11h-19h ter-sáb

ARREDORES DO LOWER KLAMATH LAKE NATIONAL WILDLIFE REFUGE

Captain Jack's Stronghold *moderado*
Esse bom restaurante serve costelas, massas, frutos do mar frescos, sopas caseiras e sobremesas.
45650 State Hwy 139 A, Tulelake, 96134; 530 664 5566; aberto 8h-20h ter-sex, 8h-21h sáb, 9h-20h dom; www.captainjackslaststand.com

Abaixo, da esq. p/ dir. Casa vitoriana na Miner Street, Yreka; Vista do Tule Lake

Onde Comer e Beber: barato, menos de US$25; moderado, US$25-US$50; caro, acima de US$50

À dir., no sentido horário Casa dos anos 1860, em Susanville; O Feather River, em Graeagle; Locomotiva no Western Pacific Railroad Museum

ONDE FICAR

ALTURAS

Best Western Trailside Inn *moderado*
Perto do Modoc Historical County Museum, esse hotel moderno no centro de Alturas serve café da manhã e tem uma piscina ao ar livre.
343 N Main St, 96101; 530 233 4111; www.bestwesterncalifornia.com

Rim Rock Motel *moderado*
Esse motel limpo oferece instalações modernas. Peça aos donos dicas sobre atividades ao ar livre.
22760 Hwy 395N, 96101; 530 233 5455; www.rimrockmotelalturas.com

SUSANVILLE

High Country Inn *moderado*
Motel moderno com piscina aquecida externa, academia, café da manhã e wi-fi grátis.
3015 Riverside Dr, 96130; 530 257 3450; www.high-country-inn.com

Roseberry House B&B *moderado*
Em uma bela casa vitoriana decorada com antiguidades, o Roseberry House serve café da manhã caseiro em uma pitoresca sala de refeições.
609 North St, 96130; 530 257 5675; www.roseberryhouse.com

GRAEAGLE

River Pines Resort *moderado*
Propriedade de uma família, o River Pines tem acomodações variadas. O Coyote Bar & Grill, no local, é frequentado por moradores da cidade.
8296 Hwy 89, 96103; 530 836 2552; www.riverpines.com

Chalet View Lodge *caro*
Localizado em uma floresta, esse lodge luxuoso tem fina gastronomia e um spa.
72056 Hwy 70, 96103; 530 832 5528; www.chaletviewlodge.com

5 Alturas

Modoc County; 96101

Em uma paisagem dominada por pastagens e platôs, a cidade de Alturas tem clima desértico. A Lassen-Applegate Trail Marker indica o ponto de convergência de duas trilhas históricas que trouxeram pioneiros para o norte da Califórnia. O **Modoc County Historical Museum** (600 Main St) tem mostras sobre o rico legado da tribo modoc, incluindo obras de arte indígenas excepcionais; observe as cabeças de flecha feitas de obsidiana vulcânica.

Ao sul de Alturas, o **Modoc National Wildlife Refuge** *(www.fws.gov)*, criado em 1961, tem um grande lago de água doce que recebe inúmeras aves migratórias – mais de 240 espécies já foram registradas no local.

Saindo de Alturas, dirija 29km (18 milhas) para o sul pela Hwy 395, até Likely; depois, siga a leste pela Jess Valley Rd rumo às South Warner Mountains.

6 South Warner Mountains

Modoc e Lassen County; 96116

A leste de Likely, a South Warner Wilderness tem quilômetros de belezas naturais totalmente preservadas. Atravesse fazendas pecuaristas no trecho da Jess Valley Road que acompanha o braço sul do Pit River, bom para pesca de trutas. Vire para o norte

Acima Lago no Modoc National Wildlife Refuge, que atrai aves migratórias

na West Warner Road e aprecie as vistas das South Warner Mountains. Siga as placas para o Mill Creek Campground e faça um piquenique na floresta de pinheiros. A partir desse ponto, ande 1km até o Clear Lake, de onde partem trilhas de caminhada pela South Warner Wilderness.

Volte para Likely, então dirija rumo ao sul por 137km (85 milhas) na Hwy 395, até Susanville; há estacionamento nos arredores da estrada.

7 Susanville

Lassen County; 96127

A cidade de Susanville é um polo de atividades ao ar livre e o principal ponto de acesso à **Bizz Johnson Trail**, que acompanha o Susan River ao longo de 40km. Antes de se tornar uma rota de lazer, essa trilha foi uma linha ferroviária. Se preferir pedalar, alugue uma bicicleta na Bicycle Bananas *(702 Main St)*. A melhor época para ir a Susanville é o outono, quando os álamos se tingem de amarelo, laranja e dourado.

Saia de Susanville pela Hillcrest Road e, após 3km (5 milhas), vire à direita na Eagle Lake Road. Dirija 23km (14 milhas) até o segundo maior lago natural da Califórnia, o **Eagle Lake**. Observadores de aves são atraídos ao local pela presença de águias-carecas e douradas, e pescadores, pelas trutas. No inverno, esqui e passeios de snowmobile são atividades populares na região.

Volte à Highway 136 e dirija 51km (30 milhas) no sentido oeste, depois pegue a Highway 147 na direção sul, com destino ao lago artificial Almanor, um ótimo lugar para caminhadas e piqueniques.

Acima Pasto na rota para Graeagle

Siga na Hwy 147, no sentido sul, depois vire na Hwy 89 rumo ao leste, até chegar a Graeagle.

8 Graeagle

Plumas County; 96103

Essa cidade localizada nas florestas nacionais de Plumas e Tahoe é um ótimo destino de férias. O cenário montanhoso de coníferas e muitos lagos e riachos tem diversas trilhas para ciclismo e caminhadas.

Visite o Gold Lake, um dos lagos mais belos da Califórnia, e a cidade de Portola, célebre por seu **Western Pacific Railroad Museum** *(www.wplives.org)*, cujo acervo abriga locomotivas e vagões de passageiros.

ONDE COMER E BEBER

ALTURAS

Antonio's Cucina Italia *moderado*
Esse restaurante italiano é especializado em pizzas e massas servidas em porções fartas.
220 S Main St, 96101; 530 233 5600; aberto 11h-22h diariam

Brass Rail Basque Restaurant *moderado*
Restaurante de cozinha basca que também serve um ótimo pão caseiro.
395 Lake Vista Dr, 96101; 530 233 2906; aberto 11h30-14h e 17h30-22h ter-dom

SUSANVILLE

El Tepeyac Grille *moderado*
A atmosfera é agradável nesse restaurante com um extenso menu de comida mexicana tradicional.
1700 Main St, 96130; 530 257 7220; aberto 6h-22h qua-dom, 6h-21h seg-ter

Happy Garden Chinese *moderado*
Serve bons pratos chineses e especialidades de Sichuan.
1960 Main St, 96130; 530 257 5553; aberto 11h-21h ter-qui, 11h-21h30 sex, 11h30-21h30 sáb, 11h30-21h dom

GRAEAGLE

Cuccia's *moderado*
O italiano Cuccia's serve entradas de frango e vitela, massas, saladas caprichadas e pizzas.
1228 Johnsville Rd, 96103; 530 836 2121; aberto 17h-21h ter-dom

Coyote Bar & Grill *moderado*
Instalado em um resort nas montanhas, o Coyote serve cozinha do sudoeste americano, incluindo bifes, churrasco de costela, camarão e salmão silvestre.
8296 Hwy 89, 96103; 530 836 2002; aberto 11h30-20h diariam

PASSEIOS DE 1 DIA

Esse roteiro pode ser dividido de acordo com sua área de interesse.

Mergulho histórico

Para uma viagem ao passado, caminhe pelas ruas de Yreka 1, que evocam o auge da Corrida do Ouro. Depois, dirija-se para o Lava Beds National Monument 4, onde o capitão Jack liderou os modoc em uma batalha feroz contra soldados dos EUA em 1872-3. Após explorar o Captain Jack's Stronghold, siga para Alturas 5 e conheça melhor a valente tribo modoc no Modoc County Historical Museum.

A partir de Yreka, pegue a I-5 para Weed, depois siga rumo ao Lava Beds pelas Hwy 97 e Hwy 16. Dali, pegue a Hwy 139 no sentido sudeste e depois a Hwy 299 na direção leste, até Alturas.

Paraíso ecológico

Adote Tulelake como base e faça passeios de carro autoguiados no Lower Klamath Lake National Wildlife Refuge 2 e no Tule Lake National Wildlife Refuge 3. As melhores ocasiões para observar as aves migratórias são ao amanhecer e ao anoitecer, quando elas ficam mais ativas. Para tirar fotos dos animais, é preciso entrar em uma cabine especial (reserva obrigatória), para não incomodá-los. Ambos os refúgios têm flora e fauna variadas, incluindo espécies sob risco de extinção, como águias, grous-canadenses e falcões-peregrinos, que podem ser vistos durante os passeios.

De Tulelake, pegue a Hwy 139 na direção noroeste, depois vire na Hwy 161 no sentido oeste; siga até o Lower Klamath National Wildlife Refuge. Para chegar ao Tule Lake National Wildlife Refuge, refaça a rota para Tulelake e depois siga pela East West Rd no sentido oeste, virando para o sul na Hill Rd.

ROTEIRO **10**

Visita a Santa Cruz

Da Costa de São Francisco a Salinas

Destaques

- **Surfe profissional**
  Veja surfistas campeões em Santa Cruz, meca do esporte na região
- **Viagem de trem**
  Atravesse florestas de sequoias em um trem a vapor do século XIX na Roaring Camp Railroad
- **Missão histórica**
  Conheça o San Juan Bautista Historic Park, local da maior missão espanhola na Califórnia
- **Parque literário**
  Visite o National Steinbeck Center, em Salinas, para conhecer a vida e a obra de John Steinbeck, ganhador do prêmio Nobel

Windsurfe nas ondas de Santa Cruz

Visita a Santa Cruz

Partindo de São Francisco para o sul, a Pacific Coast Highway segue um litoral acidentado. Esse roteiro abrange viveiros de focas, charcos, dunas de areia, rochedos e praias isoladas ideais para caminhadas. Em geral a água é muito gelada para nadar, o que não intimida os surfistas, sobretudo em Santa Cruz – que encanta com sua arquitetura mediterrâneo-espanhola, seu popular parque de diversões e a bela Cliff Drive. Um desvio nas montanhas leva a sequoias altíssimas, ao passo que o Salinas Valley produz morangos e alcachofras vendidos por todo o país. O escritor John Steinbeck cresceu nessa região, mencionada em muitos de seus romances, e é homenageado em Salinas, sua terra natal.

Acima Elefantes-marinhos na praia da Año Nuevo State Reserve *(p. 116)*
Abaixo Piscina de maré na Moss Beach *(p.115)*

ATIVIDADES

Passeie a cavalo acompanhando a Half Moon Bay

Veja elefantes-marinhos de perto na Año Nuevo State Reserve

Circule nos calçadões da Natural Bridges State Beach e veja as borboletas-monarcas que migram para o local no inverno

Aprenda a surfar ou alugue uma prancha em Santa Cruz

Embarque em um trem a vapor dos anos 1890 para apreciar as sequoias na Roaring Camp Railroad

Observe aves nos charcos em Watsonville

Faça uma imersão cultural no National Steinbeck Center, em Salinas, onde há palestras, filmes e eventos especiais sobre o legado do escritor John Steinbeck

Acima Pomponio State Beach, no Pacífico *(p. 115)*

PLANEJAMENTO

Início/fim: Da costa de São Francisco a Salinas.

Número de dias: 2-3, com meio dia em Santa Cruz.

Distância: 232km (144 milhas).

Condições das estradas: A estrada costeira é sujeita a névoa e ventos fortes, e a SR 9 tem muitas curvas. Todas são bem mantidas.

Quando ir: É melhor ir entre março e setembro, de preferência no fim da primavera, para ver as flores silvestres. No verão, os fins de semana em Santa Cruz são agitados.

Horários de funcionamento: Em geral, os museus nessa região abrem das 10h às 17h diariam; as lojas, das 9h às 17h seg-sáb; restaurantes, até por volta das 21h. Parques estaduais funcionam das 8h ao entardecer diariam.

Principais dias de mercado: Half Moon Bay: sáb. Santa Cruz: qua à tarde. Salinas: 9h-14h sáb.

Compras: Procure morangos, alcachofras e outros produtos sazonais frescos.

Principais festas: Half Moon Bay: Art & Pumpkin Festival, out. **Santa Cruz:** Shakespeare Santa Cruz, jul-ago; Cold Water Classic, out. **Capitola:** Art & Wine Festival, set.

PASSEIOS DE 1 DIA

É possível dividir esse roteiro em passeios de um dia. **Fãs de literatura** devem ir a locais ligados a John Steinbeck em **Salinas**, ao passo que **amantes da natureza** irão gostar do **Año Nuevo State Park**, da **Pescadero State Beach** e da **Natural Bridges State Beach**. **Interessados em história** e **religião** podem visitar as missões de **Santa Cruz** e **San Juan Bautista**. Detalhes *p. 121*.

Acima, em sentido horário Flores silvestres perto da San Gregorio State Beach; Placa de alerta em Devil's Slide; Maxila de baleia na Half Moon State Beach

❶ Costa de São Francisco

San Francisco County

Em rochedos na ponta noroeste da península de São Francisco, a **Cliff House** *(pp. 32-3)* é um bom ponto de partida. Mantida pelo National Park Service como um restaurante, tem lindas vistas de Seal Rocks e da Ocean Beach, com ventos fortes e muitos surfistas. A Great Highway (SR 1) acompanha a costa e integra a 49-Mile Scenic Drive. Na ponta sul da praia, a estrada circunda o Lake Merced, funde-se com o Skyline Boulevard e sobe até o **Fort Funston** *(p. 32)*. Siga em frente e entre na John Muir Drive, rumo ao forte, que começou como uma bateria costeira na Primeira Guerra Mundial, foi ampliado durante a Segunda Guerra e depois serviu como base de mísseis teleguiados. Situado no alto de dunas resistentes, ele é entremeado por trilhas. Praticantes de asa-delta saltam dos rochedos ao redor.

Do Fort Funston, vá para o sul pelo Skyline Blvd e pegue a SR 1, rumo sul, para Pacifica.

❷ Pacifica

San Mateo County; 94044

A rodovia costeira é ladeada por casas até Pacifica, onde um promontório descortina a bela Pacifica State Beach e a cidade em uma baía arborizada. No lado leste da SR 1, junto à praia, o **Portolá Expedition Historical Marker** marca o acampamento da expedição liderada pelo espanhol Gaspar de Portolá, que em 31 de outubro de 1769 avistou a San Francisco Bay a partir da Sweeney Ridge. Esses foram os primeiros europeus que ali chegaram. A **Sánchez Adobe** *(1000 Linda Mar Blvd)*, da época mexicana, fica sobre os alicerces de um posto das missões e remonta a 1846, sendo a edificação mais antiga no San Mateo County.

Mantenha-se na direção sul pela SR 1 até Moss Beach.

Elefantes-marinhos

Maior mamífero com barbatanas do mundo, o elefante-marinho se distingue por seus longos e salientes probóscides (focinhos). Os machos podem medir até 5m e pesar 2.700kg. Atingem a maturidade aos 5 anos e disputam violentamente o controle das fêmeas durante a época de acasalamento. A espécie foi caçada até ficar à beira da extinção no século XIX, mas a população está se recuperando aos poucos.

ONDE FICAR

MOSS BEACH

Seal Cove Inn *moderado*
Essa pousada em estilo campestre tem luxos modernos com um toque da antiga Inglaterra.
221 Cypress Ave, 94038; 800 995 9987; www.sealcoveinn.com

HALF MOON BAY

Pacific Victorian B&B *moderado*
Pousada charmosa em estilo vitoriano e com móveis antigos.
325 Alameda Ave, 94019; 650 712 3900; www.pacificvictorian.com

Ritz-Carlton Half Moon Bay *caro*
O máximo em luxo, esse grande resort fica no topo de rochedos de frente para o mar. As vistas são imbatíveis.
1 Miramontes Point Rd, 94019; 650 712 7000; www.ritzcarlton.com

À dir. Ocean Beach, muito procurada por surfistas

Onde Ficar: barato, menos de US$100; moderado, US$100-US$200; caro, acima de US$200

3 Moss Beach

San Mateo County; 94038

Ao sul da Pacifica, a SR 1 segue o promontório rochoso íngreme apelidado de "Devil's Slide", devido a deslizamentos de terra que volta e meia bloqueiam a estrada. Dirija com cuidado, pois há curvas fechadas e desníveis, e as vistas podem desviar a atenção. É proibido parar em grande parte da rota.

A **Gray Whale Cove State Beach** *(www.parks.ca.gov/)* é assim chamada por conta das baleias que podem ser avistadas perto da praia (nov-abr). Voltado para as areias douradas da Montara Beach, o **Point Montara Lighthouse**, de 1875, é um bom lugar para observar baleias.

Continue por 1,6km (1 milha) para o sul até o povoado costeiro de Moss Beach. Ali, saia da SR 1 na California Avenue para ir à **Fitzgerald Marine Reserve** *(www.fitzgeraldreserve.org)*, habitat costeiro com uma trilha que passa por bosques de ciprestes antigos. Abaixo, piçarras criam piscinas naturais alimentadas pelas marés, nas quais se podem ver anêmonas, ouriços-do-mar e caranguejos. Focas aparecem na primavera, e lontras-do-mar às vezes vêm se alimentar na praia.

Vá para o sul pela SR 1 até a Half Moon Bay.

4 Half Moon Bay

San Mateo County; 94019

Na protegida ponta norte da longa Half Moon Bay, em forma de lua crescente, o movimentado balneário de **El Granada** tem um grande porto que já foi um entreposto baleeiro. Pegue a Capistrano Road para ir a Pillar Point por uma trilha que passa pelo **Pillar Point Marsh**, onde se vê um quinto de todas as espécies de aves da América do Norte. O local tem uma vista imbatível do porto, e os surfistas enfrentam as ondas de renome mundial de Mavericks, que quebram em um arrecife. Leões--marinhos tomam sol nas rochas recortadas abaixo. Ao sul, quatro praias de areias brancas interligadas circundam a baía por 7km (4 milhas) compondo a **Half Moon Bay State Beach** *(www.parks.ca.gov/)*, centrada no povoado de Half Moon Bay. Uma pista asfaltada e uma trilha equestre seguem as praias, que têm as Santa Cruz Mountains como pano de fundo.

Siga a SR 1 (Cabrillo Hwy) para o sul até a San Gregorio State Beach.

5 State Beaches

San Mateo County; 94074

No sul da Half Moon Bay, a estrada sobe ao longo de um rochedo e desce até uma série de furnas e praias. Na **San Gregorio State Beach** *(www.parks.ca.gov/)*, o San Gregorio Creek alimenta uma laguna de água doce e um estuário. Uma placa informa que a expedição do explorador espanhol Gaspar de Portolá acampou no local em 1769. Em meio a penhascos de arenito, a **Pomponio State Beach** *(www.parks.ca.gov/)* também tem uma laguna, habitada por garças, quatis, raposas e gambás. Os ventos na **Pescadero State Beach** *(www.parks.ca.gov/)* são bons para kitesurfe.

De Pescadero, continue na SR 1 (Cabrillo Hwy) por 10km (6 milhas) até o Pigeon Point Lighthouse; estacione ao lado da estrada.

À esq. Passeio a cavalo na Half Moon State Beach, Half Moon Bay **Abaixo** Farol em Point Montara, perto de Moss Beach

ONDE COMER E BEBER

MOSS BEACH

Moss Beach Distillery *moderado*
Destilaria de rum ilegal durante a Lei Seca, tem um pátio de frente para o mar e serve comida e drinques ótimos.
140 Beach Way, 94038; 650 728 5595; aberto 12h-20h30 seg-qui, 12h-21h sex-sáb, 11h-20h30 dom; www.mossbeachdistillery.com

HALF MOON BAY

Pasta Moon *moderado*
No centro do povoado de Half Moon Bay, esse restaurante elegante serve deliciosa comida italiana, como tagliatelle com vieiras frescas.
315 Main St, 94019; 650 726 5125; aberto 11h30-14h30 e 17h30-21h seg-qui, 11h30-14h30 e 17h30-21h30 sex, 12h-15h e 17h30-21h30 sáb, 12h-15h e 17h30-21h dom; www.pastamoon.com

Miramar Beach Restaurant *moderado*
Jantar com pratos de frutos do mar, música ao vivo e um pátio envidraçado com vista para o oceano.
131 Mirada Rd, 94019; 650 726 9053; aberto 12h-15h30 e 17h-21h seg-sex, 11h30-15h e 16h30-21h sáb-dom; www.miramarbeachrestaurant.com

Acima Pigeon Point Lighthouse
Abaixo Observação de elefantes-marinhos na Año Nuevo State Reserve

PARA VISITAR SANTA CRUZ

Informação turística
Santa Cruz County Conference & Visitors Council *303 Water St, Suite 100, 95060; 831 425 1234; www.visitsantacruzca.org*

ONDE FICAR

PIGEON POINT

Pigeon Point Lighthouse Hostel *barato*
Quartos e dormitórios nos alojamentos restaurados dos guardiões do farol. Cozinha, hidromassagem e wi-fi grátis.
210 Pigeon Point Rd, Pescadero, 94060; 650 879-0633; www.norcalhostels.org/pigeon

SANTA CRUZ

West Cliff Inn *moderado*
Esse B&B encantador oferece quartos confortáveis, decorados com móveis graciosos. Localização fantástica e vista para o calçadão.
174 W Cliff Dr, 95060; 831 457 2200; www.westcliffinn.com

Babbling Brook Inn *caro*
Em meio a um belo jardim, esse B&B tem quartos com lareira, edredons e obras de pintores famosos. Fica a uma caminhada de 15 minutos da praia.
1025 Laurel St, 95060; 831 427 2437; www.babblingbrookinn.com

6 Pigeon Point Lighthouse

San Mateo County; 94060

O farol mais alto em funcionamento na Costa Oeste fica em Pigeon Point, cujo nome deriva do clíper *Carrier Pigeon*, que encalhou no local em 1853 devido à neblina. Construído em 1872, o farol de 35m de altura ainda utiliza sua lente Fresnel original e pisca a cada 10 segundos. Leões-marinhos tomam sol nas rochas abaixo, e um mirante no calçadão permite ver baleias em sua rota migratória no inverno.

Vá para o sul pela SR 1 (Cabrillo Hwy) até a Año Nuevo State Reserve. Pare no estacionamento.

7 Año Nuevo State Reserve

San Mateo County; 94060

Essa reserva *(www.parks.ca.gov/)* tem um viveiro de reprodução de elefantes-marinhos. No inverno, centenas desses mamíferos se reúnem para acasalar e parir em uma ilha grande e em duas pequenas praias de areia cujo acesso se dá por uma trilha de 5km (3 milhas), ida e volta, que sai do centro de visitantes. Focas também aparecem na primavera e no verão, quando trocam de pele nas areias. Há caminhadas guiadas na época de reprodução, de meados dez-mar. Ausentes por quase um século devido à caça intensiva que os deixou à beira da extinção, os elefantes-marinhos voltaram à reserva de Año Nuevo em 1975.

Siga a SR 1 (Cabrillo Hwy) pela costa até as imediações de Santa Cruz. Após 32km (20 milhas), vire à direita na Western Dr e siga as placas para a Natural Bridges State Beach.

8 Natural Bridges State Beach

Santa Cruz County; 95060

No limite oeste de Santa Cruz, essa praia *(www.parks.ca.gov/)* tem o nome do arco de xisto que forma uma ponte natural. O Moore Creek flui para o oceano através de um charco de água doce, e há caranguejos e anêmonas nas piscinas formadas pelas marés. Um bosque de eucaliptos atrás da praia abriga a **Monarch Butterfly Natural Preserve**, um dos maiores habitats de borboletas-monarca, no outono e no inverno, quando milhares delas migram e se agrupam em árvores. Uma passarela com acesso para cadeirantes cruza a reserva.

Entre na Delaware Ave e vire à direita no Swanton Blvd. Na costa, vire à esquerda na W Cliff Dr, rumo ao calçadão de Santa Cruz.

Acima O impressionante arco de xisto na Natural Bridges State Beach

9 Santa Cruz

Santa Cruz County; 95060-95067

Apontada com frequência como a melhor cidade praiana da Califórnia, Santa Cruz tem clima mediterrâneo, vistas maravilhosas, muito surfe e praias amplas, além de um píer e de um calçadão famoso por seu parque de diversões. Um campus da Universidade da Califórnia confere atmosfera jovial a Santa Cruz, cujo centro histórico é do século XVIII.

Passeio a pé de 3 horas

Deixe o carro no estacionamento público na Cliff Drive e vá ao pequeno **Surfing Museum** ① *(701 W Cliff Dr; 831 420 6289; www.santacruzsurfingmuseum.org)*, que fica em um farol diante da praia. O museu enfoca a história do surfe desde 1885, quando três príncipes havaianos dominaram as ondas em Santa Cruz, lançando o uso de pranchas na parte continental dos EUA. Após ver surfistas pegando onda logo abaixo do **Lighthouse Point** ②, ande para o norte na W Cliff Drive até a estátua ***To Honor Surfing*** ③ *(Pelton Ave)*, que mostra um surfista com uma prancha. O mirante ali tem uma vista fantástica da Cowell Beach, do píer e do calçadão de Santa Cruz. Continue para o norte,

Onde Ficar: barato, menos de US$100; moderado, US$100-US$200; caro, acima de US$200

Acima, em sentido horário Estátua *To Honor Surfing*, em Santa Cruz; Surfistas no Lighthouse Point; Mural no Andy's Auto Supply

ONDE COMER E BEBER

SANTA CRUZ

Café Campesino *barato*
Funciona em um quiosque e serve deliciosa comida mexicana em mesas ao ar livre.
1130 Pacific Ave, 95060; 831 425 5979; aberto 11h30-18h30 qui-ter

Kianti's Pizza & Pasta Bar *moderado*
Restaurante italiano com decoração moderna, cozinha aberta, música ao vivo e boas pizzas e massas.
1100 Pacific Ave, 95060; 831 469 4400; aberto 11h-22h seg-sex, 10h-22h sáb-dom; www.kiantis.com

Domínio das ondas

O surfe foi inventado por antigas culturas da Polinésia, que reverenciavam o esporte sagrado chamado de "he'enalu" na língua havaiana. Os chefes deviam demonstrar perícia e bravura excepcionais. O surfe foi registrado pela primeira vez pelo tenente James King durante a malfadada terceira viagem do explorador e capitão britânico James Cook em 1769. O esporte foi introduzido na Califórnia em 1885.

passe pela **West Cliff Inn** ④ e entre na Pacific Avenue até o centro. Veja os **murais** ⑤ na Jazz Alley e no Andy's Auto Supply *(esquina com Maple St)*. A Pacific Avenue tem edifícios históricos que resistiram ao terremoto devastador de 1989. Dê uma olhada no cinema **Del Mar** ⑥ *(1124 Pacific Ave)*, art déco, e no **Santa Cruz County Bank** ⑦ *(1502 Pacific Ave)*, construído em 1895 e cuja bela fachada neoclássica oculta um interior moderno. Na esquina da Front Street, o **correio** ⑧ é um belo exemplo de arquitetura de influência renascentista. O **Town Clock** ⑨, ao norte, na Harvey West Park com a Mission Street, foi construído na Pacific Avenue em 1900 e transferido para esse local em 1976. Vire à esquerda e ande 100m até o **Santa Cruz Mission Historic Park** ⑩ *(144 School St; 831 425 5849)*, onde há uma réplica menor da igreja original; uma casa de adobe ao lado do centro de visitantes abriga um museu. Volte à Pacific Avenue e vá ao **Metro Center** ⑪ *(831 425 8600; www.scmtd.com)*, de onde traslados partem de hora em hora para o **Lighthouse State Beach Park** ⑫ *(Pelton Ave & National St)*. Desça do veículo e caminhe pelo parque, depois vá buscar seu carro.

Saia do centro de Santa Cruz pela Chestnut St e vire para o sul na SR 1 (Cabrillo Hwy). Dobre à esquerda na SR 9 (River St) na direção do Henry Cowell Redwoods State Park Felton; essa estrada tem muitas curvas, dirija com cuidado. Vire à direita na Graham Hill Rd e vá para o norte até Felton; deixe seu carro ao lado da estrada.

Acima O cinema Del Mar, uma joia art déco em Santa Cruz

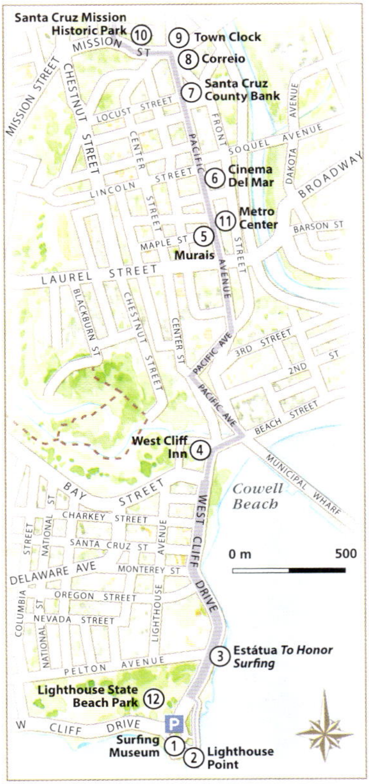

Acima Ponte da Santa Cruz & Felton Railroad, em Felton **Abaixo** Locomotiva a vapor

⑩ Felton

Santa Cruz County; 95018

Nas profundezas das Santa Cruz Mountains, essa cidade de passado madeireiro é cercada por matas de sequoias que podem ser exploradas ao longo de trilhas no **Henry Cowell Redwoods State Park** *(101 N Big Trees Park Rd, 95018; 831 335 7077; www.parks.ca.gov/)*. A entrada é bem sinalizada 1,6km (1 milha) antes da chegada a Felton. Reserve tempo para visitar o centro ecológico e caminhar por parte dos 24km de trilhas sob sequoias antiquíssimas que chegam a ter 87m de altura. As "Big Trees" desse local foram o primeiro grupo de sequoias costeiras protegidas contra a derrubada. Madeira de sequoia foi usada na construção da ponte coberta mais alta dos EUA, no **Felton Covered Bridge Park** *(Graham Hill Rd & Mt Hernon Rd)*, e da ponte da antiga Santa Cruz & Felton Railroad, perto da SR 9, no sudeste da cidade. Há uma lenda de que um ser bípede chamado Sasquatch, ou Pé Grande, circula nas montanhas. Saiba mais indo ao **Bigfoot Discovery Museum** *(5497 SR 9; 831 335 4478; www.bigfootdiscoveryproject.com)*.

Siga pela Graham Hill Rd até a Roaring Camp Railroad, sinalizada à direita, onde há estacionamento.

Placa no Henry Cowell Redwoods State Park

⑪ Roaring Camp Railroad

Santa Cruz County; 95018

Trens a vapor que transportavam madeira hoje levam passageiros para passeios de 1 hora de duração pelas matas de sequoia na área. Use roupas quentes no divertido passeio em vagões abertos até o topo da Bear Mountain. O trem sobe a montanha e passa por pontes, enquanto um narrador conta a história do trem e da indústria madeireira. As sete locomotivas a vapor são de 1870, mas apenas três ainda funcionam. Trens partem do Roaring Camp *(831 335 4484; www.roaringcamp.com)*, uma reconstituição de um campo madeireiro dos anos 1880 e da estação de trem da antiga South Pacific Coast Railroad, com um bar, armazém e oficina de ferreiro, onde há guias em trajes de época. Ligue antes para reservar passeios nesses trens.

ONDE FICAR

CAPITOLA

Inn at Depot Hill *caro*
No local onde havia uma estação de trem, essa pousada romântica tem quartos luxuosos cuja decoração evoca destinos europeus como St. Tropez, Paris e Portofino.
250 Monterey Ave, 95010; 831 462 3376; www.innatdepothill.com

Acima A costa recortada ao longo da Cliff Drive

Locomotivas históricas

As três locomotivas antigas ainda em operação na Roaring Camp Railroad são um Marco Histórico Nacional de Engenharia Mecânica. Construída em 1912, a *Dixiana* passava em uma ferrovia de bitola estreita para mineração e depois foi a primeira comprada pela Roaring Camp Railroad. A *Tuolumne*, de 1899, transporta carga pesada e enfrenta trechos íngremes. Construída em 1911, a *Sonora*, de 60 toneladas, era peça de museu, mas foi comprada e restaurada em 1977.

Desça pela Graham Hill Rd até Santa Cruz. Passe sob a SR 1 (Cabrillo Hwy) e vá para o sul pela Ocean St até a E Cliff Dr. Vire então à esquerda e continue até a costa para apreciar uma linda vista do calçadão e da praia de Santa Cruz.

12 Cliff Drive até Capitola

Santa Cruz County; 95010

Siga a Cliff Drive 200m para o leste até o minúsculo **Santa Cruz Museum of Natural History** *(1305 E Cliff Dr; 831 420 6115; www.santacruzmuseums.org)*, onde o destaque é a escultura de uma baleia-cinzenta. Há mostras de artefatos indígenas, dioramas da fauna nativa e de habitats, e um lago com vida marinha. A seguir, vire à esquerda na Mott Avenue, à direita na Murray Street e novamente à direita na Lake Avenue para voltar à E Cliff Drive, que passa por bairros residenciais chiques no leste de Santa Cruz. Vale a pena comprar um mapa detalhado no Santa Cruz County Conference & Visitors Council *(p. 116)*. A estrada segue pelo interior ao longo de promontórios, às vezes se aproxima da costa nas imediações de Schwan Lagoon, Sunny Cove Beach County Park, Corcoran Lagoon e Moran Lake e, por fim, volta à costa no Pleasure Point Park. Pare nesse ponto para admirar a vista ao longo dos Opal Cliffs na direção de **Capitola**, que fica em uma enseada na base de rochedos de arenito. Com ares de aldeia costeira mediterrânea, essa cidadezinha charmosa e ótima para férias tem muitos B&Bs e restaurantes voltados para uma praia ampla. Faça uma pausa para pescar ou surfar.

Saia de Capitola pela Monterey Ave. Vire à direita na Park Ave para a SR 1 (Cabrillo Hwy). Siga por ela até a SR 152 e saia para Watsonville. Após 3km (1,5 milha), vire à direita na Main St para a Watsonville Plaza e estacione nesse local.

ONDE COMER E BEBER

CAPITOLA

Zelda's *moderado*
Frutos do mar frescos e costelas em um pátio diante da praia. "Lobster Night" às quintas; música qui-dom. *203 Esplanade, 95010; 831 475 4900; aberto 7h-15h e 17h-22h diariam; www.zeldasonthebeach.com*

Shadowbrook Restaurant *caro*
Um teleférico leva até esse restaurante fora da cidade, que serve pratos internacionais. Peça nhoque de trufas negras ou halibute gigante do Alasca. *1750 Wharf Rd, 95010; 831 475 1511; aberto 17h-20h45 seg-qui, 17h-21h15 sex, 16h-21h45 sáb, 16h-20h45 dom; www.shadowbrook-capitola.com*

Abaixo, da esq. p/ dir. Capitola vista da Cliff Drive, em Santa Cruz; Armazém geral reconstituído na Roaring Camp Railroad

Onde Comer e Beber: barato, menos de US$25; moderado, US$25-US$50; caro, acima de US$50

Da esq. p/ dir. Galo na Main Street, em San Juan Bautista; Campo de mostarda, em San Juan Valley **Abaixo, da esq. p/ dir.** Mural em Salinas; Imagem na Mission San Juan Bautista

PARA VISITAR SALINAS

Informação turística
222 Main St, 93901; 831 435 4636; www.destinationsalinas.com

ONDE FICAR

SAN JUAN BAUTISTA

San Juan Inn *barato*
Embora despojada, essa propriedade em estilo de motel é aconchegante e oferece piscina e wi-fi grátis.
410 The Alameda, 95045; 831 623 4380; www.sanjuaninnca.com

Posada de San Juan *moderado*
Pousada em estilo colonial espanhol, com decoração graciosa e confortos modernos.
310 4th St, 95045; 831 623 4030; www.paseodesanjuan.webs.com

SALINAS

Vision Quest Ranch *caro*
Bangalôs em estilo africano dentro de um santuário de animais – e com o conforto de um hotel de luxo. Uma experiência inesquecível.
400 River Rd, 93908; 800 228 7382; www.visionquestranch.com

⓭ Watsonville

Santa Cruz County; 95076

Fundada em 1852, essa cidade agrícola apresenta um traçado que gira em torno de uma praça espaçosa, a Watsonville Plaza, na qual há um busto de bronze de George Washington e um canhão da época da Guerra Civil. A Main Street tem graciosos edifícios centenários, incluindo o Wells Fargo Bank, de linhas art déco.

Uma série de brejos de água doce no lado oeste da cidade abrange as **Wetlands of Watsonville** *(www.wetlandsofwatsonville.org)*, cujo acesso é feito por trilhas. A leste da cidade, a Riverside Drive passa por planícies agrícolas que se estendem até o San Juan Valley. Junto com o Salinas Valley, essa região compõe a conhecida "Salad Bowl of the Nation" (Saladeira do País), devido à grande produção de alface, alcachofra, morango, uva e outros produtos. O vale é entremeado por campos irrigados com águas subterrâneas encanadas. Compre produtos frescos em barracas pelo caminho.

Saia da cidade para o leste pela Main St, vire à esquerda na SR 129 (Riverside Dr) e cruze o San Juan Valley. Passe por cima da I-101 e vire à direita na San Juan Hwy, que leva a San Juan Bautista, onde há um amplo estacionamento grátis.

⓮ San Juan Bautista

San Benito County; 95045

Essa cidadezinha é notável pelos edifícios históricos, muitos dos quais são do início do período espanhol. No centro, o **San Juan Bautista State Historic Park** *(www.parks.ca.gov/)* preserva muitos edifícios que já foram um entroncamento importante no Camino Real, a estrada que ligava as 21 missões espanholas no estado. Eles ficam em volta da praça gramada e incluem o Plaza Hotel; a Zanetta House, com a mesma decoração de quando era residência do hoteleiro Angelo Zanetta e de sua família; a casa de adobe José Castro, construída em 1840 para o comandante-geral de Alta Califórnia; casernas de soldados; garagens de carruagens e diligências; e o velho presídio local.

No lado oeste da praça, a **Mission San Juan Bautista** foi construída em 1797 e era a maior missão espanhola na Califórnia. Bem preservada, ela mantém uma igreja refinada e um museu impressionante.

A Main Street tem edifícios de interesse arquitetônico. Veja o Galacoma Building, de arenito, erigido em 1830

Onde Ficar: barato, menos de US$100; moderado, US$100-US$200; caro, acima de US$200

John Steinbeck

Um dos grandes escritores americanos do século XX, John Steinbeck (1902-68) nasceu em Salinas e ganhou fama no país após publicar *Boêmios errantes* (1935). Suas obras enfocam pessoas e lugares das áreas de Salinas e Monterey, sobretudo a luta dos trabalhadores rurais. Ele ganhou o prêmio Pulitzer por *As vinhas da ira* (1939) e o prêmio Nobel de Literatura em 1962, tornando-se o único escritor americano a conquistar as duas honrarias.

como um hotel, e a cúpula do Masonic Hall. Galos e galinhas circulam pelas ruas.

Vá para o leste pela 3rd St (Alameda). Cruze a Hwy 156 e vire à direita na Salinas Rd (County Rd 3), que se transforma em San Juan Grade Rd. Siga reto ao cruzar a Crazy Horse Canyon Rd e continue até Salinas. Vire à esquerda na Main St. Pare diante do National Steinbeck Center.

⑮ Salinas

Monterey County; 93901

Essa cidade charmosa na extremidade norte do Salinas Valley floresceu como um centro de empacotamento de legumes e frutas. Revitalizado recentemente, seu **centro histórico** tem muitos edifícios antigos restaurados, onde hoje funcionam escritórios, restaurantes e cafés, incluindo o belo Fox Theater *(241 Main St)*, art déco. Salinas é intimamente associada ao romancista John Steinbeck, cuja vida, obra e legado são o tema do moderno **National Steinbeck Center** *(1 Main St; 831 775 4721; www.steinbeck.org)*. A primorosa Exhibition Hall rememora as obras de Steinbeck com filmes e dioramas que recriam cenas de livros como *A rua das ilusões perdidas* (1945), *A leste do Éden* (1952) e *Viagens com Charley* (1962). O centro também abriga o Rabobank Agricultural Museum, com exposições interativas que enfocam a história da agricultura no Salinas Valley, "do campo para o garfo". O novo Asian Cultural Center homenageia a importante contribuição da grande colônia japonesa local para a economia e a cultura de Salinas. Não vá embora da cidade sem visitar a **Steinbeck House** *(132 Central Ave; www.steinbeckhouse.com)*, a mansão vitoriana minuciosamente preservada onde Steinbeck nasceu em 1902. Atualmente, ela funciona como um salão de chá e restaurante. Para finalizar a imersão na vida do premiado romancista, visite seu túmulo no **Garden of Memories Cemetery** *(768 Abbott St)*, que fica no sul da cidade.

ONDE COMER E BEBER

SAN JUAN BAUTISTA

Jardines de San Juan *barato*
Restaurante mexicano com ótimo custo-benefício e atendimento primoroso.
115 3rd St, 95045; 831 623 4466; aberto 11h30-21h dom-qui e até 22h sex-sáb; www.jardinesrestaurant.com

Joan & Peter's German Restaurant *barato*
Pratos alemães clássicos, como costeletas de porco e strudel de maçã.
322 3rd St, 95045; 831 623 4521; aberto 11h30-14h30 e 17h-20h qui-sáb, 11h30-17h dom; www.joanandpeter.com

SALINAS

Steinbeck House Restaurant *barato*
O menu se restringe a sopas, saladas e sanduíches, mas o local histórico é imperdível.
132 Central Ave, 93901; 831 424 2735; aberto 11h30-14h ter-sáb; www.steinbeckhouse.com

Acima Corredor na Mission San Juan Bautista
Abaixo A Steinbeck House, em Salinas

PASSEIOS DE 1 DIA

Esse roteiro pode ser segmentado conforme interesses específicos.

Rota literária

Em **Salinas** ⑮, visite o National Steinbeck Center e a Steinbeck House, assim como o túmulo do escritor no Garden of Memories Cemetery. Depois explore o San Juan Valley entre San Juan Bautista ⑭ e Watsonville ⑬, todos citados em obras de Steinbeck.

De Salinas, vá para o norte pela Main St e depois para leste pela San Juan Grade Rd até San Juan Bautista e o San Juan Valley.

Maravilhas naturais

As lagunas atrás das State Beaches ⑤ são boas para ver aves e, no inverno, podem-se avistar baleias a partir do Pigeon Point Lighthouse ⑥. Para ver elefantes-marinhos, vá à Año Nuevo State Reserve ⑦, ao passo que a Natural Bridges State Beach ⑧ tem borboletas-monarcas em profusão.

A SR 1 (Cabrillo Hwy) passa por todos os lugares neste roteiro. Saia da SR 1, entre na Western Dr e siga as placas para a Natural Bridges State Beach.

Missão religiosa

Em Santa Cruz ⑨, vá ao Santa Cruz Mission Historic Park. Em San Juan Bautista ⑭, veja os edifícios da missão.

De Santa Cruz, pegue a Cliff Dr até a SR 1. Saia na SR 152 por Watsonville. Vire à esquerda na SR 129, rumo a San Juan Bautista.

ROTEIRO **11**

O Encantador Big Sur

De Monterey a Morro Bay

Destaques

- **Seres marinhos**
  Observe peixes, mamíferos marinhos e outros animais incríveis no Monterey Aquarium
- **Panoramas magníficos**
  Surpreenda-se com lindas vistas do oceano e paisagens costeiras na 17-Mile Drive e no Big Sur
- **Montanhas elevadas**
  Aprecie a arquitetura formidável do Hearst Castle, enquanto desfruta o visual do alto das montanhas
- **Os maiorais**
  Veja de perto elefantes-marinhos em seus viveiros na costa

Bixby Bridge, um marco na costa estupenda do Big Sur

O Encantador Big Sur

A beleza da costa da Califórnia é mais diversificada ao longo do sul de Monterey, uma cidade litorânea e porto pesqueiro famoso por seu aquário de nível internacional. Com acesso pela panorâmica 17-Mile Drive, o povoado de Carmel-by-the-Sea tem cenário encantador de encostas arborizadas, galerias de arte excelentes, belas praias e uma missão espanhola bem preservada. Siga pela Pacific Coast Highway (SR 1) enquanto ela serpenteia por praias, cruza cânions costeiros e passa em promontórios sob montanhas acidentadas. Pelo caminho, pousadas aconchegantes, florestas de sequoia, colônias de lontras-do-mar e viveiros de elefantes-marinhos dão chance de fazer algumas pausas. Não perca o Hearst Castle, todo de pedra, uma das grandes atrações turísticas da Califórnia.

Acima Vista do Monterey Bay Aquarium *(p. 127)*

ATIVIDADES

Ande pelo centro de Monterey e descubra atrações históricas antes de ir ao espetacular aquário

Saboreie frutos do mar frescos no Fisherman's Wharf, em Monterey

Visite as galerias de arte em Carmel-by-the-Sea

Aprenda a surfar na baía relativamente protegida de Carmel-by-the-Sea

Caminhe pelas trilhas costeiras e veja focas e aves na Point Lobos State Reserve

Admire as sequoias no Julia Pfeiffer Burns State Park

Alugue um caiaque e encontre lontras-do-mar e focas na área de Morro Bay

Acima Passeio de caiaque por Morro Rock, Morro Bay *(p. 131)*

Acima Passeio pelo Big Sur até o farol de Point Sur *(p. 129)*

PLANEJAMENTO

Início/fim: De Monterey a Morro Bay.

Número de dias: 2-3, com meio dia em Monterey.

Distância: 224km (139 milhas).

Condições das estradas: A Coast Highway é bem mantida, mas o trecho do Big Sur é sujeito a deslizamentos de terra frequentes, que às vezes bloqueiam a estrada por semanas. Informe-se sobre as rodovias junto ao California Department of Transportation (Caltrans) *(800 427 7623; www.dot.ca.gov/cgi-bin/roads.cgi)*.

Quando ir: O período de jan-abr é ideal para ver baleias e elefantes-marinhos, mas as flores silvestres ficam mais belas em mar-mai. Na primavera e no fim do outono o clima é melhor. O ano todo há ventos frios e possibilidade de névoa.

Horários de funcionamento: Galerias de arte abrem das 10h às 18h diariam e lojas pequenas, das 9h às 17h seg-sáb. O horário de museus varia bastante.

Principais dias de mercado: Monterey: sex manhã. **Carmel-by-the-Sea:** mai-set: ter tarde. **Morro Bay:** sáb tarde.

Compras: Carmel-by-the-Sea tem arte de nível internacional em galerias espalhadas pela cidade. Procure ateliês mais rústicos na SR 1.

Principais festas: Monterey: Jazz Festival, set. **Carmel-by-the-Sea:** Bach Festival, meados jul. **Morro Bay:** Harbor Festival, out.

PASSEIOS DE 1 DIA

É possível visitar a área fazendo passeios de um dia. Quem gosta de **animais** deve ir ao **Monterey Bay Aquarium** e à **Point Lobos State Reserve**. Apreciadores de **arte** podem conhecer as galerias em **Carmel-by-the-Sea** e ao longo da costa. **Fotógrafos** irão vibrar com as oportunidades de cliques na **17-Mile Drive**, no **Big Sur** e no **Hearst Castle**. Detalhes *p. 131*.

Acima Fisherman's Wharf, Monterey Bay
Abaixo, da esq. p/ dir. Águas-vivas no Monterey Bay Aquarium; Aves e leões-marinhos na 17-Mile Drive

❶ Monterey

Monterey County; 93940

Essa grande cidade litorânea tem belas paisagens e muitas atrações, incluindo uma antiga empresa baleeira, a Cannery Row e o espetacular Monterey Bay Aquarium. Fundada por espanhóis em 1770, Monterey foi a capital da Califórnia espanhola e mexicana. Depois perdeu a importância política, mas virou um florescente porto pesqueiro, citado em *A rua das ilusões perdidas* (1945), do romancista John Steinbeck. No centro, edifícios do século XIX bem preservados evocam seu auge, ao passo que o Fisherman's Wharf oferece frutos do mar e passeios de barco.

Passeio a pé de 3 horas

Pare no estacionamento a leste do Fisherman's Wharf e vá à **Custom House Plaza** ①, onde a bandeira dos EUA foi hasteada oficialmente pela primeira vez na Califórnia em 7 de julho de 1846. Ao lado, a Custom House é o edifício público mais antigo do estado. Datado de 1822, quando era um posto de inspeção mexicano, ele fica na entrada do Monterey State Historic Park, um conjunto de edifícios notáveis. Vá para o sul até o **Museum of Monterey** ② para conhecer o passado da cidade e da baía. No lado oeste da praça, o **Pacific House Museum** ③ enfoca a história local e abriga o Museum of the American Indian. A seguir, pegue a Alvarado Street para o sul e passe pelo **Old Monterey Hotel** ④ *(Franklin St)*, construído em 1904, e pelo **State Theatre** ⑤ *(417 Alvarado St)*, art déco. Vire à esquerda na Pearl Street e à direita na Houston Street até a **Stevenson House** ⑥ *(530 Houston St)*, que era o French Hotel, onde o romancista Robert Louis Stevenson convalesceu em 1879; um museu registra sua estada. Na Webster Street vire à esquerda, depois à direita na Abrego Street e à esquerda na Church Street rumo à **Royal Presidio Chapel** ⑦. Fundada pelo padre Junipero Serra em 1770, essa igreja bem preservada é a mais antiga do estado. Pegue a Church Street, vire à direita na Abrego Street, depois à esquerda na Webster Street e à direita na Hartnell Street para visitar o **Monterey Museum of Art** ⑧ *(www.montereyart.org)*, com arte contemporânea exposta em oito galerias. Do outro lado da rua, gramados levam ao **Colton Hall** ⑨, o belo edifício de calcário onde a constituição da Califórnia foi assinada em 1849. Veja o brasão do estado incrustado na base da escadaria. Vá para o norte pela Pacific Street até o pequeno **First Theatre** ⑩ *(esquina da Scott St)*, um teatro vitoriano de madeira fundado em 1847. Vire à direita, depois à esquerda na Oliver St. No fim, a **Old Whaling Station** ⑪, à esquerda, mostra

Âncora na Custom House, Monterey

PARA VISITAR MONTEREY

Informação turística
401 Camino El Estero, 93940; 877 666 8373; www.seemonterey.com

Estacionamento
Monterey tem muitos estacionamentos públicos e pagos. Também há vagas com parquímetro na maioria das ruas.

ONDE FICAR

MONTEREY

Casa Munras *moderado*
Nesse hotel inspirado em uma fazenda espanhola, muitos quartos têm lareira.
700 Munras Ave, 93940; 831 375 2411; www.hotelcasamunras.com

Portola Hotel & Spa *caro*
Hotel elegante com quartos confortáveis, uma microcervejaria e um spa.
Two Portola Plaza, 93940; 866 711 1534; www.portolahotel.com

17-MILE DRIVE

Lodge at Pebble Beach *caro*
Esse hotel de luxo defronte a uma enseada tem campo de golfe e restaurantes finos.
1500 Cypress Dr, Pebble Beach, 93593; 831 624 3811; www.pebblebeach.com

Onde Ficar: barato, menos de US$100; moderado, US$100-US$200; caro, acima de US$200

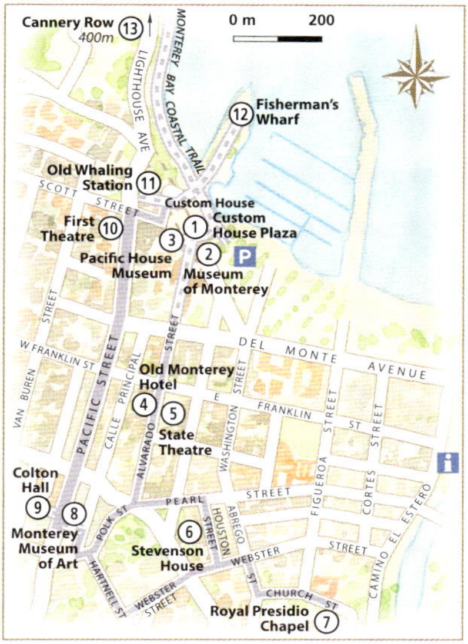

lembranças da indústria baleeira do século XIX. Cruze a Oliver Street para o **Fisherman's Wharf** ⑫. O animado calçadão tem lojas e restaurantes de frutos do mar, e focas e leões--marinhos podem ser vistos abaixo. A Monterey Bay Coastal Trail sai do cais para a **Cannery Row** ⑬, celebrizada por um romance do escritor americano John Steinbeck. As antigas fábricas de sardinha em lata viraram lojas de suvenires, butiques, hotéis e restaurantes.

Vá para oeste pela Lighthouse Ave, vire à direita na Hoffman Ave e à esquerda na Foam St. Estacione ao lado da estrada ou na rua.

2 Monterey Bay Aquarium

Monterey County; 93940

Em uma antiga fábrica de sardinha em lata, esse aquário fabuloso *(www.montereybayaquarium.org)* é o maior dos EUA. Mais de 600 espécies de seres marinhos da Monterey Bay nadam em tanques que reproduzem seus habitats originais. Um dos destaques é a hora da alimentação de pinguins e lontras-do-mar. Há uma floresta de algas, o museu Splash Zone e lagos interativos onde as crianças podem tocar estrelas-do-mar, arraias e outros seres marinhos. Réplicas de baleias e tubarões decoram o teto, e pode-se observar a movimentação de águas-vivas, polvos, barracudas, tubarões e cardumes de sardinhas.

Vá para oeste pelo Ocean View Blvd, que se transforma em Sunset Dr. Vire à direita na 17-Mile Drive, pedagiada; pague a taxa e pegue um mapa no Pacific Grove Gate. Reserve 2 horas para dirigir pela 17-Mile Drive, fazendo paradas no caminho para apreciar a vista.

3 17-Mile Drive

Monterey County

Uma das estradas mais belas na América do Norte, a 17-Mile Drive rodeia enseadas de areia branca, com lontras-do--mar se alimentando de algas submersas, e segue por promontórios escarpados com ciprestes e pinheiros fustigados pelos ventos. A área é frequentada por milionários que ali construíram casas extravagantes e sedia quatro campos de golfe para campeonatos. **Bird Rock** é povoada por aves marinhas, e focas e leões--marinhos tomam sol nas rochas. Pare no **Cypress Point** e aprecie vistas sensacionais da costa. Ali perto, o **Lone Cypress** é tema corriqueiro de fotos e cartões-postais, e fica no topo de uma formação rochosa isolada. Construído em 1919, o luxuoso **Lodge at Pebble Beach** tem o mundialmente famoso Pebble Beach Golf Links e sedia em agosto o Concours d'Elegance de carros clássicos.

Saia do Carmel Gate, pegue a Carmel Way e então a San Antonio Ave. Vire à esquerda na Ocean Ave, rumo à praia em Carmel-by-the-Sea. Estacione na rua.

Ciprestes de Monterey

O pequeno cipreste da espécie *Cupressus macrocarpa* é endêmico da costa central da Califórnia, notadamente da península de Monterey e Carmel. Ele se desenvolve em clima frio e úmido, como em promontórios graníticos expostos a ventos e maresia. Sua copa achatada é moldada pelos ventos em grande altitude.

ONDE COMER E BEBER

MONTEREY

Crabby Jim's *moderado*
Com vista para o porto, esse restaurante de frutos do mar é famoso por sua sopa de mariscos. O menu também tem pratos mexicanos e italianos.
25 Fisherman's Wharf, 93940; 831 372 2064; aberto 11h-21h30 seg-sex, 11h-22h30 sáb e dom; www.crabbyjimsmonterey.com

Monterey Fish House *moderado*
Fora da agitação turística do Fisherman's Wharf, esse restaurante serve frutos do mar muito frescos, incluindo peixe grelhado em lenha de carvalho. Comece pedindo ostras ao natural servidas na própria concha ou alcachofras grelhadas.
2114 Del Monte Ave, 93940; 831 373 4647; aberto 12h-22h seg-sáb, 16h-23h dom

Sardine Factory *caro*
Suntuoso restaurante em estilo europeu no qual a premiada chef Rachael Ray prepara carnes, frutos do mar e sardinhas deliciosas.
701 Wave St, 93940; 831 373 3775; aberto 17h-21h30 dom-qui e 17h-22h sex-sáb; www.sardinefactory.com

Abaixo O Lone Cypress, na 17-Mile Drive

Onde Comer e Beber: barato, menos de US$25; moderado, US$25-US$50; caro, acima de US$50

No alto A Bird Island, na Point Lobos State Reserve **Acima, da esq. p/ dir.** Casa em Carmel-by-the-Sea; Azulejo na Mission San Carlos Borroméo del Río Carmelo, em Carmel-by-the-Sea

PARA VISITAR CARMEL-BY-THE-SEA

Informação turística
San Carlos St, entre 5th e 6th, 93923; 831 624 2522; aberto 10h-17h diariam

ONDE FICAR

CARMEL-BY-THE-SEA

Lamp Lighter Inn *moderado*
Em meio a jardins, as casas de madeira têm móveis refinados e quartos aconchegantes. O dono é prestativo. *Ocean Ave com Camino Real, 93921; 831 624 7372; www.carmellamplighter.com*

Pine Inn *moderado*
Aberto em 1899, foi o primeiro hotel da cidade. Oferece um belo lounge, quartos espaçosos e confortáveis, restaurante gourmet e coffee shop. *Ocean Ave com Lincoln Ave, 93921; 831 624 3851; www.pineinn.com*

BIG SUR

Big Sur Lodge *moderado*
Esse hotel campestre tem cabanas confortáveis sob as sequoias. Não há telefones, TVs ou despertadores. *47225 SR 1, 93920; 831 667 3100; www.bigsurlodge.com*

4 Carmel-by-the-Sea

Monterey County; 93921

Com casas de madeira e cercas de estacas, a encantadora Carmel-by--the-Sea tem lojas interessantes, galerias de arte, B&Bs pitorescos e bons restaurantes. A Ocean Avenue desce até a **Carmel Beach**, que é ótima para surfe e tem poentes fabulosos. Na base da Ocean Avenue, a Scenic Road circunda a península de Carmel e vai à **Carmel River Beach**, onde não é aconselhável nadar devido às correntes fluviais fortes, e que tem uma reserva ecológica como pano de fundo. Continue na Scenic Road após ela se tornar a Carmelo Street e vire à direita na 15th Avenue (depois Lausen Drive) até a **Mission San Carlos Borroméo del Río Carmelo** *(3080 Rio Rd; 831 624 3600)*. Construída em 1770 e restaurada e mobiliada como era há dois séculos, essa missão em Carmel foi o centro administrativo de todas as missões no estado.

Vá para sudeste na Rio Rd até a SR 1 e vire à direita rumo à Point Lobos State Reserve, onde há amplo estacionamento.

5 Point Lobos State Reserve

Monterey County; 93923

Essa magnífica reserva costeira *(831 624 4909; www.parks.ca.gov/)* foi criada para proteger um amplo arvoredo de ciprestes, que pode ser explorado na **Cypress Grove Trail**. Outras trilhas curtas e suaves passam por fascinantes formações geológicas e vão até o **Sea Lion Point**, que apresenta leões-marinhos nas rochas, e a um mirante acima da **Bird Island**, com milhares de ninhos de cormorões. Com frequência, é possível ver lontras-do-mar descansando e se alimentando de algas, focas que distraidamente vão parar nas praias e baleias de passagem nas águas costeiras. Morada de baleeiros um século atrás, a **Whaler's Cabin** hoje tem um pequeno museu consagrado à cultura regional.

Continue para o sul pela SR 1 na direção da Bixby Bridge.

6 Big Sur

Monterey County

O espetacular cenário costeiro do Big Sur na região central da Califórnia rende um dos roteiros de carro mais sensacionais do mundo, com mais de 110km de promontórios estupendos, enseadas rochosas e belas praias. O romancista Robert Louis Stevenson (1850-94) descreveu a área como "o maior encontro de terra e mar no mundo". A costa toda integra o California Sea Otter State Game Refuge (refúgio de lontras-do--mar). Dirija com cuidado, pois a estrada tem muitos desvios e curvas fechadas. Planeje bem a viagem, pois os poucos povoados, hotéis e restaurantes são esparsos. Faça uma parada no povoado de Big Sur para visitar galerias de arte e conhecer o artesanato local.

Abaixo Sea Lion Point, onde podem ser avistados leões-marinhos

Onde Ficar: barato, menos de US$100; moderado, US$100-US$200; caro, acima de US$200

Provavelmente o elemento mais fotografado em toda a costa panorâmica do Big Sur, a **Bixby Bridge**, de um só arco, é uma obra-prima de engenharia e um marco clássico. Erigida em 1932, a estrutura de concreto com 218m de extensão fica 85m acima de um cânion. Sua beleza está à altura do cenário, com as ondas do oceano quebrando na costa rochosa abaixo. Americanos e estrangeiros vêm fotografar a ponte de vários ângulos em diferentes horas do dia. O poente rende ótimas fotos, com os raios de sol dourando os suportes brancos.

Construído em 1889, o farol **Point Sur Lighthouse** *(www.parks.ca.gov/)* fica acima dos vestígios de um cone vulcânico e ainda orienta navios na costa do Big Sur. Ele é aberto ao público para passeios com guias; ligue antes para fazer reserva. Faça uma pausa para andar pelos prados ou ir à praia no **Andrew Molera State Park** *(www.parks.ca.gov/)*, 10 minutos de carro ao norte do povoado de Big Sur.

Continue para o sul pela SR 1 e vire à esquerda na placa para o Pfeiffer Big Sur State Park; deixe o carro no estacionamento.

Lontras-do-mar

Devido à sua pele, milhões desses mamíferos marinhos foram caçados, e a espécie quase se extinguiu. Embora a população esteja se recuperando, agora só há lontras-do-mar *(Enhydra lutris)* no Alasca e na costa do Big Sur, ao sul de Monterey. Elas ficam em águas costeiras protegidas e podem ser vistas em grupos ou boiando sozinhas em meio às algas.

7 Pfeiffer Big Sur State Park

Monterey County; 93920

Arvoredos de sequoias altíssimas são a grande atração desse parque *(www.parks.ca.gov/)*, que se estende da costa até mais de 900m subindo as montanhas. A Valley View Trail acompanha o cânion do Big Sur River até as Pfeiffer Falls; a caminhada de 5km (ida e volta) tem partes íngremes. Às vezes veem-se cervos-de-cauda-negra, quatis e linces, além de condores-da-califórnia planando no céu.

Acima Amplas pastagens ao longo do Big Sur

Cerca de 16km (10 milhas) mais ao sul, o **Julia Pfeiffer Burns State Park** *(www.parks.ca.gov/)* é uma versão menor e muito apreciada do Pfeiffer Big Sur State Park. Além das sequoias de 120m de altura, outra grande atração é a cachoeira McWay, que despenca 25m dos rochedos diretamente no Pacífico. Uma caminhada de 10 minutos do estacionamento pela Overlook Trail leva a um penhasco com vista da cachoeira, que também é um bom lugar para avistar lontras-do-mar, focas e leões-marinhos, assim como baleias migratórias no inverno.

Continue para o sul por 79km (49 milhas) pela SR 1, até chegar a Piedras Blancas.

ONDE COMER E BEBER

CARMEL-BY-THE-SEA

Em Le's *moderado*
Esse marco local serve um concorridíssimo café da manhã com direito a rabanada, panqueca e omelete. No menu do jantar há frutos do mar, como linguini com mexilhões, mariscos e salmão.
Dolores St, entre 5th e 6th, 93921; 831 625 6780; aberto 7h-15h diariam, 16h30-20h qua-dom; www.emlescarmel.com

Porta Bella *caro*
Restaurante romântico com ênfase em cozinha mediterrânea, como sopa de caranguejo e ravióli com pato e queijo feta. O dono, Csaba Ajan, costuma estar na casa para receber os clientes com muita amabilidade.
Ocean Ave, entre Lincoln St e Monte Verde St, 93921; 831 624 4395; aberto 11h30-23h diariam; www.portabellacarmel.com

BIG SUR

Big Sur Deli & General Store *barato*
Essa delicatéssen faz burritos, sanduíches e saladas ótimos, e é um bom lugar para tomar café com croissants de manhã.
47520 SR 1, 93910; 831 667 2225; aberto 7h-20h diariam; www.bigsurdeli.com

Nepenthe *moderado*
Belas vistas costeiras são um bônus nesse aclamado restaurante. O menu eclético inclui hambúrgueres e frango assado. Os donos também têm o Café Kevah, que serve café da manhã e lanches.
48510 SR 1, 93920; 831 667 2345; aberto 11h30-22h diariam; www.nepenthebigsur.com

Acima A elegante Bixby Bridge, sobre um cânion no Big Sur

Onde Comer e Beber: barato, menos de US$25; moderado, US$25-US$50; caro, acima de US$50

Da esq. p/ dir. Elefantes-marinhos tomam sol na Piedras Blancas Beach; A Neptune Pool, no Hearst Castle

PARA VISITAR O HEARST CASTLE

Informação turística
750 Hearst Castle Rd, 93452; 1 800 444 4445; www.hearstcastle.org

ONDE FICAR

SAN SIMEON

Best Western Cavalier Oceanfront Resort *moderado*
Esse motel de gestão familiar fica em frente ao mar. Os quartos espaçosos têm móveis modernos, e alguns contam com cozinha e wi-fi.
9415 Hearst Dr, 93452; 805 927 4688; www.cavalierresort.com

The Morgan *moderado*
Bem decorado com móveis modernos, esse hotel-butique tem spa e uma piscina coberta aquecida.
9135 Hearst Dr, 93452; 800 451 9900; www.hotel-morgan.com

MORRO BAY

Back Bay Inn *moderado*
Treze quartos refinados com camas king size e vista para jardins selvagens e uma praia no sul de Morro Bay. Alguns quartos têm lareira.
1391 2nd St, Los Osos, 93402; 805 528 1233; www.backbayinn.com

Inn at Morro Bay *moderado*
Hotel no estilo de Cape Cod, com quartos e um restaurante elegante voltados para a baía, e também um spa.
60 State Park Rd, 93442; 805 772 5651; www.innatmorrobay.com

8 Piedras Blancas

San Luis Obispo County

Destacando-se entre prados, o **Piedras Blancas Lighthouse**, datado de 1875, deve seu nome a três pedras brancas rajadas de guano, nas imediações. O Bureau of Land Management oferece passeios ao público; ligue antes para saber os horários *(805 927 7361)*. As praias ao sul do farol têm centenas de elefantes-marinhos. Pare o carro no estacionamento no North Vista Point, na **Piedras Blancas Beach**, onde passarelas levam a mirantes com placas informativas. Guias de uniforme azul às vezes estão presentes para ajudar os turistas. Se puder, venha entre dezembro e abril para ver os machos disputando os haréns e as fêmeas tendo filhotes na praia.

Continue para o sul pela SR 1 até San Simeon. Vire à direita na San Simeon Rd e estacione na rua.

9 San Simeon

San Luis Obispo County; 93452

Em uma enseada protegida, esse povoado foi fundado em 1852 por baleeiros. No final do século XIX, o senador George Hearst, que era dono da maioria da área, construiu um píer no local. Seu filho, William R. Hearst, acrescentou casas em estilo espanhol para os funcionários do Hearst Castle. Hoje restam algumas das 45 casas originais, incluindo a escola com uma sala de aula e o Sebastian's General Store *(805 927 3307)*, onde há um café e uma loja de presentes. Em forma de lua crescente, a **William R. Hearst Memorial State Beach** *(www.parks.ca.gov/)* possui área gramada para piquenique atrás da enseada, onde há aluguel de caiaques. O **Coastal Discovery Center** *(aberto 10h-16h sex-dom)* tem mostras ecológicas.

Volte à SR 1 e depois entre na Hearst Castle Rd. Pare no estacionamento no centro de visitantes.

10 Hearst Castle

San Luis Obispo County; 93452

Acima do povoado de San Simeon, o extravagante castelo do magnata da mídia e colecionador de arte William R. Hearst *(www.hearstcastle.org)* é uma das maiores atrações da Califórnia. Projetada pela renomada arquiteta Julia Morgan e concluída em 1947, essa residência de influência mediterrânea é um museu singular. A **Casa Grande**, com torres gêmeas, e três casas para hóspedes totalizam 115 aposentos em meio a jardins deslumbrantes, que podem ser visitados em excursões *(com início a cada*

Acima Escola restaurada, com apenas uma sala de aula, em San Simeon

Onde Ficar: barato, menos de US$100; moderado, US$100-US$200; caro, acima de US$200

15min; reserve antes). Repleta de antiguidades e arte europeias, a Casa Grande parece uma catedral medieval. Seu salão em estilo gótico foi palco de jantares com várias celebridades. A sala de bilhar tem uma tapeçaria francesa do início do século XVI, e o cinema é decorado com cariátides. O terreno inclui pomares, palmeiras e estátuas clássicas. Veja a **Neptune Pool**, piscina de mármore branco com fachada de templo grego. O **Hearst Castle Theater**, no centro de visitantes, exibe *Building the Dream*, sobre a construção do castelo.

Volte a San Simeon, depois pegue a SR 1 para o sul. Deixe o carro no estacionamento na SR 1 para entrar no San Simeon State Park.

Julia Morgan

Nascida em São Francisco em 1872, Julia Morgan se formou em engenharia civil na Universidade da Califórnia, em Berkeley, e foi a primeira mulher a cursar arquitetura na prestigiosa École des Beaux-Arts, em Paris. Ela projetou mais de 700 casas e edifícios na Califórnia, inclusive para William Randolph Hearst, que se tornou seu cliente. Ao longo de 28 anos, Morgan supervisionou todos os detalhes no Hearst Castle.

11 San Simeon State Park

San Luis Obispo County; 93428

Perfeita para caminhadas suaves, essa reserva ecológica *(www.parks.ca.gov/)* protege charcos costeiros sazonais e penhascos com matas à sombra de ciprestes, tendo ao fundo a cordilheira de Santa Lucia. Uma trilha costeira com vistas estupendas dá acesso a piscinas de marés e viveiros de focas. Saindo do parque, trilhas e passarelas do outro lado da estrada atravessam charcos e matas junto ao rio na **Santa Rosa Creek Preserve**, que atrai milhares de borboletas-monarcas em migração durante o inverno. Leia os painéis interpretativos que dão informações sobre a fauna e os habitats da região.

Continue para o sul através de Cambria até Morro Bay. Entre na Main St e vire à direita na Pacific St. Na beira-mar, vire à direita no Embarcadero e deixe o carro no estacionamento público ou na rua.

12 Morro Bay

San Luis Obispo County; 93442

Embora tenha uma usina elétrica danificada, essa charmosa cidade pesqueira é ótima para ver a vida marinha de perto. Pelicanos ficam nos píeres onde barcos pesqueiros ancoram, e leões-marinhos surgem nas docas para cochilar e tomar sol. Pico de um vulcão extinto, **Morro Rock** se projeta no oceano, protegendo o porto de Morro Bay. Esse monolito, chamado de El Moro pela expedição de Juan Rodríguez Cabrillo em 1542, tem ninhais dos ameaçados falcões-peregrinos.

A via para pedestres e ciclistas Harborwalk circunda o Morro Bay Harbor, ligando o Embarcadero a Morro Rock e à **Morro Strand State Beach**, frequentada por surfistas. Passeios para ver baleias e cruzeiros na baía partem do Embarcadero, e os visitantes podem alugar caiaques para explorar a baía. Volta e meia, lontras-do-mar e focas curiosas surgem a seu lado. Para saber mais sobre o ecossistema local, faça uma visita ao **Morro Bay Estuary Nature Center**.

Acima A estrada que leva ao Hearst Castle

ONDE COMER E BEBER

SAN SIMEON

Manta Rey Restaurant *moderado*
A família Alba serve frutos do mar frescos, como camarão ao coco, linguado pescado na área e salmão escaldado em Chardonnay.
9240 Castillo Dr, 93452; 805 924 1032; aberto 17h-21h diariam; www.mantareyrestaurant.com

ARREDORES DE SAN SIMEON

Sow's Ear Café *barato*
Em uma casa antiga de madeira, esse restaurante oferece pratos como costelas de leitão e filé ao molho, tudo acompanhado de pão.
2248 Main St, Cambria, 93428; 805 927 4865; aberto 17h-21h diariam; www.thesowsear.com

MORRO BAY

Giovanni's Fish Market & Galley *moderado*
Restaurante italiano de frutos do mar, também serve sushi e pratos mexicanos como quesadillas de camarão grelhado e burritos de halibute gigante.
1001 Front St, 93442; 805 772 1276; aberto 9h-18h diariam; www.giovannisfishmarket.com

PASSEIOS DE 1 DIA

Podem-se dividir as atrações nessa estrada longa em passeios curtos.

Seres grandes e pequenos

Reserve no mínimo duas horas para o Monterey Bay Aquarium 2 e depois veja focas, lontras-do-mar e aves marinhas na Point Lobos State Reserve 5.

De Monterey, siga a 17-Mile Drive pela costa até chegar à SR 1, e então vire à direita, rumo à Point Lobos State Reserve.

Arte de alto nível

Apreciadores de arte e de itens colecionáveis devem ir às ótimas galerias de arte em Carmel-by-the-Sea 4. Os talentosos artistas do povoado de Big Sur 6 produzem joias, escultura, cerâmica e peças de vidro.

Em Carmel, vá para leste pela Ocean Ave, e então pegue a SR 1 para o sul, até Big Sur.

Fotos perfeitas

Fotografe os cenários costeiros incríveis ao longo da 17-Mile Drive 3, do Big Sur 6 e do Hearst Castle 10.

Após a 17-Mile Dr, a Ocean Ave vai para leste até a SR 1, que passa em todas as atrações (para o Hearst Castle, vire perto de San Simeon).

ROTEIRO **12**

Caminho Real

De San Luis Obispo a Ojai

Destaques

- **História e cultura**
  Admire a missão de San Luis Obispo, do final do século XVIII, e conheça a animada cena cultural da cidade
- **Cavalgada na praia**
  Ande a cavalo nas areias da magnífica Pismo Beach
- **Traços da Espanha**
  Descubra a arte e a arquitetura de influência espanhola na cidade litorânea de Santa Barbara
- **Ojai rejuvenescedora**
  Caminhe por essa bela cidade de clima ensolarado e relaxe em B&Bs revestidos de hera ou em spas de luxo

A Pismo State Beach, na costa do oceano Pacífico

Caminho Real

Estendendo-se da Pismo Beach, aberta aos ventos, até as baías protegidas de Santa Barbara, essa parte do litoral da Califórnia é um destino clássico de férias – tem cidades encantadoras, conhecidas pela pesca e pela coleta de mariscos, e condições excelentes para surfe. No interior há colinas castanho-avermelhadas, montanhas acidentadas, lagos e vales bucólicos com pomares e vinhedos. O legado espanhol na região é evidente em San Luis Obispo e Santa Barbara, cujas missões homônimas eram ligadas por El Camino Real, a histórica Royal Road. De influência dinamarquesa, Solvang cria um contraste fascinante e um tanto kitsch, sendo também o portal para a região viticultora de Santa Ynez e Los Olivos.

ATIVIDADES

Faça kitesurfe nas ondas da Pismo Beach

Veja os interessantes murais nas ruas de Lompoc

Volte no tempo na Mission La Purísima Concepción

Siga a rota vinícola na área de Santa Ynez e Los Olivos

Surfe na costa agitada de Santa Barbara

Pesque no Stearns Wharf, em Santa Barbara

Faça um piquenique no Lake Casitas

Relaxe no Ojai Valley Inn & Spa

Acima Papoulas na Pismo State Beach *(p. 136)*
À esq. Bonde em rua de Santa Barbara *(p. 140)*

Acima Estrada na direção de Ojai *(p. 141)*
Abaixo O Fremont Theater, art déco, em San Luis Obispo *(p. 136)*

0 km 10
0 milha 10

LEGENDA

Roteiro

PLANEJAMENTO

Início/fim: De San Luis Obispo a Ojai.

Número de dias: 2-3, com meio dia em San Luis Obispo e um dia inteiro em Santa Barbara.

Distância: 260km (161 milhas).

Condições das estradas: Embora bem mantidas, as estradas podem ser difíceis para o motorista. A leste de Santa Ynez, a estrada sobe no San Marcos Pass e tem trechos íngremes e curvas fechadas, assim como a Casitas Pass Road, a oeste de Ojai; tome muito cuidado na rodovia para o Chumash Painted Cave State Historic Park.

Quando ir: Mar-mai tem flores silvestres; em set-out há colheita de uvas; o inverno é bom para ver baleias na costa.

Horários de funcionamento: As vinícolas abrem das 10h às 17h diariam. As missões e a maioria das lojas e museus, das 9h às 17h diariam.

Principais dias de mercado: San Luis Obispo: 18h-21h qui e 8h-10h30 sáb. **Solvang:** 14h30-18h qua. **Santa Barbara:** 16h-19h30 ter e 8h30-13h sáb. **Ojai:** 9h-13h dom.

Compras: Santa Barbara é um bom lugar para encontrar obras de arte. As feiras vendem velas e sabonetes artesanais, pães orgânicos, mel e produtos frescos.

Principais festas: San Luis Obispo: Greek Festival, jun; Festival Mosaic (música), jul. **Solvang:** Danish Days, set. **Santa Barbara:** Old Spanish Days, ago; Sandcastle Festival, set. **Ojai:** Music Festival, jun; Wine Festival, jun.

PASSEIOS DE 1 DIA

Quem se interessa por **religião** deve seguir a rota das missões católicas de **San Luis Obispo**, **La Purísima Concepción** e **Santa Barbara**. **Esportistas** podem surfar, fazer kitesurfe, caminhar ou andar a cavalo na **Pismo Beach**, ao passo que as **Guadalupe-Nipomo Dunes** são ideais para **observadores de aves**. Detalhes *p. 141*.

Acima, da esq. p/ dir. Cavalgada na Pismo Beach; Detalhe em fachada, San Luis Obispo

PARA VISITAR SAN LUIS OBISPO

Informação turística
1039 Chorro St, 93401; 805 781 2777; aberto 10h-17h dom-qua, 10h-19h qui-sáb; www.visitslo.com

Estacionamento
Há vagas com parquímetro no centro e um estacionamento seguro na 873 Marsh St.

PARA VISITAR PISMO BEACH

Informação turística
California Welcome Center *333 Five Cities Dr, Suite 100, 93449; 805 773 7924; aberto 10h-21h seg-sáb, 10h-19h dom; www.visitcwc.com*

Estacionamento
Siga a Pomeroy Ave até o estacionamento pago no píer ou vá àqueles na W Grand Ave e na Pier Ave.

ONDE FICAR

SAN LUIS OBISPO

San Luis Creek Lodge *moderado*
Esse B&B de gestão familiar tem 25 quartos espaçosos e bem equipados. Dá para ir a pé até o centro.
1941 Monterey St, 93401; 1 800 593 0330; www.sanluiscreeklodge.com

Madonna Inn *caro*
É famoso pela excentricidade, com quartos em grutas e duchas de cascata, mas tem um spa excelente e uma piscina com acesso à praia.
100 Madonna Rd, 93405; 805 543 3000; www.madonnainn.com

PISMO BEACH

Cottage Inn by the Sea *moderado*
Oferece localização formidável, no alto de um rochedo, e quartos confortáveis.
2351 Price St, 93449; 805 773 4617; www.cottage-inn.com

1 San Luis Obispo

San Luis Obispo County; 93401

O traçado da charmosa San Luis Obispo fica em torno da **Mission San Luis Obispo de Tolosa** *(www.missionsanluisobispo.org)*. Fundada em 1776, essa missão inclui uma igreja em funcionamento e um museu dedicado à cultura dos índios chumash. Ela é voltada para a **Mission Plaza**, o polo cultural da cidade, onde fica o **Museum of Art** *(www.sloma.org)*. Essa praça bem cuidada sedia muitas festividades e tem bancos com vista para o arborizado San Luis Creek. A sudoeste, a gótica, Carnegie Free Library hoje é o **History Center** *(www.historycenterslo.org)*, com mostras fascinantes sobre o passado da cidade; pegue o guia em formato de podcast. O centro é repleto de casas de adobe e outros edifícios históricos, como o **Fremont Theater** *(1025 Monterey St)*, art déco. Do outro lado da rua há um relógio antigo de quatro faces, na frente da **County Courthouse**.

Vá para oeste pela Marsh St e pegue a I-101 sentido sul. Após 18km (11 milhas), saia da autoestrada na Pismo Beach SR 1. Continue 5km (3 milhas) para o sul e vire à direita na Pier Ave; estacione perto da praia.

2 Pismo Beach

San Luis Obispo County; 93448

Esse pequeno balneário é conhecido por sua bela praia de 23km (17 milhas) de areia branca, a maior parte da qual integra a **Pismo State Beach** *(www.parks.ca.gov/)*. Kitesurfe, passeios a cavalo, pesca e coleta de moluscos, que já foram abundantes, são atividades comuns ao longo da praia varrida por ventos. Borboletas-monarcas voltam anualmente à sua base no inverno (out-fev) na pequena **Pismo Beach Monarch Butterfly Grove**, e há imensas dunas de areia na ponta sul da praia, onde a **Oceano Dunes State Vehicular Recreation Area** *(340 James Way; 805 773 7170; aberta 6h-23h diariam)* atrai muita gente interessada em alugar quadriciclos para subir e descer as dunas gigantescas.

Volte à SR 1 e vire à direita. Fique na SR 1 por 21km (13 milhas) no rumo sul até Guadalupe. Estacione na SR 1.

3 Guadalupe

Santa Barbara County; 93434

Essa cidade no Santa Maria River Valley parece um estúdio cinematográfico de Hollywood dos anos 1950. Vá à **City Hall** *(918 Obispo St)* para ver os quatro murais da vida local feitos por Judy Baca. Três lados da cidade são cercados por campos com plantações de alface, morango e alcachofra. A oeste, as **Guadalupe-Nipomo Dunes** *(fim da W Main St; abertas 7h-19h30 diariam)* constituem um dos maiores ecossistemas de dunas costeiras do mundo e têm trechos no norte e no sul separados pelo Santa Maria River. As dunas no sul, na Rancho Guadalupe Dunes Preserve, têm 168m de altura e apareceram em cenas dos filmes *Os Dez Mandamentos* (1956) e *Piratas do Caribe – No fim do mundo* (2007). Na cidade, o **Guadalupe-Nipomo Dunes Center** *(www.dunescenter.org)* promove mostras educativas. No norte da

Acima Igreja na Mission San Luis Obispo de Tolosa, San Luis Obispo

Acima A colorida Main Street, em Guadalupe

cidade, a Oso Flaco Lake Road segue até os charcos de Oso Flaco, onde se veem aves como as ameaçadas tarambolas-brancas e andorinhas-do-mar.

Siga para o sul pela SR 1; vire à direita, siga as placas para Vandenburg AFB e fique na SR 1 (Cabrillo Hwy). Entre na N H St para o centro de Lompoc (a 46km, 29 milhas, de Guadalupe). Estacione na Ocean St com a S I St.

4 Lompoc

Santa Barbara County; 93436

Lompoc, "A Cidade das Artes e das Flores", fica em meio a vastos campos floridos do Lompoc Valley, e seu pilar econômico é a produção de flores e sementes. Nas ruas do centro, aprecie mais de 30 murais impressionantes que mostram a história e a cultura locais *(www.lompocmurais.com)*. A Chamber of Commerce *(11 S I St; www.lompoc.com)* tem mapas dos murais e oferece um passeio nas plantações de flores por perto. Há também muitas salas de degustação de vinhos no **Lompoc Wine Ghetto** *(N 7th St & Chestnut Court; www.lompocghetto.com)*.

Pegue a E Ocean Ave, que se torna Buelton-Lompoc Rd (SR 246). Vire à esquerda na Purisima Rd e à direita no estacionamento da missão.

5 Mission La Purísima Concepción

Santa Barbara County; 93436

A mais restaurada das 21 missões no estado, a Mission La Purísima Concepción *(www.parks.ca.gov/)* mostra detalhadamente como era a vida em uma missão há dois séculos. Fundada em 1787, a edificação original foi destruída por um terremoto em 1812. Sua substituta também virou uma ruína, mas foi reconstruída na época da Depressão. A missão tem 37 recintos com móveis de época, e voluntários fazem demonstrações de tecelagem e produção de velas. Ande pelos jardins restaurados e dê uma parada no curral, onde há gado, como era de praxe no passado. Visitas guiadas são oferecidas diariamente às 13h.

Vire à esquerda na Purisima Rd. Siga em frente por 29km (18 milhas), passando por vinhedos, até Solvang.

Murais em Lompoc

Concebido em 1988 como um meio de fomentar o turismo e impulsionar a economia estagnada dessa velha cidade, o projeto Lompoc Murals investiu na criação de murais coloridos. Hoje há mais de 30 murais, desde *Flower Industry*, do artista Art Mortimer, de Santa Monica, até *Temperance*, no qual Dan Sawatsky mostra mulheres destruindo um *saloon* ilegal, evocando a época da fundação de Lompoc, uma "Temperance Community" (comunidade regida pela moderação).

ONDE COMER E BEBER

SAN LUIS OBISPO

Novo *moderado*
Com deques diante do San Luis Creek, esse restaurante sofisticado é ideal para comer ao ar livre. Peça tapas mediterrâneas, brasileiras e asiáticas. Há dezenas de rótulos internacionais de cerveja, vinho e saquê.
726 Higuera St, 93401; 805 543 3986; aberto 11h-22h seg-sáb, 10h-22h dom; www.novorestaurant.com

PISMO BEACH

Steamers *moderado*
Vistas panorâmicas da costa são um bônus nesse restaurante no alto de um rochedo, que serve frutos do mar e carnes excelentes. Peça moluscos locais no vapor, peixe com fritas ou steaks de lula e, para encerrar, o bolo de limão e morango.
1601 Price St, 93449; 805 773 4711; aberto 11h30-15h e 16h30-21h diariam, 11h30-15h e 16h30-22h sex-sáb; www.steamerspismobeach.com

LOMPOC

Sissy's Uptown Café *moderado*
Esse restaurante bonito, de gestão familiar, investe em culinária fusion saudável – por exemplo, salmão com crosta de coco e molho asiático de tamarindo, arroz jasmine com coco e legumes salteados, tudo feito com ingredientes locais. A enorme adega de vinhos tem mais de 300 rótulos.
112 S I St, 93436; 805 735 4877; aberto 11h-14h30 seg-qua, 11h-14h30 e 17h-20h30 qui-sáb; www.sissysuptowncafe.com

Abaixo, da esq. p/ dir Telhado da Mission La Purísima Concepción; Mural em Lompoc

PARA VISITAR SOLVANG

Informação turística
1639 Copenhagen Dr, 93463; 805 688 6144; www.solvangusa.com

Estacionamento
Há vagas com parquímetro na rua.

ONDE FICAR

SOLVANG

Hadsten House *moderado*
Esse motel tem móveis graciosos, banheiros com peças de mármore e comodidades excelentes.
1450 Mission Dr, 93463; 1 800 457 5373; www.hadstenhouse.com

Solvang Gardens *moderado*
Nessa pousada campestre com wi-fi há 24 quartos decorados individualmente, muitos deles com lareira.
293 Alisal Rd, 93463; 1 888 688 4404; www.solvanggardens.com

LOS OLIVOS

Fess Parker Inn & Spa *caro*
Esse hotel de luxo no centro da cidade tem um restaurante fino e quartos com temas diferentes, dotados de edredons macios, peças antigas e lareira.
2860 Grand Ave, 93441; 805 688 7788; www.fessparker.com

ARREDORES DE LOS OLIVOS

The Ballard Inn *caro*
Hotel aconchegante em estilo campestre e com um restaurante renomado, The Ballard Inn tem alta demanda. Faça reserva com muita antecedência.
2436 Baseline Rd, Ballard, 93463; 1 805 688 7770; www.ballardinn.com

6 Solvang

Santa Barbara County; 93463

Solvang mais parece um vilarejo de conto de fadas montado por Walt Disney, mas foi fundada como uma colônia por imigrantes dinamarqueses. Seus moinhos de vento e edifícios com detalhes de madeira lembram a pátria natal. A cidade inteira é composta por edifícios em estilo campestre dinamarquês, o que sempre atrai turistas. Moradores com trajes tradicionais atendem em restaurantes e lojas de especialidades dinamarquesas, e no **Elverhøj Museum** *(www.elverhoj.org)* há mostras sobre o legado escandinavo. A leste da cidade, a **Mission Santa Inés** *(1760 Mission Dr; 805 688 4815; aberta 9h-17h15 diariam)* substituiu a missão original de 1804, destruída por um terremoto em 1812, e tem uma igreja de franciscanos e um museu de arte sacra.

Vá para leste pela Mission Dr (SR 246) e vire à esquerda na Alamo Pintado Rd. Cruze a Ballard até a Grand Ave; vire à esquerda para Los Olivos. Pare no estacionamento.

7 Los Olivos

Santa Barbara County; 93441

Esse povoado encantador fica no meio do distrito viticultor de Santa Ynez, onde também há criação de cavalos. Com edifícios vitorianos pitorescos, Los Olivos é famosa por sua mescla eclética de galerias de arte, restaurantes finos, salas de degustação de vinhos e pousadas aconchegantes. Pode-se visitar muitas vinícolas excelentes ao longo da Foxen Canyon Wine Trail *(www.foxencanyonwinetrail.com)*, que sai de Los Olivos para o norte; Neverland, a ex-residência de Michael Jackson, fica cerca de 8km (5 milhas) ao norte da cidade. O **Blackjack Ranch** *(www.blackjackranch.com)*, logo ao sul de Los Olivos, tem uma sala de degustação dos melhores vinhos da região.

Na ponta norte da Grand Ave vire à direita na SR 154 e pegue a Edison Rd para Santa Ynez. Pare perto da estrada.

Placa em Santa Ynez

8 Santa Ynez

Santa Barbara County; 93460

Vizinha de Los Olivos, a pacata Santa Ynez apresenta arquitetura de madeira típica dos anos 1880, incluindo *saloons*, uma cadeia, biblioteca e uma agência da Wells Fargo do tempo das diligências. No **Santa Ynez Valley Historical Society Museum & Parks-Janeway Carriage House** *(www.santaynezmuseum.org)* veja um barracão com velhas carroças e carruagens, e oito salas com peças históricas, incluindo espingardas, selas e artefatos dos índios chumash. A reserva chumash, ao sul da cidade, tem o **Chumash Casino**

Acima, esq. O Antique Center, na cidade de Solvang
Abaixo Típico casarão em estilo rural dinamarquês, em Solvang

Onde Ficar: barato, menos de US$100; moderado, US$100-US$200; caro, acima de US$200

Sideways

Em 2004, o filme de Hollywood *Sideways – Entre umas e outras* divulgou ao mundo que as regiões viticultoras da Califórnia não se limitam ao Napa Valley. A comédia dramática sobre dois homens maduros viajando pelo Santa Ynez Valley foi filmada em locações reais. Além do sucesso de público e dos elogios da crítica, a obra também serviu de propaganda para a região, que virou um destino turístico. Muitos locais na área têm placas que incluem a conhecida logomarca do filme.

Resort *(www.chumashcasino.com)*. Pegue um mapa na Santa Barbara County Vintners' Association *(3669 Sagunto St; 805 688 0881; www.santaynez winecountry.com)* e passe um dia circulando pela área viticultora.

Na ponta sul da Edison Rd, vire à esquerda na SR 246. Dobre à direita na SR 154 (San Marcos Pass Rd) rumo ao sul, passe no Lake Cachuma e siga para Santa Barbara. Após 32km (20 milhas), vire à esquerda na Painted Cave Rd. Fique atento, pois essa estrada montanhosa é estreita e tem muitas curvas fechadas. As cavernas ficam 3km (2 milhas) acima; pare no lado esquerdo da estrada.

9 Chumash Painted Cave State Historic Park

Santa Barbara County

No alto das Santa Ynez Mountains, esse parque *(www.parks.ca.gov/)* preserva uma caverna remota embelezada com pictogramas ocres, brancos, pretos e ferruginosos dos índios chumash. Pode-se ver esses pictogramas de mil anos através de uma grade que protege a caverna. Placas educativas ajudam a identificar lagartos, cobras, escorpiões e símbolos sagrados cujo significado é desconhecido. O acesso à caverna, na face de arenito de um rochedo, se faz por um caminho curto que passa por penedos ao lado da estrada.

Volte à Hwy 154 e desça até Santa Barbara. Saia da Hwy 154 na Cathedral Oaks Rd e vire à esquerda na Foothill Rd. Dobre à direita na Mission Canyon Rd, defronte a Ocho Robles, e continue na direção da Mission Santa Barbara. Pare no estacionamento grátis.

Acima, da esq. p/ dir. Sala de degustação de vinhos em Los Olivos; Old Los Olivos Market **Abaixo, da esq. p/ dir.** Pictogramas no Chumash Painted Cave State Historic Park; Antiquário em Solvang

ONDE COMER E BEBER

SOLVANG

Greenhouse Café *moderado*
Bistrô nórdico com terraço ao ar livre, com pratos dinamarqueses e americanos. Doces da Dinamarca e chocolates artesanais.
487 Atterdag Rd, 93463; 805 688 8408; aberto 8h-17h diariam; www.greenhousesolvang.com

LOS OLIVOS

Wine Merchant Café *caro*
Verdadeira instituição local, apareceu no filme *Sideways – Entre umas e outras*. Serve entradas leves como tapas, e entre os pratos principais há perna de cordeiro no bafo com panzanella (salada italiana ao molho de queijo feta, azeitonas e limão).
2879 Grand Ave, 93441; 805 688 7265; aberto 11h30-20h30 diariam; www.losolivoscafe.com

ARREDORES DE LOS OLIVOS

The Ballard Inn & Restaurant *moderado*
Comece pelo sashimi de hamachi com abacate e vinagrete de shoyu, seguido de carré de cordeiro com polenta, beterraba assada e queijo de cabra. Atendimento e carta de vinhos excelentes.
2436 Baseline Rd, Ballard, 93463; 1 805 688 7770; aberto 17h30-21h qua-dom; www.ballardinn.com

SANTA YNEZ

Vineyard House *moderado*
Em uma casa vitoriana, tem deques ao ar livre e salão aconchegante. Entre as opções, saladas, sanduíches, brie assado, bolinhos de caranguejo e entradas fusion, com carne de veado e porco.
3631 Sagunto St, 93460; 805 688 2886; aberto 11h30-21h seg e qua-sáb, 10h-21h dom; www.thevineyard house.com

Onde Comer e Beber: barato, menos de US$25; moderado, US$25-US$50; caro, acima de US$50

Acima O tribunal de Santa Barbara
Abaixo, dir. Santa Barbara vista do Stearns Wharf

⑩ Santa Barbara

Santa Barbara County; 93101

Bela cidade litorânea com palmeiras, Santa Barbara é chamada de "Riviera americana" por seu clima mediterrâneo e sua localização em uma baía encimada por montanhas arborizadas. Muitos edifícios de adobe do início do século XIX coexistem com outros em estilo colonial espanhol. Conhecida pela cultura, a cidade tem o Museum of Art, de renome mundial, e festividades como a Old Spanish Days Fiesta.

Passeio a pé de 3 horas

Comece pela **Mission Santa Barbara** ① *(www.santabarbaramission.org)*, a única entre as 21 missões no estado em funcionamento contínuo desde sua fundação, em 1786. Admire o único altar indígena remanescente dessas missões, uma bela coleção de arte colonial e alojamentos restaurados. Desça a Laguna Street até a Mission Street e vire à esquerda na Anacapa Street. (Vá de carro e use o estacionamento no cruzamento com a Figueroa Street.) Pare na **County Courthouse** ② *(www.santabarbaracourthouse.org)*, em estilo colonial, com azulejos da Tunísia, grades de ferro batido e baixos-relevos. Pegue o elevador para o topo da torre do relógio El Mirador, onde há uma vista do centro, e depois ande pelo **Sunken Garden** ③, com espécies de plantas do mundo inteiro, até a Santa Barbara Street. Vire à direita e ande duas quadras até **El Presidio State Park** ④ *(www.sbthp.org/presidio.htm)*, fundado em 1782 como parte das quatro fortalezas militares dos espanhóis ao longo da costa na fronteira da Alta Califórnia. Explore as estruturas de adobe em volta da praça central de armas, depois ande uma quadra para o sul até o **Santa Barbara Historical Museum** ⑤ *(www.santabarbaramuseum.com)*, que tem mostras sobre a história da cidade. Dobre à direita na E De La Guerra Street e siga até a State Street. Vire à esquerda para alcançar o **Stearns Wharf** ⑥ *(www.stearnswharf.org)*, a 1,4km; ou pegue o bonde elétrico que passa na State Street. O píer de madeira com restaurantes de frutos do mar também é bom para pesca; visite o Ty Warner Sea Center *(805 962 2526)*, com tanques repletos de seres marinhos. Volte pela State Street até o **Santa Barbara Museum of Art** ⑦ *(www.sbmuseart.org)*, com obras que cobrem quatro milênios. Uma quadra ao norte, o **Granada Theatre** ⑧ *(1214 State St)* é o edifício mais alto da cidade e a sede da Santa Barbara Symphony e do State Street Ballet. Uma quadra adiante fica o **Arlington Theatre** ⑨ *(www.thearlingtontheatre.com)*, de 1931, no estilo das missões. Vire à direita na E Sola St e volte à Anacapa Street; a **Our Lady of Sorrows Church** ⑩ fica na esquina noroeste. Dobre à esquerda ou à direita na Anacapa Street para retornar ao estacionamento.

Placa do Granada Theatre, Santa Barbara

Pegue a State St para a E Cabrillo St. Vire à esquerda e de novo à esquerda na Garden St. Entre na I-101, no sentido leste, e pegue a Carpinteria Ave. Vire à direita na Palm Ave e siga até o estacionamento na praia de Carpinteria.

PARA VISITAR SANTA BARBARA

Informação turística
1 Garden St, 93101; 805 965 3021; aberto 9h-17h seg-sáb, 10h-17h dom; www.sbchamber.org/visitor-center.php

ONDE FICAR

SANTA BARBARA

Bath Street Inn *moderado*
Esse B&B em estilo inglês oferece doze quartos com temas diversos, uma sala de estar aconchegante e refeitório.
1720 Bath St, 93101; 1 800 549 2284; www.bathstreetinn.com

Santa Barbara Inn *moderado*
Com belo cenário litorâneo, esse motel tem quartos espaçosos e suítes com luxos como TV de última geração.
901 E Cabrillo Blvd, 93103; 1 800 231 0431; www.santabarbarainn.com

OJAI

Ojai Valley Inn & Spa *caro*
Resort de luxo imerso em história e com campo de golfe. Seus 308 quartos e suítes exibem detalhes suntuosos.
905 Country Club Rd, 93023; 805 646 1111; www.ojairesort.com

Su Nido Inn *caro*
No centro da cidade, hotel convidativo com suítes em estilo contemporâneo sofisticado, de um ou dois quartos.
301 N Montgomery St, 93023; 1 866 646 7080; www.sunidoinn.com

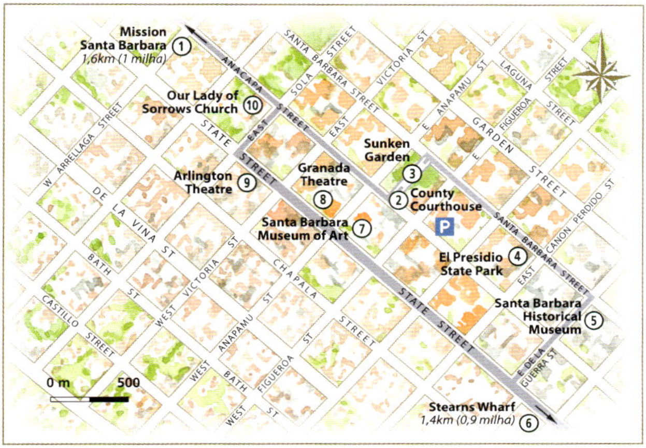

⓫ Carpinteria State Beach

Santa Barbara County; 93013

O nome dessa praia *(805 968 1033; aberta 7h-pôr do sol)* foi dado pelos espanhóis devido aos carpinteiros da tribo chumash que faziam canoas vedadas com o alcatrão que borbulha na superfície da ponta sul. Por perto, piscinas rochosas de marés revelam estrelas-do-mar e anêmonas na maré baixa, e focas e leões-marinhos tomam sol nas rochas. Na ponta norte, o estuário do Carpinteria Creek é habitado por galeirões, patos selvagens e garças.

Volte à Carpinteria Ave e vire à direita. Cruze a I-101. Fique na SR 150 (Rincon Rd), que se funde com a Casitas Pass Rd. Dirija 24km (15 milhas) até a Lake Casitas Recreation Area. O posto dos guardas tem estacionamento.

⓬ Lake Casitas Recreation Area

Ventura County; 93001

Formado pela Casitas Dam, o reservatório de Lake Casitas é repleto de percas, trutas-arco-íris e bagres. Essa área é ótima para caminhadas, piquenique e camping, inclusive com trailers *(805 649 1122)*. A **Casitas Water Adventure** *(www.casitaswater.org)* tem tobogãs, brincadeiras e outras atrações.

Continue no rumo leste pela SR 150 (Baldwin Rd) até a N Ventura Ave; dobre à esquerda e vá reto até Ojai. No cruzamento com a Maricopa Hwy, vire à direita na W Ojai Ave e pare o carro.

⓭ Ojai

Ventura County; 93023

Rodeada por montanhas, Ojai é frequentada por gente abastada, e sua rua principal tem uma galeria comercial no estilo das missões. O **Ojai Valley Inn & Spa** atrai celebridades em busca de tratamentos e mordomias. O **Ojai Valley Museum** *(www.ojaivalleymuseum.org)* homenageia os índios chumash, em cuja língua Ojai significa "lua". O **Cluff Vista Park** *(W Ojai St com Rincon St)* apresenta grande variedade de plantas. Na primavera, a cidade fica com o aroma das plantações de laranja nas imediações.

PARA VISITAR OJAI

Informação turística
201 S Signal St, 93024; 888 652 4669; aberto 10h-16h seg-sex; www.ojaivisitors.com

ONDE COMER E BEBER

SANTA BARBARA

Our Daily Bread *barato*
Café e restaurante charmoso, serve pães e doces, panini com peito de frango e torta de legumes.
831 Santa Barbara St, 93101; 805 966 3894; aberto 6h-17h30 seg-sex, 7h-16h30 sáb; www.ourdailybread.net

OJAI

Feast Bistro *moderado*
Peça frittatas, sopa de feijão-branco e bolo de limão com azeite nesse bistrô em estilo londrino.
254 E Ojai Ave, 93023; 805 640 9260; aberto 11h30-14h30 e 17h30-21h ter-sáb, 10h30-15h dom; www.feastofojai.com

Suzanne's Cuisine *caro*
Cozinha fusion: bolinho de caranguejo e milho ao molho cremoso de limão, e galo recheado ao molho de damasco e vinho madeira.
502 W Ojai Ave, 93023; 805 640 1961; aberto 11h30-14h30 e 17h30-22h qua-seg; www.suzannescuisine.com

Abaixo O Lake Casitas, com suas margens arborizadas

PASSEIOS DE 1 DIA

Essa região pode ser explorada em passeios de um dia voltados a interesses específicos.

El Camino Real
O antigo Camino Real, ou Royal Road, que ligava as 21 missões no estado, passava por essa região. Quem se interessa por história ou religião pode visitar quatro missões espanholas na rota: San Luis Obispo ❶, La Purísima Concepción ❺, em Lompoc, Santa Ínes, em Solvang ❻, e por fim a Mission Santa Barbara ❿.

De San Luis Obispo, pegue a SR 1 para Lompoc, depois a SR 246 para a Mission La Purísima Concepción e Solvang, e então a SR 154 para Santa Barbara.

Aventuras ao ar livre
Faça passeios a cavalo ou pratique kitesurfe na Pismo Beach ❷. Depois vá às Guadalupe-Nipomo Dunes, perto de Guadalupe ❸, para observar aves.

A SR 1 liga a Pismo Beach a Guadalupe; depois, entre na W Main St para ir às Guadelupe-Nipomo Dunes.

ROTEIRO **13**

Passeio pelo Tahoe

De Sacramento a Placerville

Destaques

- **O passado de Sacramento**
  Ande pelo centro histórico da cidade e imagine a época da Corrida do Ouro
- **A riqueza de um império**
  Visite o Empire Mine State Historic Park, onde havia a maior mina de ouro da Califórnia
- **Joia da natureza**
  Aprecie as vistas magníficas e refresque-se nas águas cristalinas do Lake Tahoe
- **Doce caminhada**
  Respire o ar puro da montanha nas trilhas do Sugar Pine Point State Park, acima do Lake Tahoe

Lake Tahoe, o maior lago alpino da América do Norte

Passeio pelo Tahoe

Destino ideal para caminhadas o ano inteiro, ponto de pesca no verão e de esqui no inverno, o Lake Tahoe é a joia da coroa da High Sierra. Esse roteiro faz um giro completo, incluindo várias cidades fascinantes da época da Corrida do Ouro e as principais atrações ao redor do Lake Tahoe, além de Sacramento, a sofisticada capital do estado, rica em história. No inverno, muitas vezes é preciso pôr correntes nos pneus devido a nevascas, e as estradas podem ficar temporariamente fechadas. A beleza das montanhas, porém, alcança o auge nessa época do ano.

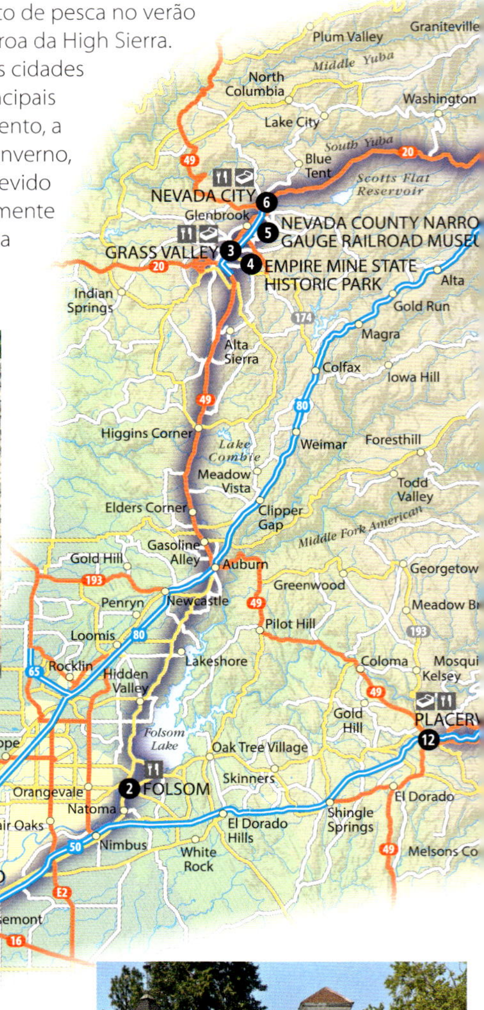

0 km 10

0 milha 10

Acima Butique charmosa em Placerville *(p. 151)*
Abaixo Rua em Grass Valley *(p. 148)*

ATIVIDADES

Caminhe pelas ruas antigas de Sacramento, por onde passavam os cavaleiros do Pony Express

Percorra os jardins e as trilhas do Empire Mine State Historic Park, local da maior mina de ouro da Califórnia no passado

Troque o carro por uma bicicleta e pedale em praias, marinas e belas cavernas do Lake Tahoe

Ande pela trilha para Vikingsholm, perto do Lake Tahoe, e admire seus traços arquitetônicos escandinavos

Passeie de caiaque ou veleje no Lake Tahoe, e depois vá à praia

Divirta-se na neve em uma das estações de esqui do Lake Tahoe

Acima Píer no Sugar Pine Point State Park, Lake Tahoe *(p. 150)*

PLANEJAMENTO

Início/fim: De Sacramento a Placerville.

Número de dias: 3-4, com um dia inteiro em Sacramento e pelo menos um dia na área do Lake Tahoe.

Distância: 377km (234 milhas).

Condições das estradas: Há rodovias bem pavimentadas e uma autoestrada. Partes íngremes e curvas fechadas em estradas de montanha exigem cautela, sobretudo no inverno. Locais acima de 1.200m ficam cheios de neve, sendo preciso ter correntes de pneus. Após nevascas, estradas em pontos elevados podem ser fechadas por muito tempo.

Quando ir: Embora o inverno seja lindo, é melhor ir na primavera ou no final do outono, quando as folhagens ganham tons vermelhos e dourados e o clima geralmente é perfeito.

Horários de funcionamento: A maioria dos museus abre das 9h às 17h ter-dom; lojas, das 10h às 19h; e restaurantes fecham por volta das 21h.

Principais dias de mercado: Sacramento: dom. **Folsom:** 8h-12h sex. **South Lake Tahoe:** 8h-13h ter. **Placerville:** Meados mai-início out: qua à tarde.

Principais festas: Sacramento: Music Festival, mai; California State Fair, ago; Arts Festival, out. **Auburn:** Wine & Food Festival, out. **Lake Tahoe:** Shakespeare Festival, jul-ago; Music Festival, jul. **Placerville:** Crafts Fair, ago.

PASSEIOS DE 1 DIA

Esse roteiro pode ser feito em uma série de passeios de um dia. Uma parte grande do itinerário atravessa cidades da época da **Corrida do Ouro**, para deleite de interessados em **história**. Quem gosta de **atividades ao ar livre** pode caminhar, pedalar e fazer esportes aquáticos em torno do Lake Tahoe. Detalhes *p. 151*.

Acima A marcante Tower Bridge, sobre o Sacramento River

PARA VISITAR SACRAMENTO

Informação turística
Sacramento Convention & Visitors Bureau *1608 I St, 95814; 1 800 292 2334; www.discovergold.org*

Estacionamento
O tempo em vagas com parquímetro na rua é de 90 minutos. No centro de Sacramento há estacionamentos pagos, inclusive no centro histórico.

Old Sacramento Visitor Center
J St com 2nd St, 95814; 916 442 7644; www.oldsacramento.com

Descontos
Vários hotéis oferecem VIP Gold Cards, que dão direito a descontos em lojas, restaurantes e museus. Informe-se na recepção do seu hotel.

ONDE FICAR

SACRAMENTO

Amber House B&B *moderado*
Pousada elegante com dez quartos que têm nomes de compositores e poetas famosos. Ótimo café da manhã.
1315 22nd St, 95816; 916 444 8085; www.amberhouse.com

Citizen Hotel *caro*
Esse hotel-butique oferece decoração luxuosa, tecnologia de ponta e um restaurante gourmet.
926 J St, 95814; 916 447 2700; www.citizenhotel.com

Delta King *caro*
Preso ao ancoradouro, esse barco a vapor histórico é mobiliado com elegância e tem um restaurante fino.
1000 Front St, 95814; 916 444 5464; www.deltaking.com

❶ Sacramento

Sacramento County; 95814

Capital da Califórnia, Sacramento é uma cidade fascinante e cosmopolita. Fundada em 1839 como parte do Sutter's Fort, ela floresceu como centro comercial e terminal ferroviário durante a Corrida do Ouro, e sua riqueza resultou na construção de edifícios magníficos. Em um passeio a pé pelo centro histórico, os visitantes veem edificações que remontam à época atribulada e decisiva da Corrida do Ouro. A cidade também abriga vários museus excelentes, restaurantes finos e hotéis-butique.

Passeio a pé de 3 horas

Pare no estacionamento pago na L Street com a 10th Street e vá ao **State Capitol** ① *(www.capitolmuseum.ca.gov)*, o grande marco da cidade. Esse edifício neoclássico concluído em 1874 tem interior suntuoso com uma rotunda impressionante, a Câmara do Senado Estadual, o gabinete do governador e salas históricas que parecem museus. Faça alguma das visitas guiadas disponíveis de hora em hora. Saia do Capitol e passe pelo Capitol Mall e o **California Peace Officers' Memorial** ②, à esquerda. Entre no **Wells Fargo Museum** ③ *(916 440 4161; aberto 9h-17h seg-sex)*, no saguão do Wells Fargo Center, para ver uma diligência original, entre outras peças históricas. Vire à esquerda na 3rd Street e à direita na O Street. Reserve pelo menos uma hora para explorar o **Crocker Art Museum** ④ *(www.crockerartmuseum.org)*, cujas coleções fabulosas cobrem arte do mundo inteiro através dos séculos. Continue para oeste e cruze a beira-rio. Vire à direita e passe pela icônica **Tower Bridge** ⑤, amarela. Atravesse o Capitol Mall a fim de entrar no Old Sacramento Historic State Park *(www.parks.ca.gov/)* e no **Waterfront Boardwalk** ⑥ para admirar o ***Delta King* Steamboat** ⑦ *(www.deltaking.com)*, um velho barco a vapor que agora é um hotel e restaurante flutuante. Suba a K Street e vire à esquerda na Front Street. No final dela fica o **Sacramento History Museum** ⑧ *(www.historicoldsac.org)*, que enfoca a história local. O museu oferece visitas subterrâneas (qui-dom) nas calçadas e pisos térreos construídos antes de a cidade ser elevada nos anos 1860 para se proteger de inundações. Ao lado, o **California State Railroad Museum** ⑨ *(www.csrmf.org)* tem magníficos dioramas históricos e 21 locomotivas de 1862 restauradas. Ande uma quadra e dobre à direita na

Pony Express Monument

À esq. Carruagem em rua de Sacramento
Abaixo Estátua da rainha Isabel e de Cristóvão Colombo no State Capitol, Sacramento

2nd Street, cujos edifícios evocam a atmosfera do século XIX. Na J Street, note o **Pony Express Monument** ⑩, que mostra um cavaleiro de bronze em tamanho natural galopando. Ande diagonalmente para o **BF Hastings Building** ⑪, onde ficam o Old Sacramento Visitor Center *(916 442 7644)*, o Wells Fargo History Museum *(916 440 4263)* e a reconstituição da California Supreme Court, que funcionou aqui de 1954 a 1969. Continue pela 2nd Street até o **California State Military Museum** ⑫ *(www.militarymuseum.org)*, cujas mostras cobrem desde o início do período espanhol até a atualidade. Observe o Neasham Circle e volte ao estacionamento pelo Capitol Mall.

Vá para o sul pela 15 St. Passe sob a autoestrada I-50 e vire à esquerda na X St. Após uma quadra, entre na I-80, sentido leste, e na I-50, leste. Após 30km (19 milhas), entre no Folsom Blvd; vire à esquerda e siga para Folsom. Ali, pare no estacionamento coberto.

❷ Folsom

Sacramento County; 95630

Essa cidade era uma parada de garimpeiros na Transcontinental Railroad e do Pony Express. Seu centro histórico em torno da Sutter Street tem edifícios de tijolos vermelhos e calçadões, o que rende um passeio com lembranças da época em que cavaleiros do Pony Express galopavam na rua e garimpeiros em busca de ouro surgiam em diligências. O **Folsom History Museum** *(www.folsomhistorymuseum.org)* tem lembranças ferroviárias e peças dos índios maidu.

A cidade ganhou fama com a canção "Folsom Prison Blues", composta em 1955 por Johnny Cash. A Folsom State Prison, a nordeste do centro, também é famosa devido a muitos detentos célebres, como o assassino em série Charles Manson. Uma visita ao **Folsom Prison Museum** *(www.folsomprisonmuseum.org)* é fascinante. Para ir até lá, pegue a Leidesdorff Street, dirija para o sul na Wool Street e vire à esquerda na Natoma Street, para pegar a Prison Road.

No nordeste da cidade, o **Folsom Lake** *(www.parks.ca.gov/)* foi criado pela Folsom Dam, construída em 1956, e é um dos melhores locais no norte da Califórnia para caminhadas, ciclismo e esportes aquáticos.

A Natoma St leva ao Folsom Lake Crossing; após 4km (2,5 milhas), vire à esquerda e passe pela represa. Após 3km (2 milhas), dobre à direita na Folsom-Auburn Rd e dirija por 26km (16 milhas) até Auburn (p. 156). Atravesse a cidade e saia à direita na Lincoln Way. Após duas quadras, vire à esquerda na SR 49 (placas para a I-80). Dirija 37km (23 milhas) e entre na S Auburn St para Grass Valley. Vire à esquerda na cidade e estacione na rua.

Pony Express

Lançado em 3 de abril de 1860, o Pony Express era uma empresa postal veloz, com cavaleiros que entregavam correspondência entre os estados do Leste dos EUA e a Califórnia. Os cavaleiros se revezavam para cobrir 402km em 24 horas, e a viagem toda durava dez dias. A empresa tinha mais de cem agências em 24 de outubro de 1861, quando a conclusão de uma linha de telégrafo provocou sua extinção.

ONDE COMER E BEBER

SACRAMENTO

Fat City Bar & Café *moderado*
No centro histórico de Sacramento, esse café de 150 anos mantém a atmosfera da Corrida do Ouro. Há desde petiscos leves até abundantes entradas fusion.
1001 Front St, 95814; 916 446 6768; aberto 11h30-14h30 e 16h-21h seg-sex, 10h30-15h30 e 17h-22h sáb-dom; www.fatsrestaurants.com

Ella *caro*
Esse restaurante chique fica no centro e oferece alta gastronomia. Prove o carpaccio de atum, seguido de perna de cordeiro no bafo com cuscuz e confit de gengibre, menta e cebolinha-verde.
1131 K St, 95814; 916 443 3772; aberto 11h30-14h e 17h30-21h seg-qui, 11h30-14h e 17h30-22h sex, 17h30-22h sáb; www.elladiningroomandbar.com

FOLSOM

Karen's Bakery & Cafe *moderado*
Esse café descontraído serve delícias assadas, assim como pratos leves, a exemplo de sopa de couve-flor, *bouef bourguignonne*, salada de ovo e sanduíche de prosciutto.
705 Gold Lake Dr, 95630; 916 985 2665; aberto 6h-16h seg-sex, 7h-16h sáb; www.karensbakery.com

Acima, da esq. p/ dir. Museu dos Bombeiros, Nevada City; Ferreiro faz demonstração no Empire Mine State Historic Park
Abaixo Placa nas Empire Mines

PARA VISITAR GRASS VALLEY

Informação turística
248 Mill St, 95945; 530 273 4667; www.grassvalleynevadacitycvb.com

ONDE FICAR

GRASS VALLEY

Holbrooke Hotel *moderado*
Dispõe de quartos com antiguidades, um salão tradicional e fina gastronomia.
212 W Main St, 95945; 530 273 1353; www.holbrooke.com

NEVADA CITY

Broad Street Inn *moderado*
B&B com toques de refinamento.
517 W Broad St, 95959; 530 265 2239; www.broadstreetinn.com

TRUCKEE

Larkspur Hotel *moderado*
Esse hotel moderno tem quartos bem arrumados e um restaurante agradável.
11331 Broadway Rd, 96161; 530 587 4525; www.larkspurhotels.com

3 Grass Valley

Nevada County; 94945

Em seu auge, nos anos 1890, essa cidade da Corrida do Ouro era cercada por minas e moedores de minérios, e quase dois terços de sua população se constituía de garimpeiros vindos da Cornualha, na Inglaterra. Ainda se veem edifícios do século XIX nas ruas. Observe a cúpula de vidro do **Nevada County Bank Building** *(131 Mill St)* e o **Del Oro Theatre** *(165 Mill St)*, art déco, com sua icônica torre iluminada. O **Grass Valley Museum** *(410 S Church St; 530 273 5509; aberto abr-dez: 12h30-15h30 qua-sáb)* relembra a época da Corrida do Ouro, com reconstituições de uma sala de aula, um consultório médico e uma sala de visitas. Para uma imersão total, dirija para o sul pela Mill Street até o **North Star Mining Museum** *(10933 Allison Ranch Rd; 530 273 4255; aberto mai-out: 10h-16h ter-dom)*, que tem artefatos de garimpo, como a maior turbina de água já produzida com o intuito de gerar energia elétrica.

Saia do museu na McCourtney Rd e vire à direita na Empire St; siga as placas para o Empire Mine State Historic Park; continue subindo até a entrada principal do Penn Gate.

4 Empire Mine State Historic Park

Nevada County; 95945

Edifícios e equipamentos originais ligados a uma das minas de ouro mais ricas e duradouras na Califórnia estão preservados nesse parque *(www.parks.ca.gov/)* de 317ha. Admire a ex-residência do dono da mina, William Bourn, um solar inglês de granito com interior extravagante de sequoia e jardins esculpidos. Explore parte dos 590km de túneis subterrâneos, e ande ou pedale em alguns trechos dos 219km de trilhas no parque e nas florestas ao redor. Uma das melhores opções é a **Hardrock Trail**, que começa no estacionamento no Penn Gate e passa por vários sítios de mineração com equipamentos da época da Corrida do Ouro.

Desça de volta na Empire St e, após 1,5km (1 milha), vire à direita na autoestrada SR 49 para Nevada City. Pegue a Gold Flat Road e dobre à direita. Vire imediatamente à esquerda na Hollow Way e à direita na Bost Ave para ir ao Nevada County Narrow Gauge Railroad Museum.

5 Nevada County Narrow Gauge Railroad Museum

Nevada City; 95959

Um acervo impressionante de lembranças ferroviárias, incluindo quatro trens a vapor Baldwin de 1875, está à mostra nesse museu *(www.ncngrrmuseum.org)*. Visite a oficina de manutenção, onde voluntários restauram trens antigos.

Volte à SR 49 e continue em direção a Nevada City.

6 Nevada City

Nevada City; 95959

A antiga "rainha das minas do norte", Nevada City se tornou uma das maiores cidades da Corrida do Ouro, mas entrou em decadência no final do século XIX. Seu centro reformado é repleto de ruas com bordos, lampiões a gás e edifícios vitorianos, muitos com adornos delicados. Procure o **National Hotel** *(211 Broad St)*, um dos hotéis mais antigos na Califórnia, o **Nevada**

Theatre *(401 Broad St; www.nevada theatre.com)* e, uma quadra ao norte, o **Firehouse Number 1 Museum** *(214 Main St; 530 265 5468)*, com belos adornos e um campanário com cúpula. O interior exibe peças históricas bem ecléticas que incluem desde artefatos dos índios maidu a um altar de templo chinês.

Entre na SR 49, que se transforma em SR 20. Após 46km (29 milhas) nas Sierras, ela se funde com a autoestrada I-80. Pegue a Historic US Hwy 40 para Donner Summit.

7 Donner Summit

Nevada County; 96161

Esse pico paira sobre o Euer Saddle, ou Donner Pass, cruza a crista da Sierra a 2.151m de altitude. Com acesso por uma descida gradual do oeste, ele despenca no lado leste, onde a Donner Pass Road começa a descer para o Truckee River Valley. Pare no Scenic Bypass na Hwy 40 e aprecie as vistas. Painéis apontam e descrevem a ferrovia concluída em 1868, visível abaixo e à direita. Observe o túnel e as galerias de madeira feitos para que as avalanches não bloqueassem os trilhos.

Continue para o Donner Lake, que fica a 10km (6 milhas) do Scenic Bypass.

8 Donner Lake

Nevada County; 96161

Balneário e local de pesca, esse lago de água doce tem três lados cercados por montanhas e é represado por uma moraina natural depositada por antigas geleiras. Ao redor da ponta leste do lago, o **Donner Memorial State Park** *(www.parks.ca.gov/)* oferece ótimas trilhas de caminhada em matas. Dentro do parque, o Pioneer Monument e o Emigrant Trail Museum rememoram o famoso comboio de pioneiros Donner Party, que ficou preso pela neve em 1847, quando tentava cruzar a Sierra.

Continue na Donner Pass Rd quando ela passa acima da I-80. Siga para Truckee.

Donner Party

No inverno de 1846-7, 87 pioneiros – o "Donner-Reed Party" – tentaram cruzar a Sierra Nevada por um atalho indicado por um aventureiro. Após uma série de percalços, o comboio encalhou devido a uma nevasca nas montanhas perto de Truckee. Isolados por meses e sem comida, alguns deles apelaram para o canibalismo, comendo companheiros que haviam morrido de fome e doenças. Apenas 48 membros do grupo sobreviveram.

9 Truckee

Nevada County; 96160

Essa cidadezinha montanhesa é o portal no norte para o Lake Tahoe e uma parada importante na rodovia I-80 que cruza a Sierra. Ela surgiu em meados do século XIX como cidade ferroviária e madeireira, e foi cenário do filme *Em busca do ouro* (1925), de Charlie Chaplin. Faça uma visita ao **Old Jail Museum** *(www.truckeehistory.org)*.

Vire à direita na Bridge St (que se torna Brockway Rd), depois à direita na SR 267. Dirija por 19km (12 milhas) até o Lake Tahoe.

Acima Bourn Cottage, Empire Mine State Historic Park **Abaixo, à esq.** Vista de Truckee

PARA VISITAR NEVADA CITY

Informação turística
132 Main St, 95959; 530 265 2692; aberta 9h-17h seg-sex, 11h-16h sáb, 11h-15h dom; www.nevadacitychamber.com

PARA VISITAR TRUCKEE

Informação turística
10065 Donner Pass Rd, 96161; 530 587 2757; www.truckee.com, www.visitcwc.com/Truckee

ONDE COMER E BEBER

GRASS VALLEY

Marshall's Cornish Pasties *barato*
Peça salgados para viagem ou coma no andar de cima.
203 Mill St, 95945; 530 272 2844; aberto 9h30-18h seg-sex, 10h-18h sáb

NEVADA CITY

Nevada City Classic Café *barato*
Diner dos anos 1950, oferece café da manhã clássico, com ovos benedict e crepes franceses, hambúrgueres no almoço e tapas no jantar.
216 Broad St, 95959; 530 265 9440; aberto 8h30-14h30 diariam; www.ncclassiccafe.com

TRUCKEE

Moody's Bistro & Lounge *caro*
Comida substanciosa da Califórnia, como beterrabas orgânicas assadas com queijo esfarelado e azeite, e "Big Ass Pork Platter", a especialidade da casa. Jazz ao vivo qua-sáb.
10007 Bridge St, 96161; 530 587 8688; aberto 11h30-21h30 seg-qui, 11h30-22h sex, 11h-22h sáb, 11h-21h30 dom (fechado 14h30-17h30 diariam); www.moodysbistro.com

Onde Comer e Beber: barato, menos de US$25; moderado, US$25-US$50; caro, acima de US$50

Acima Em busca de ouro em Placerville
Abaixo Vista do lago

PARA VISITAR O LAKE TAHOE

Informação turística
Tahoe City Visitors Information Center
380 N Lake Blvd, Tahoe City, 96145; 530 581 6900, 530 544 5050; www.visitinglaketahoe.com

ONDE FICAR

LAKE TAHOE

Inn by the Lake *moderado*
Esse motel junto ao lago tem quartos espaçosos com cama king size.
3300 Lake Tahoe Blvd, South Lake Tahoe, 96150; 530 542 0330; www.innbythelake.com

Shooting Star *moderado*
O dono cordial dessa cabana de madeira oferece decoração agradável e um salão com vistas para o lago.
315 Olive St, Carnelian Bay, 96140; 530 546 8903; www.shootingstarbandb.com

PLACERVILLE

Cary House *moderado*
Os quartos nesse hotel revestido de hera têm belos móveis de época.
300 Main St, 95667; 530 622 4271; www.caryhouse.com

⑩ Lake Tahoe

Placer County e El Dorado County

Grande atração natural, o Lake Tahoe é a massa de água mais bela do estado, o maior lago alpino da América do Norte e o segundo lago mais profundo (501m) dos EUA. Dois terços do lago, a oeste, estão na Califórnia, e o restante em Nevada. Suas águas cristalinas, com tons que variam de esmeralda a safira, são utilizadas para esportes aquáticos, ao passo que as praias de areias brancas atraem famílias. Há trilhas de caminhada e ciclismo nas colinas ao redor, incluindo a Tahoe Rim Trail, de 270km. No inverno, os picos nevados sediam estações de esqui famosas.

A primeira parada no lago é a **Kings Beach**, apelidada de "faixa da banana" por receber os raios amarelados do sol desde o início da manhã até a tarde. Nesse trecho há várias praias públicas de areia dourada ladeadas por resorts. Desse ponto, dirija para oeste no sentido anti-horário pela SR 28 por 5km (3 milhas) até a **Carnelian Bay**, um conhecido polo de barcos. A 10km (6 milhas) de distância fica a área de balneário de **Tahoe City**, na cabeceira do Truckee River. Ande no calçadão junto ao lago, explore a histórica Lake Tahoe Dam, de 5m de altura, e visite o William B. Layton Park, junto às águas. Nesse parque, o Gatekeeper's Museum enfoca a história da área, enquanto o Steinbach Indian Basket Museum expõe mais de 800 cestos de 85 tribos da América do Norte. Vire à esquerda na cidade e pegue a SR 89 para continuar circundando o lago. Após cerca de 8km (5 milhas), pare no **Tahoe Maritime Museum** *(530 525 9253; www.tahoemaritimemuseum.org)*, que mostra a história marítima do Lake Tahoe e inclui mais de 30 embarcações históricas. A rota vai se tornando cada vez mais bela enquanto serpenteia por uma série de baías nos 6km (4 milhas) seguintes, e depois chega ao **Sugar Pine Point State Park** *(530 525 7982; www.parks.ca.gov/)*. Estendendo-se da margem até a Desolation Wilderness, o parque tem trilhas, um farol e a espetacular Hellman-Ehrmann Mansion *(530 525 7232)*, construída em 1903 para o banqueiro Isaiah Hellman. Cerca de 16km (10 milhas) adiante, a estrada sobe e descortina uma vista estupenda do **Emerald Bay State Park** *(530 541 3030; www.parks.ca.gov/)*. A bela enseada é a parte mais fotogênica do lago. Pare ao lado da estrada e leia os painéis informativos; tome cuidado com o trânsito intenso. Trilhas sobem a colina até as cachoeiras Eagle e Cascade, e descem abruptamente para **Vikingsholm** *(530 525 3345)*, uma casa de veraneio construída em 1928, inspirada em um castelo nórdico. Continue ao longo da serra entre a Emerald Bay e o **Cascade Lake**, e dirija com cautela enquanto a estrada desce para o **Taylor Creek Visitor Center** *(530 543 2674)*. Logo adiante, vire à esquerda no estacionamento do **Tallac Historic Site** *(530 541 5227)*, que preserva três propriedades de veraneio do fim do século XIX. A mais importante é a **Valhalla**, com uma casa de barcos reformada. Continue por 5km (3 milhas) até o cruzamento da US 50 com **South Lake Tahoe**, uma cidade ampla com muitos motéis e restaurantes.

Carro no Tallac Historic Site

Saia de South Lake Tahoe rumo ao sul pegando a US 50 (SR 89 ou Emerald Bay Rd) para Echo Summit.

⑪ Echo Summit

El Dorado County

Também conhecida como Johnson Pass, essa passagem montanhesa fica a 2.250m de altitude e era utilizada pelos garimpeiros que em 1849 buscavam minas de ouro, por cavaleiros do Pony Express e por imigrantes. A estrada é escavada em uma face de granito do rochedo e tem recuos nos quais se pode apreciar a vista inspiradora da Tahoe Basin e das águas cor de safira do Echo e do Upper Echo Lake. Após o cume, a estrada começa a atravessar o cânion superior do South Fork American River. Várias curvas fechadas precedem as **Twin Bridges**, onde a Pyramid Peak Trailhead conduz até um vale glacial em forma de U, no qual há uma cachoeira belíssima.

Continue descendo a colina pela US 50, passando por Strawberry (14km, 9 milhas, abaixo do Echo Summit). Continue pela El Dorado National Forest até Placerville, a 77km (48 milhas). Entre na Bedford Ave e vire à esquerda no centro histórico da cidade.

Acima, da esq. p/ dir. Placas de lojas em Placerville; A Gold Bug Mine, Placerville
Abaixo As Lower Eagle Falls, na Emerald Bay

⑫ Placerville

El Dorado County; 95667

O nome dessa cidade da Corrida do Ouro deriva dos depósitos aluviais *(placers)* do minério encontrados nas colinas ao redor. A cidade foi fundada em 1848 como um povoado precário conhecido como Dry Diggings, mas logo ganhou o nome de Hangtown devido aos muitos enforcamentos lá realizados. Sua localização central a tornou um centro de abastecimento para os garimpos próximos, e ela ainda é um entroncamento importante na US 50 e na SR 49. Veja o **El Dorado County Courthouse** *(495 Main St; 530 626 0773)*, construído em 1912, em estilo sóbrio, e dê uma parada no **Placerville Historical Museum** *(524 Main St; 530 626 0773; aberto 11h-16h qua-dom)*, instalado na Fountain-Tallman Soda Works e com mostras de relíquias dessa fábrica de refrigerantes. Vá ao **El Dorado County Historical Museum** *(104 Placerville Dr; 530 621 5865; aberto 11h-16h qua-sáb e 12h-16h dom)* para ver uma diligência e uma oficina de ferreiro reconstituída; para chegar lá, volte à US 50 no sentido oeste, pegue duas saídas para a Placerville Drive e a Forni Road, e vire à direita.

ONDE COMER E BEBER

LAKE TAHOE

Ernie's Coffee Shop *barato*
Típico diner que serve peixe com fritas, sanduíche de carne e ovos mexidos.
1207 Emerald Bay Rd, South Lake Tahoe, 96150; 530 541 2161; aberto 6h-14h diariam; www.erniescoffeeshop.com

Spindleshanks *moderado*
Esse bistrô de madeira e pedra destaca-se pela nouvelle cuisine da Califórnia. Peça as ostras assadas com espinafre ou o ravióli de abóbora. Música ao vivo nos fins de semana.
673 N Lake Blvd, Tahoe Vista, 96148; 530 546 2191; aberto 17h30-24h diariam; www.spindleshankstahoe.com

PLACERVILLE

Sequoia *moderado*
Molho de alcachofra, sanduíche quente de caranguejo e steak com pimenta e whisky integram o menu variado desse restaurante elegante.
643 Bee St, 95667; 530 622 5222; aberto 16h30-21h ter-qui, 11h-22h sex, 9h30-21h dom; www.sequoiaplacerville.com

PASSEIOS DE 1 DIA

Esse roteiro pode ser dividido em passeios de um dia.

Nos rastros da Corrida do Ouro
Interessados na época da Corrida do Ouro irão se divertir muito na região. Old Sacramento ❶, Folsom ❷, o Empire Mine Historic State Park ❹ e Nevada City ❻ ilustram a evolução em meados e no fim do século XIX, com seus museus e edifícios fascinantes, e suas lembranças das ferrovias.

Saia de Sacramento na I-50 para o Folsom Blvd e vire à esquerda para Folsom, de onde a Auburn-Folsom Rd leva a Auburn. Pegue a SR 49 para as Empire Mines e Nevada City, depois a SR 20 para a I-80 e Truckee.

No colo da natureza
Os parques estaduais Sugar Pine Point e Emerald Bay, no Lake Tahoe ❿, têm trilhas excelentes para caminhada. Faça um piquenique.

De Truckee, a Brockway Rd se liga à SR 267, que vai para o sul até o Lake Tahoe. Siga a SR 28 e a SR 89 em torno do lago para chegar aos dois parques estaduais.

WELLS, FARGO & CO
EXPRESS
A.N. FISHER & CO.
STAGE OFFICE

ROTEIRO **14**

Território do Ouro

De Auburn a Jamestown

Destaques

- **Minas de ouro**
  Explore o Marshall Gold Discovery State Historic Park, onde foi descoberto ouro em 1848

- **Vinhos do vale**
  Prove vinhos Zinfandel excelentes no belo Shenandoah Valley, renomado pelas vinícolas-butique

- **Titãs da floresta**
  Admire as sequoias imensas no Calaveras Big Trees State Park

- **Volta no tempo**
  Visite a cidade da época da Corrida do Ouro no Columbia State Historic Park, onde os guias usam trajes daqueles tempos

Escritório da Wells Fargo Express e diligência em parque

Território do Ouro

Os contrafortes no oeste da Sierra Nevada têm cidadezinhas históricas fundadas durante a Corrida do Ouro na Califórnia, em 1849. A maioria delas fica ao longo da panorâmica Highway 49, o que facilita conhecê-las. Em grande parte, são comunidades prósperas que mantêm velhos e charmosos calçadões de madeira, edifícios de tijolos vermelhos, antiquários, *saloons* do Velho Oeste, diners simples e B&Bs pitorescos. No roteiro há também muitos passeios à parte, entre os quais visitas a vinícolas e atrações naturais, como a maior caverna com uma só câmara da Califórnia e algumas das maiores árvores do mundo. O agradável clima mediterrâneo e o interior tranquilo conferem a essa região um apelo irresistível.

Acima Velha locomotiva no Railtown 1897 State Historic Park, em Jamestown *(p. 161)*

Acima Painel no Indian Grinding Rock State Historic Park *(p. 158)*

ATIVIDADES

Garimpe antiguidades na rua principal de Auburn

Deguste vinhos nas vinícolas do Shenandoah Valley

Faça rafting em Angels Camp

Volte no tempo andando pelas ruas bem preservadas do Columbia State Historic Park

Curta um piquenique à sombra das árvores gigantes no Calaveras Big Trees State Park

Acima Edifício com balcão em Mokelumne Hill *(p. 158)*

PLANEJAMENTO

Início/fim: De Auburn a Jamestown.

Número de dias: 2-3, com meio dia para ir às vinícolas no Shenandoah Valley.

Distância: 266km (165 milhas).

Condições das estradas: Em geral são estreitas, sinuosas e, às vezes, íngremes. Algumas têm só uma pista e são desertas. As rotas, bem sinalizadas, têm placas indicando o caminho para as atrações principais.

Quando ir: Essa região é boa o ano todo, mas no início da primavera se veem as flores silvestres. Jul-ago são muito quentes e lotados de turistas.

Horários de funcionamento: Lojas abrem das 9h às 17h seg-sáb, mas muitas estendem o horário no verão, inclusive dom. A maioria das vinícolas abre diariam das 11h às 16h, mas isso pode variar.

Principais dias de mercado: Auburn: qua e sáb de manhã. **Sutter Creek:** sáb de manhã. **Angels Camp:** jun-meados set: sex à tarde.

Compras: Há produtos frescos, como uvas e vinhos locais, no Shenandoah Valley, e podem-se comprar antiguidades em muitas cidades ao longo desse roteiro.

Principais festas: Auburn: Gold Country Fair, set. **Angels Camp:** Calaveras County Fair & Jumping Frog Jubilee, mai. **Murphys:** Calaveras Grape Stomp, 1º sáb out.

PASSEIOS DE 1 DIA

Fãs de história acharão muitas atrações nas principais **cidades da Corrida do Ouro** ao longo da Highway 49. Para **vinhos** e **produtos frescos**, passe metade de um dia no **Shenandoah Valley**. O **Calaveras Big Trees State Park** e o rafting em corredeiras em **Angels Camp** são ideais para **turistas mais aventureiros**. Detalhes *p. 161*.

Acima, da esq. p/ dir. Tribunal em Auburn; Réplica da Sutter's Mill, Marshall Gold Discovery State Historic Park **Abaixo, dir.** Corredor no St. George Hotel

PARA VISITAR AS VINÍCOLAS NO SHENANDOAH VALLEY

Amador Vintners Visitor Center
9310 Pacific St, Plymouth, 95669; 888 655 8614; www.amadorwine.com

ONDE FICAR

AMADOR CITY

Imperial Hotel *moderado*
Esse hotel construído em 1872 tem um restaurante bom, um bar charmoso e um jardim tranquilo, além de seis bonitos quartos, decorados com antiguidades.
14202 Hwy 49, 95640; 209 267 9172; www.imperialamador.com

SUTTER CREEK

Hanford House Inn *caro*
Pousada histórica no centro, com quartos reformados e suítes à parte com roupas de cama e banho de luxo, confortos modernos e decoração que varia de objetos clássicos do século XIX a peças modernas do século XXI.
61 Hanford St, 95685; 209 267 0747; www.hanfordhouse.com

ARREDORES DA MC LAUGHLIN'S DAFFODIL HILL

Union Inn and Pub *moderado*
B&B charmoso que oferece quatro quartos bem equipados com wi-fi, roupões, luxuosas roupas de cama e banho, e café da manhã de cortesia.
21375 Consolation St, Volcano, 95689; 209 296 7711; www.volcanounion.com

① Auburn

Placer County; 95602

Auburn foi fundada em 1849 como cidade de garimpo de ouro. Edifício local mais antigo, o **Bernhard House Museum** *(291 Auburn Folsom Rd; 530 889 6500; aberto 11h-16h ter-dom)* é datado de 1851 e evoca a época em que a família Bernhard lançou a viticultura nessa propriedade e geria uma vinícola. Pegue a Auburn Folsom Road para o norte e vire à esquerda na Lincoln Way. Estacione no **Placer County Courthouse**, de granito e tijolos vermelhos, que domina Auburn do alto da colina, onde havia enforcamentos públicos. Suba a longa escada para visitar o **Placer County Courthouse Museum** *(101 Maple St; 530 889 6500; aberto 10h-16h diariam)*, onde há mostras sobre a cultura indígena, a Corrida do Ouro, uma delegacia restaurada e uma prisão feminina, além de uma reluzente coleção de ouro. A seguir, ande para o sul por uma quadra até o centro, observando as placas que contam a história de cada um dos edifícios de tijolos.

Vá para o sul na Auburn Folsom e também na High St. Vire à direita na El Dorado St e siga as placas para a Hwy 49; dirija 25km (16 milhas) até o parque Marshall Gold Discovery, onde há estacionamento.

② Marshall Gold Discovery State Historic Park

El Dorado County; 95613

Esse parque *(www.parks.ca.gov/)* protege o local onde James Marshall notou a presença de lascas de ouro no canal de sua serraria em janeiro de 1848, desencadeando a Corrida do Ouro. Abrangendo 101ha em ambos os lados da Highway 49, o parque inclui uma réplica em tamanho natural da Sutter's Mill. O **Gold Country Museum**, no centro de visitantes, enfoca a história do local. Marshall está enterrado sob uma estátua em sua homenagem no alto da colina.

Vá para o sul pela Hwy 49. Cruze Placerville* (p. 151) *e passe por Diamond Springs e pelo centro de El Dorado até Plymouth. Vire à esquerda na Shenandoah Rd; após 1km, dobre à esquerda para as vinícolas.

③ Vinícolas do Shenandoah Valley

El Dorado County e Amador County

Com clima e solo ideais para a produção de vinhos tintos, o Shenandoah Valley tornou-se o centro da viticultura local. Cerca de 30 pequenas vinícolas familiares ladeiam a estrada, que vai subindo e passando por um mar de vinhedos ondulantes – muitos

deles de uvas Zinfandel que amadurecem com as temperaturas altas no verão. Pare para degustar os vinhos, talvez na **Sobon Estates Winery** *(www.sobonwine.com; aberta 10h-17h diariam)*, onde fica o Shenandoah Valley Museum. O ideal é fazer a visita com um motorista contratado.

Volte a Plymouth e continue para o sul pela Hwy 49 rumo a Amador City.

4 Amador City

Amador County; 95601

No passado, esse povoado foi próspero com a riqueza gerada pelas minas de ouro Keystone e Sutter. Visite o **Amador Whitney Museum** *(14167 Main St; 209 267 5250; aberto 12h-16h sáb-dom)*, cujas interesssantes peças incluem uma carroça coberta; vá também ao velho cemitério atrás do Imperial Hotel, e almoce sem pressa em um dos melhores restaurantes da região.

Saia do povoado para o sul pela Old Hwy 49 e continue para Sutter Creek. Estacione na Main St.

5 Sutter Creek

Amador County; 95685

Uma das cidades mais bonitas da região, Sutter Creek é conhecida como a "joia do Amador County". Com ricas minas em rochas, ela sobreviveu da mineração até 1942, quando o poder executivo ordenou o fechamento das minas. Hoje, a rua principal da cidade reúne belos edifícios de madeira de dois andares e galerias com lojas. Muitos edifícios agora são antiquários e pousadas-butique. Visite a **Knights Foundry** *(Eureka St; www.knightfoundry.org)*, a única fundição com força hidráulica do século XIX nos EUA, que é preservada como um museu.

Vá para leste na Gopher Flat Rd, que vira Snake Ridge Rd e se funde à Rams Horn Grade após 21km (13 milhas). O McLaughlin's Daffodil Hill Ranch fica no cruzamento em T.

6 McLaughlin's Daffodil Hill

Amador County; 95689

Na primavera, a fazenda de 1,6ha da família McLaughlin vira um espetáculo de cores, quando mais de 300 mil narcisos desabrocham. Os primeiros narcisos foram plantados no local em 1887, e novos bulbos são acrescentados a cada ano. A fazenda também tem um celeiro antigo com carroças históricas e equipamentos agrícolas e de mineração. O público pode visitar Daffodil Hill de meados de março a meados de abril; ligue antes para se informar *(209 296 7048)*.

Da fazenda, vire à direita (sul) para o Rams Horn Grade. Dirija com cautela enquanto a estrada estreita desce 5km (3 milhas) até **Volcano**. Com apenas quatro quadras, esse povoado pitoresco dos tempos da Corrida do Ouro tem edifícios preservados como a cadeia, a cervejaria, o antigo escritório da Wells Fargo e o **St. George Hotel**, datado de 1862. Se tiver tempo, não deixe de ir à **Black Chasm Cave** *(www.caverntours.com/BlackRt.htm)*, 1,6km (1 milha) ao sul de Volcano, para ver estupendos cristais de helictite.

De Volcano, rume para o sul pela Pine-Volcano Rd, até alcançar o Indian Grinding Rock State Historic Park.

Black Bart

O assaltante de estrada mais famoso do país no século XIX foi Charles Earl Bowles, um "bandido cavalheiro" que roubou 28 diligências da Wells Fargo entre 1875 e 1883, muitas delas nessa região. Ele sempre usava um paletó de linho e chapéu-coco. Detetives finalmente o localizaram devido a um lenço que ele deixou cair, o qual tinha a etiqueta de uma lavanderia em São Francisco. Seu apelido "Black Bart" se deve à assinatura que usou nos poemas deixados na cena de dois assaltos.

Acima, em sentido horário Knights Foundry, Sutter Creek; Estátua de garimpeiro, Auburn; Placa de estrada no Gold Discovery State Historic Park **Abaixo** Rua de Sutter Creek

PARA VISITAR SUTTER CREEK

Informação turística
71A Main St, 95685; 209 267 1344; www.suttercreek.org

ONDE COMER E BEBER

AMADOR CITY

Imperial Restaurant *moderado*
Aclamado, serve receitas com ingredientes orgânicos. Nos dias úteis há menus de três pratos a preço fixo.
14202 Hwy 49, 95640; 209 267 9172; aberto 17h-21h ter-sex, 12h-14h e 17h-21h sáb-dom; www.imperialamador.com

SUTTER CREEK

Susan's Place Wine Bar & Eatery *moderado*
Tem pratos de influência mediterrânea, pátio com jardim e vinhos locais.
15 Eureka St, 95682; 209 267 0945; aberto 12h-21h qui-dom; www.susansplace.com

PARA VISITAR ANGELS CAMP

Informação turística
Calaveras County Visitors Bureau
1192 S Main St, 95222; 209 736 0049; www.gocalaveras.com

Operadora de rafting
OARS *2863 Main St, 95222; 800 346 6277; www.oars.com*

ONDE FICAR

SAN ANDREAS

Robin's Nest Inn *moderado*
Encantadora mansão vitoriana em um terreno amplo, tem nove quartos decorados com antiguidades. Os próprios donos preparam o excelente café da manhã.
247 W St Charles St, 95249; 209 754 1076; www.robinest.com

ANGELS CAMP

The Cooper House Inn *moderado*
A dona, Kathy Reese, e seu filho, Andy, mimam os hóspedes nesse B&B charmoso com três quartos.
1184 Church St, 95222; 209 736 2145; www.cooperhouseinn.com

MURPHYS

Murphys Historic Hotel *moderado*
Um marco local em funcionamento desde 1856, já teve hóspedes famosos como o magnata J.P. Morgan e o ator John Wayne. Os quartos originais partilham banheiros e não têm TV nem telefone; os modernos oferecem mais confortos. Há um *saloon* antigo.
457 Main St, 95247; 209 728 3444; www.murphyshotel.com

Abaixo Tendas miwok recriadas no Indian Grinding Rock State Historic Park

7 Indian Grinding Rock State Historic Park
Amador County; 95665
Em um vale com prados à sombra de carvalhos, esse parque *(a taxa de entrada inclui estacionamento; www.parks.ca.gov/)* preserva um platô de calcário marmorizado com quase 1.200 buracos de pilão feitos pelos índios miwok para moer milho e fazer farinha. O **Chaw'se Regional Indian Museum** enfoca as culturas indígenas locais, com mostras de cestaria e trajes e a réplica de uma aldeia miwok com uma *hun'ge* (taba) onde eram realizadas cerimônias.

Continue na Pine Grove-Volcano Rd até Pine Grove; vire à direita na Hwy 88 para Jackson. Dobre à direita na Broadway, depois à esquerda para a Main St, onde há vagas com parquímetro.

8 Jackson
Amador County; 95642
Fundada em 1848, Jackson fica no entroncamento de duas trilhas da Corrida do Ouro e foi polo de transporte, abastecimento e mineração. Conheça a história local indo aos Kennedy Mine Models na **Amador Historical Society** *(209 257 1485; visitas 11h e 12h sáb)* e ao **Kennedy Tailing Wheels Park** *(Jackson Gate Rd)*, que tem duas rodas imensas que conduziam resíduos poluentes da Kennedy Mine para uma represa. A caminho do parque, dê uma olhada na **St. Sava's Serbian Orthodox Church** *(N Main St)*, com seu campanário branco.

Saia à esquerda na Hwy 49 e continue para o sul para Mokelumne Hill. Estacione na Main St.

Acima Residência da época da Corrida do Ouro em San Andreas

9 Mokelumne Hill
Calaveras County; 95245
Cidadezinha calma e charmosa, Mokelumne Hill tem um passado violento. Em seu auge, em meados do século XIX, garimpeiros bêbados enchiam os *saloons*. Os cemitérios católico, judeu e protestante têm dezenas de túmulos de garimpeiros mortos em brigas. O centro compacto da cidade inclui uma estação de diligências da Wells Fargo e o Hotel Ledger, entre os poucos edifícios do século XIX que restam após um incêndio devastador em 1898.

Vá pela Hwy 49 para San Andreas. Vire à esquerda na Court St; estacione na Main St.

10 San Andreas
Calaveras County; 95249
San Andreas foi fundada em 1848 por garimpeiros mexicanos que depois foram expulsos. Existem ainda alguns belos edifícios da época da Corrida do Ouro no norte da rodovia. Vale a pena ir ao **Calaveras County Historical Museum** *(www.calaverascohistorical.com)*, que ocupa o lugar de um tribunal onde o célebre assaltante de diligências Black Bart *(p. 157)* foi julgado após ser capturado.

Mantenha-se na direção sul na Hwy 49 para Angels Camp. Há vagas grátis nas ruas.

11 Angels Camp
Calaveras County; 95222
Entre as maiores cidades da região, Angels Camp agora é um centro de rafting em corredeiras no Stanislaus

Onde Ficar: barato, menos de US$100; moderado, US$100-US$200; caro, acima de US$200

River. Mais relevante é o fato de ter sido cenário do conto clássico de Mark Twain "The celebrated jumping frog of Calaveras County" (1865). Os visitantes topam com rãs saltitantes o tempo todo e há imagens kitsch de rãs para todo lado, inclusive gravadas em bronze nas calçadas. O arborizado **Utica Park**, na Main Street, tem uma estátua do escritor americano.

Antes de partir, veja as duas locomotivas do século XIX diante do **Angels Camp Museum** *(753 S Main St; 209 736 2963)*, que expõe insetos, minérios, equipamentos de mineração e artefatos indígenas. Dê também uma olhada no clássico **Angels Theatre** *(1228 S Main St)*, de 1924, cujo interior exibe murais da época da Corrida do Ouro.

Vire à esquerda na Murphys Grade Rd para Murphys. Pare na Main St.

12 Murphys

Calaveras County; 95229

Entre carvalhos e vinhedos, a "rainha da Sierra" mantém o charme da época de seu auge como centro de mineração e comércio. As ruas têm velhos empórios, bons restaurantes e salas de degustação de vinho. Peças da Corrida do Ouro estão no **Old Timers Museum** *(450 Main St; 209 728 1160)*. Em frente, o **Murphys Historic Hotel** recebeu personalidades como o ex-presidente dos EUA Ulysses S. Grant, Mark Twain e Black Bart *(p. 157)*.

No extremo leste da Main St vire à esquerda na Hwy 4. Siga para o Calaveras State Park; estacione no centro de visitantes.

Acima Vista do Kennedy Tailing Wheels Park, Jackson **Abaixo, esq.** Interior aconchegante do Murphys Historic Hotel

13 Calaveras Big Trees State Park

Calaveras County; 95223

É uma experiência formidável ficar à sombra dos maiores seres vivos do planeta nesse parque *(www.parks.ca.gov/)*, cujo nome faz referência às gigantescas sequoias *(Sequoiadendron giganteum)*, que podem atingir 100m de altura e 10m de diâmetro. Trilhas vão do centro de visitantes até o North Grove, que inclui a "Discovery Tree", ou "Big Stump", a primeira sequoia que foi descoberta, em 1852. A Walter W. Smith Memorial Parkway se estende por 16km (10 milhas) até o remoto South Grove, que propicia mais isolamento entre as árvores imensas. Neva com frequência no inverno.

Detalhe de rã, Angels Camp

Volte a Murphys e siga para o sul pela Hwy 4. Em Vallecito, vire à esquerda na Parrot's Ferry Rd, rumo ao Columbia State Historic Park. Pare no estacionamento público na esquina da Jackson St.

Rafting em corredeiras

Quem vem à região e faz rafting em corredeiras fluviais tem uma experiência emocionante. Três rios – o North e o Middle Forks of the American, e o Stanislaus – alimentados pela neve derretida na primavera estão entre os melhores do país para esse esporte radical. Há também momentos calmos em trechos longos que são ideais para o nado.

ONDE COMER E BEBER

ANGELS CAMP

The Pickle Barrel *barato*
Oferece saladas caprichadas, paninis, sopas, wraps e um bolo de cenoura delicioso.
1225 S Main St, 95222; 209 736 4704; aberto 11h-15h qua-dom; www.pickle-barrel.com

Camps Restaurant *caro*
O menu desse restaurante elegante dá destaque a produtos regionais frescos e a vinhos locais.
676 McCauley Ranch Rd, 95222; 209 736 8197; aberto 11h30-20h qua-qui, 11h30-21h sex e dom; www.campsrestaurant.com

MURPHYS

Grounds *moderado*
Esse restaurante chique, porém descontraído, serve granola e burritos de manhã, e opções como salada grega, sanduíches e filé de espadarte.
402 Main St, 95247; 209 728 8663; aberto 7h-15h seg-ter, 7h-15h e 17h-20h30 qua-qui, 7h-15h e 17h-21h sex, 17h-21h sáb, 17h-20h dom; www.groundsrestaurant.com

Mineral *caro*
Restaurante moderno, prepara criativos pratos vegetarianos fusion.
419 Main St, 95247; 209 728 9743; aberto 12h-15h e 17h-20h30 qui, 12h-20h30 sex-sáb, 12h-20h dom; www.mineralrestaurant.com

Onde Comer e Beber: barato, menos de US$25; moderado, US$25-US$50; caro, acima de US$50

⓮ Columbia State Historic Park

Tuolumne County; 95310

Já considerada a segunda maior cidade da Califórnia e a "joia das minas do sul", hoje Columbia é um museu vivo *(www.parks.ca.gov/)* com o maior conjunto no estado de edifícios da Corrida do Ouro. Suas lojas, restaurantes e hotéis dos anos 1850 estão preservados e têm atendentes com trajes de época. Passeios de diligência pela cidade ajudam a completar a viagem de volta no tempo.

Acima Oficina de ferreiro no Columbia State Historic Park

Passeio a pé de 2 horas

Pare no estacionamento na esquina da Parrotts Ferry Road com a Jackson Street e vá para leste na segunda. Vire à direita na Columbia Street e passe pela **velha cadeia** ①, à direita. Dobre à direita na State Street, onde várias carroças antigas estão expostas no **Johnson's Livery Stable** ②. Defronte, o **Columbia Museum** ③ enfoca a história local. Vire à esquerda na Main Street e pare na **Parrott's Blacksmith Shop** ④ para ver a produção de ferraduras. Logo depois, você pode fazer barba e cabelo à moda tradicional na **barbearia** ⑤. Essa quadra reúne mais de uma dezena de lojas, restaurantes e bares antigos. O **Wells Fargo Express Office** ⑥ é mantido como era 150 anos atrás e ainda constitui o centro de transporte local com a Quartz Mountain Stage Line *(209 588 0808; www.qmcarriage.com)*, de onde saem passeios de diligência. Na diagonal, o **Hidden Treasure Gold Mine Tour & Panning** ⑦ é ótimo para tentar achar ouro em um canal. Após uma quadra, a Main Street se curva para a direita e vira a Washington Street. Siga essa rua até o **Fallon Hotel & Theatre** ⑧, que tem uma sorveteria convidativa em dias quentes no verão.

Placa no Columbia State Historic Park

Vire à direita na Broadway Street, ande duas quadras para a State Street e dobre à direita. A quadra é fascinante, com a **Firehouse Tuolumne Engine Company** ⑨ e, logo depois, mostras da **farmácia** e do **consultório do dentista** ⑩. Vire à esquerda na Main Street. Veja a **Chinese Herb Shop** ⑪ e o velho caminhão dos bombeiros exposto na **Firehouse Columbia Engine Company** ⑫. No final da quadra, vire à esquerda na Jackson Street para voltar ao estacionamento. Se sobrar tempo, refaça a rota na Jackson Street e dobre à esquerda na Columbia Street. Vire à direita na Pacific Street e à esquerda na School House Street, que sobe até a antiga escola de dois andares em frente a um cemitério com muitas lápides do século XIX.

🚗 ***Vá para o sul pela Broadway St até cruzar com a Hwy 49. Vire à esquerda, tomando o rumo de Sonora, onde há um estacionamento na S Washington St.***

⓯ Sonora

Tuolumne County; 95370

Com 5 mil habitantes, Sonora é uma das maiores cidades da região. A indústria madeireira

PARA VISITAR O COLUMBIA STATE HISTORIC PARK

Informação turística
11255 Jackson St, 95310; 209 588 9128; www.parks.ca.gov/

PARA VISITAR SONORA

Informação turística
Tuolumne County Visitor Bureau
542 W Stockton Rd, 95370; 209 533 4420; www.tcvb.com

ONDE FICAR

COLUMBIA STATE HISTORIC PARK

Fallon Hotel *moderado*
Restaurado fielmente ao que era quando foi inaugurado, em 1859, esse hotel é decorado com antiguidades.
11175 Washington St, 95310; 209 532 1470; www.briggshospitalityllc.com

SONORA

The Gunn House *moderado*
Hotel central com móveis antigos e banheiros modernos.
286 S Washington St, 95370; 209 532 3421; www.gunnhousehotel.com

JAMESTOWN

National Hotel *moderado*
Encantador, tem um restaurante fino e uma "sala de banho" com banheira com pés em forma de garras.
18183 Main St, 95327; 209 984 3446; www.national-hotel.com

Onde Ficar: barato, menos de US$100; moderado, US$100-US$200; caro, acima de US$200

À esq. Passeio de diligência no Columbia State Historic Park

continua importante como era nos tempos da febre do ouro, quando Sonora foi fundada em 1848 por garimpeiros mexicanos vindos do estado homônimo. As ruas arborizadas têm edifícios vitorianos bem preservados. Vá ao **Tuolumne County Museum & History Center** *(www.tchistory.org)*, na velha cadeia local, e confira o acervo de armas de fogo de época e mostras ecléticas em antigas celas de prisioneiros que ainda conservam as portas e barras de aço originais.

Continue na Washington St até cruzar com a Hwy 108; vire à direita para Jamestown.

16 Jamestown

Tuolumne County; 95327

Fundado poucos meses após a famosa descoberta na Sutter's Mill, esse campo de garimpo teve uma série de auges, que culminaram em 1898 com a construção de uma ferrovia ligando Jamestown a cidades mineiras próximas e ao Central Valley. O **Railtown 1897 State Historic Park** *(www.railtown1897.org; passeios de trem de hora em hora abr-out: 11h-15h sáb-dom)* preserva as oficinas, trens a vapor e vagões da Sierra Railway, ainda ativa. Ande pela Main Street e veja edifícios pitorescos, como o **National Hotel** *(18183 Main St)*, cujo bar tem teto de zinco, e **The Emporium**, do outro lado da rua, que chama a atenção pelo seu antigo balcão.

Diligências da Wells Fargo

Em 1852, Henry Wells, de Vermont, e William Fargo, de Nova York, fundaram a Wells, Fargo & Co., para transporte e serviços bancários na Califórnia. A empresa se tornou o maior império mundial de diligências e usava a Concord Coach, com seis cavalos. Construído para circular em estradas de montanha e desertos, o chassi da diligência se apoiava em escoras feitas de tiras grossas de couro de boi. Os itens de valor ficavam em um cofre verde sob o assento do condutor e sob a guarda de um assistente armado.

ONDE COMER E BEBER

COLUMBIA STATE HISTORIC PARK

Columbia Kate's *barato*
Essa casa de chá graciosa serve doces gostosos e diversos *blends* de chá em um cenário pitoresco. O menu sugere boa diversidade de quiches, saladas e sanduíches.
22727 Columbia St, 95310; 209 532 1885; aberta 11h-16h diariam; www.columbiakates.com

SONORA

Diamondback Grill *moderado*
Restaurante especializado em nouvelle cuisine da Califórnia, a exemplo de chuleta grelhada com manteiga de queijo azul e salmão grelhado com raita de pepino à base de iogurte. Há um bar de vinhos anexo.
93 S Washington St, 95370; 209 532 6661; aberto 11h-21h seg-qui, 11h-21h30 sex-sáb, 11h-20h30 dom; www.thediamondbackgrill.com

JAMESTOWN

National Hotel *moderado*
Pratos fusion gourmet são a aposta desse restaurante com ambiente antigo e bom atendimento. Bolinhos de caranguejo ao molho de chipotle ou lombo de porco com grãos de pimenta verde ao molho cremoso com brandy.
18183 Main St, 95327; 209 984 3446; aberto 11h30-21h seg-qui, 11h30-22h sex-sáb, 10h-21h dom; www.nationalhotel.com

PASSEIOS DE 1 DIA

A Hwy 49 passa pela maioria das cidades principais da Corrida do Ouro. Os contrafortes da Sierra são para quem tem interesses especiais.

Em busca de ouro

Após reviver a história da época da Corrida do Ouro no Amador Whitney Museum, em Amador City 4, ou no Kennedy Tailing Wheels Park, em Jackson 8, tente achar ouro e faça um passeio de diligência pelo Columbia State Historic Park 14.

De Amador City ou Jackson, a Hwy 49 vai para o sul até o Columbia State Historic Park, que é sinalizado à esquerda na Springfield Rd.

Degustação de Zinfandel

O Amador County é renomado pelos vinhos Zinfandel, que podem ser provados em uma ida às vinícolas no Shenandoah Valley 3 ou nas salas de degustação em Murphys 12.

Saia da Hwy 49 em Plymouth, entre na Fiddletown Rd e vire à esquerda na Shenandoah Rd rumo ao Shenandoah Valley. Volte à Hwy 49 e vá para o sul até Angels Camp; dobre à esquerda na Hwy 4 para Murphys.

Um gosto de aventura

Para um toque de adrenalina, faça rafting em corredeiras em Angels Camp 11 ou pedale no Calaveras Big Trees State Park 13.

Vire à esquerda na Hwy 49 para Angels Camp, e à esquerda na Hwy 4 para ir ao parque Calaveras.

ROTEIRO **15**

O Espetacular Yosemite

De Moccasin ao Bodie State Historic Park

Destaques

- **As maiores árvores da Terra**
  Ande à sombra de sequoias de 75m de altura no Merced Grove, perto da Big Oak Flat Road
- **Cachoeira magnífica**
  No Yosemite Valley, veja uma das cachoeiras mais altas do mundo, com uma queda de 739m
- **Visual maravilhoso**
  Admire a vista impressionante do Yosemite Valley no Glacier Point
- **Cidade-fantasma**
  Pense no auge do garimpo de ouro enquanto anda pelas ruas desertas do Bodie State Historic Park

Panorama do Yosemite Valley a partir do mirante Tunnel View

O Espetacular Yosemite

De beleza incomparável, o Yosemite Valley é a joia da Sierra Nevada. Paredões de granito, cachoeiras rumorejantes, sequoias altíssimas e lindos prados alpinos têm como pano de fundo picos magnificamente esculpidos. Por tudo isso, o Yosemite National Park é um dos parques nacionais mais visitados da América do Norte. A imponência e o isolamento dessas áreas montanhosas elevadas são mais evidentes nos meses de inverno, quando muitas estradas ficam fechadas. A região é um nirvana para quem gosta de esportes, pois dá a chance de caminhar, observar animais selvagens, escalar rochas e esquiar. A escarpa leste das High Sierras desce até o Mono Lake, que atrai aves migratórias, ao passo que, por perto, a cidade-fantasma de Bodie permanece igual ao que era quando foi abandonada, em 1882.

Acima O Half Dome visto do Glacier Point *(p. 167)*

ATIVIDADES

Nade nos riachos gelados e cristalinos em Moccasin

Tente avistar cervos, coiotes e talvez até ursos enquanto explora o Yosemite Valley

Suba até o topo das Yosemite Falls para apreciar uma vista fabulosa do vale

Descubra um paraíso intocado nas Tuolumne Meadows

Veja espécies de aves no Mono Lake, que recebe dezenas de milhares de aves em migração

Passeie pelas ruas abandonadas do Bodie State Historic Park e conheça uma autêntica cidade-fantasma

LEGENDA

Roteiro

Acima A cidade-fantasma de Bodie, Bodie State Historic Park *(p. 171)*

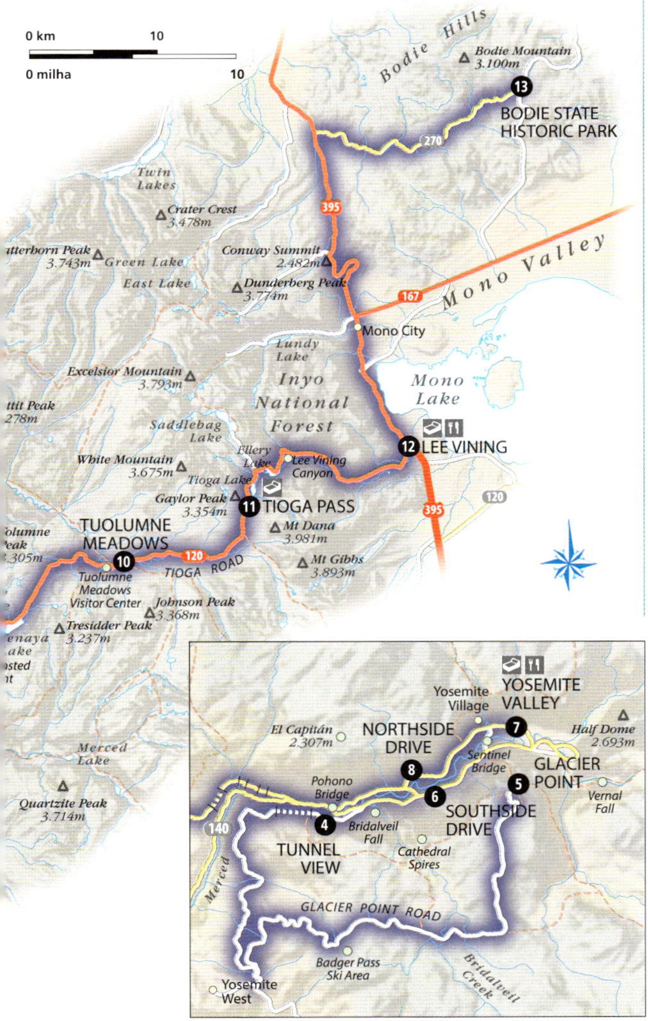

PLANEJAMENTO

Início/fim: De Moccasin ao Bodie State Historic Park.

Número de dias: 3-4, com dois dias para explorar o Yosemite National Park.

Distância: Cerca de 343km (213 milhas).

Condições das estradas: Bem pavimentadas, mas a estrada para o Bodie State Historic Park é de terra. A estrada para Yosemite tem trechos estreitos com curvas; é preciso usar correntes nos pneus no inverno e ficar atento à queda de rochas. A estrada para o Glacier Point e a Tioga Road (de Crane Flat a Lee Vining) fecham de nov-mai ou por mais tempo.

Quando ir: O maior fluxo de turistas é em meados do verão, quando o Yosemite Valley lota. As cachoeiras ganham volume no fim da primavera devido à neve derretida. A área fica linda toda nevada, mas só uma parte desse roteiro é viável no inverno.

Horários de funcionamento: O Yosemite National Park abre diariam o ano todo. Os horários de restaurantes variam muito. A maioria das lojas abre no mínimo das 9h às 17h diariam.

Principais dias de mercado: Groveland: 15h-18h sex, 8h-13h sáb.

Compras: No Yosemite Valley, a Ansel Adams Gallery, a Yosemite Museum Store e The Ahwahnee Gift Shop vendem artesanatos indígenas e gravuras.

Principais festas: Groveland: 49er Festival, set. **Yosemite National Park:** Bracebridge Dinner, dez.

PASSEIOS DE 1 DIA

Amantes da natureza ficarão extasiados com as aves no **Mono Lake**, e podem ver cervos, coiotes e até ursos-pardos no **Yosemite Valley**. Quem gosta de atividades **ao ar livre** pode passar um dia caminhando até as **Yosemite Falls**. **Fotógrafos** têm diversas opções, com vistas sensacionais no **Tunnel View** e no **Glacier Point**. Detalhes *p. 171*.

Ao lado, da esq. p/ dir. O lago Don Pedro, perto de Moccasin; Trilheiros perto do Glacier Point **Abaixo, à dir.** Vista do Yosemite Valley

PARA VISITAR GROVELAND

Informação turística
Yosemite Chamber of Commerce
11875 Ponderosa Lane, 95321; 209 962 0429; aberta 9h-15h seg-sex; www.groveland.org

PARA VISITAR O YOSEMITE NATIONAL PARK

Informação turística
209 372 0200; www.nps.gov/yose

A Yosemite, Inc. faz reservas de hospedagem e camping no parque, e informa sobre atividades disponíveis. *www.yosemitepark.com*

Como dirigir
Respeite o limite de velocidade, para não entrar na deplorável lista de carros em velocidade alta que atropelam e matam ursos-pardos.

ONDE FICAR

GROVELAND

Groveland Hotel *moderado*
Esse B&B intimista e com charme antigo fica a 37km (23 milhas) da entrada do parque.
18767 Main St, 95321; 209 962 4000; www.groveland.com

ARREDORES DE GROVELAND

Blackberry Inn *moderado*
Pousada em estilo rural com uma ampla varanda e quartos decorados individualmente. Fica 19km (12 milhas) a oeste da entrada do parque.
7567 Hamilton Station Loop, Buck Meadows, 95321; 209 962 4663; www.blackberry-inn.com

YOSEMITE NATIONAL PARK

Crane Flat Campground *barato*
Tem vagas para trailers e barracas, churrasqueiras, mesas de piquenique, latas para alimentos, chuveiros e vasos sanitários. Exige reserva.
Crane Flat, Hwy 120, 95321; 877 444 6777; aberto só no verão, em geral jul-set; www.nps.gov/yose/planyourvisit/campground.htm

1 Moccasin

Tuolumne County; 95347

O povoado de Moccasin fica na cabeceira do **Don Pedro Lake**, uma joia cor de jade que instiga os visitantes a fazer um desvio até a **Moccasin Point Marina** *(www.moccasinpointmarina.com)* para passar uma ou duas horas nadando, pescando ou fazendo esportes aquáticos. Às vezes, veem-se águias no topo de pinheiros ou peixes saltando na água. Moccasin pertence à cidade e ao condado de São Francisco, que ali dispõe de sua principal usina hidrelétrica; observe os canos enormes que levam água do topo da Priest Grade – a sinuosa estrada de montanha acima de Moccasin – para as turbinas abaixo.

Em Moccasin, a Hwy 120 começa uma subida longa e sinuosa da Priest Grade para Groveland; dirija com cuidado nas curvas.

2 Groveland

Tuolumne County; 95305

Com raízes na época da Corrida do Ouro e posteriormente baseada também em extração madeireira, essa cidade se chamava Garrotte devido à sua justiça ágil e severa. Ela é repleta de edifícios antigos com fachadas falsas de madeira e granito. Ao que consta, o **Iron Door Saloon**, na Main Street, é o bar mais antigo da Califórnia. Entre para ver as portas de ferro originais, o teto com forro de zinco e um pequeno museu de história natural, artefatos indígenas e variadas peças históricas. Groveland, o último povoado de porte razoável antes do Yosemite National Park, tem muitos hotéis, restaurantes e um posto de gasolina.

Dirija 39km (24 milhas) para leste pela Hwy 120 até a entrada do Big Oak Flat no Yosemite National Park.

Acima O monolito El Capitán **Abaixo, da esq. p/ dir.** Bar em Groveland; Pastagens com carvalhos perto de Moccasin

Yosemite National Park

Criado em 1906, o segundo parque nacional dos EUA é o tesouro natural mais magnífico da Califórnia. Uma visita a ele descortina o vale escavado em uma geleira, rochedos de granito, cachoeiras, prados alpinos e florestas de sequoia. A hospedagem no parque é limitada, o que exige reserva com alguma antecedência; opções fora do parque são mais baratas e fáceis de conseguir de última hora.

3 Big Oak Flat Road

Tuolumne County; 95389

A Highway 120, chamada de Big Oak Flat Road a leste de Groveland, é o principal acesso de São Francisco e do oeste para o Yosemite National Park. Da entrada do Big Oak Flat, a estrada serpenteia por bosques de abetos, bordos e pinheiros. Após 7km (4,5 milhas), vire no estacionamento para o **Merced Grove**, onde uma trilha arenosa desce 2km (1,2 milha) até um grupo majestoso de cerca de vinte sequoias imensas. Se a gasolina estiver no fim, pare no **Crane Flat** para abastecer o carro; não há postos de gasolina no Yosemite Valley. Daqui a rodovia mostra vistas sublimes durante a descida para o vale. Antes de passar pelo primeiro dos três túneis, pare no mirante **Valley Portal** e aprecie o Yosemite Valley, o Half Dome e a garganta do Merced River, em forma de V.

Continue descendo até o cruzamento com a Hwy 41; vire à esquerda. Vá em frente e siga as placas para o Glacier Point (Hwy 41). Pare no mirante Tunnel View.

4 Tunnel View

Mariposa County; 95389

Esse mirante, com a clássica vista do lado leste do Yosemite Valley, é um chamariz para fotógrafos. O vale é emoldurado à esquerda pela face de granito de El Capitán, e à direita pelas Cathedral Spires e a Bridalveil Fall, com o Half Dome no meio. Um mapa em relevo mostra os pontos principais, e placas explicam as forças glaciais e geológicas que os moldaram. O nome do mirante deriva do longo túnel que começa logo a oeste do estacionamento.

Atravesse o túnel e vá até o cruzamento com a Glacier Point Rd; vire à esquerda e continue subindo pela Badger Pass Ski Area até o Glacier Point. A estrada fecha de nov-mai.

5 Glacier Point

Mariposa County; 95389

Da via pavimentada que sai do estacionamento, passa pelo centro de visitantes e vai ao Glacier Point, há lindas vistas do Half Dome e das Vernal Falls, e um amplo panorama das High Sierras. As vistas no alto do Glacier Point, porém, mostram todo o Yosemite Valley. Vá até a beirada para admirar o vale, 980m abaixo, e fique até mais tarde para ver o poente e a lua nascer no Sierra High Country.

Volte pela Glacier Point Rd e a Hwy 41, e vire à direita para seguir a pista de mão única ao longo da Southside Rd.

ONDE COMER E BEBER

GROVELAND

Iron Door Saloon *moderado*
Esse bar no estilo do Velho Oeste oferece opções substanciosas no inverno, como carne com batatas e hambúrgueres de bisão, e pratos asiáticos no verão. Boas cervejas e música ao vivo.
18761 Main St, 95321; 209 962 6244; aberto 11h-21h seg-qui, 11h-22h sex-sáb

PARA VISITAR O YOSEMITE VALLEY

Informação turística
Yosemite Village, 95389; 209 372 0200; aberto 9h-19h30 diariam; www.nps.gov/yose; www.yosemitepark.com

ONDE FICAR

YOSEMITE VALLEY

Curry Village *barato*
Esse hotel fundado em 1899, um dos oficiais no parque, aluga cabanas com banheiros compartilhados ou privados. É, porém, ruidoso à noite.
Lower Pines, 95389; 801 559 4884; www.yosemitepark.com

Yosemite Lodge *moderado*
Há quatro quartos nesse lodge oficial bem equipado, perto da base das Yosemite Falls.
Northside Dr, 95389; 801 559 4884; www.yosemitepark.com

The Ahwahnee *caro*
Outro hotel oficial, porém de luxo, o Ahwahnee envolve os hóspedes em um clima histórico, com muito conforto. Os quartos e suítes, reformados, têm toques suntuosos.
9005 Ahwahnee Dr, Yosemite Village, 95389; 801 559 4884; www.yosemitepark.com

Acima, dir. Vista do Half Dome
Abaixo Os saltos Upper e Lower no Yosemite Valley

6 Southside Drive
Mariposa County; 95389

Com nascente no canto sudeste do parque, o **Merced River** serpenteia pelo vale. Esse rio selvagem e belíssimo tem trechos calmos para nado; informe-se com os guardas-florestais sobre correntezas perigosas. Botes podem ser alugados no Curry Village, se o rio e o clima tiverem condições favoráveis. Logo a leste do desvio para o Tunnel View *(Highway 41)*, passe pelo Bridalview Meadow e pare no estacionamento da **Bridalveil Fall**. Uma trilha leva à base da cachoeira, que cai 188m como um véu de noiva – daí seu nome. Dirija na Southside Drive admirando as **Cathedral Spires** à direita. Uns 2,5km (1,5 milha) adiante, a **Sentinel Beach** é ideal para um piquenique. Continue até a **Upper Yosemite Falls Vista** e conheça a cachoeira mais alta da América do Norte. Nesse prado havia a Yosemite Village original no século XIX, da qual só resta a Yosemite Chapel. A estrada circunda a Sentinel Bridge, famosa pelas vistas do **Half Dome**, o monumento mais marcante de Yosemite. O monolito de granito fica 1.444m acima do solo do vale. Vire à esquerda e cruze a ponte para entrar na **Yosemite Village**, onde há um centro de visitantes, um museu e serviços.

Vire à direita na Northside Dr. Faça uma curva à direita no estacionamento público do Yosemite Valley. Um traslado leva os visitantes ao hotel The Ahwahnee.

7 Yosemite Valley
Mariposa County

Essa região recebe 4 milhões de visitantes por ano. A maioria vem explorar o estreito vale do Yosemite, escavado em uma geleira, que reúne um dos conjuntos de cachoeiras mais notáveis do mundo, formações de granito e vistas estupendas. Os visitantes podem estacionar o carro para andar ou pedalar nas trilhas, ou circular em veículos de traslado. O centro de visitantes e o site NPS informam sobre apresentações e caminhadas guiadas com guardas-florestais.

Passeio a pé de 3 horas

O hotel **The Ahwahnee** ① é um bom ponto de partida. Esse marco histórico foi construído com blocos de granito e imensas vigas de madeira aparente em 1927. Seus cavernosos saguões e salões de uso comum são decorados em estilo indígena; revestido de madeira, o Mural Room tem um mural da flora e fauna de Yosemite. Da entrada do hotel, ande para oeste na Ahwahnee Drive. Na primavera, a Royal Arch Cascade, a nordeste, forma um véu sobre uma face de granito. Dobre à direita na Village Drive e siga-a até cruzar com a Indian Creek Road; vire à esquerda para a **Ansel Adams Gallery** ② *(www.anseladams.com)*, que pertence à família do célebre fotógrafo desde 1902 e expõe e vende suas imagens icônicas. O **Wilderness Center** ③, logo a leste da galeria, aluga latas para guardar alimentos *(p. 171)* e outros equipamentos para quem pretende caminhar nas matas. Ande 50m para oeste até o **Valley Visitor Center** ④ para se informar sobre os

Onde Ficar: barato, menos de US$100; moderado, US$100-US$200; caro, acima de US$200

processos que moldaram Yosemite. Aqui há um filme instrutivo e uma maquete do parque. Ao lado, o **Yosemite Museum** ⑤, um bom exemplo de arquitetura em estilo rústico de 1928, faz a interpretação da história cultural dos índios miwok e paiute, da região, desde 1850 até a atualidade. Do lado oeste do museu, vá para o sul pela Oak Lane, que vira para o oeste até a Northside Drive. A pista arborizada da estrada leva à **Lower Yosemite Falls Trail** ⑥, um caminho mais nivelado que vai à base da cachoeira em dois saltos. Ela despenca 739m de uma plataforma rochosa que a separa das Middle Cascades e das Upper Yosemite Falls, acima, sendo a sexta cachoeira mais alta do mundo. As quedas-d'água ficam mais caudalosas em maio e junho, e no fim do verão podem secar. Visitantes com excelente condicionamento físico podem seguir a Upper Yosemite Falls Trail até o topo das cachoeiras, o que totaliza 11km de ida e volta; a trilha começa 600m a oeste da cabeceira da trilha para as Lower Yosemite Falls. Siga a Northside Drive de volta a seu carro.

Do estacionamento, vire à esquerda para a Northside Dr.

Ansel Adams

O fotógrafo e ambientalista Ansel Adams é renomado por suas imagens da natureza em preto e branco. Sua paixão por fotografia nasceu na primeira visita que fez ao Yosemite National Park, em 1916. Ele publicou muitos livros sobre o Yosemite, as Sierras e outros parques nacionais dos EUA.

⑧ Northside Drive

Mariposa County; 95389

Após a Upper Yosemite Falls Trailhead, passe por **Rocky Point**, onde esportistas escalam penedos enormes criados pela queda de um rochedo em 1987. Na Cathedral Spires Vista, as vistas amplas dão uma boa perspectiva das Cathedral Spires, gêmeas, e da imponente **Cathedral Rock** do outro lado do rio. Continuando para o oeste, a estrada passa pela El Capitán Bridge. Logo além, as pastagens verde-esmeralda do El Capitán Meadow descortinam

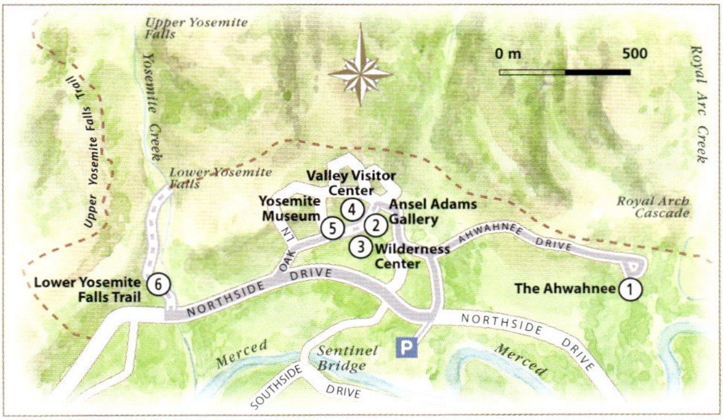

uma vista direta até **El Capitán** ("o capitão"). Redobre a atenção nesse local, pois o acostamento fica cheio de veículos parando e saindo, e de curiosos que espiam quem escala o paredão de granito, que mede 1.095m da base até o cume.

Além da campina, a Northside Drive desce pela face de uma antiga moraina, e nesse ponto a correnteza do Merced River é forte. Paradas na mata densa de carvalhos e pinheiros rendem vistas excepcionais das Bridalview Falls, do outro lado do rio. Pare no **Valley View**, cerca de 2,5km além da El Capitán Bridge, para um panorama do Yosemite Valley. Siga para a Pohono Bridge, onde você pode virar à esquerda para voltar ao vale ou continuar dirigindo para seguir o roteiro (só no verão e no outono).

Vire à direita na Big Oak Flat Rd e suba até Crane Flat; após 15km (10 milhas), vire à direita na Tioga Rd (Hwy 120). Abasteça o carro em Crane Flat.

ONDE COMER E BEBER

YOSEMITE VALLEY

Degnan's Deli *barata*
Serve sanduíches e saladas. No andar de cima há uma pizzaria, um coffee shop e um cibercafé.
Village Dr com Ahwahnee Dr, 95389; 209 372 8454; aberta 7h-18h diariam; pizzaria: fechada no inverno

Village Grill *moderado*
Restaurante de pratos grelhados rápidos, desde frango a hambúrgueres de salmão.
Village Dr, 95389; aberto 11h-18h diariam

Ahwahnee Dining Room *caro*
Esse restaurante elegante oferece cozinha de alto nível em um cenário grandioso.
9005 Ahwahnee Dr, 95389; 209 372 1489; aberto diariam de manhã até a noite, 7h-15h brunch dom

Abaixo, da esq. p/ dir. Ciclista em trilha pavimentada no parque Yosemite; Rafting no rio Merced

No alto O elevado Tenaya Lake
Acima, da esq. p/ dir. A cidade-fantasma de Bodie; Marmota no Tioga Pass

PARA VISITAR A MONO BASIN NATIONAL FOREST SCENIC AREA

Informação turística
US 395, 93541; 760 647 3044; aberto 8h-17h diariam, fechado dez-mar; www.monolake.org/visit/vc

ONDE FICAR

DE CRANE FLAT AO TENAYA LAKE

White Wolf Lodge *barato*
Esse hotel oficial no parque oferece quatro cabanas e 24 tendas em um prado alpino, porém sem utensílios para cozinhar.
White Wolf, Hwy 120, 95379; 801 559 4884; aberto jul-meados set; www.yosemitepark.com

TIOGA PASS

Tioga Pass Resort *moderado*
Cabanas rústicas de madeira e um café com linda vista. Os donos têm um removedor de neve para manter o acesso pelo Lee Vining Canyon.
Saddlebag Lake Rd, 93541; www.tiogapassresort.com

LEE VINING

Lake View Lodge *Barato*
Quartos no motel e cabanas aconchegantes em meio a pinheirais.
51285 US 395, 93541; 760 647 6543; www.bwlakeviewlodge.com

9 De Crane Flat ao Tenaya Lake

Mariposa County; 95389

A panorâmica Tioga Road cobre 77km (46 milhas) até as High Sierras no verão (em geral, fechada nov-mai, dependendo do nível de neve). Sobe gradualmente as encostas no oeste das Sierras, até 3.031m no Tioga Pass, e depois desce abruptamente para o Mono Lake. Pare no estacionamento no **Tuolumne Grove**, cerca de 1km ao longo da Tioga Road. Dali, uma via pavimentada íngreme desce a colina por 1,6km (1 milha) até um grupo grande de sequoias imensas. Passe por dentro da **Tunnel Tree**, uma sequoia morta com um túnel largo feito em 1878. De volta à sinuosa Tioga Road, vire à esquerda e siga as placas para **White Wolf**, onde há hospedagem, camping e trilhas que levam aos lagos Lukens e Harden. Após mais 23km (14,5 milhas), aprecie a vista do Yosemite Valley no **Olmsted Point**. Desça para o **Tenaya Lake**, parte de uma bacia remanescente de uma geleira e pontuado por picos de granito presos no gelo.

Vá para leste até Tuolumne Meadows.

Acima Pesca de truta no Tenaya Lake

10 Tuolumne Meadows

Tuolumne County; 95389

Repleto de flores silvestres na primavera, esse vasto prado alpino é ponto de partida para caminhadas memoráveis nas High Sierras. Pare no **Tuolumne Meadows Visitor Center** para se informar; guardas-florestais orientam sobre as trilhas adequadas conforme o preparo físico e os interesses dos turistas. Uma trilha curta e fácil vai ao **Parsons Memorial Lodge**, um pequeno edifício de pedra construído em 1915 como sede do Sierra Club em Yosemite, e às **Soda Springs**, piscinas naturais que atraem cervos ao amanhecer e no poente.

Saia do parque no Tioga Pass.

11 Tioga Pass

Mono County; 95389

A entrada Tioga Pass no Yosemite precede uma descida abrupta de 19km (12 milhas) do Lee Vining Canyon, que vai de prados na High Sierra, a 2.696m de altitude, até a Mono Lake Basin, 914m abaixo. O posto de entrada ocupa uma depressão entre o Gaylor Peak e o Mount Dana. A estrada tem desvios frequentes, de onde você pode apreciar vistas como as dos lagos artificiais **Tioga** e **Ellery** e, além, da cachoeira que cai do Ellery Lake, na cabeceira do **Lee Vining Canyon**. A vista direta para o cânion é formidável. Procure carneiros selvagens nas encostas rochosas do cânion.

Dirija com cuidado, pois há trechos da estrada com descidas íngremes e sem proteção nas margens, frequentes deslizamentos de rochas e, às vezes, avalanches no inverno, principalmente na parte abaixo de Warren Fork, uma curva fechada a 2.743m de altitude.

Desça 30km (19 milhas) até o cruzamento em T com a US 395, em Lee Vining. Vire à esquerda para entrar na cidade; estacione ao lado da estrada.

Esconda a comida

Os ursos-pardos no Yosemite são atraídos por fontes fáceis de alimento, como campings, onde roubam barracas e entram em veículos. É ilegal deixar alimentos ou artigos com aroma, como pasta de dentes, dentro de veículos à noite, exceto em trailers reforçados. É obrigatório guardar comida em latas, que podem ser alugadas no próprio parque. Com frequência os ursos entram em campings, mesmo quando as pessoas estão presentes.

⑫ Lee Vining

Mono County; 93541

Essa cidadezinha é um entroncamento útil para quem está indo ao Yosemite National Park ou vindo dele. Após abastecer o carro e comprar mantimentos, visite o **Old School House Museum** *(www.historicoldhouse.com)*, ao lado do Hess Park, para ver artefatos indígenas e velhos equipamentos agrícolas e de mineração. Na base da escarpa leste da Sierra, Lee Vining ocupa uma saliência com vistas para o **Mono Lake** *(p. 189)*. Ao deixar a cidade, pare no **Mono Basin National Forest Scenic Area Visitor Center**, que tem mostras interativas sobre geologia, ecologia e história da Mono Basin; trilhas partem do mirante para o lago, em cuja superfície se destacam fantasmagóricos picos de calcário.

Vá para o norte por 30km (19 milhas) na US 395 e vire à direita na Bodie Rd, na direção do Bodie State Historic Park (sinalizado). Os 5km (3 milhas) finais são de terra; há bastante espaço para estacionar.

⑬ Bodie State Historic Park

Mono County; 93517

Esse parque *(760 647 6445; aberto verão: 9h-18h diariam; inverno: 9h-15h diariam)* abriga a cidade-fantasma de Bodie, preservada graças ao clima seco. Após uma importante descoberta de ouro e prata em 1877, o povoado mineiro virou um dos maiores centros mineiros do Oeste, com 10 mil habitantes. Esse lugar violento tinha mais de 60 *saloons* e bordéis e até uma pequena Chinatown, na King Street, com bares, antros de jogatina e um templo taoista dos garimpeiros chineses. A cidade foi abandonada há quase um século, quando o ouro se esgotou, mas seus vestígios ganharam o status de Sítio Histórico Nacional em 1962. Muitos de seus desgastados edifícios de madeira ainda apresentam móveis e artigos bem preservados.

ONDE COMER E BEBER

LEE VINING

Nicely's *barato*
Típico diner americano com vista para o lago. O cardápio, eclético, tem desde panquecas até hambúrgueres vegetarianos e sanduíches de carne de porco.
US 395 com 4th St, 93541; 760 647 6477; aberto 6h-21h diariam, inverno: fechado ter e qua

Whoa Nellie Deli *moderado*
Esse restaurante no Tioga Gas Mart surpreende pela qualidade. Há opções como hambúrgueres suculentos, tacos de peixe, salmão grelhado e sushi, além de música ao vivo em muitas noites.
22 Vista Point Rd, 93541; 760 647 1088; aberto 6h30-21h diariam; www.whoanelliedeli.com

Acima, esq. Picos de calcário no Mono Lake
Abaixo Capela no Bodie State Historic Park

PASSEIOS DE 1 DIA

O Yosemite Valley é a base para passeios no Yosemite National Park.

Siga as trilhas

Dá para passar um dia inteiro no Yosemite Valley ⑦ – aprecie as cachoeiras, tente avistar cervos e ursos e faça um piquenique diante de vistas sensacionais.

Faça um giro completo pelo vale dirigindo pela Southside e pela Northside Drives.

Leve binóculos e câmera

Lee Vining ⑫ tem milhares de aves migratórias no Mono Lake. Vá ao fascinante Bodie State Historic Park ⑬ e tire fotos nessa cidade-fantasma.

De Lee Vining, vá para o norte pela Hwy 395 e siga as placas para o Bodie State Historic Park.

Capriche nas fotos

Tunnel View ④ e Glacier Point ⑤ são mirantes com vistas maravilhosas que atraem fotógrafos. No inverno, esquie um pouco na Badger Pass Ski Area, a caminho do Glacier Point.

Do Tunnel View, a Wawona Rd vai para o sul até a Glacier Point Rd; vire à esquerda para o Badger Pass e o Glacier Point.

ROTEIRO **16**

Árvores e Desfiladeiros

De Three Rivers a Fresno

Destaques

- **Sequoias gigantescas**
  Caminhe por entre essas árvores nos parques nacionais Sequoia e Kings Canyon
- **O rei dos cânions**
  Veja a profundidade fascinante do Kings Canyon
- **Trilhas alpinas**
  Admire as flores silvestres em uma caminhada pelo Crescent Meadow
- **Cachoeira rumorejante**
  Visite a impressionante Roaring River Falls, que fica nessa área

O Clover Creek, nas florestas do Sequoia National Park

Árvores e Desfiladeiros

No sul da Sierra, os parques nacionais Sequoia e Kings Canyon protegem algumas das maiores árvores do mundo – as sequoias-gigantes. A General Sherman Tree, uma homenagem ao general William Tecumseh Sherman, da Guerra Civil Americana, é a mais impressionante, com seus 84m de altura. Esse roteiro abrange cenários bem diversificados, desde os picos elevados da Sierra até cânions extremamente íngremes. Um bom exemplo é o Kings Canyon, com uma queda de 2.499m entre as Spanish Mountains e o Kings River. Vastas áreas dos parques são preservadas, com acesso apenas por trilhas, o que torna esse destino perfeito para quem está cansado de dirigir.

Acima O lago Kaweah, a oeste de Three Rivers *(p. 176)*
Abaixo, à dir. Sequoia no Grant Grove *(p. 178)*

LEGENDA

Roteiro

ATIVIDADES

Maravilhe-se com a imensa General Sherman Tree na Giant Forest, Sequoia National Park

Caminhe em meio às árvores imensas do Grant Grove

Faça um passeio a cavalo nas matas em Cedar Grove Stables

Explore os parques com um guarda-florestal para aprender sobre a flora e a fauna da região

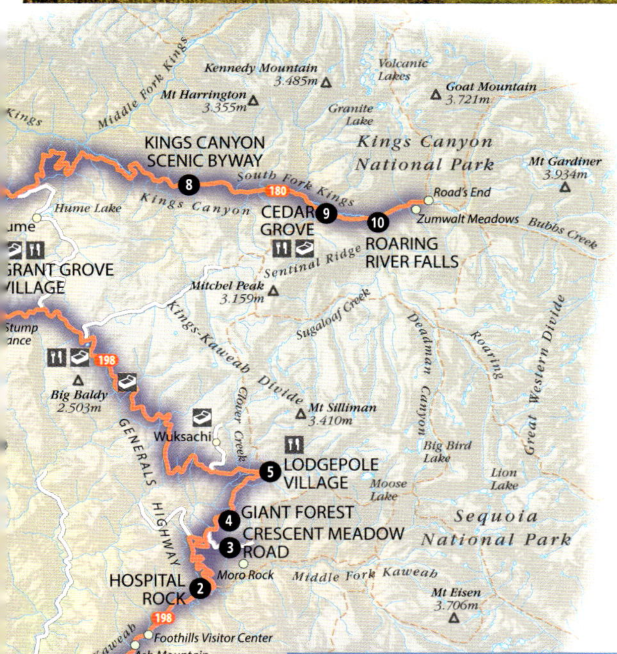

PLANEJAMENTO

Início/fim: De Three Rivers a Fresno.

Número de dias: 3, com pelo menos uma noite em cada parque.

Distância: 418km (260 milhas).

Condições das estradas: As estradas são pavimentadas e seguras no verão e até outubro. Algumas, porém, como a Highway 180 para Cedar Grove, ficam inacessíveis no inverno devido a neve e quedas de rochas. Nos parques há estradas montanhosas com curvas e trechos íngremes. Para mais informações, ligue para 559 565 3341 ou consulte o site do parque.

Quando ir: É melhor dirigir no verão e no outono, antes que comece a nevar mais para o final de outubro. Esportes populares de inverno, porém, como esqui, atraem visitantes à região entre nov-mar. A temperatura tem variações agudas devido a diferenças de altitude, que vão de 396m a 4.418m.

Horários de funcionamento: No verão, os centros de visitantes abrem das 9h às 16h30, e lojas e restaurantes funcionam das 9h às 21h diariam.

Caminhadas nas matas: Prepare-se adequadamente para caminhadas em áreas selvagens. Veja mais informações nos sites www.fs.fed.us e www.nps.gov.

PASSEIOS DE 1 DIA

Esse roteiro engloba muitas atrações **ao ar livre**. Uma visita ao **Crescent Meadow**, no Sequoia National Park, dá a chance de avistar ursos em movimento, e o itinerário ao longo do **Kings Canyon Scenic Byway** tem panoramas estupendos. Detalhes *p. 179.*

Acima, esq. O Crescent Meadow *(p. 176)*
À esq. Iúca no Sequoia National Park *(pp. 176-7)*

Acima, da esq. p/ dir. O lago Elowin, em Three Rivers; O Tunnel Log, na Crescent Meadow Road

PARA VISITAR OS PARQUES NACIONAIS SEQUOIA E KINGS CANYON

Informação turística
Centros de visitantes em Ash Mountain, Lodgepole Village, Grant Grove e Cedar Grove dão informações sobre os parques.

Foothills Visitor Center *47050 Generals Hwy, 93271; 559 565 3341; www.nps.gov/seki*

O site da Sequoia and Kings Canyon Park Services Company informa sobre opções de hospedagem autorizadas, atrações turísticas e atividades. *www.sequoia-kingscanyon.com*

ONDE FICAR

THREE RIVERS

Buckeye Tree Lodge *moderado*
A 400m da entrada do parque, tem estilo de motel, limpo, com um deque voltado para o Kaweah River. Os donos também possuem uma propriedade anexa e alugam casas.
46000 Sierra Dr, 93271; 559 561 5900

Lake Elowin Resort *moderado*
Esse resort tranquilo oferece cabanas rústicas diante de um pequeno lago, em cenário que parece um parque. Há cabanas de vários tamanhos, e a maioria conta com cozinha equipada.
43840 Dineley Dr, 93271; 559 561 3460; www.lake-elowin.com

① Three Rivers

Tulare County; 93271
Esse povoado perto de Ash Mountain, o ponto de entrada pelo sul nos parques gêmeos, deve seu nome à confluência dos três braços do **Kaweah River**. Há hotéis e restaurantes no povoado e ao redor. Indo 5km a oeste do centro, você chega aos vestígios da **Kaweah Colony**, uma comunidade socialista utópica que existia ali nos anos 1880. A Highway 198 serpenteia ao longo do Kaweah River, passando por uma paisagem de chaparral na direção da entrada dos parques. Peça orientações no Foothills Visitor Center, que fica 1,6km (1 milha) ao norte da entrada.

Siga a Hwy 198 para a Hospital Rock; há um estacionamento público.

② Hospital Rock

Tulare County; 93271
Com lindo itinerário alpino, a sinuosa Highway 198 liga os dois parques, onde é denominada de **Generals Highway**, em referência aos heróis da Guerra Civil cujos nomes são homenageados por associação com as grandes sequoias dos parques. Dê uma parada na Hospital Rock, que tem desenhos de um antigo assentamento monache. Indícios arqueológicos sugerem a presença indígena nessa região desde 1350. Além da Hospital Rock, os **Four Guardsmen** – quatro sequoias-gigantes – são formidáveis.

Dirija na Hwy 198 (Generals Hwy) até o Giant Forest Museum; desse local, siga para o Crescent Meadow.

③ Crescent Meadow Road

Tulare County; 93271
A caminho do Crescent Meadow, pare na **Moro Rock** e suba até o topo desse monolito de granito para apreciar a vista das High Sierras. A seguir, a **Tunnel Log** é uma árvore que caiu na estrada em 1937 mas que permite a passagem de veículos graças a um túnel escavado em seu tronco. Surge então o **Crescent Meadow**, repleto de flores silvestres e com algumas sequoias. Fique de olho em ursos e nos sapos-de-pernas-amarelas.

Volte ao Giant Forest Museum e estacione ali.

Placa indica a entrada do Sequoia National Park

④ Giant Forest

Tulare County; 93271
Esse bosque de sequoias enormes foi batizado de Giant Forest por John Muir em 1875. Segundo o escritor e ambientalista, as árvores pareciam "gigantes agrupados em bosques com ar de templos ou dispostos em colunatas nas margens de prados". A General Sherman Tree é um caso à parte: é fascinante observar sua grandeza. Próximo dali, o Giant Forest Museum enfoca a singularidade botânica dessas árvores monumentais e sua conservação.

Passeio a pé de 2 horas

Deixe o carro no estacionamento e faça uma visita ao **Giant Forest Museum** ①, que é rico em informações sobre a história natural da região. No local onde havia um mercado, o museu é muito interessante e didático. Há várias mostras sobre as árvores magníficas e a história de sua conservação. John Muir foi o primeiro a clamar pelo fim da exploração ilimitada de recursos naturais, incluindo o abate crescente de árvores grandes. Em 1885, ele finalmente obteve

Onde Ficar: barato, menos de US$100; moderado, US$100-US$200; caro, acima de US$200

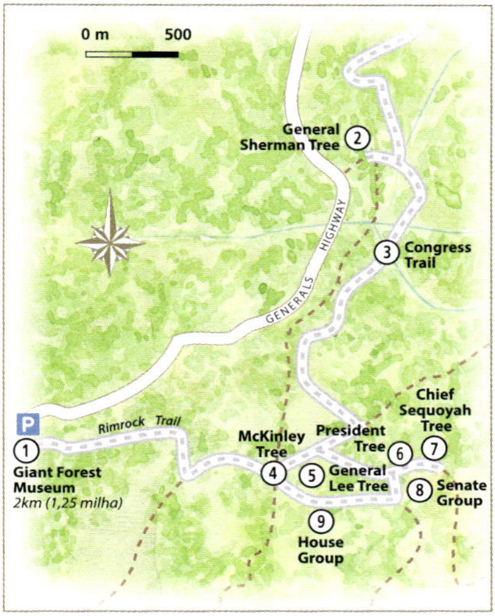

apoio político para iniciar o processo de preservação dos principais bosques de sequoias-gigantes. No museu, pegue o traslado para o estacionamento da General Sherman e comece a caminhada pelo bosque. São apenas cerca de 182m até a **General Sherman Tree** ②, que merece uma sessão fotográfica. Espécie viva mais alta do mundo, essa sequoia grandiosa tem 84m de altura, 11m de diâmetro e 33m de circunferência, e cresce 1cm a cada década. Calcula-se que ela contenha por volta de 1,5 bilhão cm^3 de madeira. Andar ao redor da base dessa árvore é uma experiência memorável. A General Sherman também é ponto de partida para a **Congress Trail** ③, uma caminhada de 3km através da Giant Forest, com muitas paradas sinalizadas em outras sequoias famosas. A altitude é de 2.134m, e o terreno, ondulado – portanto, ande em ritmo moderado para não ficar extenuado demais. A próxima gigante famosa é a **McKinley Tree** ④, que homenageia o 25º presidente dos EUA, William McKinley. A **General Lee Tree** ⑤ é outra atração. Seguindo a tradição de homenagear generais da Guerra Civil, a árvore é um memorial a Robert Edward Lee, comandante do Exército Confederado do Norte do estado da Virgínia. Nas proximidades fica a bela **President Tree** ⑥, que tem pelo menos 3 mil anos. Mais adiante na trilha, a **Chief Sequoyah Tree** ⑦ é um tributo a Sequoyah (*c.* 1770-1843), um cacique cherokee que inventou um alfabeto independente em seu idioma para que sua tribo pudesse aprender a ler e escrever. A árvore evoca a contribuição inestimável de Sequoyah para diminuir o índice de analfabetismo dos índios da nação cherokee. Na direção sul, seis árvores gigantescas agrupadas são chamadas de **Senate Group** ⑧. Por perto, o **House Group** ⑨ é outro agrupamento de sequoias. Após explorar a Congress Trail, desça 3km até a Rimrock Trail e volte ao Giant Forest Museum.

Continue na Hwy 198 para ir a Lodgepole Village. Ao chegar lá, estacione o carro ao lado da estrada.

Acima Entalhes indígenas na Hospital Rock
Abaixo, esq. O tronco enorme da General Sherman Tree, Giant Forest

ONDE COMER E BEBER

THREE RIVERS

Anne Lang's Emporium *moderado*
Um bom lugar para almoço e compras para piquenique nos parques. Tem mesas e um deque diante do Kaweah River, e serve sanduíches, saladas, sopas e itens assados na hora.
41651 Sierra Dr, 93271; 559 561 4937; aberto 9h-16h seg-sáb

À dir. Wuksachi Lodge, perto de Lodgepole Village, no Sequoia National Park
Abaixo Vista em um mirante das High Sierras

ONDE FICAR

ARREDORES DE LODGEPOLE VILLAGE

Montecito Sequoia Lodge *moderado*
Lodge bom para famílias, onde se fecham pacotes com tudo incluído. Oferece muitos programas no verão e esportes de neve no inverno.
63410 Generals Hwy, 93633; 25km N de Lodgepole Village; 800 227 9900; aberto o ano todo; www.mslodge.com

Stony Creek Lodge *moderado*
Faça reserva pela operadora Kings Canyon nesse lodge no terreno do Forest Service, entre os dois parques. Os quartos têm banheiro privativo.
20km N de Lodgepole Village, 93633; 559 335 5500; aberto mai-out; www.sequoia-kingscanyon.com/stonycreeklodge.html

Wuksachi Lodge *caro*
Lodge oficial do parque, o moderno Wuksachi é muito prático, pois tem restaurante, bar e lojas.
64740 Wuksachi Way, 93262; 888 252 5757; aberto o ano todo; www.visitsequoia.com

GRANT GROVE VILLAGE

John Muir Lodge *moderado*
Moderno, é uma opção oficial do parque. Seu saguão tem uma lareira de pedra, e todos os quartos dispõem de banheiro.
93633; 559 335 5500; aberto o ano todo; www.sequoia-kingscanyon.com/johnmuirlodge.html

CEDAR GROVE

Cedar Grove Lodge *moderado*
Lodge de madeira junto ao Kings River, com dezoito quartos e restaurante. É uma boa base para explorar o Kings Canyon.
93633; 559 335 5500; aberto mai-out; www.sequoia-kingscanyon.com/cedargrovelodge.html

5 Lodgepole Village

Tulare County; 93262

Com o nome da espécie de pinheiro cujo tronco era usado para fazer estacas de construções, esse povoado é crucial para as atividades no Sequoia National Park. Há um centro de visitantes e um mercado, único com loja de conveniência em um raio de quilômetros. Lodgepole também é base para caminhadas. Entre as muitas trilhas que partem do local, a melhor é a **Tokopah Valley Trail**, que leva a uma cachoeira com queda de 366m.

Mais adiante na Generals Highway, pare em **Clover Creek**, uma série de riachos que fluem em meio a coníferas.

Pegue a direção oeste na Hwy 198 (Generals Hwy) e, ao cruzar com a Hwy 180, vire à direita para Grant Grove Village; estacione ao lado da estrada.

6 Grant Grove Village

Tulare County; 93633

Parada central no Kings Canyon National Park, Grant Grove Village tem um centro de visitantes e uma central de reservas de hospedagem. Compre mantimentos e faça uma refeição no restaurante local. A General Grant Tree e o Grove são as grandes atrações, mas a subida de carro por 3,7km (2,3 milhas) em um pico leva ao **Panoramic Point**, mirante a 2.292m com vistas da crista das Sierras.

Continue para o norte pela Hyw 180 e vire à esquerda na placa para General Grant Grove, que tem um estacionamento público.

As sequoias-gigantes

A *Sequoiadendron giganteum*, ou sequoia-gigante, é a árvore mais volumosa do mundo. O tronco da General Sherman Tree, por exemplo, equivale ao volume de quinze baleias-azuis adultas. Uma sequoia-gigante pode ter mais madeira do que muitos hectares de mata virgem no noroeste do Pacífico. Sua madeira, porém, é frágil demais para construções.

7 General Grant Tree e Grant Grove

Tulare County; 93633

A área do Grant Grove abriga a General Grant Tree, a segunda maior árvore do mundo em termos de volume total. Com idade estimada entre 1.800 e 2 mil anos, essa sequoia é bem nova se comparada às outras, que têm de 2 mil a 3 mil anos. O presidente Coolidge a elegeu como "a árvore de Natal nacional" em 1926, e 30 anos depois ela foi declarada pelo presidente Eisenhower um memorial vivo aos heróis americanos abatidos em guerra. Um pouco adiante no sul do bosque há tocos enormes que

lembram o abate intensivo dessa floresta no século XIX.

Volte à Hwy 180 e siga a nordeste rumo ao Kings Canyon Scenic Byway.

8 Kings Canyon Scenic Byway

Tulare County; 93633

Esse trecho espetacular começa na base das Sierras, no oeste, e sobe até o meio do Kings Canyon, ao longo do South Fork do Kings River. O Kings Canyon, moldado por forças glaciais e erosão, é o mais profundo nos EUA. Observar seus paredões íngremes de granito roxo é uma experiência inesquecível.

Vá para leste pela Hwy 180 em direção a Cedar Grove, onde há um estacionamento.

9 Cedar Grove

Tulare County; 93633

Com um centro de visitantes e hospedagem, Cedar Grove fica na base do vale, nas profundezas a leste do Kings Canyon. Ande a cavalo pelas trilhas em excursões oferecidas pela **Cedar Grove Stables**. Dois monolitos de granito – **Grand Sentinel** e **North Dome** – dividem as atenções com vistas sensacionais que se estendem dos cânions até as vastidões ermas. John Muir comparou essa região ao Yosemite Valley *(pp. 168-9)*, observando que se trata de um "vale mais grandioso, mas do mesmo tipo".

Dirija 5km (3 milhas) para leste na Hwy 180 até as Roaring River Falls; pare no estacionamento.

10 Roaring River Falls

Tulare County; 93633

As esplêndidas cachoeiras de Roaring River Falls ficam no lado sul da estrada e têm uma correnteza turbulenta que passa entre penedos de granito.

Acima, da esq. p/ dir. Paredões de granito do Kings Canyon; A Highway 245 rumo a Pinehurst

A seguir, pare no **Zumwalt Meadow**, uma pastagem com carvalhos pretos típicos da Califórnia, cedros aromáticos e pinheiros. Mais adiante, **Road's End** é ponto de partida de muitas trilhas pelas matas.

Refaça o caminho dirigindo para oeste através do parque. Pegue a Hwy 180 e continue descendo o lado oeste dos contrafortes até chegar a Fresno.

11 Fresno

Fresno County; 93721

A estrada que desce até Fresno passa por uma floresta de coníferas e tabaco. Um trajeto panorâmico de 8km (5 milhas) para o sul na Highway 245 até Pinehurst é recomendado. Volte à Highway 180 e dirija em meio a carvalhos e pastagens.

A estrada para Fresno cruza o fértil cinturão agrícola do Central Valley. Barracas no acostamento vendem produtos sazonais locais, como uvas, nozes e frutas. Caso você venha no fim fev-início mar, explore a Blossom Trail de carro, cruzando pomares, vinhedos e bosques de frutas cítricas. A cidade tem muitas opções de hospedagem e alimentação, e é um bom lugar para pernoite ou para fazer uma refeição.

ONDE COMER E BEBER

LODGEPOLE VILLAGE

Lodgepole Market *moderado*
A Watchtower Deli e o Harrison BBQ and Grill servem hambúrgueres, pizzas, sanduíches e wraps.
63204 Lodgepole Rd, 93262; 559 565 3301; aberto mai-out

ARREDORES DE LODGEPOLE VILLAGE

Montecito Sequoia Lodge Restaurant *moderado*
Bufê de café da manhã, almoço e jantar para hóspedes. Ligue antes de ir.
63410 Generals Hwy, 93633; 25km N de Lodgepole Village; 800 227 9900; aberto o ano todo

GRANT GROVE VILLAGE

Grant Grove Restaurant *moderado*
Serve pratos com carne e peixe, além de pizzas no verão.
93633; 559 335 5500; aberto o ano todo

CEDAR GROVE

Cedar Grove Lodge Restaurant *moderado*
Há ovos com torradas de manhã, hambúrgueres e sanduíches no almoço, frango, porco ou truta no jantar.
93633; 559 565 0100; aberto mai-out

PASSEIOS DE 1 DIA

Os parques nacionais Sequoia e Kings Canyon podem ser explorados em passeios de um dia.

Um dia no prado

A estrada para o Crescent Meadow 3 e uma caminhada no prado são um ótimo programa. Aprecie os panoramas da Moro Rock, que estão entre os melhores no parque. Placas na estrada indicam os grupos de sequoias monumentais. Ande por esse prado alpino, onde às vezes se veem ursos e os ameaçados sapos-de-pernas-amarelas. Várias trilhas para as matas saem do local.

A estrada para o Crescent Meadow fica em um desvio bem sinalizado na Hyw 198 (Generals Hwy).

Cânions e cascatas

Compre mantimentos para um piquenique em Grant Grove Village 6 e vá para o Kings Canyon Scenic Byway 8, que tem vistas estupendas do cânion e do rio. Pare para admirar as Roaring River Falls 10 e depois faça um piquenique no verdejante Zumwalt Meadow.

Do Grant Grove, siga a Hwy 180 por 55km (34 milhas) até alcançar o Zumwalt Meadow.

ROTEIRO **17**

A Beleza do Owens Valley

De Lone Pine à Mono Lake Tufa State Reserve

Destaques

- **Alturas estonteantes**
  Contemple o pico elevado do magnífico Mount Whitney
- **Na trilha dos pinheiros**
  Ande por entre árvores antigas na Ancient Bristlecone Pine Forest
- **Vastidão montanhosa**
  Sinta a adrenalina de pedalar, pescar, passear de canoa ou esquiar em Mammoth Lakes
- **Joia cor de jade**
  Maravilhe-se com as aves e as singulares torres de calcário no Mono Lake

A Mount Whitney Road, em meio à paisagem do Mount Whitney Portal

A Beleza do Owens Valley

Pouco conhecido, o Owens Valley se estende por 120km entre a Sierra Nevada e as White Mountains e oferece um dos mais belos roteiros de carro em toda a Califórnia. Plano e reto, o vale a 1.200m de altitude é emoldurado por picos nevados que se erguem a 4.300m em ambos os lados do caminho. Passeios curtos pelas montanhas abrangem maravilhas naturais como o Mount Whitney, antigos pinheiros e os lagos reluzentes e cones vulcânicos de Mammoth Lakes. O roteiro pela US 395 passa por vários locais de interesse histórico e por uma série de cidadezinhas do tempo do Velho Oeste, dando chance, também, de fazer ótimas caminhadas.

Acima Cones vulcânicos e picos nevados perto do Mono Lake *(p. 189)*
Abaixo Kitesurfe no lago alpino June *(p. 189)*

LEGENDA

Roteiro

ATIVIDADES

Lembre-se dos filmes de faroeste ao caminhar pela paisagem pedregosa das Alabama Hills

Siga as trihas até o cume do Mount Whitney, ao longo da Mount Whitney Trail

Admire a resistência dos pinheiros enquanto caminha a 3.000m de altitude na Ancient Bristlecone Pine Forest

Jogue o anzol para pescar trutas nas águas cristalinas dos Twin Lakes

Faça kitesurfe no June Lake, de águas cor de jade

Observe aves como gaivotas e mergulhões no Mono Lake

Acima Flores do deserto na rodovia

PLANEJAMENTO

Início/fim: De Lone Pine à Mono Lake Tufa State Reserve.

Número de dias: 2-3.

Distância: 415km (258 milhas).

Condições das estradas: A rota principal pela US 395 é bem mantida. As estradas de montanha para o Mount Whitney Portal e a Ancient Bristlecone Pine Forest têm muitas curvas e trechos íngremes. Tanto elas quanto a passagem na US 395 no norte de Mammoth Lakes ficam cheias de neve, o que requer correntes nos pneus. Em geral, a estrada para o Devil's Postpile National Monument fecha no inverno e na primavera devido à neve.

Quando ir: Esse roteiro é bom o ano todo. O clima é ótimo na primavera e no fim do outono. No verão faz calor, mas as estradas de montanha estão sem neve. No inverno, a neve embeleza o cenário e dá chance de esquiar e ver aves no Mono Lake.

Horários de funcionamento: A maioria dos museus abre ter-sáb, alguns também no dom e poucos fecham no inverno. Restaurantes funcionam até por volta das 22h; lojas abrem das 9h às 18h seg-sáb, e algumas também no dom.

Principais dias de mercado: Bishop: jul-out, 9h-12h sáb. Mammoth Lakes: 16h-19h sáb.

Principais festas: Lone Pine: Film Festival, out. **Bishop:** Bishop Mule Days, mai. **Mammoth Lakes:** Jazz Jubilee, jul; Music Festival, jul-ago.

PASSEIOS DE 1 DIA

Faça caminhadas incríveis pelo **Mount Whitney** e pelas **Alabama Hills**, e aprenda sobre **geologia** observando as formações fascinantes do **Devil's Postpile**, do **Mono Lake** e do **Obsidian Dome**. Reviva o **passado histórico** no **Laws Railroad Museum**, no **Manzanar National Historic Site** e em vários museus de história da área. Detalhes *p. 189*.

Acima, da esq. p/ dir. Film History Museum, em Lone Pine; Formações rochosas nas Alabama Hills

PARA VISITAR LONE PINE

Informação turística
O Eastern Sierra Interagency Visitor Center tem ótimas mostras e dá informações sobre as Eastern Sierras e o norte do deserto de Mojave. *US 395 e SR 136, 93545; 760 876 6200; aberto 8h-17h diariam*

Estacionamento
Estacione de graça na Main St.

ONDE FICAR

LONE PINE

Dow Villa Motel *barato*
Motel com ótima localização e próximo a vários restaurantes. Há também uma piscina.
310 S Main St, 93545; 760 876 5521; www.dowvillamotel.com

INDEPENDENCE

Ray's Den Motel *barato*
Motel com quartos simples em uma área com jardins esculpidos. O dono é muito prestativo.
405 N Edwards, 93526; 760 878 2122

Winnedumah Hotel *barato*
Construído nos anos 1920, esse hotel aconchegante tem 28 quartos, um restaurante e um pátio com jardim.
211 N Edwards St, 93526; 760 878 2040; www.winnedumah.com

BIG PINE

Glacier Lodge *barato*
Há cabanas autônomas simples, camping para trailers e um armazém nesse lodge alpino.
Glacier Lodge Rd, 93513; 760 938 2837; www.jewelofthesierra.com

Bristlecone Manor Motel *moderado*
Esse motel de bom gosto tem dezessete quitinetes e fica junto a um posto de gasolina e a uma mercearia.
101 N Main St, 93513; 760 938 2067; www.bristleconemotel.com

❶ Lone Pine

Inyo County; 93545

Essa cidadezinha na orla norte do deserto de Mojave é a entrada meridional do Owens Valley. Os edifícios de madeira do século XIX lhe dão o ar de uma cidade de fronteira. O pequeno **Southern Inyo Museum** *(127 W Bush St; horários variam)* tem variadas peças históricas, e o **Lone Pine Film History Museum** *(www.lonepinefilmhistorymuseum.org)* inclui uma diligência entre muitas recordações do Velho Oeste. O Mount Whitney e os picos nevados no extremo sul da Sierra Nevada se erguem a oeste da cidade. O **Owens Lake**, 8km (5 milhas) ao sul da cidade, tem origem no derretimento glacial na última Era do Gelo, mas foi drenado no início do século XX para fornecer água a Los Angeles. Hoje seco, o lago está sendo revitalizado.

Saia da Main St e pegue a Whitney Portal Rd para as Alabama Hills.

Placa nas Alabama Hills

❷ Alabama Hills

Inyo County; 93545

Cinéfilos podem reconhecer a paisagem dessas colinas, mostrada nos filmes de ação *O cavaleiro solitário* e *Gladiador* (2000). Mais de 250 filmes foram rodados nessa área acidentada com formações de granito metamórficas que têm a Sierra Nevada como pano de fundo. Imprima o mapa de passeio autoguiado "Movie Road", disponível no site do US Bureau of Land Management *(www.blm.gov)*. A **Alabama Hills Arch Nature Trail Walk** leva a arcos rochosos naturais.

Siga para oeste pela Whitney Portal Rd até o Mount Whitney Portal.

Lá, algumas áreas de estacionamento valem por um dia; outras são para pernoite. Tire todos os alimentos e itens aromáticos do carro para não atrair visitas indesejadas de ursos-pardos.

❸ Mount Whitney Portal

Inyo County

Após subir a colina em zigue-zague pela floresta de coníferas, a estrada termina no Whitney Portal, cercado por paredões de granito a 2.550m. No caminho, as vistas do Owens Valley e da escarpa oeste das Sierras são magníficas, e recuos permitem fazer fotos em segurança. Árdua, a caminhada pela **Mount Whitney Trail** envolve 35km de ida e volta ao cume, a 4.421m. É preciso obter permissão para um dia ou pernoite, que pode ser solicitada até seis meses antes *(760 873 2483; www.fs.usda.gov/inyo)*. Permissões para um dia dependem de vagas entre mai-nov. Latas para comida resistentes contra ursos são obrigatórias e podem ser alugadas na Whitney Portal Store.

Volte a Lone Pine e vire à esquerda na US 395 em direção ao estacionamento de Manzanar, que fica a 30km (19 milhas).

❹ Manzanar National Historic Site

Inyo County; 93526

Esse sítio histórico *(www.nps.gov/)* foi criado em 1992 no local do Manzanar War Relocation Center, onde 10 mil nipo-americanos ficaram confinados durante a Segunda Guerra Mundial. O centro de visitantes tem mostras excelentes, exibe um filme e também conta as histórias dos índios paiute do Owens Valley, da época dos colonos e dos pomares que existiam antigamente na área. Pegue um mapa antes de fazer o passeio autoguiado de carro de 5km (3,2 milhas) pelos locais principais, incluindo a réplica de uma torre de vigia. Pare no cemitério, onde um monumento é envolto por tiras coloridas de origami e recordações de sobreviventes e visitantes.

Dirija para o norte na US 395 para Independence; estacione no Interpretive Center.

Onde Ficar: barato, menos de US$100; moderado, US$100-US$200; caro, acima de US$200

5 Independence

Inyo County; 93526

A cidade teve origem em 1865 como o forte Independence, do exército dos EUA, estabelecido para subjugar indígenas hostis. Hoje, é a capital do Inyo County. O imponente **Inyo County Courthouse** *(N Edwards St c/ Center St)*, datado de 1922, é o único exemplo na região de arquitetura pública neoclássica. Do tribunal, a Center Street segue o oeste até o **Eastern California Museum** *(www.inyocounty.us/ecmuseum)*, que merece uma visita. Veja o acervo de cestaria paiute e shoshone, assim como outras peças de cultura indígena e de história natural e local. Outros destaques são carroças e equipamentos agrícolas e de mineração antigos.

No correio, vire à esquerda na Market St (Onion Valley Rd) e siga por 20km (13 milhas) até a Onion Valley Trailhead, onde é preciso pagar uma taxa.

6 Onion Valley

Inyo County

Esse vale é uma entrada para a John Muir Wilderness Area e a **Pacific Crest Trail**, de 4.625km (2.650 milhas). A estrada sobe o vale até uma área de estacionamento a 2.804m, cercada por picos altos. Três trilhas serpenteiam a leste da Sierra a partir da Onion Valley Trailhead. O passeio de 18km (ida e volta) na **Kearsarge Pass Trail** leva ao Little Pothole Lake – o primeiro de muitos lagos nessa região –, depois ao Gilbert Lake, em meio a formações de penedos. Continue subindo até o **Kearsarge Pass**, a 3.604m, onde há vista estupenda dos Sequoia/Kings Canyon National Parks *(pp. 176-9)*. Para acampar, faça reserva pelo menos quatro dias antes *(760 937 6070; www.recreation.gov)*.

Volte a Independence e continue para o norte na US 395; após 29km (18,5 milhas), vire à direita em uma estrada de terra para o Tinemaha Wildlife Overlook (não sinalizado).

7 Tinemaha Wildlife Overlook

Inyo County

Criado depois da construção de uma represa no Owens River em 1992, o Tinemaha Reservoir é ideal para ver aves aquáticas, como cisnes, gansos do Canadá e pelicanos-brancos, no inverno, assim como águias-de-cabeça-branca. O mirante sinalizado tem painéis explicativos e fica acima de um charco frequentado por alces-tule.

Continue na US 395 para Big Pine.

8 Big Pine

Inyo County; 93513

Na cidade, vá à **Carroll Thomas Gallery** *(www.carrollthomasgallery.net)*, onde a artista centenária exibe belas paisagens do Owens Valley. Os contrafortes da Sierra a leste e oeste da cidade apresentam cones vulcânicos, cinzas vulcânicas vermelhas e fluxos escuros de lava basáltica. Para ver o maior cone de perto na **Crater Mountain**, vire para oeste na Crocker Street (que se torna a Glacier Lodge Road) e vire à esquerda na estrada de terra de McMurray Meadow, rumo ao lado oeste do cone. De volta à Glacier Lodge Road, dobre à esquerda e siga o **Big Pine Creek** até o início do Big Pine Canyon, a cerca de 2.400m de altitude. Duas trilhas de dificuldade média (18km ida e volta) vão aos lagos alpinos, com vistas da Palisades Glacier.

Em Big Pine, vire para leste na US 168. Dobre à esquerda na White Mountain Rd e siga por 16km (10 milhas) até a Ancient Bristlecone Pine Forest. Em geral, a estrada fecha dez-mai.

Acima Relíquias no Eastern California Museum **Abaixo, esq.** Mount Whitney Portal, na Mount Whitney Road

ONDE COMER E BEBER

LONE PINE

Mt Whitney Restaurant *moderado*
Diner clássico que serve omeletes, hambúrgueres e batatas fritas. Peça o peru com milho e purê de batata.
227 S Main St, 93545; 760 876 5751; aberto 6h-22h diariam

MOUNT WHITNEY PORTAL

Mt Whitney Portal Store *moderado*
Essa loja tem o único restaurante nas montanhas e serve panquecas, ovos, hambúrguer com fritas, cachorro-quente e sanduíche de frango.
Mount Whitney Portal, 93545; aberto mai e out: 9h-18h diariam; jun e set: 8h-20h diariam; jul e ago: 7h-21h diariam; www.whitneyportalstore.com

INDEPENDENCE

Still Life Café *moderado*
Com clima charmoso de bistrô francês, esse café é famoso por sua sopa de cebola e outras especialidades francesas. O menu muda diariamente.
135 S Edwards St, 93520; 760 878 2555; aberto 12h-21h qua-dom

BIG PINE

Dick's Smoke Wagon *barato*
Esse trailer itinerante serve costelas com salada de repolho, frango defumado, porco fatiado, sanduíches com carne e wraps com bacon, pimenta jalapeño e cream cheese.
310 N Main St, 93513; 760 550 2866; aberto 11h-19h qua-dom; www.dickssmokewagon.com

Acima Vista da Sierra Nevada
Abaixo A Discovery Trail, em meio à Ancient Bristlecone Pine Forest

9 Ancient Bristlecone Pine Forest

Inyo County

No alto das White Mountains e paralela à Sierra Nevada no lado leste do Owens Valley, a Ancient Bristlecone Pine Forest tem vistas espetaculares. Varrido por ventos, o mirante Sierra View, perto do estacionamento, oferece uma linda vista de toda a extensão do Owens Valley e das Sierras, com seus picos nevados. Mais 3km (2 milhas) acima, o centro de visitantes é ponto de partida de trilhas que passam pelos retorcidos pinheiros bristlecone. A Methuselah Trail, de 7,5km, leva à "Matusalém", a árvore mais antiga do mundo, que brotou em 2832 a.C. e ainda produz sementes.

Passeio a pé de 1 hora

Perfeita para quem não quer enfrentar a longa Methuselah Trail, a Discovery Trail, de 1,6km, atravessa o Sherman Grove. Vá ao **centro de visitantes** ① para ver mostras excelentes sobre geologia, clima, flora e fauna locais. Parte de oito painéis interpretativos, o **Panel One** ② dá informações sobre a trilha e conta a história da descoberta das árvores pelo dr. Edmund Schulman em 1953. A trilha então começa a subir a encosta de calcário. O **Panel Two** ③, ao lado de um pinheiro caído, explica como Schulman se baseou em anéis de crescimento para avaliar mudanças climáticas passadas. Siga até o **Panel Three** ④ e leia sobre as adaptações singulares dos pinheiros. Fotógrafos irão vibrar com as vistas a oeste, abarcando Reed Flat e os picos da Sierra Nevada. O caminho sobe, passando por alguns pinheiros impressionantes, onde Schulman descobriu a primeira árvore viva com mais de 4 mil anos, conforme explica o **Panel Four** ⑤. A trilha então cruza uma **encosta** ⑥ desolada de fragmentos de rocha vermelha, com vistas para o norte da crista da cordilheira no sentido da Blanco Mountain. Continue descendo a escarpa norte da encosta para ver as árvores mais incríveis. O **Panel Five** ⑦ descreve como os genes de cada árvore determinam suas formas. Siga a descida suave até o **Panel Six** ⑧, que aborda o trabalho e o legado de Schulman. Bem perto, o **Panel Seven** ⑨ indica uma encosta de colina de dolomita branca por perto, com bristlecones. O **Panel Eight** ⑩ informa que as árvores menores expostas às intempéries nas encostas sul do cânion são mais velhas do que as árvores mais altas voltadas para o norte. Continue na trilha conforme ela

Pinheiros bristlecone

Os pinheiros bristlecone *(Pinus longaeva)* crescem somente a 3.000-3.400m de altitude. Sob o sol do deserto e os ventos gélidos, essas árvores tenazes se desenvolvem em calcário, apesar da média de chuvas de apenas 25cm por ano. O pinheiro cresce em um período de apenas seis semanas, a partir do início de maio. Muitos se mantêm com somente uma tira de córtex vivo nos troncos. A madeira densa e a resina espessa protegem os bristlecones de bactérias, pragas e fungos.

ONDE FICAR

BISHOP

Chalfont House B&B *barato*
A uma quadra da Main Street, esse B&B tem sete quartos com decoração individual e uma sala de estar antiga.
213 Academy Ave, 93514; 760 872 1790; www.chalfonthouse.com

Joseph House Inn *moderado*
Myriam e Hilde, as donas desse B&B, deixam os hóspedes muito à vontade. Em meio a jardins refinados, essa pousada rústica tem cinco quartos arejados.
376 W Yaney St, 93514; 760 872 3389; www.josephhouseinn.com

ARREDORES DO CROWLEY LAKE

Tom's Place Resort *barato*
Oferece cabanas de madeira rústicas nas matas, com um a três quartos e cozinha. Há também uma mercearia e um restaurante.
8180 Crowley Lake Dr, 93546; 760 935 4239; www.tomsplaceresort.com

No alto Vista do Crowley Lake
Acima, da esq. p/ dir. Pinheiro bristlecone na Ancient Bristlecone Pine Forest; Laws Railroad Museum & Historical Site

volta até o estacionamento.

Volte a Big Pine e dirija na direção norte por 23km (14,5 milhas) pela US 395 para Bishop. Estacione na Main St.

⑩ Bishop

Inyo County; 93514

Maior cidade no Owens Valley, Bishop tem muitos restaurantes, hotéis e serviços, e é a base ideal para atividades como ciclismo, pesca e passeios a cavalo. Fundada nos anos 1860, ela ainda tem muitos edifícios de madeira de fachada falsa do século XIX, e sua Main Street é pontuada de algodoeiros. Bishop foi lar do fotógrafo e alpinista de renome mundial Galen Rowell (1940-2002), premiado pela National Geographic. Muitas imagens feitas por Rowell das Sierras e de outros países estão expostas e à venda na **Mountain Light Gallery** *(www.mountainlight.com)*, no antigo endereço de um banco: observe o forro de zinco do teto e a abóbada original do banco.

Pegue um mapa na Chamber of Commerce & Visitor Bureau para um passeio autoguiado pelos dez interessantes murais da cidade. O bureau fica no **Bishop City Park**, onde trilhas ladeadas por álamos levam a um lago.

Na ponta norte da Main St, pegue a SR 6 para Laws (vá em frente quando a Hwy 395 vira para oeste). Dobre à direita na Silver Canyon Rd e pare no estacionamento no Laws Railroad Museum.

⑪ Laws Railroad Museum & Historical Site

Inyo County; 93515

Instalado numa antiga estação ferroviária, esse museu notável *(www.laws museum.org)* preserva o legado da última ferrovia de bitola estreita no oeste das Montanhas Rochosas. Há uma coleção fascinante de peças ferroviárias, incluindo o trem a vapor *Slim Princess*, um Baldwin 4-6-0 de 1909.

O *Slim Princess* em um museu

Entre os 28 edifícios incluem-se uma oficina de ferreiro, um correio, um armazém e até um consultório de dentista, todos com móveis de época. Há também uma carruagem com selins e um carro fúnebre.

Volte à US 395 e continue para o norte por 45km (28 milhas) pelo Sherwin Summit Pass rumo ao Crowley Lake. Pare no estacionamento junto ao lago.

⑫ Crowley Lake

Mono County

Esse reservatório no Owens River foi criado em 1941 pela Long Valley Dam. Seu pano de fundo é a Glass Mountain e, mais além, as White Mountains – um cenário magnífico. Com 19km de extensão e 8km de largura, é o maior reservatório do sistema de água e energia de Los Angeles. O lago é famoso por suas trutas-arco-íris e percas de Sacramento. Quem quiser pescar deve entrar em contato com o **Crowley Lake Fish Camp** *(www.crowleylakefishcamp.com)*, que detém o monopólio da atividade no lago e dispõe de uma marina.

Continue para o norte por 19km (12 milhas) até cruzar com a SR 203. Saia para Mammoth Lakes e siga as placas para o California Welcome Center.

PARA VISITAR BISHOP

Informação turística
Chamber of Commerce & Visitor Bureau *690 N Main St, 93514; 760 873 8405; www.bishopvisitor.com*

ONDE COMER E BEBER

BISHOP

Erick Schat's Bakery *barato*
Serve pães frescos, doces, sopa de ervilhas, saladas, pastrami, rosbife e sanduíches com carne.
763 N Main St, 93514; 760 873 7156; aberto 6h-18h seg-qui, 6h-20h sex, 6h-18h30 sáb e dom; www.erickschatsbakery.com

La Casita *moderado*
Excelente comida mexicana em porções fartas e também embrulhada para viagem. O atendimento é cordial.
175 S Main St, 93514; 760 873 4828; aberto 11h30-21h diariam

ARREDORES DO CROWLEY LAKE

Tom's Place Resort *barato*
Aberto há décadas, esse estabelecimento serve bolinhos com molho, sanduíche de atum e milk-shakes.
8180 Crowley Lake Dr, 93546; 760 935 4239; aberto 7h-21h diariam; www.tomsplaceresort.com

Onde Comer e Beber: barato, menos de US$25; moderado, US$25-US$50; caro, acima de US$50

PARA VISITAR MAMMOTH LAKES

Informação turística
Mammoth Lakes Welcome Center
2510 Hwy 203, 93546; 760 924 5500; aberto 8h-17h diariam; www.visitcwc.com/MammothLakes

ONDE FICAR

MAMMOTH LAKES

Westin Monache Resort *caro*
Esse resort, a opção mais elegante da área, oferece 230 quartos. Sua ampla gama de serviços inclui um spa e assistente para esqui.
50 Hillside Dr, 93546; 760 934 0400; www.westinmammoth.com

JUNE LAKE LOOP

Gull Lake Lodge *moderado*
Esse motel entre os lagos June e Gull tem apartamentos de autosserviço com móveis de pinho.
132 Bruce Ave, June Lake, 93529; 760 648 9081; www.gulllakelodge.com

Acima, dir. Mammoth Lakes, cercada por pinheiros **Abaixo** Pista de esqui em parque

⓭ Mammoth Lakes

Mono County; 93546

Cercada por montanhas com pinheiros a 2.402m de altitude, a cidade de Mammoth Lakes fica nas encostas da Long Valley Caldera – uma bacia formada há 760 mil anos depois de uma grande explosão vulcânica. A área é uma das que têm mais atividade geológica na América do Norte, com fontes termais e fluxos de lava de no mínimo um milênio. Um dos melhores destinos de esqui na Califórnia no inverno, também é muito procurada para ciclismo em grande altitude, mountain bike e passeios a cavalo no verão.

Após visitar o California Welcome Center, dirija 330m para o oeste na US 203 e vire à esquerda na placa "Hospital"; continue até o Meridian Boulevard e dobre à esquerda para o **Mammoth Ski Museum** *(www.mammothlakesfoundation.org/museum.html)*, que tem uma coleção enorme de artefatos antigos e fotos relacionadas a esqui. A história da região como polo de garimpo de ouro é enfocada no **Mammoth Museum** *(5489 Sherwin Creek Rd; 760 934 6918; aberto 10h-17h30 diariam)*, que fica em uma cabana de madeira; para ir até lá, pegue o Meridian Boulevard para oeste, vire à esquerda na Old Mammoth Road e à esquerda na Sherwin Creek Road. Agora volte à US 203 e vire à esquerda. Ela se torna a Lake Mary Road, que sobe até a **Mammoth Lakes Basin**. O nome da área se deve a cinco lagos cor de jade – bons para pesca e passeios de barco – que ocupam vales criados por antigas geleiras. A estrada além do Lower Twin Lake pode ficar fechada até junho. A neve derretida alimenta o **Twin Lakes Overlook**, onde a água cai 100m em uma plataforma vulcânica nos Upper Twin Lakes.

Volte à cidade e vire à esquerda na Minaret Road, apreciando o cenário na subida para o **Mammoth Mountain Ski Area & Bike Park**, onde há esqui no inverno e ciclismo e mountain bike no verão nas encostas do pico vulcânico inativo. O ano todo há passeios de gôndola com vistas sensacionais. O **Top of the Sierra Interpretative Center** tem mostras sobre geologia, história natural e legado cultural da área. Além da estação de esqui, a Minaret Road costuma fechar em junho devido à neve: é preciso pegar um traslado (7h15-19h) que faz paradas em atrações no caminho. A estrada termina no Reds Meadow Valley. Desse ponto, trilhas vão à **Rainbow Falls**, onde o San Joaquin River cai 31m em uma aba, criando um arco-íris em sua base, e ao **Devil's Postpile National Monument** *(www.nps.gov/depo)*, um belo rochedo com colunas basálticas hexagonais.

Volte pela Minaret Rd; vire à esquerda no Mammoth Scenic Loop para retornar à US 395. Dobre à esquerda na Obsidian Dome Rd, de terra, rumo ao Obsidian Dome. Rodeie o lado sul do domo e estacione.

⓮ Obsidian Dome

Mono County

Esse domo vulcânico redondo integra uma série de 27 domos, três fluxos grandes de magma e vários outros vestígios vulcânicos. Tais elementos formam a cadeia Mono-Inyo Craters, que se estende por 40km (25 milhas) do Mono Lake até a Mammoth Mountain. Formado nos últimos 5 mil anos, esse domo de obsidiana tem 1,6km de diâmetro. Pegue a trilha curta até o cume.

Continue para o norte na US 395. Vire à esquerda na June Lake Rd.

⓯ June Lake Loop

Mono County; 93529

Abrangendo a cadeia de quatro lagos sob a escarpa leste da Sierra Nevada, esse circuito de 26km (16 milhas) é lindíssimo no outono, quando os álamos ficam dourados e marrons. Cercado de todos os lados por altos picos nevados, o vale em forma de ferradura é conhecido como "a Suíça da Califórnia". O cânion foi escavado pela geleira Rush Creek, que se partiu ao entrar em contato com o Reversed Peak. O povoado alpino de June Lake ocupa um cume entre o **June Lake**, que é bom para kitesurfe, e o **Gull Lake**, menor e cheio de peixes. A **June Mountain Ski Area** *(760 648 7733; www.junemountain.com)* oferece esqui em montanha *(dez-abr)* e passeios ecológicos guiados *(10h30 e 13h sex-dom)*.

Conclua o circuito. Vire à direita na US 395 e dirija 600m ao sul rumo à SR 120; dobre à esquerda e vá ao estacionamento público no South Tufa Grove.

⓰ Mono Lake Tufa State Reserve

Mono County; 93541

Essa reserva foi criada em 1982 para proteger os fantasmagóricos picos de calcário e outras formações no Mono Lake. Esse lago raso e redondo, formado há pelo menos 760 mil anos, não escoa para o oceano. Algas microscópicas se reproduzem e fazem fotossíntese mudando sazonalmente a cor do lago de azul para jade e, na primavera, para verde. Os camarões de água salgada alimentam 2 milhões de aves migratórias por ano, incluindo avocetas, falaropos, mergulhões e a segunda maior população de gaivotas no estado. A característica mais marcante do Mono Lake são os picos de calcário outrora submersos, descobertos quando o Los Angeles Department of Water & Power começou a desviar água do lago em 1941. Trilhas cruzam o **South Tufa Grove**, onde esses picos formados pela acumulação subaquática de carbonato de cálcio atingem mais de 10m de altura. O **Mono Basin National Forest Scenic Area Visitor Center**, ao norte de Lee Vining *(p. 171)*, tem mostras excelentes sobre a ecologia e o legado cultural locais.

Acima Picos de calcário junto ao Mono Lake
Abaixo Prado alpino

PARA VISITAR O JUNE LAKE LOOP

Informação turística
Chamber of Commerce
www.junelakeloop.org

PARA VISITAR A MONO LAKE TUFA STATE RESERVE

Informação turística
Mono Basin National Forest Scenic Area Visitor Center *1 Visitor Center Dr, Lee Vining, 93541; 760 647 6331; www.parks.ca.gov/*

Mono Lake Committee *Hwy 395 c/ 3rd St, Lee Vining, 93541; 760 647 6595; www.monolake.org*

ONDE COMER E BEBER

MAMMOTH LAKES

Slocums Bar & Grill *moderado*
Peça a clássica salada Caesar, paella ou peixe empanado com fritas.
3221 Main St, 93546; 760 934 7647; aberto verão: 16h-23h diariam; www.slocums.com

JUNE LAKE LOOP

Tiger Bar & Cafe *barato*
Serve panqueca, costela de porco, bife, bolo de carne e "tiger burguers".
Main St, June Lake, 93529; 760 648 7551; aberto 8h-22h diariam; www.thetigerbarcafe.com

PASSEIOS DE 1 DIA

Esse roteiro pode ser dividido em uma série de passeios de um dia.

Rumo às colinas

Esse roteiro propicia ótimas caminhadas. Passe um dia andando entre as torres e os arcos das Alabama Hills ❷, depois suba o Mount Whitney Portal ❸ para encerrar o passeio.

De Lone Pine, a Whitney Portal Rd cruza as Alabama Hills e sobe até o Mount Whitney Portal.

De outros tempos

A história ganha vida no Manzanar National Historic Site ❹ e no Laws Railroad Museum & Historical Site ⓫.

Manzanar fica ao longo da US 395. Continue para o norte e pegue a SR 6 de Bishop para o Laws Railroad Museum.

Terra magnífica

Quem aprecia formações geológicas irá se surpreender com o Devil's Postpile National Monument, em Mammoth Lakes ⓭, o Obsidian Dome ⓮ e os picos de calcário do Mono Lake ⓰.

A SR 203 sai da US 395 para Mammoth Lakes. Mais ao norte, o Obsidian Dome pode ser acessado perto da US 395 pela Obsidian Dome Rd, e o South Tufa Grove é indicado por placas na SR 120.

Onde Comer e Beber: barato, menos de US$25; moderado, US$25-US$50; caro, acima de US$50

ROTEIRO **18**

Deserto Misterioso

De Mojave à Badwater Basin

Destaques

- **Rochedos flamejantes**
  Confira os rochedos surreais no Red Rock Canyon State Park
- **Ninguém em casa**
  Veja os bares e edifícios desgastados de Randsburg, uma cidade mineira abandonada
- **Diversidade do Death Valley**
  Nesse famoso parque nacional, admire picos nevados, dunas de areia esculpidas e salinas reluzentes
- **Pedras misteriosas**
  Conheça as pedras e os rastros que provam a movimentação delas em The Racetrack, cujo acesso é pela Ubehebe Crater

As pedras misteriosas e seus rastros em The Racetrack

Deserto Misterioso

O Death Valley National Park se destaca pelos superlativos geológicos e geográficos, desde dunas de areia até depósitos de sal reluzentes ao sol intenso e submetidos aos rigores climáticos – ali foi registrada a temperatura de solo mais alta na América do Norte. Esse roteiro passa por diversas formações hipnotizantes no deserto, dos rochedos esculpidos no Red Rock Canyon aos picos de calcário em Trona. O itinerário cruza amplos vales desertos, planícies pontuadas por formações impressionantes e destaques históricos, como a cidade-fantasma de Randsburg e o Scotty's Castle. Durante os meses agradáveis de inverno, os hotéis e campings do Death Valley ficam lotados e a área fervilha com atividades ao ar livre.

Acima Placa na estrada para The Racetrack *(p. 196)*

ATIVIDADES

Siga as trilhas ao pé dos rochedos no Red Rock Canyon State Park

Cace fantasmas na cidade abandonada de Randsburg

Fotografe o nascer do sol no Death Valley a partir de Dante's View, mirante mais alto do parque

Procure carneiros selvagens nos cânions do Death Valley

LEGENDA

Roteiro

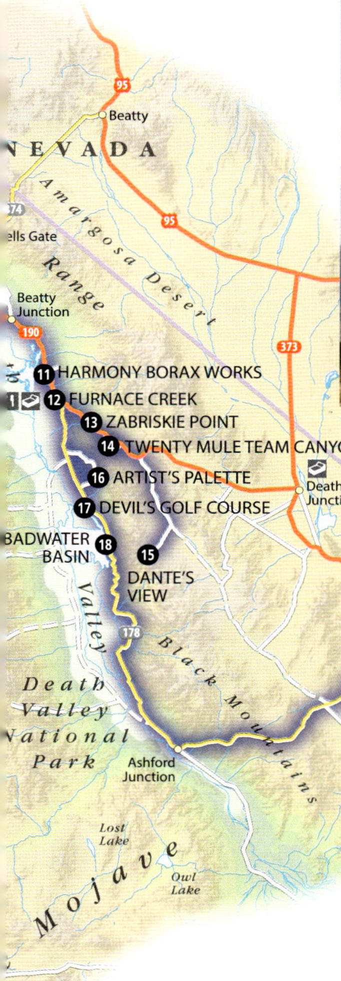

Acima A Chimes Tower, no Scotty's Castle *(p. 197)*

Abaixo As salinas na Badwater Basin *(p. 199)*

PLANEJAMENTO

Início/fim: De Mojave à Badwater Basin.

Número de dias: 3-4, com 2 dias inteiros no Death Valley.

Distância: 555km (345 milhas).

Condições das estradas: Em geral, excelentes e relativamente calmas. As estradas principais no Death Valley são boas e têm mão dupla, mas é preciso respeitar os limites de velocidade. As únicas estradas de terra difíceis requerem um jipe. Passagens em montanhas no Death Valley são íngremes e sinuosas, e estradas em planícies podem ficar inundadas e/ou cobertas de areia após tempestades. O parque tem postos de gasolina em Panamint Springs, Stovepipe Wells e Furnace Creek. Circule sempre com bastante água, estepe e ferramentas para trocar pneus. Ar-condicionado é indispensável no verão.

Quando ir: O clima é temperado do fim do outono ao início da primavera. Faz muito calor em mai-set, com temperaturas de até 38ºC. Muitos estabelecimentos e a maioria dos campings no Death Valley fecham em jun-nov.

Horários de funcionamento: Os centros de visitantes abrem diariam o ano todo, e a maioria dos museus só no inverno, das 8h às 17h.

Compras: A Nugget Gift Shop, em Stovepipe Wells, vende cestos, mantas e outros artesanatos indígenas.

Principais festas: Death Valley: Badwater Ultramarathon, jul; '49ers Encampment (lembrando a Corrida do Ouro de 1849), nov.

PASSEIOS DE 1 DIA

Interessados em história devem conhecer de perto **Randsburg**, o **Harmony Borax Works** e o **Scotty's Castle**. Para **fotógrafos** e **amantes da natureza**, as atrações imperdíveis incluem a **Artist's Palette**, o **Devil's Golf Course** e a **Badwater Basin**. Detalhes *p. 199*.

Acima Igreja de Santa Barbara, Randsburg
Abaixo, dir. Rochedos no Red Rock Canyon State Park

ONDE FICAR

MOJAVE

Mojave Desert Inn *barato*
Primando pela hospitalidade, esse motel de gestão familiar tem quartos simples, porém confortáveis.
1954 Hwy 58, 93534; 888 620 3758; www.mojavedesertinn.com

Mariah Country Inn & Suites *moderado*
Esse hotel executivo dispõe de quartos excelentes, academia e spa com banheira de hidromassagem.
1385 Hwy 58, 93501; 661 824 4980; www.mariahhotel.com

RANDSBURG

Cottage Hotel *barato*
Sobrevivente de três incêndios, esse hotel da Corrida do Ouro tem móveis antigos, um restaurante (aberto só nos fins de semana) aquecido por um fogão de ferro fundido e wi-fi grátis. Há também cabanas com cozinha.
130 Butte Ave, 93554; 760 374 2285; www.randsburgcottagehotel.com

ARREDORES DE RANDSBURG

Spring Hill Suites Ridgecrest *barato*
Quartos limpos, espaçosos e confortáveis. Oferece café da manhã de cortesia e academia.
113 E Sydnor Ave, Ridgecrest, 93555; 760 446 1630

The Carriage Inn *moderado*
Opção mais atraente na cidade, esse motel oferece quartos confortáveis e bem decorados.
901 N China Lake Blvd, Ridgecrest, 93555; 760 446 7910; www.carriageinn.biz

1 Mojave

Kern County; 93501

Fundada nos anos 1860, essa cidade varrida por ventos hoje é estreitamente associada ao espaço aéreo. O **Mojave Air & Space Port** *(661 824 2433; www.mojaveairport.com; visitas seg-sex)* tem mostras sobre aviação e é campo de teste de naves aeroespaciais experimentais. Indo para o norte na SR 14, você verá centenas de aviões comerciais desativados ao ar livre.

Com cerca de 5 mil turbinas eólicas, a **Tehachapi Wind Farm** tem o segundo maior acervo desse tipo do mundo. Para passar entre essas turbinas enormes espalhadas nas Tehachapi Mountains, saia de Mojave para oeste na Oak Creek Road, vire à direita na Tehachapi Willow Springs Road e à direita na Cameron Canyon Road. Ao chegar à SR 58 (Blue Star Memorial Highway), vá para leste até a SR 14 e rume para o norte.

Siga para o norte na SR 14, entre no California City Blvd e vá para leste por 16km (10 milhas) cruzando California City para a Randsburg--Mojave Rd. Vire à esquerda e siga as placas para a Desert Tortoise Natural Area; pare no estacionamento.

2 Desert Tortoise Natural Area

Kern County; 93504

Essa faixa de deserto de 104km² foi designada para proteger o ameaçado jabuti-do-deserto, um réptil da Califórnia. Pegue um folheto no centro de informações, que tem mostras educativas, e depois ande nas trilhas autoguiadas. Os jabutis ficam mais ativos na primavera, sobretudo no início da manhã e no fim da tarde. Fique de olho também em coiotes, texugos, coelhos e cascavéis.

Volte a California City e vire à direita na Neuralia Rd até o cruzamento com a Redrock-Randsburg Rd e a SR 14 (27km/16,5 milhas). Vire à esquerda e depois à direita para entrar na SR 14, e siga as placas para o Red Rock Canyon State Park, que tem estacionamento para uso por um dia.

3 Red Rock Canyon State Park

Kern County; 93519

Familiar para muitos visitantes como cenário de faroestes de Hollywood e pelas cenas de abertura em *Jurassic Park* (1993), o Red Rock Canyon State Park *(www.parks.ca.gov/)* apresenta um imenso cânion escavado nas El Paso Mountains. Cânions de ambos os lados da SR 14 mostram rochedos de arenitos marrons, rosados, vermelhos, brancos e amarelos sob camadas de lava preta rija, que a erosão moldou com formatos variados. Leve bastante água para a caminhada de uma a quatro horas. Há um camping de trailers no local. O centro de visitantes *(aberto primavera e outono: horários variam sex-dom)* promove mostras educativas.

Volte à SR 14 até o cruzamento com a Redrock-Randsburg Rd. Siga 32km (20 milhas) por ela no rumo leste até Randsburg.

4 Randsburg

Kern County; 93554

Embora citado como "cidade-fantasma", esse antigo centro de garimpo de ouro nas Rand Mountains é um museu ao vivo com pouco menos de cem habitantes. Graças ao empenho

À esq., em sentido horário Os Trona Pinnacles; Hospedaria em Randsburg; Mural em Trona

local, restam ainda muitas estruturas originais com as mesmas funções dos tempos prósperos da descoberta de ouro em 1895.

Estacione na Butte Avenue e ande pelos calçadões de madeira rangente, passando pelo White House Saloon, o **Randsburg Museum** *(aberto 10h-16h sáb e dom; www.randdesertmuseum.com)*, que expõe objetos daquela época, a Opera House, a Santa Barbara Catholic Church, a barbearia e o armazém. Às vezes, tiroteios são encenados nas ruas poeirentas nos fins de semana, quando motociclistas e aventureiros visitam a cidade. A encosta da montanha é salpicada de relíquias do garimpo de ouro, mas é arriscado andar nas velhas minas.

Na cidade, vá para leste pela Butte Ave, que se torna a Randsburg Cutoff Rd (depois a Red Mountain Rd) e desce até a SR 395. Vire à esquerda e pegue a Trona Rd para o norte até a SR 178 (31km/20 milhas). Vire à direita para os Trona Pinnacles.

5 Trona Pinnacles

San Bernardino County

Os Trona Pinnacles são uma das maravilhas geológicas mais incomuns no deserto de Mojave. Formados há muitas eras sob as águas, antes do Searles Lake secar, os pináculos abrangem mais de 500 picos, cones e torres de calcário que se projetam do leito seco do lago. Trilhas de caminhada passam entre os pináculos, que atingem até 43m de altura e foram cenário de filmes e séries de TV como *Perdidos no espaço*, *Jornada nas estrelas V: A última fronteira* (1989) e *Planeta dos macacos* (2001). O acesso é pela estrada de terra RM 143, de 8km (5 milhas), que sai da SR 178 e geralmente é adequada para veículos de duas rodas; temporais ou neve podem bloqueá-la. Evite as rajadas de areia entre os grupos de pináculos.

Volte à SR 178 e vá para o norte pelo Searle Valley até Trona.

6 Trona

San Bernardino County; 93562

Formando uma depressão funda entre a alta Panamint Range e a Argus Range, o Searle Valley, de fundo plano, já esteve totalmente inundado por um lago interior. A água evaporou eras atrás deixando um vasto leito de lago branco cristalino – o **Searles Lake** – a 300m de altitude. **Trona** foi fundada em 1913 na margem oeste, para abrigar os funcionários de uma mineradora. Sua razão de ser era a extração de bórax, potassa, sal e outros minerais. Ao norte da cidade, a SR 178 sobe o **Slate Range Crossing**, no topo do qual se vê o **Panamint Valley**, e depois empreende uma descida longa e sinuosa. A montanha alta no leste é o **Telescope Peak** (3.366m). Os vales de Searle e Panamint são usados para treinamento de aviões militares em missões em baixa altitude.

De Trona continue 72km (45 milhas) para o norte até o cruzamento com a SR 190. Vire à esquerda para Panamint Springs, que fica dentro do Death Valley National Park.

ONDE COMER E BEBER

MOJAVE

Mike's Roadhouse Cafe *barato*
Esse diner clássico serve comfort food americana e tem uma coleção de carros antigos com pedal.
15834 Sierra Hwy, 93501; 661 824 2227; aberto 6h-21h diariam

Voyager Restaurant *barato*
Vistas do aeroporto e um menu variado com panquecas, ovos com presunto, sanduíches de atum e tex-mex.
1434 Flight Line 58, 93501; 661 824 2048; aberto 7h-15h seg-sex, 8h-14h sáb e dom; www.mojaveairport.com/voyager.htm

RANDSBURG

General Store *barato*
Utiliza máquinas antigas de refrigerante e cerveja, e serve pratos campestres americanos.
101 Butte Ave, 93554; 760 374 2143; aberto 9h-16h seg-sex, 9h-17h sáb, 10h-17h dom

White House Saloon *barato*
Bar do Velho Oeste que serve cachorros-quentes, hambúrgueres e cervejas.
168 Butte Ave, 93554; 760 374 2464; aberto 11h-16h sex-dom

TRONA

Esparza Family Restaurant *moderado*
Favorito local para pratos mexicanos e *comfort food* americana.
13223 Main St, 93562; 760 372 5314; aberto 5h30-19h30 seg-sáb, 5h30-14h dom

Abaixo Árvore de Josué no Searle Valley, perto de Trona

Death Valley National Park

Nesse reino marcado por grandiosidade e extremos, as temperaturas chegam a 50°C no verão e despencam para menos de zero no inverno. Um caleidoscópio de beleza física e maravilhas geológicas se descortina no terreno árido, pontuado por velhas minas e cidades-fantasmas. No inverno, quando o clima está agradável e flores silvestres desabrocham, os hotéis e campings do parque lotam. Ir no verão requer bastante planejamento, e é aconselhável caminhar apenas em trilhas montanhosas elevadas. Antes de se aventurar, informe-se com um guarda-florestal sobre as condições atuais. Há somente quatro hotéis dentro do parque; faça reserva com boa antecedência.

Acima Rota de Panamint Springs para o Death Valley **Abaixo** Trilha no Mosaic Canyon

PARA VISITAR O DEATH VALLEY NATIONAL PARK

Informação turística
O escritório do Bureau of Land Management tem mapas. *300 S Richmond Rd, Ridgecrest, 93555; 760 384 5400*

O National Park Service também dá informações. *www.nps.gov/deva/*

Como dirigir no Death Valley
Leve bastante água, comida, roupas quentes, estepes, ferramentas e um kit de primeiros-socorros. Celulares não funcionam bem em muitas partes do deserto. Os riscos envolvem ventos, tempestades de areia e cascalho nas estradas, e inundações repentinas.

ONDE FICAR

PANAMINT SPRINGS

Panamint Springs Resort *moderado*
Lindas vistas na entrada do Death Valley, mas a estrutura é básica. Tem também um camping para trailers. *40440 Hwy 190, 93828; 775 482 7680; www.deathvalley.com/psr*

STOVEPIPE WELLS

Stovepipe Wells Village Hotel *moderado*
Cabanas simples e espaçosas, algumas com vistas para as Mesquite Flat Sand Dunes e a Panamint Range. *Stovepipe Wells Village, 92328; 760 786 2387; www.escapetodeathvalley.com*

7 Panamint Springs

Inyo County; 93828

Entrada oeste para o Death Valley National Park *(www.nps.gov/deva)*, esse povoado tem apenas um restaurante, um motel e um posto de gasolina. Serve, porém, de base para ir às **Darwin Falls**, um manancial perene onde aves cantam em salgueiros, e às **Lee Flat Joshua Trees**, numerosas árvores de Josué retorcidas que pontuam um vale cercado por montanhas.

Vá para leste na SR 190, via Towne Pass, para Stovepipe Wells.

8 Stovepipe Wells

Inyo County; 93828

Originalmente uma parada de garimpeiros há um século, esse pequeno centro de serviços tem o Stovepipe Wells Hotel, com decoração do Velho Oeste, um armazém e um posto de gasolina. Vá ao posto dos guardas-florestais para comprar o ingresso para o parque e pegar folhetos e mapas. Em frente, o **Burned Wagon Point** homenageia um grupo de "Forty-Niners" (garimpeiros) que em 1849 teve de comer seus bois, queimar suas carroças e atravessar o vale a pé.

O desvio para o **Mosaic Canyon** é recompensador: cerca de 365m a oeste de Stovepipe Wells, a Mosaic Canyon Road, de terra, sobe até um estacionamento do qual parte uma trilha plana que atravessa esse cânion sinuoso com paredões de mármore polidos pela água. A caminhada de ida e volta dura 20 minutos.

As **Mesquite Flat Sand Dunes**, 5km a leste de Stovepipe Wells, têm 42m de altura. Para vê-las no auge da beleza, vá ao cume da Star Dune ao amanhecer ou no fim da tarde. O luar dá um toque de magia, mas saiba que cascavéis circulam à noite nos meses mais quentes. Não há trilha oficial: estacione o carro e ande, reservando pelo menos uma hora para escalar as dunas e voltar.

Dirija 5km (3 milhas) para leste na SR 190 e vire à esquerda na Scotty's Castle Rd. Após 54km (33,5 milhas), dobre à esquerda na Ubehebe Crater Rd e siga até a cratera.

9 Ubehebe Crater

Inyo County

Outra atração no Death Valley, essa cratera vulcânica tem quase 1km de diâmetro. Ela é resultado de uma explosão titânica de 300 anos atrás, quando o magma flamejante brotado da terra teve contato com águas subterrâneas, que instantaneamente foram transformadas em vapor. Uma trilha rodeia a beirada e leva a um grupo de crateras menores na planície. Quem tem preparo físico também pode descer uma trilha que entra na cratera de 237m de profundidade.

Volte à Scotty's Castle Rd. Vire à esquerda para o Scotty's Castle e estacione perto do centro de visitantes.

The Racetrack

Ao sul da Ubehebe Crater, esse leito seco de lago é famoso pelas pedras que deslizam em sua superfície. Ninguém jamais viu isso ao vivo, mas rastros longos comprovam sua movimentação, causada talvez por ventos e chuvas raras. A Racetrack Road começa em Ubehebe e requer veículos resistentes, como um jipe. No meio do caminho na estrada, chaleiras em uma placa indicam a **Teakettle Junction**. Continue até o estacionamento mais ao sul e ande até o canto sudeste da *playa* para ver as lendárias pedras que se movem e seus rastros.

⑩ Scotty's Castle

Inyo County

Local mais visitado no Death Valley, esse "castelo" espanhol de pedra fica no Grapevine Canyon, em meio a um oásis de salgueiros e palmeiras. Ele foi construído em 1922 pelo milionário de Chicago Albert Johnson como um refúgio de inverno, mas tem o nome de seu amigo, o falso garimpeiro Walter Scott, que morou no local após fazer Johnson investir em uma mina de ouro inexistente. O terreno é aberto ao público, mas o acesso ao interior, com antiguidades, tapetes orientais e azulejos refinados, só se dá em visitas guiadas *(nov-abr: 9h-17h diariam; mai-out: 9h30-16h diariam)* por guardas-florestais em trajes dos anos 1930.

Acima A sede do Scotty's Castle, em estilo mediterrâneo espanhol

Passeio a pé de 1 hora

Saia do estacionamento e vá ao **centro de visitantes** ① para pegar material informativo, incluindo o guia *Tie Canyon Trail*. Vire então à direita e passe pela velha **bomba de gasolina** ②. Continue 100m até a **coleção de veículos** ③, que inclui um conversível Packard de 1914, uma picape Dodge de 1925 e um sedã Dodge de 1936. Volte passando pela velha **fazenda** ④ e vá ao **Gas House Museum** ⑤, que mostra a história pitoresca do castelo. A seguir, suba a colina, rodeie os fundos da **casa do cozinheiro** ⑥ e pare para apreciar a vista da sede. Siga as placas na trilha de terra até o **túmulo de Scotty** ⑦, marcado por uma cruz no alto da colina. Desça a colina até a **Chimes Tower** ⑧, com teto art déco de azulejos e um carrilhão que toca a cada 15 minutos. Dobre à direita e desça a colina para entrar na Tie Canyon Trail, cujo nome se refere a cerca de 100 mil dormentes de trilhos que Johnson armazenava como lenha. Siga a trilha até o **Vehicle Boneyard** ⑨, um ferro-velho de automóveis, que inclui um caminhão Ford modelo A. Volte ao início da trilha e vire à direita para ir à **entrada principal** ⑩. Refaça a rota no terreno até a **piscina** ⑪ inacabada, com um lago e uma fonte, e volte ao estacionamento.

Volte pela Scotty's Castle Rd à SR 190. Vire à esquerda e dirija por 25km (15,5 milhas) até a Harmony Borax Works.

Acima Ferro-velho no Scotty's Castle
Abaixo, esq. Vista da Chimes Tower

PARA VISITAR O SCOTTY'S CASTLE

760 786 2392; aberto inverno: 8h30-17h30 diariam; verão: 9h-16h30

ONDE COMER E BEBER

PANAMINT SPRINGS

Panamint Springs Resort *moderado*
Único restaurante na região especializado em massas e steaks, serve churrascos ao ar livre no verão.
40440 Hwy 190, 93828; 775 482 7680; aberto 7h-21h diariam; www.deathvalley.com/psr

STOVEPIPE WELLS

Toll Road Restaurant *moderado*
Esse restaurante elegante é feito de madeira e pedra. O menu inclui pratos tex-mex, saladas e steaks. Muitas receitas levam cactos, tâmaras e outros ingredientes locais.
Stovepipe Wells Village, 92328; 760 786 2387; aberto meados out-meados mai: 7h-10h e 17h-21h diariam; meados mai-meados out: 7h-10h e 18h30-22h diariam; www.escapetodeathvalley.com

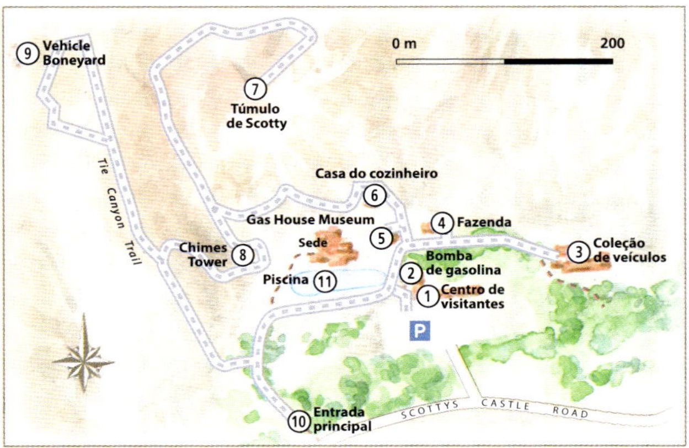

Onde Comer e Beber: barato, menos de US$25; moderado US$25-US$50; caro, acima de US$50

Acima As ondulações em Zabriskie Point
Abaixo, dir. A singular Artist's Palette

PARA VISITAR O DEATH VALLEY NATIONAL PARK

Informação turística
Furnace Creek Visitor Center *92328; 760 786 3200; aberto 8h-17h diariam*

Locação de jipes
Farabee's Jeep Rentals *Furnace Creek, 92328; 760 786 9872; www.deathvalleyjeeprentals.com*

ONDE FICAR

FURNACE CREEK

Inn at Furnace Creek *caro*
Decoração graciosa e comida requintada em meio a um oásis natural.
Furnace Creek, 92328; 760 786 2345; www.furnacecreekresort.com

Ranch at Furnace Creek *caro*
Esse resort em uma fazenda dos anos 1880 tem piscina, campo de golfe, quartos aconchegantes, cabanas espaçosas e estacionamento para trailers.
Furnace Creek, 92328; 760 786 2345; www.furnacecreekresort.com

ARREDORES DO DEATH VALLEY

Amargosa Opera House & Hotel *moderado*
A sudeste do parque, esse hotel antigo é bem despojado.
608 Death Valley Junction, 92328; 760 852 4441; www.amargosa-opera-house.com

Shoshone Inn *moderado*
Perto da entrada leste do parque, esse motel agradável tem donos atenciosos.
SR 127, Shoshone, 92384; 760 852 4335

⓫ Harmony Borax Works

Inyo County; 92328

A abertura do Death Valley no século XIX se deveu em grande parte à Harmony Borax Works, que extraía lucrativamente bórax de lama e salinas, e deu origem ao povoado de Furnace Creek. Uma trilha com placas informativas passa pelas ruínas da refinaria e por carroças duplas que eram puxadas por vinte mulas e levavam o "ouro branco do deserto" para Mojave.

Volte à SR 190 e continue até Furnace Creek; estacione no Furnace Creek Ranch ou na sede do parque.

⓬ Furnace Creek

Inyo County; 92328

Um povoado temporário dos índios timbisha muito antes de europeus começarem a cruzar o vale, Furnace Creek é um oásis natural alimentado por nascentes na Amargosa Range. A sede e o principal centro de visitantes do parque Death Valley ficam nesse local. Furnace Creek tem também um posto de gasolina, restaurantes, o **Inn at Furnace Creek**, no estilo das missões espanholas, e o **Ranch at Furnace Creek**, que abriga o **Borax Museum** *(760 786 2345; aberto out-mai: 9h-16h diariam)*. Suas mostras excelentes incluem carroças, uma diligência e uma locomotiva Baldwin dos anos 1920.

Fique na SR 190 quando ela se volta para leste para a Death Valley Junction. Vire para Zabriskie Point, onde há estacionamento.

⓭ Zabriskie Point

Inyo County

Celebrizado pelo filme homônimo de 1970 feito por Michelangelo Antonioni, esse lugar é ideal para ver o amanhecer e o poente. A vista panorâmica abrange as terras áridas ao redor, com múltiplas camadas de rochas sedimentares de xisto limoso em tons vibrantes de rosa, amarelo, marrom e preto. O local homenageia Christian Zabriskie, ex-gerente-geral da Pacific Coast Borax Company, que extraía e transportava bórax.

Continue subindo por 1,6km (1 milha) na SR 190; entre na pista de mão única que corta o Twenty Mule Team Canyon.

⓮ Twenty Mule Team Canyon

Inyo County

Esse cânion ermo e pitoresco permite ver de perto as surreais terras áridas multicoloridas. Uma estrada de terra de 4,3km (2,7 milhas) serpenteia por formações curiosas de xisto limoso, que comprovam o grande poder de erosão de ventos e chuvas.

Fique na SR 190 até a placa para o Dante's View. Vire à direita e siga a estrada estreita e íngreme por 28km (17,5 milhas).

⓯ Dante's View

Inyo County

Esse mirante a 1.669m no alto da montanha descortina um panorama completo do vale. Logo abaixo fica a

Onde Ficar: barato, menos de US$100; moderado, US$100-US$200; caro, acima de US$200

Badwater Basin, o ponto mais baixo na América do Norte. Pode-se avistar o Telescope Peak (a 3.366m) além do vale. Para ver o sol nascer, lembre-se de que a vinda de Furnace Creek leva cerca de 40 minutos.

Volte a Furnace Creek. Vire à esquerda na SR 178 (Badwater Rd) e siga as placas na direção de Artist's Palette.

16 Artist's Palette

San Bernardino County

As colinas e os rochedos coloridos ao longo dos 15km (10 milhas) dessa belíssima estrada de mão única são maravilhosos. Do estacionamento, suba a colina a pé para ver de perto os tons de azul, verde, rosa e amarelo, que ficam mais belos no fim da tarde com o sol no oeste. As cores se devem à oxidação de vários metais nas rochas, como manganês, que produz roxo, e mica, verde.

Continue para o sul pela SR 178 e vire nas placas para o Devil's Golf Course.

17 Devil's Golf Course

Inyo County

Uma estrada de cascalho de 1,5km (1 milha) leva à vasta área de grandes cristais de rochas salinas que a ação dos ventos e chuvas transformou em estranhas formações denteadas. Os cristais foram criados muito tempo atrás, quando o Lake Manly, que antes cobria o fundo do vale, secou, expondo a crosta salgada aos elementos. A água subterrânea sobe e se evapora, formando pilares de sal. É possível escutar os estalos dos cristais que se expandem e se contraem conforme o calor. É comum a estrada ficar fechada após temporais.

Continue para o sul na SR 178. Estacione na Badwater Basin.

Acima, da esq. p/ dir. Placa informativa na Badwater Basin; Cristais de sal no leito seco do Lake Manly

18 Badwater Basin

Inyo County

Badwater Basin, 86m abaixo do nível do mar, é o ponto mais baixo na América do Norte e o oitavo no mundo. Deixe o carro no estacionamento com placas informativas e ande na salina de um branco ofuscante que se formou há três milênios, quando o Recent Lake secou. Um lago temporário surge após chuvas fortes, mas dura pouco e deixa o sal dissolvido em forma de novos cristais. Um pequeno lago muito salgado abaixo do estacionamento tem caramujos e insetos endêmicos do local. O cenário é embelezado pela face escarpada das Black Mountains que se ergue acima da estrada. Siga as placas para **Shoshone** (87km/54 milhas), fora do parque, onde há diversos hotéis e restaurantes.

ONDE COMER E BEBER

FURNACE CREEK

The Wrangler *moderado*
Há café da manhã à vontade e bufê de almoço nessa steakhouse, que também serve lombos grelhados e pratos com frutos do mar.
Ranch at Furnace Creek; aberto o ano todo: café da manhã, almoço e jantar diariam; www.furnacecreekresort.com

Inn at Furnace Creek Dining Room *caro*
Elegante, com atendimento impecável. Pratos fusion com ingredientes locais, como cactos.
Aberto o ano todo: café da manhã, almoço e jantar diariam; www.furnacecreekresort.com

ARREDORES DO DEATH VALLEY

Crowbar Café & Saloon *moderado*
Peça sopa de carne e talharim, sanduíches ou costelas. Atendimento lento.
Hwy 127, Shoshone, 92384; 760 852 4123; aberto 8h-21h30 diariam

PASSEIOS DE 1 DIA

O Death Valley National Park tem muitas atrações e locais históricos que merecem pelo menos um dia de visita.

Esplendor do Death Valley
Comece por Stovepipe Wells 8 e vá para leste na SR 190 para ver a Artist's Palette 16, as estranhas formações no Devil's Golf Course 17 e o ponto mais baixo na América do Norte, na Badwater Basin 18.

De Stovepipe Wells, rume para leste na SR 190, que passa por todos os locais de interesse.

Vestígios do passado
Ande pelas ruas poeirentas de Randsburg 4 e então vá ao Death Valley para andar na Tie Canyon Trail no Scotty's Castle 10 e ver a refinaria Harmony Borax Works 11.

Vá para leste na SR 14 rumo à Redrock--Randsburg Rd para Randsburg. Então pegue a SR 395 para oeste até a Trona Rd. Pegue a SR 178 e siga as placas para o Death Valley. Vire à esquerda na Scotty's Castle Rd e vá para o norte até o Scotty's Castle. Volte à refinaria pela SR 190.

ROTEIRO **19**

O Mosaico de Mojave

De Desert Hot Springs à Mojave National Preserve

Destaques

- **Cenário estupendo**
  Veja formações rochosas incomuns e árvores de Josué retorcidas
- **Lago panorâmico**
  Pesque e passeie de barco ou caiaque nas águas do Lake Havasu
- **Fortes lembranças**
  Dirija pela Route 66, imortalizada na literatura e no cinema
- **Imensidão de areia**
  Suba no alto das Kelso Dunes e admire o panorama da Mojave National Preserve

Ponto de escalada no Hidden Valley, Joshua Tree National Park

O Mosaico de Mojave

Atravessando o sudeste do vasto deserto de Mojave, este roteiro começa em Desert Hot Springs, uma cidade simples com spas termais. Por perto, o Joshua Tree National Park tem paisagens impressionantes, com um toque surreal dado pelas estranhas árvores de Josué. O Lake Havasu, formado pela Parker Dam, é ideal para esportes aquáticos centrados em Lake Havasu City, no Arizona. De volta à Califórnia, a Route 66 é uma viagem no tempo a caminho da Mojave National Preserve, um caleidoscópio de dunas de areia, cavernas subterrâneas e cones vulcânicos.

Acima As Kelso Dunes, na Mojave National Preserve *(p. 209)*

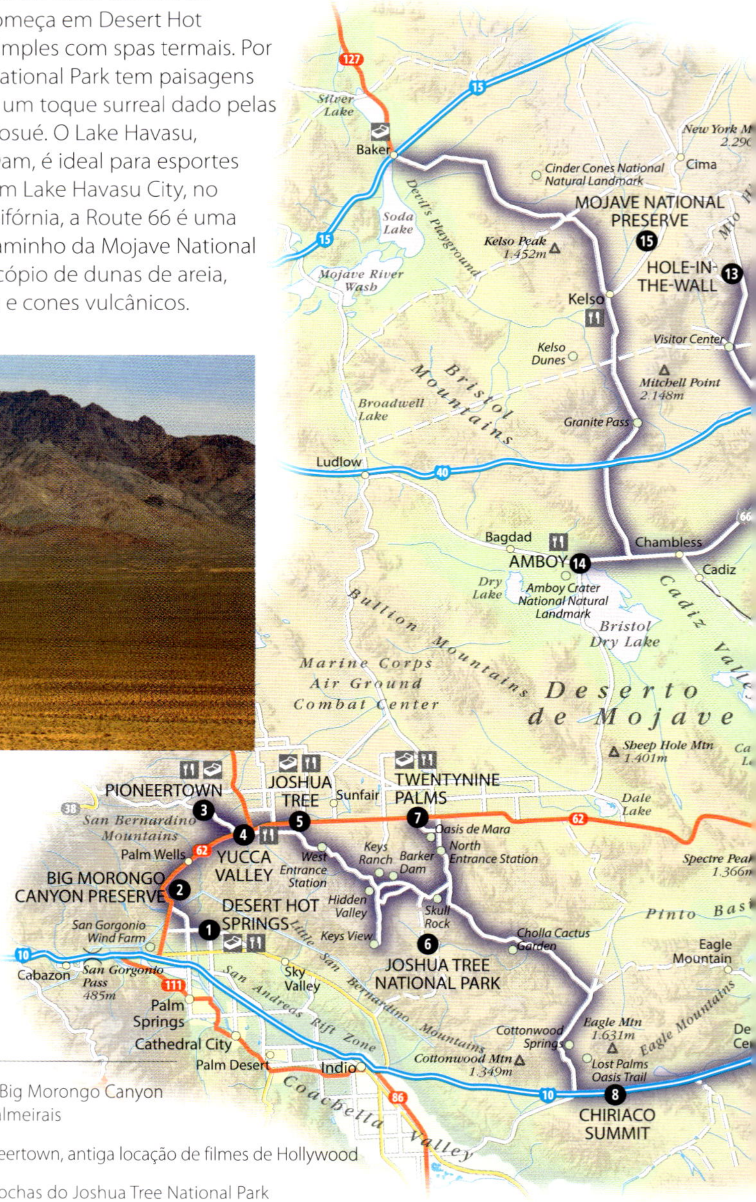

ATIVIDADES

Ande pelas passarelas da Big Morongo Canyon Preserve, entre charcos e palmeirais

Pense no passado em Pioneertown, antiga locação de filmes de Hollywood

Siga as trilhas e suba nas rochas do Joshua Tree National Park

Reme no Lake Havasu após cruzar a London Bridge

Vá ao Roy's Motel & Café e volte à década de 1950

Divirta-se escalando e escorregando nas Kelso Dunes, na Mojave National Preserve

PLANEJAMENTO

Início/fim: De Desert Hot Springs à Mojave National Preserve.

Número de dias: 3, com metade de cada um para explorar o Joshua Tree National Park e o Lake Havasu.

Distância: 729km (453 milhas).

Condições das estradas: Em geral, boas. Há estradas íngremes e sinuosas no sul do Joshua Tree National Park; a rodovia para Hole-in-the-Wall é ruim. Pode nevar um pouco no Joshua Tree National Park no inverno, o que leva ao fechamento temporário das estradas. Como há poucos postos de gasolina, encha o tanque antes de partir e quando possível na viagem.

Quando ir: Fev-abr são ideais, mas muitos campings ficam lotados. Evite jun-set por causa do calor.

Horários de funcionamento: Variam muito em museus, mas a maioria fecha na seg. Os centros de visitantes abrem das 9h às 17h diariam, mas alguns fecham no verão.

Principais dias de mercado: Joshua Tree: sáb de manhã. Lake Havasu: set-mai: dom.

Compras: Joshua Tree e Pioneertown têm antiguidades e arte. Há cestas, joias e cerâmicas indígenas em torno do Lake Havasu.

Principais festas: Joshua Tree: Joshua Tree Music Festival, mai. **Lake Havasu City:** 4x4 Desert Run, mar; Grand Prix Pacific Offshore Powerboat Race, abr.

PASSEIOS DE 1 DIA

Reviva o passado na **histórica Route 66**, que passa por cidades poeirentas mantidas como nos anos 1950. Interessados em **geologia** devem ir ao **Joshua Tree National Park** e **esportistas** podem pescar ou passear de caiaque no **Lake Havasu**. Detalhes *p. 209*.

À esq. O Cholla Cactus Garden, em Twentynine Palms *(p. 206)*

Ao lado, da esq. p/ dir. Passarela da Marsh Trail; Fachada do Cabot's Pueblo Museum

PARA VISITAR DESERT HOT SPRINGS

Informação turística
11711 West Dr, 92240; 760 329 6403; aberto 9h-13h seg-sex; www.visitdeserthotsprings.com

Estacionamento
Há vagas na rua diante do posto de informações turísticas e do Cabot's Pueblo Museum.

PARA VISITAR JOSHUA TREE

Informação turística
Mojave Desert Land Trust
61732 29 Palms Hwy, 92252; 760 366 5440; www.mojavedesertlandtrust.org

ONDE FICAR

DESERT HOT SPRINGS

Miracle Manor Retreat *caro*
Inaugurado em 1948, esse resort tranquilo combina arquitetura modernista com decoração minimalista e tem spa.
12589 Reposo Way, 92240; 760 329 6641; www.miraclemanor.com

Two Bunch Palms Resort & Spa *caro*
Esse resort e spa de renome mundial fica em um belo terreno, onde se destaca uma gruta com cachoeira.
67425 Two Bunch Palms Trail, 92240; 760 329 8791; www.twobunchpalms.com

PIONEERTOWN

Pioneertown Motel *barato*
Parte do velho estúdio de Hollywood para filmes de caubói, esse motel tem um estábulo e carroças antigas.
5040 Curtis Rd, 92268; 760 365 7001; www.pitowninn.com

JOSHUA TREE

The Desert Lily Bed & Breakfast *moderado*
Com decoração refinada e manutenção impecável, oferece três quartos e cinco cabanas rústicas.
8523 Star Lane, 92252; 760 366 4676; fechado jul-ago; www.thedesertlily.com mínimo de 2 noites em fins de semana

Spin and Margie's Desert Hideaway *moderado*
Em estilo campestre, tem quatro suítes coloridas e uma cabana em meio a um jardim com cactos. Oferece TVs de última geração, edredons e toalhas macias.
64491 29 Palms Hwy, 92252; 760 366 9124; www.deserthideaway.com

1 Desert Hot Springs

Riverside County; 92240

Essa cidade simples no norte do Coachella Valley é famosa por suas águas termais terapêuticas provenientes da falha de San Andreas, o que levou à abertura de muitos hotéis de luxo com spa. Comece pelo **Cabot's Pueblo Museum** *(www.cabotsmuseum.org)* para conhecer a história do colono pioneiro Cabot Yerxa, que descobriu as fontes minerais em 1913. Sua casa de adobe com 35 aposentos foi construída com uma miscelânea de itens recolhidos no deserto. Um destaque é o totem de 7m esculpido em uma sequoia. A oeste da cidade, a **San Gorgonio Wind Farm** é a terceira maior fazenda eólica do mundo, com mais de 4 mil turbinas acionadas por ventos canalizados pelo San Gorgonio Pass.

Saindo de Desert Hot Springs, pegue a Indian Canyon Rd e continue até a Hwy 62. Siga as placas para a Big Morongo Canyon Preserve; pare no estacionamento.

Acima A Bath House, vista em filmes de faroeste, em Pioneertown

A árvore de Josué

Ícone do deserto de Mojave, a árvore de Josué *(Yucca brevifolia)* só existe nesse local e, ao que se sabe, ganhou seu nome de emigrantes mórmons devido à suposta semelhança com o profeta Josué indicando com os braços a Terra Prometida. Na realidade, não é uma árvore, e sim uma espécie de iúca adaptada ao deserto. Seus galhos têm folhas ceráceas cortantes como punhais.

2 Big Morongo Canyon Preserve

San Bernardino County; 92256

Um oásis formado por nascentes provenientes da falha de San Andreas, essa reserva *(www.bigmorongo.org)*, com área de 12.545ha, tem trilhas através de charcos, palmeirais, cânions e oásis no deserto, e é excelente para observar aves e avistar linces, carneiros selvagens e pumas. A passarela da **Marsh Trail** é acessível para cadeiras de rodas e circunda um pântano à sombra de algodoeiros e salgueiros. Aves se reproduzem nesse pântano, e há muitas espécies raras entre as 247 que habitam o local. Mais árdua, a **Canyon Trail** (13,4km ida e volta) desce por um cânion que serpenteia até a beira do Coachella Valley.

Vá para o norte pela Hwy 62 em direção ao Yucca Valley. Vire à esquerda na Pioneertown Rd para Pioneertown.

Onde Ficar: barato, menos de US$100; moderado, US$100-US$200; caro, acima de US$200

⓬ Needles

San Bernardino County; 92363

Marcada pelos picos no deserto ao sul da cidade, Needles mantém seu legado do século XIX como uma parada da Santa Fe Railroad e depois um centro de serviços na histórica Route 66. Veja um vagão antigo e petróglifos indígenas na pracinha na Broadway com a Palm Way.

Vá para oeste na Broadway e pegue a I-40. Siga as placas para a Route 66 e entre na SR 95. Vire à esquerda na Route 66 e continue via Goffs até Fenner. Retome a I-40 e pegue a próxima saída, na Essex Rd, para Hole-in--the-Wall (56km/35 milhas); vire à direita na Black Canyon Rd.

⓭ Hole-in-the-Wall

San Bernardino County

O nome dessa região com formações vulcânicas notáveis se deve a seus rochedos de riólito e a picos crivados de buracos causados pela erosão. Trilhas partem do centro de visitantes *(760 252 6104)* e passam entre pináculos vulcânicos e cânions. A Rings Trail, para esportistas experientes, cruza um cânion de fenda estreita e exige escalada em rochas. Há um camping cercado por rochedos a 1.341m, e guardas-florestais guiam caminhadas (out-mai).

Volte pela Essex Rd, passe sob a I-40 e dirija até a Route 66. Vire à direita para Amboy (60km/37,5 milhas).

⓮ Amboy

San Bernardino County; 92304

Outrora importante na Route 66 e na Santa Fe Railroad, essa cidade-fantasma merece uma parada devido ao marcante **Roy's Motel & Café**, cuja placa de néon da era atômica apareceu em muitos filmes de Hollywood. Fotografe as marcas da "Route 66" na estrada. O **Amboy Crater National Natural Landmark**, um cone vulcânico

3km (2 milhas) a sudoeste da cidade, se ergue acima do **Bristol Dry Lake**, onde há extração de sal.

Volte à Route 66 para leste até a Kelbaker Rd e vire à esquerda para a Mojave National Preserve (17 km/ 11 milhas).

⓯ Mojave National Preserve

San Bernardino County; 92309

Esse enorme parque nacional tem um mosaico de cones vulcânicos, fluxos de lava, dunas de areia, matas de árvores de Josué e lagos secos. Muitas dessas formações notáveis são visíveis da Kelbaker Road, que atravessa o **Granite Pass** e desce até as **Kelso Dunes**, com mais de 200m de altura; uma caminhada de 5km de ida e volta ao pico é recompensada com lindas vistas. Mais além na Kelbaker Road, o **Kelso Depot Visitor Center** tem ótimas mostras sobre ecologia local e cultura indígena. Mais ao norte, 32 cones vulcânicos cercados por uma profusão de lava compõem o **Cinder Cones National Natural Landmark**. Veículos 4x4 altos podem trafegar ao longo da Aiken Road até um tubo oco de lava. A Kelbaker Road leva à cidadezinha de Baker, onde há um posto de gasolina e serviços.

À esq. Cactos perto de Hole-in-the-Wall
Abaixo Trecho da histórica Route 66, em Amboy

PARA VISITAR A MOJAVE NATIONAL PRESERVE

Informação turística
Kelso Depot Visitor Center
Kelbaker Rd, 92309; 760 252 6108; aberto 9h-17h diariam

ONDE COMER E BEBER

LAKE HAVASU CITY

Barley Bros. *moderado*
Esse restaurante e cervejaria serve massas, pizzas, frango assado e churrasco de salmão.
1425 N McCulloch Blvd, 86403; 928 505 7837; aberto 10h-22h seg-qui, 10h-23h sex-dom; www.barleybrothers.com

AMBOY

Roy's Motel & Café *barato*
Diner lendário na Route 66, é praticamente um museu, mas ainda serve hambúrgueres, lanches e refrigerantes.
Rt 66, 92304; 760 733 1066; aberto 7h-20h diariam

MOJAVE NATIONAL PRESERVE

The Beanery *barato*
Velho diner restaurado que serve saladas, sanduíches e cerveja.
Kelso Depot Visitor Center, Kelbaker Rd, Kelso, 92309; 760 252 6165; aberto 9h-17h diariam

PASSEIOS DE 1 DIA

É fácil dividir esse roteiro em passeios temáticos de um dia.

Um show de geologia
Veja as formações rochosas no Joshua Tree National Park ❻, depois vá a Twentynine Palms ❼ conferir o Oasis of Murals. Faça uma refeição ou tome um café.

O Park Blvd liga o Joshua Tree National Park a Twentynine Palms.

Diversão aquática
A Parker Dam ❿ e Lake Havasu City ⓫ dão chance de pescar, andar de barco e fazer esportes aquáticos.

A Parker Dam Rd se liga com a AZ 95, que leva a Lake Havasu City.

Estrada nostálgica
Pegue a histórica Route 66 para Amboy ⓮ e tire uma foto em frente ao famoso Roy's Motel & Café. Siga até a Mojave National Preserve ⓯ para andar entre dunas de areia e crateras vulcânicas.

Para ir a essa reserva, pegue a Route 66 no sentido leste para Kelbaker.

Onde Comer e Beber: barato, menos de US$25; moderado, US$25-US$50; caro, acima de US$50

ROTEIRO **20**

Do Deserto à Montanha

De Palm Springs a Idyllwild

Destaques

- **Endereços de ricos e famosos**
  Veja casas de celebridades de Hollywood e relaxe em Palm Springs
- **Seres grandes e pequenos**
  Aviste pumas, carneiros selvagens e outros animais no Living Desert, em Palm Desert
- **Paisagens do deserto**
  Explore cânions com palmeiras e petróglifos indígenas no Anza--Borrego Desert State Park
- **Chamado da natureza**
  Passe por pinheiros nas trilhas do Mount San Jacinto State Wilderness, nas imediações de Idyllwild

A Borrego Palm Canyon Trail, no Anza-Borrego Desert State Park

Do Deserto à Montanha

Palm Springs, com casas modernistas, spas de fontes quentes naturais, um museu de nível internacional e hotéis-butique ecléticos, é frequentada há décadas por celebridades de Hollywood. A partir desse local, a Highway 111, embelezada por palmeiras, atravessa o Coachella Valley, que tem resorts de golfe e amplos bosques de tamareiras, e depois circunda o Salton Sea, vasto lago artificial habitado por aves. A seguir, passa pelas belas paisagens do Anza-Borrego Desert State Park, entremeado por oásis em cânions ideais para caminhadas. Por fim, o itinerário vai às refrescantes San Jacinto Mountains e ao idílico retiro de artistas de Idyllwild.

Acima Turistas em Palm Canyon, Indian Canyons *(p. 215)*

ATIVIDADES

Embarque no Palm Springs Aerial Tram para admirar as vistas e caminhar no Mount San Jacinto State Wilderness

Veja de perto animais selvagens no Living Desert, em Palm Desert

Prove as tâmaras do Shields Date Garden e compre variedades dessa iguaria em Indio

Descubra paraísos ocultos nos cânions acidentados do Anza-Borrego Desert State Park

Troque o carro por um cavalo em Idyllwild e explore os pinheirais das San Jacinto Mountains

LEGENDA

Roteiro

Acima A SR 22 em trecho do Anza-Borrego Desert State Park *(p. 216)*

Acima Cactos no Anza-Borrego Desert State Park *(p. 216)*

PLANEJAMENTO

Início/fim: De Palm Springs a Idyllwild.

Número de dias: 3, com um dia inteiro para explorar o Anza-Borrego Desert State Park.

Distância: 389km (242 milhas).

Condições das estradas: Bem pavimentadas e sinalizadas, mas há terreno íngreme e estradas sinuosas no Anza-Borrego Desert State Park e no Santa Rosa & Jacinto Mountains National Monument, onde pode nevar muito no inverno.

Quando ir: O inverno é temperado, mas pode nevar em grandes altitudes. Fev e mar, quando as flores silvestres desabrocham, são agradáveis. O verão é muito quente no deserto, exceto em áreas elevadas.

Horários de funcionamento: Lojas e galerias abrem das 9h às 17h seg-sáb; algumas, por mais horas e no dom. Em geral, museus abrem das 10h às 17h diariam, mas alguns fecham seg e no verão.

Principais dias de mercado: Palm Springs: qui à tarde. Borrego Springs: nov-jun: manhã sex.

Compras: Procure peças retrô em Palm Springs, e arte e alta-costura em El Paseo, Palm Desert.

Principais festas: Palm Springs: Palm Springs International Film Festival, jan. **Palm Desert:** The Art of Food & Wine Festival, mar. **Indio:** Southwest Arts Festival, jan. **Borrego Springs:** Springs Days Desert Festival, out. **Idyllwild:** Jazz in the Pines, ago.

PASSEIOS DE 1 DIA

Quem se interessa por **arte** e **arquitetura** vai encontrar um tesouro de construções modernistas em **Palm Springs**, que também abriga o Palm Springs Art Museum. Amantes da **vida ao ar livre** desfrutam as belas paisagens naturais do **Anza-Borrego Desert State Park** e do **Mount San Jacinto State Wilderness**, que podem ser explorados de bicicleta, a pé ou a cavalo. Detalhes *p. 217*.

Ao lado, da esq. p/ dir. Placa em Palm Desert; Palmeiras em Palm Springs

❶ Palm Springs

Riverside County; 92262

Emblemático do hedonismo de Hollywood, esse balneário chique na extremidade oeste do Coachella Valley foi revitalizado com a abertura de resorts elegantes com spa e hotéis-butique ao pé de montanhas que ficam nevadas no inverno. Antes de iniciar o roteiro, passeie por Palm Springs para ver os fabulosos edifícios públicos modernistas e as casas impressionantes dos ricos e famosos.

Passeio a pé de 3 horas

Comece pelo **Palm Springs Art Museum** ① *(www.psmuseum.org)*, que expõe arte contemporânea, e siga a N Belardo Road para o norte até **The Cloisters** ②, a ex-residência em estilo colonial espanhol do pianista Liberace. Vá para oeste na W Alejo Road até a N Patencio Road e vire à direita na W Merito Place, passando pela antiga **casa de Sir Laurence Olivier** ③ *(401)*, o ator britânico. Continue na N Mission Road e vire à esquerda na W Hermosa Place – a casa espanhola à esquerda foi de **Elizabeth Taylor** ④ *(417)*; defronte, a **casa de Dinah Shore** ⑤ *(432)*, cantora e atriz, ilustra o estilo modernista do deserto dos anos 1950. No fim da W Hermosa, dobre à esquerda e à direita para ir à N Via Monte Vista. Vire à direita e suba sem pressa até a antiga casa do ator e cantor **Dean Martin** ⑥ *(1123)*. Volte pela N Via Monte Vista para a W Alejo Road. Dobre à direita na Palm Canyon Drive. Na W Tahquitz Canyon Way, há uma **estátua de bronze de Lucille Ball** ⑦, atriz e comediante, em um banco diante do café Coffee Bean. Vá para o sul e passe pelo histórico **Plaza Theatre** ⑧, com uma **calçada da fama** ⑨ que homenageia pessoas famosas ligadas à cidade. Na **Village Green Heritage Plaza** ⑩ visite o pequeno Agua Caliente Cultural Museum, que mostra a cultura indígena local. Na Ramon Road, admire a fachada modernista do **Washington Mutual Bank** ⑪, ao passo que a icônica agência do **Bank of America** ⑫, uma quadra ao sul, evoca a capela em Ronchamp, França, projetada pelo arquiteto francês Le Corbusier. Volte à Ramon Road, ande uma quadra para oeste e vire à direita

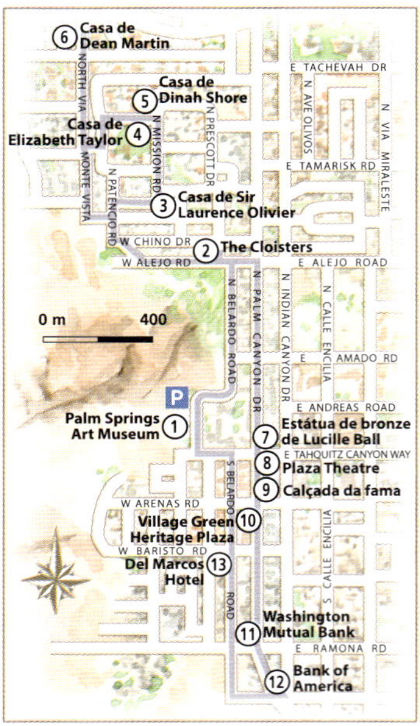

PARA VISITAR PALM SPRINGS

Informação turística
2901 N Palm Canyon Dr, 92262; 760 778 8418; aberto 9h-17h diariam; www.palm-springs.com

Estacionamento
No Palm Springs Art Museum ou no estacionamento público na N Museum Dr.

ONDE FICAR

PALM SPRINGS

Casa Cody *moderado*
A poucos passos do principal bulevar no centro de Palm Springs, essa relaxante casa de adobe em estilo campestre é uma opção charmosa para se hospedar diante de jardins com árvores frutíferas e uma piscina aquecida ao ar livre.
175 S Cahuilla Rd, 92262; 760 320 9346; www.casacody.com

Del Marcos Hotel *moderado*
Esse hotel é decorado em estilo dos anos 1950. Os quartos ficam em torno de um deque, onde se pode tomar martíni ao lado da piscina.
225 W Baristo Rd, 92262; 1 800 676 1214; www.delmarcoshotel.com

Viceroy Palm Springs *caro*
Ao gosto das celebridades de Hollywood, esse hotel em estilo Regency tem quartos de luxo, três piscinas e um ótimo spa. O atendimento é impecável e há um bar animado.
415 S Belardo Rd, 92262; 760 320 4117; www.viceroypalmsprings.com

PALM DESERT

Mojave Resort *moderado*
Nesse pequeno hotel-butique high-tech a decoração retrô investe nos tons do deserto. Há um pátio com piscina e banheira de hidromassagem. É proibido fumar.
73721 Shadow Mountain Dr, 92260; 1 800 391 1104; www.resortmojave.com

Onde Ficar: barato, menos de US$100; moderado, US$100-US$200; caro, acima de US$200

na S Belardo Road para passar pelo **Del Marcos Hotel** ⑬, um anguloso clássico modernista datado de 1947. Volte ao seu carro.

Para apreciar vistas, pegue o Palm Springs Aerial Tram *(www.pstramway.com)* para a San Jacinto Mountain Wilderness *(p. 217)*.

Siga a W Tahquitz Canyon Way e vire na Palm Canyon Drive (SR 111). Fique na S Palm Canyon Dr no ponto em que a SR 111 vira para leste, e continue até os Indian Canyons.

② Indian Canyons

Riverside County, 92262

Na base das San Jacinto Mountains, os três Indian Canyons *(fechados jul-set: seg-qui)* têm 48km de trilhas que passam por bosques de palmeiras-leque alimentados por nascentes. Os cânions pertencem aos índios do grupo Agua Caliente, cujos antepassados entalharam petróglifos nas rochas no **Andreas Canyon**. O **Palm Canyon** tem o maior palmeiral da América do Norte. Sombreados e frescos, os cânions dão chance de avistar veados, coelhos e carneiros selvagens em suas encostas escarpadas. No **Murray Canyon** podem-se ver animais selvagens em meio a oásis de sicômoros, algodoeiros e salgueiros.

Pegue a S Palm Canyon Rd para o norte e vire à direita na SR 111 (E Palm Canyon Dr) para Palm Desert (19km/12 milhas). Estacione em El Paseo.

③ Palm Desert

Riverside County; 92260

A mais sofisticada das cidades no Desert Resort, Palm Desert é o principal centro artístico no Coachella Valley. O McCallum Theater for the Performing Arts recebe até astros internacionais. Com butiques finas e galerias de arte, o bulevar **El Paseo** é embelezado por dezoito esculturas contemporâneas. Ande na **Civic Center Sculpture Walk** *(Fred Waring Dr c/ San Pablc Ave)* para admirar diversas esculturas vanguardistas. No lado sul da cidade, o enorme zoo **Living Desert** *(www.livingdesert.org)* apresenta carneiros selvagens, pumas e outros animais que vivem em desertos e savanas no mundo inteiro.

Vá em direção ao leste pela SR 111, até Indio.

④ Indio

Riverside County; 92201

Essa cidade foi amplamente moldada por sua grande população mexicana da classe trabalhadora. Muitos mexicanos trabalham nos vastos bosques de tamareiras no sul da cidade. A história da produção de tâmaras é explicada no **Shields Date Garden** *(www.shieldsdategarden.com)*. Uma loja vende doze tipos de tâmara, inclusive em caixas para presente, e serve frapê dessa fruta no balcão da década de 1950.

O centro histórico tem sete **murais** sobre o passado local. Pode-se agendar uma caminhada com guia do museu *(www.indiochamber.org)*.

Vá para leste na SR 111, então vire à direita na SR 86 (Harrison St) para Salton City (55km/34 milhas).

Tâmaras

Os espanhóis introduziram tamareiras na Califórnia por volta de 1765, e seu cultivo no Coachella Valley começou no início do século XX. Hoje, são plantadas mais de dez variedades de tâmara em cerca de 2.000ha. A tamareira precisa de água subterrânea e clima quente e seco para frutificar. Em geral, plantações com fins comerciais têm uma árvore macho que gera pólen para 50 fêmeas, as quais podem produzir 68kg de frutas anualmente por cerca de 70 anos.

Acima O Palm Canyon, Indian Canyons
Abaixo, esq. Tamareiras em Indio

ONDE COMER E BEBER

PALM SPRINGS

Rick's *barato*
Esse diner cubano-americano serve ropa vieja (mexido com carne), omeletes, panquecas, frutas e huevos rancheros (ovos em uma tortilla) o dia todo. No almoço há salada de salmão, pratos quentes e sanduíches de carne e atum.
1973 N Palm Canyon Dr, 92262; 760 416 0090; aberto 6h-15h diariam; www.ricksrestaurant.biz

Johannes *caro*
Ambiente sofisticado, ótimo atendimento e cozinha fusion criativa. Peça beterraba assada com queijo de cabra, sopa de cogumelos ou wiener schnitzel com pepino cremoso.
196 S Indian Canyon Dr, 92262; 760 778 0017; fechado seg; www.johannesrestaurants.com

PALM DESERT

Castelli's *caro*
Esse ótimo restaurante italiano serve massas, frutos do mar e filé mignon (275g) ao molho de marsala.
73098 SR 111, 92260; 760 773 3365; aberto jun-ago: 17h30-22h qua-sáb; set-mai: 17h30-22h diariam; www.castellis.cc

INDIO

The Café at Shield's *barato*
Esse café com um pátio serve omelete e panqueca pela manhã, e huevos rancheros com cacto e feijões peruanos. Para encerrar, peça frapê de tâmara.
80225 SR 111, 92201; 760 775 0902; aberto 7h-14h30 diariam; www.shieldsdategarden.com

Acima Trilha no Mount San Jacinto State Wilderness

PARA VISITAR ANZA BORREGO

Informação turística
Borrego Springs Chamber of Commerce & Visitor Center *786 Palm Canyon Dr, 92004; 760 767 5555; www.borregospringschamber.com*

ONDE FICAR

BORREGO SPRINGS

The Palms Hotel *moderado*
Hotel em prédio modernista com quartos confortáveis voltados para a piscina, dois bangalôs espaçosos com lareira e dois restaurantes.
2220 Hoberg Rd, 92004; 760 767 7788; www.thepalmsatindianhead.com

Borrego Valley Inn *moderado-caro*
Esse hotel romântico evoca um *pueblo* rústico de adobe. Os quartos, elegantes, são mobiliados no estilo do deserto do sudoeste.
405 Palm Canyon Dr, 92004; 1 800 333 5810; www.borregovalleyinn.com

IDYLLWILD

Quiet Creek Inn *moderado*
Com charme aconchegante, esse lodge tem seis cabanas duplex com lareira em meio a matas. As comodidades incluem wi-fi, TV a cabo e DVD players.
26345 Delano Dr, 92549; 951 659 6110; www.quietcreekinn.com

5 Salton City

Imperial County; 92275

Há meio século, o **Salton Sea** *(www.saltonsea.ca.gov)* atraía levas de turistas ávidos por esportes aquáticos. Hoje, a atração dessa cidade decadente são mais de 400 espécies de aves, como gansos-das-neves, cormorões e mergulhões que se alimentam no maior e mais salgado lago do estado, criado por acaso em 1905, quando uma barragem do Imperial Canal se rompeu e por dois anos o Colorado River entrou na bacia abaixo do nível do mar.

Em Salton City vá para o sul na SR 86 e vire à direita na S 22. Siga por 45km (28 milhas) até Borrego Springs.

6 Borrego Springs

San Diego County; 92004

Cercada pelo Anza-Borrego Desert State Park, essa cidade pacata tem movimento turístico sazonal, inclusive devido a seus três campos de golfe.

Um ímã para artistas, seu bulevar principal, o Palm Canyon Drive, reúne galerias. Em meio a cactos e arbustos nas **Galleta Meadows** *(www.galletameadows.com)*, há esculturas em metal de seres pré-históricos como mamutes, felinos dente-de-sabre e preguiças-gigantes, e de personalidades como o expedicionário espanhol Juan Bautista de Anza.

Escultura, Galleta Meadows

Vá para oeste na Palm Canyon Dr até o centro de visitantes do Anza-Borrego Desert State Park.

7 Anza-Borrego Desert State Park

San Diego County; 92004

O maior parque estadual da Califórnia permite circular a pé, de bicicleta e a cavalo para ver o deserto. Com belos cânions e colinas íngremes, ele fica todo florido na primavera. Podem-se ver rãs e peixes do deserto quando as chuvas de inverno enchem os lagos, além de carneiros selvagens em meio aos cânions escarpados.

Vá ao **centro de visitantes** *(200 Palm Canyon Dr, Borrego Springs; 760 767 4205; www.parks.ca.gov/)* e confira mostras sobre a ecologia do deserto. Desse ponto, a **Borrego Palm Canyon Trail** leva a um oásis com palmeiras, e a **Hellhole Canyon Trail** sobe até a **Maidenhair Falls**. O parque tem mais de vinte trilhas que variam de suaves a árduas; pegue um guia das trilhas antes de se aventurar. A Anza-Borrego Foundation *(www.theabf.org)* oferece caminhadas educativas e acampamentos. Ao sul de Borrego Springs, placas na SR 78 indicam o caminho para antigos sítios indígenas na área da **Indian Hill**. A County Road S2 conduz ao acidentado **Box Canyon**, sem sinalização, e ao verdejante **Bow Willow Canyon**, onde havia um povoado. Fique de olho em pictogramas nas rochas e *morteros* – pilões para moer sementes. No leste, as **Borrego Badlands** têm cenário espetacular.

Saia para oeste na S 22, continue na San Felipe Rd e vire à direita na SR 79 para Warner Springs, a 45km (28 milhas) de Borrego Springs.

Acima Paisagem na entrada do Anza-Borrego Desert State Park

Onde Ficar: barato, menos de US$100; moderado, US$100-US$200; caro, acima de US$200

❽ Warner Springs

San Diego County; 92086

Na velha rota de diligências da Butterfield Overland Mail, esse povoado fica em um vale sob as Cuyamaca Mountains. Varrido por ventos, o local é ideal para voar – a **Sky Sailing** *(www.skysailing.com)* organiza tudo. O **Warner Springs Ranch**, que mantém a casa de adobe de 1849 do pioneiro Kit Carson, é um resort renomado que oferece passeios a cavalo, golfe e um spa com fontes minerais quentes.

Mais além, desguste ótimos vinhos locais na **Shadow Mountain Vineyard** *(34680 SR 79; 760 782 0778; www.shadowmountainvineyards.com)*. A **Oak Grove Butterfield Stage Station**, nas proximidades, está bem preservada.

Vá para o norte na SR 79 até Aguanga (32km/20 milhas), e pegue a SR 371 à direita para a SR 74 (33km). Vire à esquerda no Mountain Center (20 km/12,5 milhas) e à direita na SR 243 para Idyllwild.

❾ Idyllwild

Riverside County; 92549

Em uma floresta de pinheiros-touro, esse balneário alpino atrai visitantes no verão. Fugindo do calor do deserto, eles vêm caminhar, andar a cavalo e escalar rochas, sobretudo a **Tahquitz Rock** e a **Suicide Rock**. Idyllwild é morada de muitos artistas boêmios e tem uma cena cultural vibrante. É preciso reservar hotel com meses de antecedência para o Jazz in the Pines Festival, todo mês de agosto.

Partindo da cidade, a Deer Springs Trail e a Devils Slide Trail levam ao **Mount San Jacinto State Wilderness**, que integra o Santa Rosa & San Jacinto Mountains National Monument, de 110.884ha. A segunda trilha se liga à **Pacific Crest Trail** *(www.pcta.org)*, que se estende do México até o Canadá. No entanto, a maioria dos turistas vai para essa região saindo de Palm Springs e pegando o Palm Springs Aerial Tram *(p. 215)*, um teleférico que faz um traslado panorâmico de 10 minutos. Da Tramway Mountain Station (a 2.596m), uma trilha fácil atravessa o **Long Valley** e tem placas informativas. Quem está em boa forma pode subir uma trilha até o cume do **Mount San Jacinto**, a 3.302m, ao qual se chega de teleférico e de Idyllwild. No inverno, esse lugar é ideal para esqui e outros esportes na neve.

Acima Palmeiras-leque na Palm Canyon Trail, Anza-Borrego Desert State Park
Abaixo, esq. Neve no Mount San Jacinto

PARA VISITAR O MOUNT SAN JACINTO STATE WILDERNESS

Informação turística
25905 SR 243, Idyllwild, 92549; 951 659 2607; aberto diariam; www.parks.ca.gov/

ONDE COMER E BEBER

BORREGO SPRINGS

The Krazy Coyote *moderado*
Esse restaurante no Palms Hotel oferece menu eclético que abrange sashimi, carré de cordeiro e filé mignon. Ao lado, o Red Ocotillo serve comfort food e tem um pátio com palmeiras.
2220 Hoberg Rd, 92004; 760 767 7788; aberto 17h-20h15 seg-qui, 17h-20h45 sex e sáb; www.thepalmsatindianhead.com

IDYLLWILD

Café Aroma *barato*
Ponto dos boêmios locais, serve ovos Benedict, panquecas, abóbora ao forno, sopa de alho e polenta. Há jazz ao vivo e leituras de poemas.
54750 N Circle Dr, 92549; 951 659 5212; aberto 7h-21h seg-qui, 7h-22h sex-sáb; www.cafearoma.org

PASSEIOS DE 1 DIA

Esse roteiro pode ser dividido em três dias voltados a interesses específicos.

Cultura em Coachella
Confira os museus, os edifícios modernistas e os murais em Palm Springs ❶, Palm Desert ❸ e Indio ❹.

O acesso a todos os lugares é pela SR 111, que começa na Palm Canyon Dr em Palm Springs.

Caminhadas no deserto
Leve calçados adequados para explorar o Anza-Borrego Desert State Park ❼, onde dezenas de trilhas partem de Borrego Springs ❻.

De Palm Springs, pegue a SR 111 para a SR 86, então a SR 22 na direção oeste para Borrego Springs.

Picos de montanha
Amantes da natureza vão ao Mount San Jacinto State Wilderness, com acesso por Idyllwild ❾ ou Palm Springs ❶, via Palm Springs Aerial Tram.

De Palm Springs, pegue a SR 111 para oeste até a I-10, depois a SR 234 em Banning para o sul até chegar a Idyllwild.

ROTEIRO **21**

Beira do Mundo

De Redlands à Cajon Junction

Destaques

- **Uma lenda cítrica**
  Explore a charmosa Redlands, que já foi a maior produtora mundial de laranja-baía
- **Floresta nas alturas**
  Caminhe entre abetos na San Bernardino National Forest, onde fica o pico mais alto no sul da Califórnia
- **Observação de aves**
  Veja águias, garças e pelicanos no Big Bear Lake
- **Diversão no lago**
  Navegue pelo Lake Arrowhead a bordo do barco a vapor *Lake Arrowhead Queen*

Tamareiras e laranjeiras em uma estrada em Redlands

Beira do Mundo

O Rim of the World Scenic Byway cruza a divisa das San Bernardino Mountains, saindo do San Gorgonio Pass para o Cajon Pass, e atravessa algumas das áreas naturais mais preservadas no sul da Califórnia. A rota circunda lagos faiscantes e liga as baixadas às cidades alpinas turísticas de Big Bear City e Lake Arrowhead. Os dias quentes de verão são perfeitos para caminhadas, ciclismo ou remo no Lake Gregory, em torno de Crestline, onde o ar recende a pinheiros. No inverno, as montanhas nevadas em Big Bear atraem esquiadores. O acesso à região é por Redlands, uma das cidades mais belas no sul do estado, cujas ruas arborizadas têm mansões vitorianas.

Acima Carroça no Lake Arrowhead Village *(p. 225)*

ATIVIDADES

Caminhe pelas ruas de Redlands e sinta a atmosfera tranquila do lugar

Respire o ar fresco com aroma de pinheiros na San Bernardino National Forest

Ande pela Scenic Sky Chair até o Snow Summit, perto de Big Bear Lake

Siga a Sequoia Trail no Heaps Peak Arboretum, para admirar as flores silvestres e outras plantas alpinas

Pesque trutas e veja águias no Silverwood Lake

LEGENDA

Roteiro

Acima Flores silvestres no Silverwood Lake *(p. 225)*

Acima O Rim of the World Scenic Byway, que cruza as San Bernardino Mountains

PLANEJAMENTO

Início/fim: De Redlands à Cajon Junction.

Número de dias: 2-3, com um dia inteiro para esquiar em Big Bear no inverno. Viajar pelas estradas sinuosas de montanha requer mais tempo.

Distância: 217km (135 milhas).

Condições das estradas: As rodovias de montanha apresentam trechos íngremes e curvas fechadas. Devido à neve no inverno, é preciso usar correntes de pneus. A estrada em torno de Crestline tem névoa; dirija com os faróis ligados. A sinalização é boa, mas fique atento às orientações, pois há muitas estradas secundárias.

Quando ir: As San Bernardino Mountains têm turismo o ano todo. O verão é quente, com dias límpidos, e o inverno é ideal para esqui, mas prepare-se para muito frio e tempestades de neve.

Horários de funcionamento: Lojas abrem das 9h às 17h seg-sáb, mas muitas funcionam mais horas no verão. Estações de esqui abrem das 9h às 16h30 no inverno e, dependendo do nível de neve, ficam abertas até maio.

Principais dias de mercado: Redlands: 18h-21h qui. Big Bear City: 8h30-13h ter. Lake Arrowhead: verão: 17h-20h sex.

Compras: Procure troncos com entalhes em Big Bear Lake.

Principais festas: Redlands: Shakespeare Festival, mai; Summer Music Festival, jun; Redlands Spring Festival, set. Big Bear Lake: JazzTrax Summer Festival, jun; International Film Festival, set. Lake Arrowhead: Film Festival, abr; Art & Wine Festival, jun.

PASSEIOS DE 1 DIA

Quem gosta de ficar **ao ar livre** irá adorar os lagos de montanha. **Compras interessantes** incluem peças de madeira entalhadas em **Big Bear Lake** e roupas e acessórios em **Lake Arrowhead**. **Redlands** é perfeita para quem se interessa por **história**. Detalhes *p. 225*.

Acima Sino na Asistencia Misión de San Gabriel, Redlands **Abaixo** Pinheiro isolado

❶ Redlands

San Bernardino County; 92373

Essa cidade ampla e charmosa tem mansões vitorianas ecléticas construídas com a riqueza gerada pelas plantações de laranja – que, no século XIX, eram seu esteio econômico. O centro histórico, bem preservado, rende um passeio agradável. Há também várias outras atrações que podem ser visitadas de carro, como a Asistencia Misión de San Gabriel, de 1830, e o San Bernardino County Museum, que mostra aspectos históricos da área.

Passeio a pé de 2 horas

Estacione no Redlands Boulevard e vá à **Chamber of Commerce** ① *(1 E Redlands Blvd; 909 793 2546)*, que tem um posto de turismo. Ande uma quadra para o norte para ver a **Santa Fe Depot** ② *(Orange St c/ Oriental Ave)*, uma estação de trem de 1888 com um pórtico e colunas gregas. Volte pela Orange Street, cruze o Redlands Boulevard e vire à esquerda na arborizada State Street, com seus edifícios charmosos; note o relógio enorme diante da **Smith's Jewellers** ③ *(110 E State St)* e os **murais** ④ na 6th Street. Dobre à direita na 6th Street, à direita na Citrus Avenue e à esquerda na Cajon Street. Procure a **City Hall** ⑤ *(Cajon St c/ E Citrus Ave)*, construída em estilo românico na época da Depressão e designada para abrigar o Redlands Museum *(www.redlandshistoricalmuseum.org)*. Vire à direita na Vine Street para a **Smiley Library** ⑥ *(125 W Vine St; 909 798 7565; www.akspl.org)*, de tijolos vermelhos. Construída em 1898 no estilo vistoso de missões mouriscas, seu interior tem gárgulas e grifos esculpidos em carvalho. O parque triangular em frente apresenta o **Smiley Memorial** ⑦ *(Eureka St c/ Vine St)*, dedicado aos benfeitores Albert e Alfred Smiley, do século XIX. Ande uma quadra para o norte na Eureka Street para a Brookside Avenue, onde o **correio** ⑧ *(201 Brookside Ave)* de 1933 exibe arquitetura de influência espanhola. Veja os detalhes em ferro, as caixas postais de latão e o Post Office Museum. A **City of Redlands Safety Hall** ⑨, de 1962, em estilo modernista, fica do outro lado da rua. Ande para oeste na Brookside Avenue e dobre à esquerda na Grant Street. Após 100m, cruze o **Redlands Bowl** ⑩ *(www.redlandsbowl.org)*, um anfiteatro clássico ao ar livre que sedia o Shakespeare Festival, anual. De volta à Eureka Street, pare no **Lincoln Memorial Shrine** ⑪ *(www.lincolnshrine.org)*, o único museu no oeste do rio Mississippi dedicado a Abraham Lincoln e à Guerra Civil nos EUA. Suas mostras fascinantes incluem armas e uniformes da Guerra Civil. Entre na 4th Street e ande uma quadra para o sul; vire à esquerda na W Olive Avenue. A **First Congregational Church** ⑫ *(2 W Olive Ave)*, gótica, concluída em 1899, fica na esquina noroeste. Dobre à esquerda na Cajon Street e volte ao carro.

De Redlands, vá para o norte na Orange St. Vire à direita na E Lugonia Ave. Abasteça o carro na Wabash Ave ou Opal Ave e siga pela SR 38 (depois Mill Creek Rd) para a Mill Creek Ranger Station.

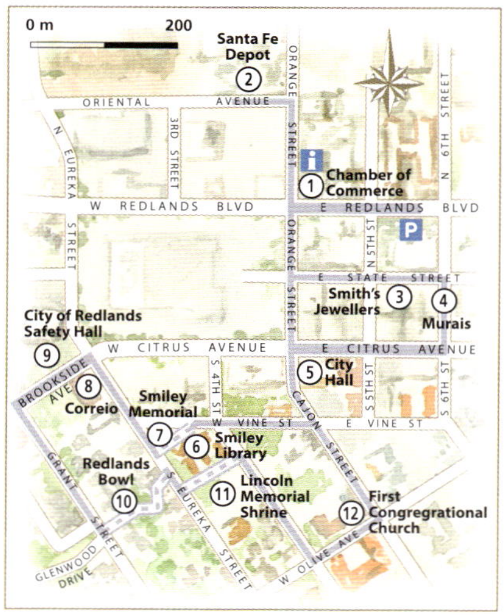

PARA VISITAR REDLANDS

Informação turística
Chamber of Commerce *1 E Redlands Blvd, 92373; 909 793 2546*

Estacionamento
A maioria das ruas no centro não tem parquímetro, mas o uso de vagas se limita a 2 horas. Há estacionamentos no Redlands Blvd com a 6th St.

ONDE FICAR

REDLANDS

Ayres Hotel *moderado*
No estilo das missões, esse hotel moderno tem 107 quartos de luxo com móveis inspirados em design espanhol antigo e instalações como quitinetes. Fica ao lado da autoestrada I-10. *1015 W Colton Ave, 92374; 909 335 9024; www.ayreshotels.com*

Onde Ficar: barato, menos de US$100; moderado, US$100-US$200; caro, acima de US$200

Acima, da esq. p/ dir. Mural na 6th Street, Redlands; Paisagem em torno do Baldwin Lake

② San Bernardino National Forest

San Bernardino County; 92408

Delineada em 1907, essa floresta preservada de 3.200km² se ergue de cânions sombreados a 3.506m no topo do Mount San Gorgonio. Pare na **Mill Creek Ranger Station** *(34701 Mill Creek Rd, Mentone, 92359; 909 382 2882)*, cujo pano de fundo são encostas cobertas de chaparral das San Bernardino Mountains. Desse ponto, a estrada sobe pelo Santa Ana River Valley através de **Angelus Oaks**, com vistas das Thurman Flats, que têm trilhas no maior bosque de amieiros do estado; leve binóculos para ver aves raras, veados-mula e ursos-pardos ao longo do rio. A estrada então começa a ziguezaguear, oferecendo vistas estupendas da montanha abaixo. Pare após 12km (7 milhas) no **Barton Flats Visitor Center** *(909 794 4861; só no verão)*, a entrada para as trilhas e campings do San Gorgonio Wilderness, que atrai muitos turistas devido a seus lagos plácidos, prados alpinos e picos de granito. O Adventure Pass, para caminhadas e camping, pode ser obtido em postos de guardas-florestais e em várias lojas.

Vá para o norte pela SR 38 em direção ao Onyx Summit.

Placa na San Bernardino National Forest

③ Onyx Summit

San Bernardino County

Um marco no acostamento 48,6km (30,2 milhas) ao norte da Mill Creek Ranger Station indica o Onyx Summit, a 2.573m, ponto mais alto na subida e o trecho rodoviário mais elevado no sul da Califórnia. A ida ao cume rende vistas sensacionais do Mount San Gorgonio, que reluz com a neve mesmo no verão. Procure carneiros selvagens, veados e águias. Do topo, a estrada começa a descer para a Big Bear Basin.

Vá para o norte na SR 38 até o cruzamento em T. Vire à direita na Shay Rd para circundar o Baldwin Lake. Fique à esquerda no cruzamento com a N Shore Dr; estacione ao lado da estrada.

④ Baldwin Lake

San Bernardino County; 92314

Em uma planície desolada, esse lago alcalino em forma de T fica na ponta nordeste do Big Bear Valley. É comum ele secar no verão e congelar no inverno, quando atrai águias-de-cabeça-branca que se empoleiram no alto de pinheiros. O isolamento, o solo argiloso com pedregulhos e o clima agreste criaram um conjunto de plantas que só existe nesse local. O lago é cercado por charcos, chaparral e prados sazonais que refulgem na primavera, quando plantas endêmicas como mostarda de pétalas finas, fagópiro e castilleja desabrocham após a neve derreter. No lado norte do lago, a **Baldwin Lake Ecological Reserve** tem uma trilha autoguiada, de onde é possível avistar coiotes, veados e, às vezes, pumas, corujas-do-campo, falcões-de-cauda-vermelha e outros animais menores. O **Baldwin Lake Stables** *(www.baldwinlakestables.com)* oferece passeios a cavalo, e crianças podem montar em pôneis e afagar lhamas, cabras e outros bichos.

Vá para oeste pela N Shore Dr para Big Bear Lake.

PARA VISITAR A SAN BERNARDINO NATIONAL FOREST

Informação turística
USDA Forest Service *909 382 2600; www.fs.usda.gov/sbnf*

PARA VISITAR BALDWIN LAKE

Informação turística
North Shore Dr c/ Holcomb Valley Rd; 909 484 0167; aberto abr-jul: 10h-14h sáb

ONDE COMER E BEBER

REDLANDS

Café Royal *barato*
Café bem no meio do centro histórico, serve ótimos cafés e chás, sanduíches do tipo panini, saladas e doces. Oferece wi-fi grátis.
101 Cajon St, 92373; 909 335 6787; aberto 6h-21h seg-sex, 7h-22h sáb-dom

Joe Greensleeves *moderado*
Nesse restaurante elegante e eclético, peça moluscos e mexilhões ao molho de vinho branco, depois um steak clássico de Nova York ou salmão ao molho de champanhe e alcaparras.
220 N Orange St, 92373; 909 792 6969; aberto 11h-14h30 e 17h-21h seg-sex, 17h-21h sáb; www.joegreensleeves restaurant.com

Wild Rocket *moderado*
Esse lugar cordial e divertido faz pratos bem saborosos. Peça alguma opção de bife de kobe e aproveite a ótima seleção de cervejas, muitas das quais produzidas na cidade.
345 W Pearl St 140, 92374; 909 798 6300; aberto 17h-24h seg-qui, 17h-2h sex, 10h-14h sáb-dom

Onde Comer e Beber: barato, menos de US$25; moderado, US$25-US$50; caro, acima de US$50

Acima A Boulder Bay, Big Bear Lake
Abaixo Observatório solar

PARA VISITAR BIG BEAR LAKE

Informação turística
630 Bartlett Rd, Big Bear Lake, 92315; 909 866 7000; www.bigbear.com

PARA VISITAR LAKE ARROWHEAD

Informação turística
J Putnam Henck Visitor Center
28200 SR 189, Lake Arrowhead Village, 92352; 909 337 3715; www.lakearrowhead.net

ONDE FICAR

ARREDORES DE BIG BEAR LAKE

Windy Point Inn *moderado*
Val e Kent Kessler são os simpáticos anfitriões nesse B&B, que tem janelões com vistas fabulosas do lago. Os quartos, espaçosos, dispõem de lareira e sacada, e alguns contam com banheira de hidromassagem.
39015 N Shore Dr, Fawnskin, 92333; 909 866 2746; www.windypointinn.com

LAKE ARROWHEAD

Lake Arrowhead Resort & Spa *caro*
Resort de luxo junto ao lago, com 162 quartos e onze suítes, todos decorados suntuosamente. Há um spa completo e um restaurante elegante com vista para o lago.
27984 Hwy 189, 92352; 909 336 1511; www.laresort.com

5 Big Bear Lake

San Bernardino County; 92315

Essa área recebe visitantes que praticam esportes aquáticos, caminham e pedalam no verão, e se transforma na maior estação de esqui da região no inverno. O lago atrai aves aquáticas no inverno, e grandes garças-azuis e pelicanos-brancos podem ser vistos o ano todo. Em sua margem norte, o **Big Bear Discovery Center** *(www.sbnfa.org)* tem mostras sobre a ecologia local e informações sobre atividades ao ar livre. Há passeios guiados para observar águias-de-cabeça-branca no inverno, assim como caminhadas para ver flores na primavera. Por perto, o **Big Bear Solar Observatory** *(www.bbso.njit.edu)*, o maior telescópio solar do mundo, se ergue acima do lago na ponta de um píer. Vá para oeste na estrada que segue a margem até o pitoresco povoado alpino de **Fawnskin**, que tem antiquários e bares dos tempos do Velho Oeste, e o Fawn Park, com um urso-cinzento empalhado e outras figuras do Velho Oeste em tamanho natural.

Volte pela North Shore Drive e vire à direita no Stanfield Cutoff para cruzar o lago; depois dobre à esquerda no Big Bear Boulevard para ir a Big Bear City. Aqui, o **Big Bear Valley Museum** *(Greenway Dr; 909 585 8100; aberto mai-out: 10h-16h qua, sáb e dom)* tem antiguidades e artefatos, incluindo uma coleção de esquis e trenós, carroças restauradas e até um velho carro fúnebre. No verão, o **Snow Summit Ski Resort**, na margem sul, oferece a Scenic Sky Chair, que em 15 minutos leva ao cume a 2.499m, para caminhadas e mountain bike; alugue uma bicicleta por lá. A SR 18 vai para oeste ao longo da margem sul à refinada **Boulder Bay**, onde penedos pontuam o lago. Siga até a **Big Bear Dam**, local de junção da SR 18 com a SR 38. A oeste, o Rim of the World Scenic Byway leva ao **Lakeview Point**, com vistas do lago e do San Gorgonio Wilderness.

Águias-de-cabeça-branca

As San Bernardino Mountains recebem no inverno a maior população desse tipo de águia no sul da Califórnia. As águias chegam em novembro, circulam entre os lagos Arrowhead, Big Bear e Silverwood, e partem em junho. Elas são facilmente avistadas, pois ficam empoleiradas nas árvores mais altas perto dos lagos ou procurando peixes nas águas.

Da represa, vire à esquerda na SR 18, passe em Running Springs e vá ao arboreto.

6 Heaps Peak Arboretum

San Bernardino County; 92352

Aprenda sobre a flora da San Bernardino National Forest no Heaps Peak Arboretum *(www.heapspeakarboretum.com)*, a oeste de Running Springs. O Adventure Pass, disponível em postos da guarda-florestal na National Forest, deve ficar visível no pára-brisa do carro. A Sequoia Trail, autoguiada, corta a floresta densa de ciprestes, álamos, carvalhos-pretos e pinheiros-alvares. Pare na ponte de um riacho sazonal para ver raposas-cinzentas, veados e outros mamíferos. Uma trilha cruza um bosque de sequoias plantadas em 1930.

Vá para oeste pela SR 18 até o cruzamento com a SR 173. Vire à direita para Lake Arrowhead.

7 Lake Arrowhead

San Bernardino County; 92352

Esse belo resort alpino é centrado em um lago privado. Embora o público tenha acesso limitado, é possível singrar as águas cristalinas a bordo do barco *Lake Arrowhead Queen (www.lakearrowheadqueen.com)*, que ofereces passeios narrados. A **McKenzie Water Ski School** *(www.mckenziewaterskischool.com)* organiza esqui aquático e dá aulas para todas as idades. Volte no tempo no **Mountain History Museum** *(909 336*

6666; www.rimoftheworldhistory.com), com mostras sobre culturas indígenas e a história da área como centro madeireiro e refúgio de astros de Hollywood. A **Lake Arrowhead Village** *(28200 Hwy 189)*, na margem sul, tem dezenas de lojas e outlets, e **Cedar Glen**, nas colinas a sudeste do lago, abriga muitos antiquários.

Rodeie o lago na SR 173; vire à esquerda na N Grass Valley Rd. Entre à esquerda no cruzamento com a SR 189 e continue até a Daley Canyon Rd, onde você deve dobrar à direita para voltar à SR 18. Continue até o cruzamento com a SR 138 e vire à direita para Crestline.

❽ Crestline

San Bernardino County; 92325

Com um labirinto de ruas, esse povoado a 1.463m de altitude volta e meia fica envolto na névoa que vem da Los Angeles Basin e é no mínimo 7°C mais frio do que o sopé da montanha. Vale a pena ir ao **Lake Gregory Regional Park**, que tem um lago cor de jade. Alugue um barco a remo ou pá, ou divirta-se nos tobogãs aquáticos.

Continue na SR 138 por 17km (10 milhas) até o Silverwood Lake.

❾ Silverwood Lake

San Bernardino County

Formado em 1971 pela construção da Cedar Springs Dam, esse lago a 1.067m de altitude e o parque *(www.parks.ca.gov/)* a seu redor são uma área de lazer. Vinte quilômetros de trilhas para caminhada e ciclismo descortinam veados-mula, ursos-pardos e castores ao longo do rio Mojave. O lago atrai gansos do Canadá e outras aves aquáticas, além de águias-de-cabeça-branca no inverno; passeios guiados para ver águias são disponíveis em fev-jun. A margem sul tem duas praias e uma marina que aluga barcos. O Silverwood Lake Overlook oferece a melhor vista do lago.

Vá para oeste na SR 138, que sobe até o Silverwood Lake Overlook e depois desce pelo Horsethief Canyon em direção à Cajon Junction.

❿ Cajon Junction

San Bernardino County; 92371

Descendo da San Bernardino Mountain, a estrada fica reta e plana ao passar pelo **Horsethief Canyon**, que era usado no século XIX pelos índios ute para conduzir cavalos roubados. Agora no deserto de Mojave, observe as florestas de pinheiros dando lugar a cactos e árvores de Josué. Na ponta oeste do vale, a SR 138 desce a colina e atravessa terras áridas até a Cajon Junction, onde cruza com a autoestrada I-15, que sobe pelo Cajon Pass e liga Las Vegas a San Bernardino e Los Angeles. Pare no **Summit Scenic Overlook**, cerca de 660m a oeste da Cleghorn Road, e aprecie uma vista belíssima acima do cânion e uma curva fechada na Burlington Northern Santa Fe Railroad, que se localiza abaixo.

Acima Proximidades da Cajon Junction, na SR 138 **Abaixo, esq.** Vista do Silverwood Lake

ONDE COMER E BEBER

BIG BEAR LAKE

Big Bear Mountain Brewery *moderado*
Essa cervejaria serve pratos como chili caseiro e sanduíches com carne para acompanhar as pilseners, ales e stouts robustas.
40260 Big Bear Blvd, 92315; 909 866 2337; aberto 11h30-20h30 seg-sex, 11h-22h sáb-dom; www.mountainbrewery.com

Hacienda Grill *moderado*
A comida nesse restaurante mexicano simples é saborosa e satisfatória.
41787 Big Bear Blvd, 92315; 909 866 8667; aberto 11h-21h dom-qui, 11h-22h sex-sáb; www.haciendagrill.net

LAKE ARROWHEAD

Belgian Waffle Works *barato*
Essa lanchonete no cais oferece waffles, sanduíches e hambúrgueres.
28200 Hwy 189 E150, 92352; 909 337 5222; aberto verão: 8h-17h seg-qui, 8h-20h sex e sáb, 8h-18h dom; inverno: 8h-16h seg-qui, 8h-17h sex-dom; www.belgianwaffle.com

PASSEIOS DE 1 DIA

Esse roteiro pode ser dividido em passeios interessantes de um dia.

Um dia em Redlands

Visite a Asistencia Misión de San Gabriel *(26930 Barton Rd; aberta 10h-15h ter-sáb)*, de meados do século XIX, e a Kimberly Crest House *(1325 Prospect Dr; www.kimberlycrest.org)*, que parece um castelo francês com jardins italianos. Depois, passeie pelo centro de Redlands ❶.

Da Asistencia, vá para leste na Barton Rd e vire à direita no Terracina Blvd. Vire à esquerda na W Cypress Ave, à direita na S Center St e à esquerda na W Highland Ave para Kimberly Crest. Pegue a Cajon St e vá para o norte rumo ao centro.

Ar livre e compras

Ande ou pedale pelas trilhas em volta do Big Bear Lake ❺ e adquira entalhes de ursos e águias em madeira nas oficinas na cidade homônima. Ou faça esportes aquáticos no Lake Arrowhead ❼ e compre roupas baratas nos outlets em Lake Arrowhead Village.

Big Bear Lake fica na SR 38. A volta à cidade é pela North Shore Dr e pela SR 18. Esta vai ao lago e ao povoado de Arrowhead.

Onde Comer e Beber: barato, menos de US$25; moderado, US$25-US$50; caro, acima de US$50

Reino do Surfe

De La Jolla a Avalon

Destaques

- **A imponente La Jolla**
  Caminhe pelas ruas desse balneário chique, que tem casas pitorescas e belas mansões
- **Maravilhas marítimas**
  Surpreenda-se com seres do mar no Birch Aquarium do Scripps Institute of Oceanography
- **Ondas perfeitas**
  Desafie o mar em San Clemente, um dos melhores pontos para surfe na Califórnia
- **Descontração em Catalina**
  Pegue a balsa de alta velocidade para a Catalina Island e relaxe no balneário de Avalon

Surfista nas ondas do Pacífico em San Clemente

Reino do Surfe

Seguida o tempo todo pela rodovia costeira do Pacífico, com suas belas paisagens, a costa norte de San Diego é um espetáculo visual de longas praias de areia branca emolduradas por rochedos escarpados. A cultura praiana é sofisticada e a cena do surfe, intensa, porém descontraída. Esse roteiro começa em La Jolla, balneário elegante e cidade universitária que tem um aquário de nível internacional e uma reserva marinha submersa. Mais adiante, há santuários costeiros de vida marinha, animadas cidades praianas, duas missões espanholas do século XVIII, a LEGOLAND® e corridas de cavalos na Del Mar Racetrack. O roteiro termina na cidade portuária de Dana Point, onde balsas velozes vão à Catalina Island cruzando com golfinhos e baleias.

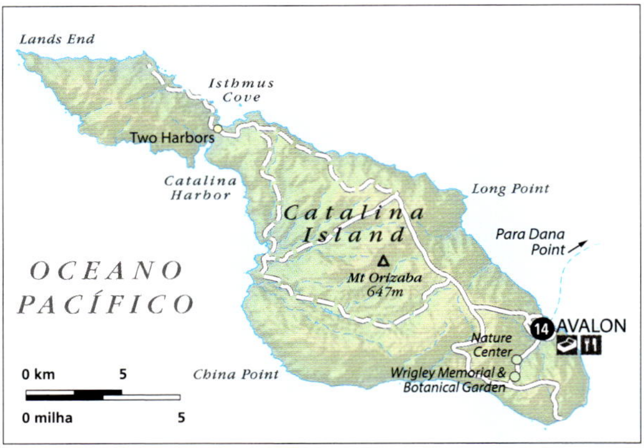

0 km 5

0 milha 5

LEGENDA

Roteiro

Acima Porto na Catalina Island *(pp. 234-5)*

ATIVIDADES

Compre roupas nas lojas e butiques de La Jolla

Faça uma caminhada ao longo da costa na Torrey Pines State Reserve

Brinque nos tobogãs aquáticos da LEGOLAND®, perto de Carlsbad

Troque o carro por uma prancha e aprenda a surfar

Veja golfinhos na ida de balsa para a Catalina Island

Ponha um traje de mergulho e faça explorações incríveis em Avalon

Acima A La Jolla Cove, La Jolla *(p. 230)*

PLANEJAMENTO

Início/fim: De La Jolla a Avalon.

Número de dias: 2-3, com pelo menos um dia inteiro na Catalina Island.

Distância: 124km (77 milhas).

Condições das estradas: As rodovias são bem mantidas, mas as ruas em La Jolla revelam descuido, com calçadas quebradas e irregulares.

Quando ir: A primavera e o outono são ideais, pelos dias ensolarados. O outono é a melhor época para surfe.

Horários de funcionamento: As missões abrem das 10h às 17h diariam. A maioria dos museus, das 9h às 17h diariam, mas alguns fecham na seg e encurtam o horário no inverno. Lojas abrem das 10h às 18h seg-sáb, e restaurantes, das 11h às 22h diariam.

Principais dias de mercado: La Jolla: 9h-13h dom. Del Mar: 13h-16h sáb. Carlsbad: 13h-17h qua e sáb.

Principais festas: La Jolla: Festival of the Arts, jun; Art & Wine Festival, out. Del Mar: San Diego County Fair, jun e jul. Solana Beach: Fiesta del Sol (música), jun. Carlsbad: Music Festival, set. Catalina Island: Jazztrax, out.

PASSEIOS DE 1 DIA

Divida esse roteiro em uma série de passeios. Quem gosta de **praia** pode combinar as areias de **La Jolla**, **Torrey Pines** e **Oceanside**. Interessados em **história** devem explorar as missões de **San Luis Rey** e **San Juan Capistrano**. Saia da estrada e vá de barco para **Avalon**, na Catalina Island. Detalhes *p. 235*.

Acima O Birch Aquarium, em La Jolla

PARA VISITAR LA JOLLA

Informação turística
7966 Herschel Ave; 619 236 1212; aberto 11h-16h diariam; www.lajollabythesea.com

Estacionamento
É muito caro, sobretudo em fins de semana. Há vagas grátis nas ruas, mas é difícil consegui-las. Vagas na beira-mar têm limite de uso de uma hora.

ONDE FICAR

LA JOLLA

Marriott La Jolla *moderado*
Em um prédio alto, oferece quartos elegantes com TVs de tela plana.
4240 La Jolla Village Dr, 92037; 858 587 1414; www.marriott.com

Bed & Breakfast Inn at La Jolla *caro*
Tem quinze quartos distintos e elegantes, com flores frescas, roupões e chinelos confortáveis.
7753 Draper Ave, 92037; 888 988 8481; www.innlajolla.com

Hotel La Jolla *caro*
Hotel chique a 15 minutos de caminhada da praia de La Jolla Shores, com quartos em estilo contemporâneo.
7955 La Jolla Shores Dr, 92037; 858 459 0261; www.hotellajolla.com

La Valencia Hotel *caro*
Esse hotel elegante em estilo colonial espanhol hospeda celebridades desde 1926. Acima da La Jolla Cove, tem três restaurantes, uma piscina magnífica e 112 quartos luxuosos.
1132 Prospect St, 92037; 858 454 0771; www.lavalencia.com

❶ La Jolla

San Diego County; 92037

Uma das cidades mais sofisticadas da Califórnia, La Jolla (pronuncia-se "la roia") fica em encostas de colinas acima de rochedos e cavernas. Suas ruas sinuosas têm mansões magníficas, com vistas costeiras sublimes. Chamada de "a Monte Carlo da Califórnia", La Jolla exibe um cenário mediterrâneo no qual a beleza natural se alia a um estilo de vida cosmopolita, razão pela qual atrai astros de cinema e milionários do mundo inteiro.

No centro de La Jolla, The Village reúne a maioria dos restaurantes, butiques, joalherias, galerias de arte e outros estabelecimentos em suas vias principais, a Prospect Street e a Girard Avenue. Visite o **Museum of Contemporary Art San Diego** *(www.mcasd.org)*, instalado na ex-residência da filantropa Ellen Browning Scripps. Esse casarão datado de 1915 tem uma vista privilegiada do oceano e fica acima da **La Jolla Cove**, onde leões-marinhos tomam sol nas rochas. O museu reúne 4 mil obras de arte dos anos 1950 em diante, incluindo um acervo de Pop Art e um jardim com esculturas.

La Jolla Shores, a praia principal, fica no norte de The Village. Muito extensa, ela é frequentada por surfistas, ponto de partida de caiaques, e faz divisa com a **La Jolla Underwater Park Ecological Reserve**, onde mergulhadores exploram recifes rochosos, leitos de algas e cânions submersos. Voltado para a praia, o Scripps Institute of Oceanography sedia o **Birch Aquarium** *(www.aquarium.ucsd.edu)*, com mostras que representam 60 habitats marinhos, inclusive um recife com tubarões e corais. O instituto é ligado à **University of California** em San Diego: o campus no alto de um rochedo é renomado por seus edifícios modernos e pós-modernos e por seu terreno com obras de arte da Stuart Collection of Scuplture. Há visitas grátis às 14h no domingo, mediante reserva.

Saia de La Jolla para o norte pela La Jolla Shores Dr até a N Torrey Pines Rd (S 21); continue até os estacionamentos na Torrey Pines State Reserve.

❷ Torrey Pines State Reserve

San Diego County; 92037

Essa área majestosa de rochedos e ravinas acidentadas voltados para o mar preserva a espécie rara e ameaçada de pinheiro denominada Torrey, que atualmente só se desenvolve nesse trecho da costa. Com 810ha, o parque *(www.parks.ca.gov/)* também protege um dos últimos charcos de água salgada no sul da Califórnia e uma laguna de água doce que atrai aves marinhas e aquáticas migratórias. As trilhas passam por pinheiros moldados pelos ventos e penhascos até

Abaixo Vista da pitoresca La Jolla Cove, em La Jolla

mirantes acima de rochedos. No inverno, baleias-cinzentas são avistadas perto da costa em sua migração anual. No outono e no inverno também se veem bandos de codornas, e a primavera é um show de flores silvestres. O centro de visitantes, em estilo de *pueblo*, tem exposições e oferece caminhadas guiadas nos fins de semana e feriados. É proibido fazer piquenique.

Vá para o norte pela S 21/Hwy 101 até Del Mar; estacione na 15th St.

Os curiosos grunions

Todos os anos na primavera, os grunions surgem nas praias dos condados de San Diego e Orange. Esse pequeno peixe prateado é endêmico do sul da Califórnia e da Baja California, no México. Eles chegam entre duas e seis noites após uma noite de lua cheia durante a maré alta. As fêmeas enterram a cauda na areia e põem ovos, enquanto os machos as cobrem e liberam esperma. Os ovos chocam na maré alta seguinte, e os filhotes são carregados para o mar.

3 Del Mar

San Diego County; 92014

Cidade praiana ligada ao surfe, Del Mar é a primeira praia mencionada pelos Beach Boys na famosa canção "Surfin' USA" (1963). Com areias douradas, ela se estende ao norte da foz do San Dieguito River. A **Del Mar Racetrack** *(www.dmtc.com)* tem corridas de cavalos em meados do verão e sedia anualmente a San Diego County Fair, que dura três semanas.

Continue na S 21/Hwy 101 e siga a placa para o Camino Del Mar até a Solana Beach.

Magic Carpet Ride, Cardiff-by-the-Sea

4 Solana Beach

San Diego County; 92075

Além de Del Mar, a cidade litorânea de Solana Beach fica no alto de rochedos costeiros. Vire à esquerda na Plaza Street rumo ao **Fletcher Cove Beach Park**, em uma pequena caverna, onde fica a única praia local à qual se chega de carro. A Cedros Avenue tem galerias de arte e butiques. Ao norte da cidade, a S 21 *(com o nome de South Coast Highway 101)* leva à Cardiff State Beach.

Vá pela S21/Hwy 101 a Cardiff-by-the-Sea.

5 Cardiff-by-the-Sea

San Diego County; 92007

Com o nome de uma cidade galesa, Cardiff é outra localidade praiana ideal para surfe na costa da Califórnia. Os praticantes frequentam Cardiff Reef e Pipes, cujas ondas são sempre favoráveis para o esporte; piscinas se formam em um recife plano exposto na maré baixa. As areias das praias estaduais **Cardiff** e **San Elijo** ficam à mercê dos movimentos das marés. Pare fora do camping da praia de San Elijo para ver a Magic Carpet Ride, ou The Cardiff Kook, escultura de um surfista feita por Matthew Antichevich. Vire à direita na Chesterfield Drive e à direita na San Elijo Avenue para ir à **San Elijo Lagoon Ecological Reserve** *(www.sanelijo.org)*. O centro de visitantes promove mostras sobre a ecologia dessa reserva, cujo acesso é feito por 12km de trilhas. O mirante dá vista para os charcos.

Volte à S 21/Hwy 101 e siga para o norte rumo a Encinitas; estacione na S 21/ Hwy 101 com a 1st St.

Acima, em sentido horário A La Jolla Cove; Prova de salto na famosa Del Mar Racetrack; A paisagem selvagem da Torrey Pines State Reserve

ONDE COMER E BEBER

LA JOLLA

The Cottage *moderado*
Comece o dia com ovos Benedict ou granola com frutas e iogurte nesse restaurante dotado de pátio. O menu saudável inclui salada de camarão e caranguejo, ravióli com recheio de cogumelos e bolo de carne.
7702 Fay Ave, 92037; 858 454 8409; aberto jun-ago: 7h30-21h diariam; set-mai: fechado para jantar; www.cottagelajolla.com

George's at the Cove *caro*
Esse restaurante tem três ambientes distribuídos por três andares e serve pratos fusion californianos com ingredientes sazonais. O Ocean Terrace, no topo, destaca cardápio de bistrô, como lula crocante e asas de frango em estilo asiático. O George's Bar tem janelões e é conhecido por preparar ótimos drinques.
1250 Prospect St, 92037; 858 454 4244; aberto 11h-16h e 17h30-22h seg-qui, 11h-16h e 17h-22h sex-dom; www.georgesatthecove.com

CARDIFF-BY-THE-SEA

The Beach House *moderado*
Diante da praia, serve peixes e carnes, e tem uma vista incrível do pôr do sol.
2530 Hwy 101, 92007; 760 753 1321; aberto 11h-14h30 seg-sex, 9h-14h30 sáb e dom, 16h30-22h diariam; www.thebeachhouse.com

PARA VISITAR CARSLBAD

Informação turística
400 Carlsbad Village Dr; 1 800 227 5722; www.visitcarlsbad.com

PARA VISITAR OCEANSIDE

Informação turística
California Welcome Center *928 N Coast Hwy; 1 800 350 7873; www.visitcwc.com/Oceanside*

ONDE FICAR

CARLSBAD

Pelican Cove Inn *moderado*
Esse B&B charmoso oferece dez quartos diferenciados com lareira e antiguidades.
320 Walnut Ave, 92008; 760 434 5995; www.pelican-cove.com

Beach Terrace Inn *caro*
Os quartos nesse hotel chique diante da praia têm TVs modernas, dock station para iPod e wi-fi grátis. Há um pátio envidraçado e piscina. O café da manhã está incluído na reserva.
2775 Ocean St, 92008; 760 729 5951; www.beachterraceinn.com

Carlsbad Inn Beach Resort *caro*
Hotel diante da praia, com decoração contemporânea, piscina, restaurante mexicano e churrasqueiras no pátio. Muitos quartos contam com cozinha.
3075 Carlsbad Blvd, 92008; 760 434 7020; www.carlsbadinn.com

SAN CLEMENTE

Casa Tropicana *moderado*
B&B com anfitriões simpáticos, oito quartos bonitos com roupa de cama de luxo e muito conforto. Aceita pets.
610 Avenida Victoria, 92672; 949 492 1234; www.casatropicana.com

Acima, dir. San Diego Botanical Gardens, Encinitas **Abaixo** O píer em San Clemente

6 Encinitas

San Diego County; 92023

Classificada pela *Surfer Magazine* como uma das melhores cidades para surfe nos EUA, a pequena Encinitas gira em torno da cultura praiana do sul da Califórnia, com lojas de surfe, galerias de arte e centros espirituais. Surfistas adoram a arrebentação em Swami's, praia que homenageia Swami Paramahansa Yogananda, cujo **Self-Realization Fellowship Temple** *(939 2nd St)* fica por perto. Após ver o movimento na praia, vire à direita no Encinitas Boulevard e siga as placas para os **San Diego Botanical Gardens** *(www.SDBGarden.org)*, que têm 15ha, plantas do mundo inteiro e um jardim interativo para crianças.

Flor de cacto em Encinitas

Encinitas é separada de Carlsbad no norte pela **Batiquitos Lagoon** *(www.batiquitosfoundation.org)*, um charco costeiro onde avocetas, maçaricos e garças estão entre as 185 espécies de aves que podem ser avistadas ao longo de uma trilha de 3km.

Volte à S 21/Hwy 101 e dirija 15km (10 milhas) para o norte por Leucadia para Carlsbad. Estacione na Grand Ave.

7 Carlsbad

San Diego County; 92008

Essa cidade costeira bela e próspera foi fundada nos anos 1880 e batizada com o nome da famosa cidade tcheca que também é um spa com águas minerais. Aqui há resorts de luxo como La Costa Resort & Spa e o Park Hyatt Aviara. Para uma aula de história, vá ao **Magee Park** *(258 Beech Ave)*, que tem edifícios do século XIX como a Magee House. Na primavera, **The Flower Fields**, no Carlsbad Ranch *(www.theflowerfields.com)*, é um espetáculo de cores; a fazenda que produz flores pode ser visitada em mar-mai. Por perto, a **LEGOLAND®** *(www.legoland.com)* é uma atração imbatível para crianças. Esse parque temático tem dezenas de brinquedos e atrações, muitos feitos com pecinhas da LEGO®.

Vá para o norte pela S 21/Hwy 101 até Oceanside. Vire à esquerda na Mission Ave e estacione no Rotary Park.

8 Oceanside

San Diego County; 92049

Outra cidade tipicamente praiana, Oceanside é renomada por sua paixão por surfe, pela praia reta e pelo **Oceanside Pier**, o píer de madeira de 596m, o mais longo no oeste dos EUA. Surfistas são vistos fazendo manobras em The Jetties. Após passear pelo píer, ande duas quadras na Pier View Way, só para pedestres, até o **Oceanside Surf Museum** *(www.surfmuseum.org)*, a fim de ver a coleção de pranchas de surfe dos anos 1920 e mostras temporárias sobre esse esporte. Três quadras a leste, o **Oceanside Museum of Art** *(www.oma-online.org)* apresenta cinco mostras de arte contemporânea por ano e fica instalado em edifícios modernistas vizinhos.

Volte pela Mission Ave; vá reto até a Mission San Luis Rey, que tem estacionamento grátis.

Onde Ficar: barato, menos de US$100; moderado, US$100-US$200; caro, acima de US$200

9 Mission San Luis Rey

San Diego County; 92057

Esse marco histórico nacional foi fundado em 1798, mas a igreja atual, com cúpula de madeira, data de 1811. Essa foi a maior missão na Califórnia, e em seu auge abrigava quase 3 mil índios luiseños convertidos, que trabalhavam no local. Após um breve período de secularização, em 1895 a missão foi assumida por franciscanos, que continuam à frente de sua gestão. O centro de visitantes *(www.sanluisrey.org)* tem um museu. Observe os túmulos antigos no cemitério e as criptas com os despojos de muitos freis que atuaram na missão.

Volte à S 21 (N Coast Hwy) e siga as placas para a I-5 N. Pegue a San Diego Freeway rumo a San Clemente. Entre na Basilone Rd (29km/18 milhas ao norte de Oceanside) e vire à esquerda acima da autoestrada na Old Hwy 101 para a San Onofre State Beach; entre na Beach Club Rd e vá até o estacionamento público.

10 San Onofre State Beach

Orange County; 92672

Estendendo-se ao longo de 5km (3 milhas) e com rochedos ao fundo, essa praia *(www.parks.ca.gov/)* é uma das favoritas de surfistas, renomada por um dos melhores pontos para o esporte na Costa Oeste – **Trestles**. Trilhas acidentadas em penhascos de arenito dão acesso à praia e chance de caminhar nos belos cânions. No local também há campings.

Volte à Basilone Rd e vire à esquerda na Diego Freeway. Continue no rumo norte até a saída para El Camino Real, no rumo sul; vire à direita e à esquerda em El Camino Real. Após 3km (2 milhas), você passa sob uma rodovia; vire à esquerda na Algodon Ave, à esquerda na Monterey Ave e à esquerda na Madrid Ave. Vá à Del Mar Beach e estacione por lá.

11 San Clemente

Orange County; 92672

Essa cidade em uma encosta tem o apelido de "povoado costeiro espanhol" devido às suas casas em estilo mediterrâneo, a maioria dos anos 1920. Um labirinto de ruas parte da movimentada **Del Mar Beach**, que tem bela caverna. Ande no **San Clemente Pier**, de madeira – ótimo lugar para pescar e ver surfistas. Em um penhasco voltado para a Del Mar Beach, o **Casa Romantica Cultural Center & Gardens** *(www.casaromantica.org)* ocupa a ex-residência de Ole Hanson, fundador de San Clemente. Museu e centro cultural, tem belos jardins.

Saia da praia pela Avenida del Mar, que volta a El Camino Real na direção norte. Vire à esquerda e vá para o norte até a Doheny State Beach, onde a estrada Camino Capistrano vira para leste. Continue até San Juan Capistrano. Estacione na Camino Capistrano com a Verdugo St.

ONDE COMER E BEBER

ENCINITAS

Savory *moderado*
Restaurante fino, porém casual, com menu sazonal de pratos fusion europeus e californianos e uma extensa carta de vinhos. Serve chá da tarde. Música ao vivo dom à noite.
267 N El Camino Real, 92024; 760 634 5556; aberto almoço e jantar ter-sex, jantar sáb-dom; www.savorycasualfare.com

CARLSBAD

Al's Cafe in the Village *barato*
Popular na cidade, esse diner tem bancos de vinil junto ao balcão e mesas no pátio sombreado. Serve omeletes, panquecas e waffles pela manhã. Peça fígado acebolado ou bolo de carne com purê de batatas no almoço.
795 Carlsbad Village Dr, 92008; 760 729 5448

Bellefleur *moderado*
Esse restaurante contemporâneo é aclamado por seus pratos com carne e peixe, como bolinhos de caranguejo, salmão em tiras, filé mignon e carré de cordeiro assado.
5610 Paseo del Norte, 92008; 760 603 1919; aberto 11h-22h seg-sáb, 10h-21h dom; www.bellefleur.com

OCEANSIDE

101 Café *moderado*
Os pratos clássicos dos EUA servidos nesse estabelecimento despojado atraem surfistas. Peça mexido de carne e ovos pela manhã, hambúrguer no almoço e peixe com fritas no jantar. Serve café da manhã o dia inteiro.
631 S Coast Hwy, 92054; 760 722 5220; aberto 7h-14h diariam; www.101cafe.net

Acima, da esq. p/ dir. O cemitério na Mission San Luis Rey; Vista de uma praia em Encinitas **À esq.** Claustro na Mission San Luis Rey

À dir. A Mission San Juan Capistrano
Abaixo Claustro na Mission San Juan Capistrano

PARA VISITAR A CATALINA ISLAND

Informação turística
Catalina Island Chamber of Commerce *Green Pleasure Pier; 310 510 1520; www.catalinachamber.com*

Catalina Island Conservancy *310 510 1445; www.catalinaconservancy.org*

ONDE FICAR

DANA POINT

Blue Lantern Inn *caro*
Voltado para o porto, esse B&B oferece aos hóspedes tratamentos de spa e bicicletas. A decoração é sofisticada, e há muitas mordomias.
34343 Street of the Blue Lantern, 92629; 1 800 950 1236; www.bluelanterninn.com

AVALON

Hermosa Hotel *barato*
Esse hotel de gestão familiar aceita animais de estimação e tem quartos decentes a preço acessível.
131 Metropole St, 90704; 310 510 1010; www.hermosahotel.com

The Inn on Mt Ada *caro*
No topo do Mount Ada, essa mansão em estilo campestre foi de um milionário e tem seis quartos diferenciados com vistas sensacionais do porto ou do mar.
398 Wrigley Rd, 90704; 310 510 2030; www.innonmtada.com

Pavilion Hotel *caro*
Nesse belo hotel diante do mar, os quartos têm TV moderna, iPad e MP3 player, e ficam em torno de um jardim com churrasqueira e lounge.
513 Crescent Ave, 94704; 310 510 2500; www.visitcatalinaisland.com

⑫ San Juan Capistrano

Orange County; 92675

Essa cidade se formou em volta da **Mission San Juan Capistrano** *(www.missionsjc.com)*, fundada em 1776. Sua igreja em estilo greco-romano foi destruída por um terremoto em 1812, mas os claustros e alojamentos foram restaurados ao que eram há 200 anos. Construída em 1782, a Serra Chapel é o edifício mais antigo em funcionamento na Califórnia.

Do estacionamento, pegue o Camino Capistrano para a Del Obispo Street; vire à direita para o **Los Rios Historic District**, que tem 31 edifícios, incluindo três casas de adobe de 1794. Desça a Rios Street até o **O'Neill Museum** *(31831 Los Rios St; 949 493 8444; aberto 9h-12h e 13h-16h ter-sex, 12h-15h sáb-dom)*, que mostra a história de San Juan Capistrano. Vá à **Capistrano Depot**, uma velha estação de trem onde fica o restaurante Sarducci's.

Saia da cidade para oeste na Del Obispo St rumo à Dana Harbor Dr. Vire à esquerda na Golden Lantern para o Dana Wharf.

⑬ Dana Point

Orange County; 92624

Com um passado ligado ao mar, essa cidade elegante homenageia Richard Henry Dana Jr., aventureiro e escritor do século XIX que mencionou a área em *Two Years Before the Mast* (1840). O porto imenso comporta 2.500 barcos e é ponto de partida para pescarias e passeios para ver baleias. O **Ocean Education Center** *(www.ocean-institute.org)* oferece passeios nos navios *Pilgrim* e *Spirit of Dana Point*, assim como no *Sea Explorer*, usado para pesquisas. Uma rede pública de trilhas liga a **Doheny State Beach** e o **Salt Creek Beach Park**, separados pelos promontórios de Dana Point.

As balsas da Catalina Express (1 800 481 3470; www.catalinaexpress.com) vão do Dana Wharf para a Catalina Island em 90 minutos; reserve. É permitido estacionar no cais por 4 horas; aproveite para comprar a passagem de balsa. Um passe para estacionar por mais horas é emitido após o check-in para o passeio.

⑭ Avalon

Los Angeles County; 90704

A maior das oito Channel Islands, Catalina Island fica a 35km (22 milhas) da costa da Califórnia. Essa ilha montanhosa abriga espécies endêmicas de raposas, águias e bisões, e é excelente para caminhadas e mountain bike (mediante permissão). Mergulho, pesca e observação de baleias são outras atividades disponíveis. Avalon, sua única cidade, foi criada nos anos 1920 por William Wrigley Jr., magnata da indústria de chicletes que comprou a ilha em 1919. Situada em um vale com uma caverna, a encantadora Avalon é um destino muito procurado em fins de semana e férias.

Passeio a pé de 2 horas

Comece pelo **porto de balsas** ① e siga pela Pebbly Beach Road até o cruzamento com a Lower Terrace Road, onde a estátua de bronze ***Old Ben*** ②, em tamanho natural, evoca um leão-marinho que frequentou a costa de Avalon de 1898 a 1920. Vire à direita e siga a Crescent Avenue ao longo da **South Beach** ③ até o **Green Pleasure Pier** ④. Ande pelo píer e observe leões-marinhos no porto e pelicanos em busca de restos de peixe no calçadão. Pegue um mapa na **Catalina Island Chamber of Commerce** ⑤. Volte à Crescent Avenue, passe pela **Middle Beach** ⑥ e ande duas quadras até a Whittley Avenue, onde uma **fonte** ⑦ vermelha com mosaicos serve de rotatória. Mais além, passe sob a arcada da Via Casino e siga a **Casino Walkway** ⑧, que tem refinados murais de cerâmica ilustrando cultura, história, flora e fauna da ilha. O edifício de ripas brancas que se projeta acima do porto é o **Catalina Yacht Club** ⑨, fundado em 1924 e cujo farol panorâmico é encimado por um cata-vento em forma de galeão. Um caminho elevado de 300m leva ao **Avalon Casino** ⑩. Dominando o porto, esse edifício redondo é uma obra-prima art déco datada de 1929, lembrança icônica do passado ilustre de Catalina. Com doze andares, dispõe de um salão de baile suntuoso e de um cinema. Não deixe de visitar o **Catalina Island Museum** ⑪, que fica no lado sul do cassino e enfoca a história da ilha. Depois, refaça o caminho ao longo da beira-mar para a Sumner Avenue. Vire à direita e siga a avenida até o cruzamento com a Tremont Street; dobre à esquerda e logo adiante está a Avalon Canyon Road, que passa pelo **Pointe Catalina Island Golf Course** ⑫ enquanto sobe gradualmente a colina por 1,5 km até o **Nature Center** ⑬ *(310 510 0954; aberto verão: 10h-16h diariam, inverno: fechado qui).* Mantido pelo Catalina Island Conservancy, o centro tem mostras excelentes sobre a ecologia local. Continue subindo a colina por 800m até o **Wrigley Memorial & Botanical Garden** ⑭ *(310 510 2595; aberto 8h-17h diariam)*, que apresenta plantas do mundo inteiro. Sua principal atração é o memorial construído com pedras locais em 1934. Volte a Avalon; nos fins de semana e feriados é possível pegar o Avalon Trolley *(310 510 0025; US$2 por trecho; www.catalinatransportationservices.com)* e fazer passeios muito agradáveis por toda a ilha.

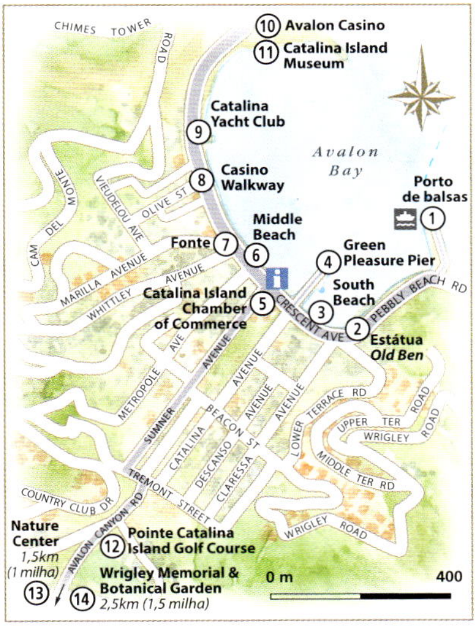

Acima O Avalon Casino, de linhas art déco, de frente para o mar

ONDE COMER E BEBER

SAN JUAN CAPISTRANO

Sarducci's *moderado*
Nesse restaurante interessante, peça o emblemático cordeiro Wellington ou halibute com crosta de panko, e encerre com cheesecake de framboesa ou pudim de pão frito.
26701 Verdugo St, 92675; 949 493 9593; aberto 8h-21h dom-qui, 8h-22h sex-sáb; www.capistranodepot.com

AVALON

Avalon Grille *moderado*
Esse restaurante praiano serve hambúrguer de búfalo, frango assado, risoto e mexilhões em um caldo com chouriço, alho-poró e vinho branco.
423 Crescent Ave, 90704; 310 510 7494; aberto 11h30-15h e 17h-22h diariam

CC Gallagher *moderado*
Lugar boêmio com loja, galeria de arte, café e sushi bar. Há pratos japoneses, sopa de mariscos e delícias saídas do forno.
523 Crescent Ave, 90704; 310 510 1278; aberto 7h-11h30 diariam; www.ccgallagher.com

PASSEIOS DE 1 DIA

Seguindo uma rodovia costeira, esse roteiro se divide em duas partes bem demarcadas pelo Marine Corps Base Camp Pendleton.

Paixão pelas ondas

Há muitos lugares para surfar ou apenas ver surfistas em ação. Vá a Del Mar ❸, a Pipes, em Cardiff-by-the-Sea ❺, a Swami's, em Encinitas ❻, e ao museu do surfe em Oceanside ❽.

Todos esses lugares ficam ao longo ou perto da rodovia costeira do Pacífico, no norte de San Diego.

Viagem no tempo

A Mission San Luis Rey ❾ e a Mission San Juan Capistrano ⓬ são obrigatórias para quem se interessa pela história da Califórnia.

Para ir à Mission San Luis Rey, pegue a Mission Ave em Oceanside. De Oceanside, a I-5 e a rodovia costeira vão para o norte até Capistrano Beach, onde viram para o interior e se tornam o Camino Capistrano, que leva à Mission San Juan Capistrano.

Pausa no volante

Descanse vendo baleias ou passeando de barco em Dana Point ⓭. Outra opção é ir de balsa à Catalina Island e passear em Avalon ⓮.

O Dana Wharf é próximo à Dana Point Harbor Dr, que se liga à rodovia costeira do Pacífico em Dana Point.

REST ROOMS
TELEPHONE

ROTEIRO **23**

O Charme de San Diego

Do Gaslamp Quarter ao Balboa Park

Destaques

- **O antigo e o moderno**
  Conheça o Gaslamp Quarter, uma preciosidade histórica com restaurantes e butiques badalados
- **Vista imbatível**
  Visite o Old Point Loma Lighthouse, no Cabrillo National Monument, e admire a vista da San Diego Bay
- **Viagem ao passado**
  Passeie pelo parque Old Town San Diego e imagine como era essa área há quase dois séculos
- **Animais de A a Z**
  Vá ao San Diego Zoo, onde se veem de aardvarks (ou oricteropos) a zebras

Casas bem preservadas no parque Old Town San Diego

O Charme de San Diego

Fundada em 1769, San Diego é a segunda maior cidade da Califórnia. Charmosos bairros históricos se mesclam a outros modernos e cosmopolitas nessa região costeira, que tem agradável clima mediterrâneo e belo cenário em um porto natural de águas profundas, protegido pelo promontório de Cabrillo e pela vasta península de Coronado. Este roteiro atravessa áreas residenciais e abrange muitas atrações, desde o animado centro do Gaslamp Quarter e o bairro de Little Italy ao San Diego Zoo, ao parque marinho SeaWorld e a museus de nível internacional que se concentram no Balboa Park.

Acima Os Alcazar Gardens, em frente ao Museum of Man, no Balboa Park *(p. 243)*

ATIVIDADES

Aprenda história naval no USS *Midway* e no Maritime Museum of San Diego

Regale-se com sabores italianos na ex-comunidade pesqueira de Little Italy

Caminhe pelas trilhas do Cabrillo National Monument e observe as baleias migratórias

Interaja com os hippies em Ocean Beach

Admire leões-marinhos, orcas e outros animais no SeaWorld

Explore o famoso San Diego Zoo e outras atrações do Balboa Park

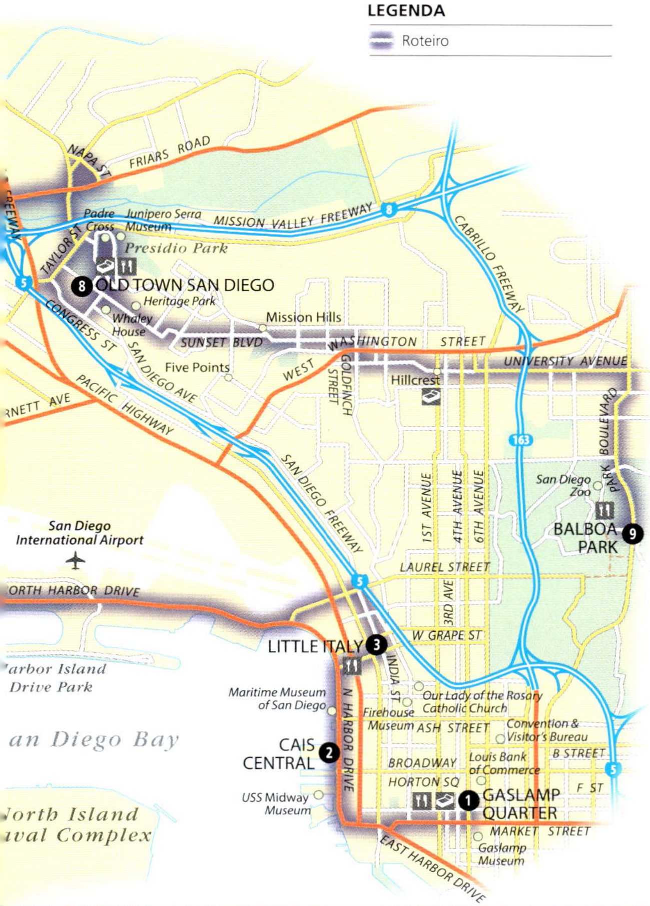

Acima Navios históricos no Maritime Museum of San Diego *(p. 240)*

PLANEJAMENTO

Início/fim: Do Gaslamp Quarter ao Balboa Park.

Número de dias: 1-2, com um dia inteiro para explorar o San Diego Zoo e o Balboa Park.

Distância: 46km (29 milhas).

Condições das estradas: A malha rodoviária é bem conservada, mas obras frequentes nas ruas do centro da cidade provocam desvios que podem confundir. As vias principais têm trânsito pesado nos horários de pico.

Quando ir: San Diego tem clima agradável, com dias ensolarados o ano todo. A melhor época para ir à cidade é o início da primavera. Em março, há duas festas grandes.

Horários de funcionamento: A maioria dos museus abre das 10h às 17h ter-dom, e lojas em geral funcionam das 9h às 17h seg-sáb.

Principais dias de mercado: Horton Square Farmers' Market (11h-15h qui); Little Italy Mercato (9h-13h30 sáb); Asian Bazaar, 3rd Ave c/ J St, Gaslamp Quarter (9h-13h dom).

Principais festas: Mardi Gras, mar; St. Patrick's Day Parade, mar; Old Town Cinco de Mayo, mai; Wings Over Gillespie Air Show, jun.

PASSEIOS DE 1 DIA

Este roteiro pode ser segmentado, de forma a atender interesses específicos. Fãs de **história** podem ir ao **Gaslamp Quarter**, ao **Cabrillo National Monument** e ao **Old Town San Diego**. Para famílias com **crianças** e para **quem adora animais**, as dicas são o **SeaWorld** e o **San Diego Zoo**. Os museus no **Balboa Park** podem entreter os **amantes da arte** por horas. Detalhes *p. 243*.

PARA VISITAR O GASLAMP QUARTER

Informação turística
Gaslamp Quarter Association
614 5th Ave, 92101; 619 233 5227; www.gaslamp.org

Estacionamento
Há vagas com parquímetro nas ruas (uso limitado a 2 horas). Do Gaslamp Quarter dá para ir a pé aos museus USS *Midway* e Maritime of San Diego.

PARA VISITAR LITTLE ITALY

Informação turística
Convention & Visitor's Bureau
750 B St, Suite 1500, 92101; 619 232 3101

Há um mapa de caminhadas no site da Little Italy Association (*www.littleitalysd.com*).

ONDE FICAR

GASLAMP QUARTER

Keating Hotel *caro*
Hotel-butique luxuoso em um edifício dos anos 1890, no Gaslamp Quarter. Assinado pelo projetista de carros italiano Pininfarina, seu interior aposta no tom vermelho da Ferrari.
432 F St, 92101; 619 814 5700; www.thekeating.com

Acima, à dir. Entrada do Gaslamp Quarter
Abaixo *Star of India*, no Maritime Museum of San Diego

❶ Gaslamp Quarter

San Diego County; 92101
Com o título de Bairro Histórico Nacional, logo a sudeste do centro oficial, o Gaslamp Quarter abrange dezesseis quadras de imponentes edifícios vitorianos do fim do século XIX, quando San Diego teve grande desenvolvimento. Antes sede de jogatinas, bordéis e bares, o bairro foi revitalizado e hoje é o polo cultural da cidade. Clientes de restaurantes e barzinhos enchem as calçadas à noite, quando as ruas são iluminadas por postes de ferro fundido com lâmpadas a gás. Admire o **Louis Bank of Commerce** *(835 5th Ave)*, construído em 1888, com granito; e a **Old City Hall** *(664 5th Ave)*, em estilo florentino. Outro destaque, o **Gaslamp Museum** *(www.gaslampquarter.org)* ocupa o edifício de madeira mais antigo da cidade – a William Heath Davis House.

Siga no sentido oeste pela Market St e vire rumo ao norte na Harbor Dr. Vire à esquerda no Navy Pier e estacione.

❷ Cais central

San Diego County; 92101
Reserve duas horas para o **USS *Midway* Museum** *(www.midway.org)*. Esse enorme porta-aviões desativado foi o mais utilizado no século XX (1945-92). O ingresso dá direito a um audioguia para explorar esse universo flutuante no mar. Estão à mostra quase 30 aviões restaurados – incluindo o caça de mergulho *SBD Dauntless*, o F-4 *Phantom* e um helicóptero Huey da Guerra do Vietnã – usados em um período que vai da Segunda Guerra Mundial até a Operação Tempestade no Deserto. É possível entrar na cabine de muitos deles. A seguir, ande ao longo do porto até o **Maritime Museum of San Diego** *(www.sdmaritime.org)*, que tem uma das melhores coleções de navios históricos do mundo. No local estão o navio mercante *Star of India*, de 1863, o *HMS Surprise*, réplica de uma fragata da Marinha Real inglesa, e um submarino soviético que rastreava belonaves dos EUA e da Otan.

Continue pela Harbor Dr, rumo norte. Vire à direita na W Grape St e à esquerda na India St para Little Italy, onde há vagas com parquímetro.

❸ Little Italy

San Diego County; 92101
O bairro italiano no centro de San Diego se estende pela India Street por cinco quadras, para o norte e para o sul da Grape Street. Constituído nos anos 1920, desenvolveu-se como o polo mundial da pesca e do processamento de atum, e mais de 6 mil famílias italianas moravam na área. Hoje é um reduto boêmio com ateliês de artistas, cafés, butiques e restaurantes italianos. Murais que mostram a relação histórica dessa comunidade de imigrantes com a baía incluem *I Pescatori* (Os Pescadores), na parede do Convention & Visitor's Bureau. Uma caminhada turística de 1,6km (One-Mile Walk) começa na esquina das ruas Union e W Ash e é sinalizada por placas de granito. Observe o estilo greco-romano da **Our Lady of the Rosary Catholic Church** *(Date St c/ State St)* e o **Firehouse Museum** *(1572 Columbia St; aberto 10h-14h qui-sex, 10h-16h sáb-dom)*, no antigo posto de bombeiros nº 6.

Saia de Little Italy pela India St. Vire à esquerda na Laurel St, que se une à N Harbor Dr, e siga até cruzar a Rosecrans St. Vire à esquerda na Shelter Island Dr e vá até o fim do Shoreline Park; estacione.

4 Shelter Island

San Diego County; 92101

Criada nos anos 1950 em um banco de areia, essa ilha longa e estreita tem uma vista fabulosa que abrange o porto e o centro de San Diego, além de sediar o belo **Shoreline Park**, hotéis, restaurantes e marinas. Vá ao **Tunaman's Memorial**, dedicado aos pescadores de atum que movimentavam a economia da área. Em setembro, o YachtFest apresenta encenações de batalhas por entre réplicas de navios históricos do Maritime Museum of San Diego.

Volte pela Shelter Island Dr e vire à esquerda na Scott St e à direita na Talbot St. Siga as placas da Scenic Route. Vire à esquerda no Catalina Blvd e siga até o Cabrillo National Monument. Estacione no centro de visitantes.

Uma cidade da Marinha

San Diego tem forte parceria com a Marinha dos EUA desde 1846, quando a instituição tomou a cidade durante a guerra entre os EUA e o México. Desde então, o porto local é o principal na Costa Oeste para navios militares. Ali fica a Esquadra do Pacífico – a maior frota naval do mundo – e inúmeras bases da Marinha e da Força Aérea. Navios de guerra, de porta-aviões a submarinos, integram a paisagem da baía de San Diego.

5 Cabrillo National Monument

San Diego County

Em junho de 1542, o conquistador espanhol Juan Rodríguez Cabrillo partiu de Navidad, no México, para explorar a costa do Pacífico. Em 28 de setembro, ele ancorou sua nau capitânia, a *San Salvador*, na margem leste do Point Loma e foi o primeiro europeu a pisar na região que é hoje a Califórnia. O centro de visitantes *(www.nps.gov/)* tem exposições sobre sua expedição, a cultura indígena e a ecologia local; filmes educativos são projetados de hora em hora. Em frente, a estátua de **Cabrillo** tem vistas de San Diego e do porto; placas identificam os vários navios, helicópteros e aviões de guerra no caminho para suas bases. Visite o **Old Point Loma Lighthouse**, a uma caminhada curta para o sul. De 1855, o farol foi desativado em 1891, pois a neblina sempre o encobria. O alojamento dos guardiões do farol é mantido como no início do século XIX.

A leste, a íngreme Bayside Trail leva à baía através de um ecossistema raro de cerrado. Com acesso de carro pela Cabrillo Road, a área rochosa no lado oeste do parque tem trilhas costeiras.

Estruturas militares do século XX se espalham por Cabrillo, onde muitos monumentos evocam batalhas da Segunda Guerra Mundial. A **Army Radio Station** oferece mostras interessantes sobre a história da defesa costeira. Mais de 91 mil servidores da marinha estão enterrados no **Fort Rosecrans National Cemetery** *(aberto 8h-16h30 seg-sex, 9h30-17h sáb-dom)*, onde lápides de granito ocupam encostas gramadas voltadas para o oceano Pacífico.

Volte pelo Catalina Blvd e vire à esquerda na Hill St. Pegue a direita na Cordova St (que se torna o Sunset Cliffs Blvd) e siga para Ocean Beach. Vire à esquerda na Newport Ave e pare no estacionamento da Abbott St, perto da praia.

6 Ocean Beach

San Diego County; 92107

Essa localidade praiana apreciada por estudantes e surfistas era conhecida como o substituto em San Diego de Haight-Ashbury, o famoso bairro hippie de São Francisco. A Newport Avenue tem estúdios de tatuagem e piercing, cafés modernos e lojas de surfe. Caminhe pelo **Ocean Beach Municipal Pier**, na ponta sul da praia, e veja a "força aérea de O.B.", um grande grupo de papagaios silvestres.

Vire à direita na Abbott St, à direita na W Point Loma Blvd e à esquerda no Sunset Cliffs Blvd. Siga as placas para o SeaWorld na W Mission Bay Dr.

Acima Interior restaurado do alojamento dos guardiões, no Old Point Loma Lighthouse
Abaixo A animada Ocean Beach

ONDE COMER E BEBER

GASLAMP QUARTER

Bare Back Grill *barato*
Restaurante cordial conhecido por seu menu orgânico, incluindo hambúrgueres. Os donos são da Nova Zelândia e servem cerveja e vinho.
624 E St, 92101; 619 237 9990; aberto 11h-24h dom-qua, 11h-1h qui-sáb; www.barebackgrill.com

Blue Point *moderado*
Nesse premiado restaurante de frutos do mar, o menu saudável apresenta vieiras tostadas e atum branco com tomate, purê de azeitona e espinafre salteado. Para encerrar, peça crème brûlée ou torta cremosa de banana.
565 5th Ave, 92101; 619 233 6623; aberto 17h-22h dom-qui, 17h-23h sex-sáb; www.bluepointsd.com

LITTLE ITALY

Mona Lisa *moderado*
Dirigido pela família Brunetto desde 1956, esse restaurante tem uma delicatéssen italiana que vende presuntos, queijos, azeitonas e sanduíches para viagem. Se preferir comer no local, o cardápio inclui todos os clássicos, de massas a pizzas.
2061 India St, 92101; 619 234 4893; aberto 11h-21h30 seg-qui, 11h-22h30 sex-sáb, 12h-21h30 dom; www.monalisalittleitaly.com

Acima Show de baleias no SeaWorld **Abaixo, à dir.** Fiesta de Reyes, no Old Town San Diego **Abaixo, à esq.** Botanical Gardens

PARA VISITAR O BALBOA PARK

Informação turística
House of Hospitality *1549 El Prado, 92101; 619 239 0512; aberta 9h30-16h30 diariam; www.balboapark.org*

O Stay-for-the-Day Pass (US$35, dá entrada a cinco museus) é vendido em qualquer um dos locais participantes.

ONDE FICAR

OLD TOWN SAN DIEGO

Cosmopolitan Hotel *moderado*
Dez quartos; equipe com trajes de época. *2660 Calhoun St, 92110; 619 297 1869; www.oldtowncosmopolitan.com*

ARREDORES DE OLD TOWN SAN DIEGO

Hillcrest House B&B *moderado*
Cinco quartos temáticos com acessórios luxuosos, roupões e wi-fi. *3845 Front St, Hillcrest, 92101; 619 990 2441; www.hillcresthousebandb.com*

7 SeaWorld
San Diego County; 92109

Em um terreno de 60ha na Mission Bay, esse parque temático *(www.seaworld.com/sandiego)* abriga animais marinhos como lontras, pinguins, ursos-polares e tubarões. Há shows com golfinhos, orcas e leões-marinhos, além de um parque aquático. Não deixe de cruzar a Mission Bay na gôndola Bayside Skyride.

Saia pelo portão leste e vire à esquerda na Sea World Dr. Entre na Friars Rd; no cruzamento férreo, vire à esquerda na Napa St. Pegue a esquerda na Linda Vista Rd e siga até a Taylor St. Vire à esquerda na Congress St rumo Old Town San Diego e estacione de graça na rua.

8 Old Town San Diego
San Diego County; 92110

Esse parque *(www.parks.ca.gov/)* preserva o povoado original de San Diego. Em volta da Plaza de las Armas, mais de vinte edifícios dos anos 1820 restaurados funcionam como museus, lojas e restaurantes; há guias em trajes de época. O centro de visitantes, no lado oeste da praça, tem uma maquete da cidade em 1872. Visite o **Wells Fargo History Museum**, que abriga uma diligência autêntica, e o **Seeley Stables Museum**, onde estão expostas carroças e carruagens puxadas por cavalos; há também uma oficina ativa de ferreiro.

O Old Town também inclui a **Immaculate Conception Church** *(2540 San Diego Ave)*, no estilo das missões, e a **Whaley House** *(2482 San Diego Ave)*, um antigo tribunal. A nordeste, o **Heritage Park** *(Julian St c/ Harley Way)* preserva edifícios vitorianos realocados dos arredores de San Diego. Caminhe para oeste na Juan Street e vire à direita na Mason Street; siga até a Jackson Street. Cruze-a e suba a trilha até o **Presidio Park**, no alto da colina, com um forte construído em 1769 pelo conquistador espanhol Gaspar de Portolá, onde o padre Junipero Serra fundou a Mission San Diego de Alcalá, que depois mudou para o endereço atual *(p. 248)*. Abandonados em 1835, os edifícios originais ruíram. A **Padre Cross**, a oeste do estacionamento, é feita com azulejos das ruínas. O **Junipero Serra Museum** *(www.sandiegohistory.org/serra_museum.html)* foi construído em 1929, no estilo das missões.

Saia rumo leste pela Juan St. No alto da colina, vire à esquerda na Witherby St e à direita no Sunset Blvd. Pegue a direita na Goldfinch St e a esquerda na W University Ave. Vire à direita no Park Blvd, rumo Balboa Park. Estacione na Village Pl.

9 Balboa Park
San Diego County; 92101

Com quinze museus e várias outras atrações, o Balboa Park é o maior parque cultural urbano nos EUA. Criado em 1868, sua área com paisagismo e vias para pedestres tem pavilhões coloniais espanhóis construídos para a Panama-California Exposition, em 1915. Com 40ha, o San Diego Zoo abriga quase mil espécies de animais em recintos que reproduzem seus habitats originais.

Passeio a pé de 3 horas

Comece pelo **Natural History Museum** ① *(619 232 3821)*, com mostras excelentes sobre a evolução da flora e da fauna do sul da Califórnia, desde a era dos dinossauros à atualidade. A seguir, ande para o sul através da Plaza de Balboa até o **Reuben H Fleet Science Center** ② *(619 238 1233)*, onde há mostras interativas de ciências e um cinema IMAX. Vá sentido oeste na El Prado até a **House of Hospitality** ③; pegue mapas, folhetos e um audioguia no centro de visi-

tantes. Logo a oeste, cruze a Plaza de Panama e vá ao **Museum of Art** ④ *(619 232 7931)*, que tem obras de velhos mestres europeus, arte asiática e arte contemporânea das Américas. Ande 100m para oeste pelo Sculpture Garden até o **Museum of Man** ⑤ *(619 239 2001)*. Especializado em antropologia, ele tem mostras excelentes sobre culturas pré-colombianas e a evolução da raça humana. Volte à praça e vire à direita na Pan American Road para conhecer o **Japanese Friendship Garden** ⑥ e admirar o Spreckels Organ Pavilion, dedicado às artes cênicas. Siga em frente na Pan American Road, que leva à Pan American Plaza, onde fica o imperdível **Automotive Museum** ⑦ *(619 231 2886)*, com mais de 80 carros e motocicletas raros e históricos em exposição. Também na praça, o **Air & Space Museum** ⑧ *(619 234 8291)* enfoca a história da aviação e da exploração espacial com itens fascinantes, como um módulo de comando autêntico do foguete *Apollo 9*, e mostras interativas que incluem um simulador Space Shuttle. Os visitantes podem embarcar de graça no bonde para a Plaza de Panama, que fica a uma caminhada curta do estacionamento.

Com tanto para ver e fazer, se for possível, reserve metade de um dia para visitar o San Diego Zoo *(2920 Zoo Drive; www.sandiegozoo.org)*. O local, 200m além da Zoo Drive, tem um amplo estacionamento. Pegue na entrada um mapa de treze trilhas para caminhadas que podem ser interligadas. Não deixe de visitar a Elephant Odyssey, a Polar Rim, o Panda Canyon, a Tiger Trail e o Gorilla Tropics.

Panama-California Expo

Muitos elementos do Balboa Park provêm da Panama-California Exposition de 1915, uma feira mundial para comemorar a abertura do canal do Panamá. A intenção era promover San Diego como principal porto dos navios que atravessavam o canal. Os edifícios lançaram o estilo inspirado nas formas coloniais espanholas como a arquitetura emblemática da Califórnia. Desde 1977, os edifícios do parque são um marco histórico nacional.

ONDE COMER E BEBER

OLD TOWN SAN DIEGO

La Piñata *moderado*
Esse mexicano se vangloria de ser o restaurante mais antigo de San Diego. Peça carne assada ou chimichanga (burrito recheado e frito).
2836 Juan St, 92110; 619 297 1631; aberto 11h-21h dom-qui, até 21h30 sex-sáb; www.lapinataoldtown.com

BALBOA PARK

Dinosaur Café *barato*
Café elegante no Natural History Museum, serve sanduíches, saladas, doces, cafés e chás gourmet.
1788 El Prado, 92101; 619 255 0317; aberto 10h-17h diariam

Albert's *moderado*
Mesas ao ar livre acima de uma cascata. Peça sopa de grão-de-bico assado com pesto de nozes, lombo de porco ao forno ou jambalaya gumbo.
2920 Zoo Dr, 92101; 619 685 3200; aberto 11h-15h30 diariam, 11h-20h30 diariam (verão); www.sandiegozoo.org/zoo/alberts

Abaixo Reconstituição de um povoado espanhol, no Balboa Park

PASSEIOS DE 1 DIA

A área pode ser dividida em passeios curtos, conforme seus interesses.

Visão do passado

Emendar visitas ao Gaslamp Quarter ❶, ao Cabrillo National Monument ❺ e ao Old Town San Diego ❽ oferece uma boa perspectiva sobre um período de quatro séculos.

Pegue a N Harbor Dr rumo à Rosecrans St, depois a Talbot St e a Cabrillo Memorial Dr até o Cabrillo National Monument. Volte pela Rosecrans St, que vai direto ao Old Town San Diego.

Tudo o que se move...

O SeaWorld ❼ e o San Diego Zoo, no Balboa Park ❾, expõem seres marinhos e terrestres do mundo todo.

Do SeaWorld, pegue a Sea World Dr até a Friar Rd, então a Napa St até a Taylor St. Vire à direita na Julian St e pegue o Sunset Blvd até a Goldfinch St; vire à direita. Vire à esquerda na W University Ave e à direita no Park Blvd, sentido Balboa Park.

Museus surpreendentes

O USS *Midway* Museum e o Maritime Museum of San Diego, no Cais Central ❷, e os vários museus no Balboa Park ❾ são imperdíveis.

Siga para o norte na N Harbor Dr até a W Laurel St. Vire à direita. A Laurel St segue até o Balboa Park.

ROTEIRO **24**

Interior de San Diego

Da Mission San Diego de Alcalá a Ramona

Destaques

- **Trilhas no parque**
  Caminhe pela área escarpada do Mission Trails Regional Park
- **Vinícolas surpreendentes**
  Prove vinhos excelentes em vinícolas menos conhecidas da Califórnia ao longo da Highway 79
- **Outros planetas**
  Aprenda mais sobre descobertas da astronomia indo ao Palomar Observatory Museum
- **Safári na selva**
  Ouça os sons da selva em um passeio pelo San Diego Zoo Safari Park

Turistas no Africa Tram Safari, San Diego Zoo Safari Park

Interior de San Diego

Esse roteiro começa na missão espanhola mais antiga da Califórnia, no interior montanhoso de San Diego. Depois, passa pela Volcan Mountain até a pitoresca cidade de Julian, que surgiu na época da Corrida do Ouro e onde é possível procurar ouro e provar vinhos locais. O máximo em tranquilidade rural, Palomar tem um dos observatórios de astronomia mais importantes do mundo. A partir desse ponto, o itinerário desce para planícies verdejantes, famosas por pomares e pela próspera comunidade indígena de Pala. Por fim, toma a direção sul através do Couser Canyon, para momentos empolgantes no San Diego Zoo Safari Park, uma visita a um histórico campo de batalha e degustações de vinhos nas imediações de Ramona.

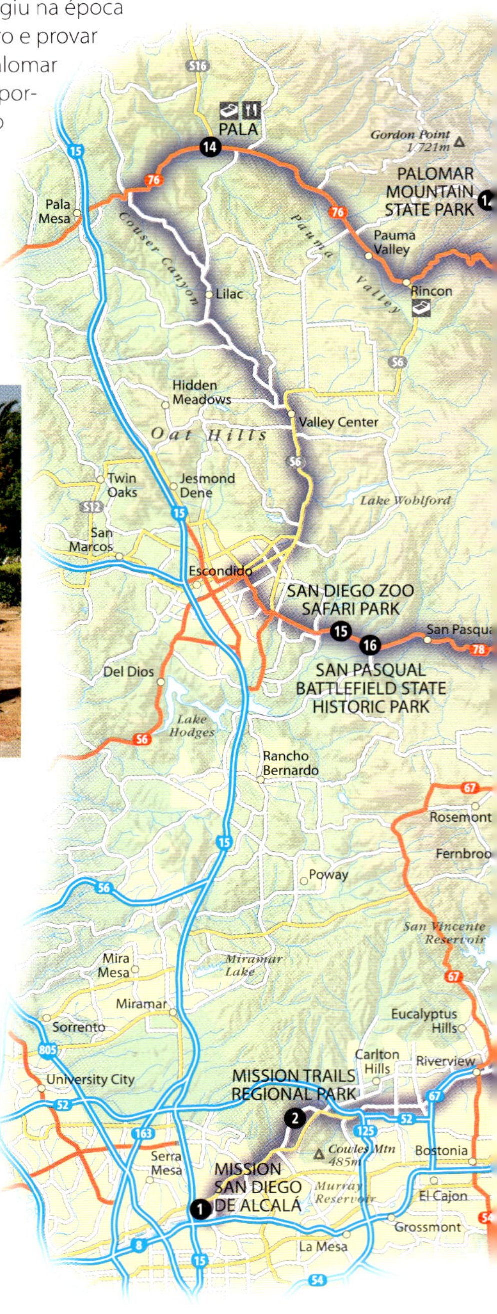

Acima Cemitério indígena na Mission San Antonio de Pala Asistencia, Pala *(p. 254)*

ATIVIDADES

Aviste codornas, cervos e coelhos no Mission Trails Regional Park

Aprenda tudo sobre lobos-cinzentos no California Wolf Center

Explore minas de ouro históricas nas colinas em torno de Julian, e depois tente achar ouro

Prove e compare vinhos nas salas de degustação nas imediações de Julian e Ramona

Descubra maravilhas caminhando em um pinheiral no Palomar Mountain State Park

Faça um safári e acampe perto de animais no San Diego Zoo Safari Park

Acima Interior da igreja de uma missão *(p. 248)*

LEGENDA

Roteiro

PLANEJAMENTO

Início/fim: Da Mission San Diego de Alcalá a Ramona.

Número de dias: 2-3 dias.

Distância: 276km (168 milhas).

Condições das estradas: São bem pavimentadas e sinalizadas, mas o caminho para Julian e o Palomar Observatory é íngreme e com trechos em zigue-zague que requerem cautela; quando neva muito no inverno, devem-se colocar correntes nos pneus.

Quando ir: O inverno é frio nas montanhas, e o verão, muito quente nas planícies. As épocas mais agradáveis são a primavera, quando as flores silvestres desabrocham, e o outono, tempo de colheita nas vinícolas.

Horários de funcionamento: Lojas funcionam das 9h às 17h seg-sáb e algumas também abrem no dom. Os museus abrem das 10h às 17h, e muitos fecham na seg.

Principal dia de mercado: Wynola: 11h-16h dom.

Compras: A região é rica em produtos gourmet como uvas, mel, nozes e vinhos. Procure antiguidades em Julian e cestos, joias e tapetes indígenas em Pala.

Principais festas: Julian: Julian Classic Motoring Show, jul; Palomar Challenge Bike Ride, jun; Julian Apple Days Festival, out.

PASSEIOS DE 1 DIA

Interessados em história devem ir às **missões** ao longo do roteiro, ao passo que enófilos podem visitar as **vinícolas em Julian**. Para **os mais esportivos** a dica é ir às montanhas no **Mission Trails Regional Park**, no **Cuyamaca Rancho State Park** e no **Palomar Mountain State Park**. **Fãs de animais** irão adorar o excelente **San Diego Zoo Safari Park**. Detalhes *p. 255*.

Ao lado, da esq. p/ dir. Antiquário em Guatay; Colheres na Tryyn Wooden Spoon Gallery, Guatay

PARA VISITAR O MISSION TRAILS REGIONAL PARK

Informação turística
Visitor Center *1 Father Junipero Serra Trail, 92119; 619 668 3281; aberto 9h-17h diariam; www.mtrp.org*

ONDE FICAR

ARREDORES DO CASSINO E OUTLETS DE VIEJAS

Ayres Inn *moderado*
Esse lodge montanhês é decorado com peças de couro e itens autênticos da região Oeste. Os 99 quartos têm móveis de mogno em estilo rainha Ana. Há piscina aquecida e banheira de hidromassagem.
1251 Tavern Rd, Alpine, 91901; 619 445 5800; www.ayreshotels.com/alpine

PINE VALLEY

Pine Valley Inn *barato*
Hotel de madeira em estilo do Velho Oeste e ao lado de um café. Os quartos, simples porém aconchegantes, têm móveis ecléticos, TV pequena, quitinete e wi-fi grátis.
28940 Old Hwy 80, 91692; 619 473 8560; www.pinevalleyinn.com

Abaixo Jardins na Mission San Diego de Alcalá

1 Mission San Diego de Alcalá

San Diego County; 92108

Primeira missão franciscana na Califórnia, a Mission San Diego de Alcalá *(www.missionsandiego.com)* foi fundada em 1769 e mudou para o endereço atual em 1774. Depois de cair em ruínas no século XIX, ela foi restaurada. A missão é um oásis de serenidade em meio ao entorno urbano moderno, e do local se ouvem as torcidas no estádio de futebol Qualcomm, por perto. Um destaque é o jardim, parcialmente sombreado pelo campanário de 13m de altura com os sinos da missão. O claustro tem um museu sobre a história da missão e é dedicado ao padre Luís Jayme, assassinado por índios convertidos que se rebelaram em 1775. Em 1976, sua igreja paroquial foi promovida a basílica pelo papa João Paulo II.

Vá para leste na San Diego Mission Rd, vire à esquerda na Mission Gorge Rd e siga até o Mission Trails Regional Park. Dobre à esquerda no centro de visitantes, onde há estacionamento.

2 Mission Trails Regional Park

San Diego County; 92119

Esse parque bem estruturado protege uma área selvagem intocada de quase 2.500ha nas imediações de San Diego. Seus cânions acidentados e montanhas são entremeados por mais de 64km de trilhas equestres e para caminhadas ou ciclismo. Elas vão ao topo da Cowles Mountain, que descortina uma vista sensacional de 360 graus. O **centro de visitantes**, de pedra, se funde à paisagen e tem impressionantes mostras interativas de geologia e ecologia, assim como cestaria e cerâmica dos índios kumeyaay, da região. Veja as estátuas de bronze em tamanho natural de um puma e outros animais no anfiteatro. Uma trilha informativa de 2,5km atravessa chaparral, pastagens e matas com carvalhos, onde se veem cervos, quatis e aves canoras. Do centro de visitantes, dirija pela Father Junipero Serra Trail, que passa pelo meio do parque e vai à **Old Mission Dam** – um Marco Histórico Nacional e ponto de partida de várias trilhas com graus variados de dificuldade. O Murray Reservoir, ao sul da Mission Gorge Road, é um lugar encantador para um piquenique.

Entre na Mission Gorge Rd, que depois se torna Woodside Ave. Vire à direita na Maine Ave (Los Coches Rd). Siga até a autoestrada I-8 (Kumeyaay Hwy) no sentido leste. Após 18,5 km (11,5 milhas), pegue a saída para a Willows Rd e cruze a autoestrada rumo à Viejas Indian Reservation, que tem estacionamento gratuito.

À esq. Parte da fachada do Viejas Casino and Outlets

③ Cassino e Outlets de Viejas

San Diego County; 91901

O cenário é espetacular quando a I-8 sobe acima de 1.200m em meio à beleza agreste da Cleveland Forest, ao norte da comunidade de Alpine. Situada no meio de um vale repleto de carvalhos e rochas enormes, a Viejas Indian Reservation é onde o grupo Viejas, dos índios kumeyaay, dirige o El Viejas Casino *(www.viejas.com)* e os Viejas Outlets, com mais de 60 lojas que dão ótimos descontos. Projetado no estilo jovial do sudoeste, o complexo fica em torno de um grande pátio de temática indígena com fontes, onde sempre há shows pirotécnicos incríveis. O complexo tem também um rinque de patinação no gelo e um minicampo de golfe. Pegue mapas e folhetos, e peça informações sobre as atrações, hotéis e restaurantes da região no **California Welcome Center**, no lado norte do pátio.

Vá para leste na I-8 até a Japatul Valley Rd (SR 79) e vire à esquerda. Cruze a autoestrada por cima e siga em frente na SR 79; depois, continue na Old Hwy 80 até alcançar Pine Valley.

Os índios kumeyaay

Habitantes originais do San Diego County, os kumeyaay vivem nessa região há mais de 10 mil anos e viram os espanhóis chegarem de navio ao porto de San Diego, em 1542. Nos séculos seguintes, eles foram expulsos das terras de seus antepassados. Hoje, os kumeyaay se dividem em doze grupos que moram em reservas indígenas.

④ Pine Valley

San Diego County; 91962

Antigamente, a histórica Route 80 era uma verdadeira rodovia transcontinental que ligava San Diego a Savannah, Geórgia. Ao ser inaugurada, em 1974, a autoestrada I-8 absorveu o tráfego, deixando paradas no tempo as comunidades ao longo da velha Old Hwy 80. Uma dessas comunidades é o charmoso povoado de **Guatay**, que tem antiquários em casas de madeira. Visite a **Tryyn Wooden Spoon Gallery** *(27538 Old Hwy 80; 619 473 9030; aberta 11h-16h ter-dom)*, onde Brian Chappelow faz colheres originais de madeira de lei. Cerca de 5km (3 milhas) adiante, o povoado de Pine Valley, como o próprio nome indica, fica em meio a pinheiros a 1.219m, e é um ótimo lugar para pernoite ou refeição.

Volte pela Old Hwy 80 até o cruzamento com a SR 79. Vire à direita e continue subindo até o centro de visitantes do parque Cuyamaca Rancho.

PARA VISITAR O CASSINO E OS OUTLETS DE VIEJAS

Informação turística
California Welcome Center *5005 Willows Rd Ste 110, Alpine, 91901; 619 445 0180; aberto 10h-17h seg-sáb, 10h-16h dom*

ONDE COMER E BEBER

CASSINO E OUTLETS DE VIEJAS

The Grove Steakhouse *moderado*
Esse restaurante elegante no Viejas Casino é especializado em steaks, mas também serve frutos do mar, costelas de cordeiro e, às vezes, porco defumado com chutney de pêssego e salsicha grelhada com pimentões e cebolas. A carta de vinhos é impressionante. *5000 Willows Rd, Alpine, 91901; 619 445 5400; aberto 11h30-16h e 16h30-22h seg-sex, 13h-22h sáb, 13h-21h dom; www.viejas.com*

PINE VALLEY

Major's Diner *barato*
Esse diner em estilo dos anos 1950 serve especialidades americanas clássicas, como bolinhos com molho, nuggets de frango, X-bacon, torta de maçã e deliciosos milk-shakes. *28870 Old Hwy 80, 91916; 619 473 9969; aberto 6h-14h seg-qua, 6h-20h qui-dom; www.majorsdiner.com*

Abaixo, da esq. p/ dir. Velas na Mission San Diego de Alcalá; O campanário da Mission San Diego de Alcalá

Acima Passeio turístico em carroça com pônei em Julian

PARA VISITAR JULIAN

Informação turística
Chamber of Commerce *2129 Main St, 92036; 760 765 1857; www.julianca.com*

ONDE FICAR

CUYAMACA RANCHO STATE PARK

KQ Ranch Resort *barato*
Aluga cabanas e tem área para barracas e trailers. Piscina aquecida e jacuzzi.
449 KQ Ranch Rd, 92036; 760 765 2244; www.kqranchresort.com

JULIAN

Eaglenest Bed & Breakfast *moderado*
Oferece quatro quartos com lareira e banheira, além de uma piscina.
2609 D St, 92036; 760 765 1252; www.eaglenestbnb.com

Julian Gold Rush Hotel *moderado*
Marco histórico com antiguidades como uma banheira com pés em formato de garras.
2032 Main St, 92036; 760 765 0201; www.julianhotel.com

Orchard Hill Country Inn *caro*
Esse lodge oferece colchas artesanais, antiguidades e confortos modernos.
2502 Washington St, 92036; 760 765 1700; www.orchardhill.com

⑤ Cuyamaca Rancho State Park
San Diego County; 92036

Nos flancos de altitude média da Peninsular Range, essa área preservada com prados amplos e matas de carvalhos e coníferas é pontuada por lagos e regatos. Além de campings, o parque tem mais de 160km de trilhas que levam ao Cuyamaca Peak (1.985m). Segundo ponto mais alto no San Diego County, esse pico tem vistas fantásticas do **Lake Cuyamaca**, do Anza-Borrego Desert State Park *(p. 216)* e na direção do oceano Pacífico. Em meio a pinheiros, o centro de visitantes *(www.parks.ca.gov/)* está instalado em um prado que fica repleto de flores silvestres na primavera.

Vá para o norte na SR 79 e vire à direita na KQ Ranch Rd para ir ao California Wolf Center.

⑥ California Wolf Center
San Diego County; 92036

Esse centro *(www.californiawolfcenter.org)* é um dos raros locais no mundo onde se veem facilmente lobos-cinzentos selvagens *(Canis lupus)*. O centro cria e estuda os lobos-cinzentos que vagam em matilhas pelo Alasca e os ameaçados lobos-cinzentos do México, uma subespécie outrora abundante no sudoeste da América do Norte. Passeios educativos são oferecidos diariamente, mediante reserva. Em excursões guiadas os visitantes veem de perto uma matilha de lobos e como a equipe do centro prepara esses animais para reintroduzi-los na natureza. É preciso fazer reserva para visitar o local.

Vá para o norte na SR 79 até Julian, que fica no cruzamento com a SR 78.

⑦ Julian
San Diego County; 92036

Essa cidade montanhesa tem origem na década de 1870, na esteira da descoberta de ouro nesse ponto do estado, em 1869. Restam ainda muitos edifícios originais que foram restaurados e convertidos em B&Bs pitorescos, antiquários, restaurantes e lojas de presentes. Há pomares de macieiras por perto, e em outubro os turistas chegam para a festa Apple Days. A cidade, que fica em um prado verdejante entre a Volcan Mountain e o Cuyamacas, é tomada pela neve no inverno. Em qualquer estação, é agradável andar nas ruas e sentir a atmosfera pioneira.

Passeio a pé de 2 horas

Estacione na Main Street e vá à pequena e centenária **Town Hall** ①, que abriga o centro de visitantes da cidade. Após pegar um mapa e folhetos, vire à esquerda na Washington Street e desça um quarteirão até o **Julian Pioneer Museum** ② *(2811 Washington St)*. Apelidado de "pequeno sótão de Julian", esse museu tem fotos antigas e outras lembranças charmosas do passado local, incluindo equipamentos de mineração, uma charrete e um trenó, assim como artefatos indígenas. Originalmente uma cervejaria, o edifício depois foi ocupado por uma oficina de ferreiro.

Volte à Main Street e vire à esquerda. Na A Street, dobre à esquerda para o **Pioneer Cemetery** ③ *(www.juliancemetery.org)*, onde há túmulos de garimpeiros e outros pioneiros que remontam aos anos 1870. De volta à Main Street, ande para leste e passe pela **Levi-Marks Stores** ④ *(2134 Main St)*, o edifício de tijolos mais

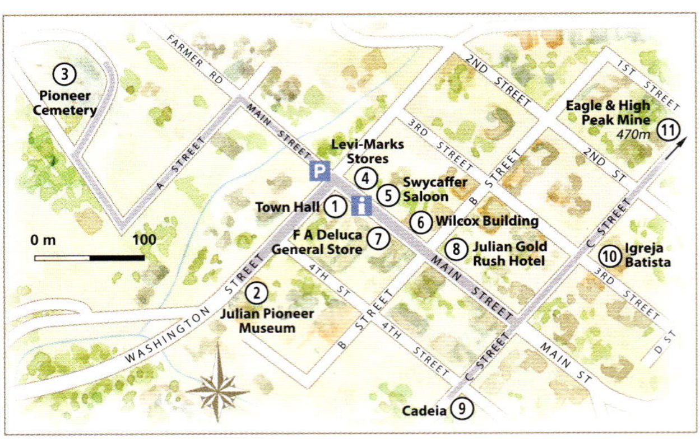

Onde Ficar: barato, menos de US$100; moderado, US$100-US$200; caro, acima de US$200

antigo da cidade, de 1886. Ao lado ficam o velho **Swycaffer Saloon** ⑤, um açougue e o **Wilcox Building** ⑥, construído com vigas de árvores e que no passado foi uma agência de correios e uma parada de diligências. Do outro lado da rua, a antiga **F A Deluca General Store** ⑦ *(2117 Main St)* se tornou o Jack's Market. Cruze a B Street para ir ao **Julian Gold Rush Hotel** ⑧ *(2032 Main St)*, que está em funcionamento desde a década de 1890, quando era o Hotel Robinson e pertencia a um casal afro-americano, Albert e Margaret Robinson.

Vire à direita na C Street e ande uma quadra para o sul até a **cadeia** ⑨, com duas celas datadas de 1914, na esquina sudeste da 4th Street. Volte pela C Street, continue por 200m e passe pela **igreja batista** ⑩. No cruzamento em T no alto da colina, dobre à direita e siga as placas para a **Eagle & High Peak Mine** ⑪ *(760 765 0036)*, onde é possível entrar em uma mina de ouro original durante uma visita guiada. Volte a seu carro.

Durante o verão, nas tardes de domingo, o grupo de teatro Julian Doves & Desperados *(760 765 1857; 13h, 14h e 15h)* apresenta esquetes cômicos de teor histórico, incluindo encenações de tiroteios na rua.

Vá para oeste pela Main St e pegue a SR 78. Vire à direita na Wynola Rd para ir às vinícolas em Julian.

8 Vinícolas de Julian

San Diego County

O clima relativamente fresco nos contrafortes da Volcan Mountain, a noroeste de Julian, se alia ao sol que bate no sul, favorecendo a produção de uvas Pinot Grigio e Pinot Noir. As vinícolas são entremeadas por pomares de macieiras que emolduram várias vinícolas-butiques com salas de degustação abertas ao público. Vá à **Blue Door Winery** *(www.thebluedoorwinery.com)*, que fica em um pomar e tem belo cenário. Vale a pena também visitar a **Menghini Winery** *(www.menghiniwinery.com)*, que sedia eventos de música ao vivo, o Julian Classic Motoring Show, em julho, e uma pisa de uvas anual, em setembro.

Volte à SR 79 e vá para o norte até Wynola; estacione ao lado da estrada.

A corrida do ouro de 69

Em 1869, o pecuarista e ex-escravo A. E. "Fred" Coleman viu um brilho de ouro no leito do Coleman Creek, a oeste de Julian. Isso atraiu muita gente em busca do metal precioso. Em 22 de fevereiro de 1870 foi descoberto o primeiro veio, desencadeando a primeira e única corrida do ouro em San Diego. Centenas de garimpeiros vieram para a região e deram origem à cidade de Julian. O ouro foi extraído por uma década, mas muitas famílias ficaram para se dedicar à agricultura.

ONDE COMER E BEBER

JULIAN

Mom's Pie House *barato*
Esse aconchegante restaurante de madeira é renomado por suas tortas deliciosas e outras especialidades de forno. Serve também sopa do dia, empadão de frango e sanduíches.
2119 Main St, 92036; 760 765 2472; aberto 8h-17h seg-sex, 8h-18h sáb-dom; www.momspiesjulian.com

The Julian Grille *moderado*
Casa agradável com cortinas de renda e lareira, oferece omeletes, saladas, hambúrgueres e carnes grelhadas. Peça brie assado com maçãs e pecãs de sobremesa. Há mesas ao ar livre em um pátio ideal para dias ensolarados.
2224 Main St, 92036; 760 765 0173; aberto 11h-21h ter-dom, 11h-16h seg

Julian Tea & Cottage Arts *moderado*
Essa casa charmosa da virada do século XIX serve chá da tarde inglês diariamente, com direito a pequenos sanduíches, bolinhos com creme batido, geleia caseira e sobremesa.
2124 3rd St, 92036; 760 765 0832; www.juliantea.com; sob reserva

Acima Julian Pioneer Museum
Abaixo, no sentido horário Interior da vinícola Menghini Winery, Julian; Fachada do histórico Julian Gold Rush Hotel; Cuyamaca Rancho State Park

Acima Cúpula do renomado Palomar Observatory

9 Wynola

San Diego County; 92036

Esse povoado, 5km (3 milhas) a oeste de Julian, é repleto de lugares interessantes que merecem uma visita. Há várias salas de degustação de vinhos às margens da estrada, que estimulam os passantes a parar e provar os vinhos locais. Caso viaje com um motorista contratado, pare nos **Country Cellars** *(www.countrycellars.com)* ou na **Orfila Winery** *(760 765 0102; aberta 10h-17h sex-ter)*. Ambos ficam no **Wynola Farms Marketplace** *(www.wynolafarms.com)*, um conjunto de lojas curiosas que variam da Julian Apple Company à Kozy Korner Quilts. Se quiser provar uma sidra de maçã tradicional, visite a **Julian Hard Cider** *(www.julianhardcider.biz)*. Por perto, o shopping center **Wynola Junction** *(www.wynolajunction.com)*, em um galpão histórico repleto de frutas, reúne mais de 30 antiquários. Faça uma parada para procurar ouro na **Julian Mining** *(www.julianminingcompany.com)*.

Vá para oeste na SR 79 e desça até Santa Ysabel.

10 Santa Ysabel

San Diego County; 92070

Em um cruzamento em T, esse povoado fica em um prado amplo cercado por montanhas. Vire à direita no cruzamento, onde o aroma de canela e de tortas quentes é um chamado para comer torta de maçã na **Julian Pie Company** *(www.julianpie.com)*.

Continue na SR 79 por 2km (1,25 milha) até a **Mission Santa Ysabel Asistencia**, linda capela construída em 1924 no local de uma *asistencia* espanhola – missão subordinada à Mission San Diego de Alcalá, fundada em 20 de setembro de 1818. Nada restou da casa de adobe original, mas a edificação atual tem um pequeno museu *(9h-16h45 diariam)*.

Continue na SR 79 até a SR 76 e vire à esquerda. Pegue a E Grade Rd (SR 7) e vire à direita para ir ao Lake Henshaw.

11 Lake Henshaw

San Diego County

Esse lago grande é cercado por prados abertos e uma montanha com pinheiros. O reservatório foi criado em 1923, quando o San Luis Rey River foi represado para abastecer o norte do San Diego County. Pescadores vêm ao lago em busca de peixes crappie, bagres e percas. Após ser inundado, o vale também se tornou um campo de caça cada

ONDE FICAR

ARREDORES DO PALOMAR MOUNTAIN STATE PARK

Lazy H Ranch *barato*
No terreno amplo e bem cuidado de uma fazenda, esse lodge tem quartos simples, porém confortáveis, e uma piscina.
16787 SR 76, Rincon, 92061; 760 742 3669; www.lazyhranchresort.com

Abaixo, da esq. p/ dir. Cemitério indígena na Mission Santa Ysabel Asistencia, Santa Ysabel; Pequeno lago no meio do Palomar Mountain State Park

Acima Vista da Mission Santa Ysabel Asistencia, Santa Ysabel
Abaixo, esq. No Palomar Observatory

vez mais atraente para aves de rapina, que se alimentam de peixes, aves aquáticas e animais que se aproximam do lago. Pare no mirante na encosta da colina, que tem placas informativas e uma vista incrível do lago e do vale abaixo.

Continue subindo a Palomar Mountain pela SR 7, tomando cuidado com as curvas fechadas. Vire à esquerda na State Park Rd para ir ao Palomar Mountain State Park, que tem estacionamento.

12 Palomar Mountain State Park

San Diego County; 92060

Essa estrada longa e sinuosa recompensa os motoristas com vistas fabulosas da montanha abaixo e das matas intocadas. O Palomar Mountain State Park *(www.parks.ca.gov/)* é um agradável refúgio contra o calor das planícies para quem caminha pelas florestas de abetos, carvalhos-pretos e cedros perfumados a uma altitude média de 1.524m. As trilhas levam a acampamentos sazonais usados pelos índios luiseños, que chamavam a montanha de Wavamai até que os espanhóis mudaram seu nome para Palomar, ou "lugar dos pombos"; desgastados buracos de pilão são vistos nas rochas. Durante caminhadas, é possível avistar veados, tâmias, esquilos, raposas e coiotes, mas fique atento a pumas. Com uma licença, você pode pescar trutas no lago Doane, e o Doane Valley Campground – um dos dois campings no parque – aceita motorhomes e trailers.

Volte pela State Park Rd e vire à esquerda na Canfield Rd (County Hwy S6), que se torna a S Grade Rd e sobe até o estacionamento do Palomar Observatory.

13 Palomar Observatory

San Diego County; 92060

Mantido pelo California Institute of Technology, esse observatório de astronomia *(www.astro.caltech.edu/palomar)* fora do Palomar Mountain State Park fica a 1.859m de altitude, no cume da montanha homônima. A enorme cúpula branca, que contém os cinco telescópios usados atualmente, foi concluída em 1948. Os visitantes podem ver o telescópio Hale, de 5,1m, controlado por computador – que é o maior, mais novo e mais sofisticado dentre os cinco que estão no observatório –, através de um terraço envidraçado que tem mostras de caráter histórico. O telescópio foi o maior do mundo no período entre 1948 e 1993, e coleciona realizações notáveis, incluindo a descoberta de quasares e a primeira evidência irrefutável da existência de estrelas em galáxias distantes. Tais descobertas astronômicas estão minuciosamente descritas em um museu anexo.

Volte pela Canfield Rd até o cruzamento com a SR 7. Vire à direita na Palomar Mountain Rd (SR 6) – dirija com o máximo de cuidado nas descidas íngremes e curvas fechadas. A estrada se funde com a SR 76 e segue para oeste até Pala, a 22,5km (14 milhas).

ONDE COMER E BEBER

WYNOLA

Jeremy's on the Hill *moderado*
O chef Jeremy Manley usa produtos orgânicos locais nesse bistrô, onde há pratos fusion como cordeiro do Colorado com polenta de cheddar defumado, espinafre salteado e cebolas crocantes. Um pianista se apresenta sex e sáb.
4357 Julian Rd, 92036; 760 765 1587; aberto 11h-20h dom-qui, 11h-21h sex-sáb; www.jeremysonthehill.com

PALOMAR MOUNTAIN STATE PARK

Mother's Kitchen & Restaurant *barato*
Esse restaurante caseiro, que fica próximo ao Palomar Mountain State Park e ao observatório, serve sopas, saladas, chili caseiro, lasanha e opções de forno.
Cruzamento da SR 6 c/ SR 7, 92060; 760 742 4233; aberto 11h-16h seg-sex, 8h30-17h sáb-dom; www.motherskitchenpalomar.com

À dir. Campos férteis no sul de Pala
Abaixo, da esq. p/ dir. Placa no San Pasqual Battlefield; Papagaio no San Diego Zoo Safari Park

PARA VISITAR RAMONA

Informação turística
Ramona Valley Vineyard Association
www.ramonavalleyvineyards.org

ONDE FICAR

PALA

Pala Casino Spa Resort *moderado*
Com 507 quartos, esse imenso resort em estilo contemporâneo reúne tudo o que se possa desejar, e a preço acessível. Há piscina, spa e até um centro de entretenimento.
35008 Pala Temecula Rd, 92059; 1 877 725 2766; www.palacasino.com

ARREDORES DE RAMONA

Riviera Oaks Resort *moderado*
Bom para famílias, esse hotel tem casas com um e dois quartos cercadas por áreas bem cuidadas e montanhas. As instalações incluem duas piscinas, quadra de tênis e spa, e há empréstimo de bicicletas e passeios a cavalo.
25382 Pappas Rd, San Diego County Estates, 92065; 760 788 7711; www.rivieraoaks.net

Abaixo A Mission San Antonio de Pala Assistencia, Pala

⑭ Pala

San Diego County; 92059

Essa pequena comunidade é o centro da Pala Indian Reservation, uma nação soberana da tribo indígena pala reconhecida pelo governo dos EUA. Pobres e expulsos de suas terras mais a leste no século XIX, os palas agora são donos do **Pala Casino Resort and Spa** *(www.palacasino.com)*, um dos maiores cassinos e resorts no sul da Califórnia. No lado leste da cidade, a **Mission San Antonio de Pala Asistencia** foi fundada em 1816 como uma *asistencia*, ou missão subordinada à Mission San Luis Rey de Francia. Ela é a única entre as missões franciscanas na Califórnia que tem um campanário sem suporte. Veja o interior da capela cujas paredes ostentam pinturas feitas por noviços índios.

Pala era conhecida por seus recursos minerais, com destaque para turmalina rosa, que ainda é extraída nas cercanias. Reserve uma visita e procure turmalina na **Oceanview Mine** *(760 489 1566; www.digforgems.com)*. A cidade também é um bom lugar para passar uma noite descansando ou para fazer uma refeição.

Saia de Pala para oeste na SR 76. Vire à esquerda na Couser Canyon Rd para a Lilac Rd; dobre à direita. Fique à esquerda no cruzamento com a W Lilac Rd e continue até a Valley Center Rd (SR 6); vire à direita. Vá reto até o Bear Valley Parkway; dobre à esquerda e continue até a San Pasqual Valley Rd. Vire à esquerda para o San Diego Zoo Safari Park, que tem estacionamento.

⑮ San Diego Zoo Safari Park

San Diego County; 92027

Uma grande atração no San Diego County, esse parque de 730ha *(www.sdzsafaripark.org)* tem mais de 3 mil animais de cerca de 400 espécies. Eles ficam em espaços naturais que representam vários habitats. Rinocerontes, antílopes, avestruzes, manadas de elefantes, búfalos-do-cabo e girafas estão entre os animais que circulam em cercados amplos. Os visitantes também veem gorilas-do-Ocidente, tigres-de-sumatra e cavalos de Przewalski – a última raça de cavalos selvagens. Há diversas opções de safári, incluindo o Behind-the-Scenes Safari, em um carro elétrico, e também é possível circular utilizando um segway. Não perca o show Frequent Flyers, que apresenta aves verdadeiras voando, e vá à Veterinary Medical Clinic, onde é possível acompanhar o tratamento de animais doentes ou feridos.

Saia do parque e continue para leste na SR 78 rumo ao San Pasqual Battlefield State Historic Park, que tem estacionamento grátis.

16 San Pasqual Battlefield State Historic Park

San Diego County; 92027

Na encosta de uma colina, o San Pasqual Battlefield State Historic Park *(www.parks.ca.gov/)* foi palco de uma batalha em 6 de dezembro de 1846, durante a Guerra Mexicano--Americana, quando forças dos EUA tentaram tomar a Califórnia e foram enfrentadas por forças mexicanas. Embora essa tenha sido a batalha mais sangrenta do conflito, nenhum lado foi vitorioso. Trilhas curtas oferecem uma vista ampla do San Pasqual Valley, e o centro de visitantes expõe artefatos históricos. Programas de história ao vivo são oferecidos por voluntários em trajes da época *(aberto out-jun: primeiro dom de cada mês)*.

Continue para leste na San Pasqual Valley Rd por 16km (10 milhas) até Ramona.

17 Ramona

San Diego County; 92065

A cidade histórica de Ramona fica localizada no Santa Maria Valley, uma AVA (Área de Viticultura Americana) com várias vinícolas e salas de degustação de vinhos abertas ao público. Na cidade, vá à premiada **Pamo Valley Winery** *(www.pamovalleywinery.com)* para provar os finos Syrah, Cabernet Sauvignon e Merlot. Siga os caminhos sinuosos a oeste da cidade para visitar vinícolas-butique, como a **Eagles Nest Winery** *(www.eaglesnestwinery.com)* e, por perto, a **Woof 'n Rose Winery** *(www.woofnrose.com)*.

Além de muitos antiquários, Ramona tem o interessante **Guy B. Woodward Museum** *(aberto 13h-16h qui-dom, mediante reserva seg-qua; www.woodwardmuseum.org)*, que expõe artefatos históricos da antiga cultura da região Oeste, incluindo uma grande coleção de roupas femininas à mostra em uma antiga casa de adobe – a Verlaque House –, assim como uma oficina de ferreiro e um consultório médico do século XIX.

Acima Roseiras diante do Guy B. Woodward Museum, Ramona

ONDE COMER E BEBER

PALA

Sushi Sake *moderado*
Esse restaurante japonês com um sushi bar serve sushis, sashimis e teriyakis deliciosos, além de outros pratos tradicionais do Japão.
11154 SR 76, 92059; 1 877 946 7252; aberto 17h-23h seg-qui, 11h-2h sex-sáb, 11h-23h dom; www.palacasino.com

PASSEIOS DE 1 DIA

Esse roteiro pode ser dividido em três segmentos que cobrem vários interesses.

Um pouco de tudo

Visite a igreja da Mission San Diego de Alcalá 1 e depois vá aos cânions do Mission Trails Regional Park 2 para obsevar aves. Siga para o Cuyamaca Rancho State Park 5 e faça um piquenique nos prados alpinos.

Da Mission San Diego, pegue a San Diego Mission Rd para leste; vire à esquerda na Mission Gorge Rd rumo ao Mission Trails Regional Park.

Vinho, história e ar fresco

Contrate um motorista e visite uma das excelentes vinícolas em Julian 8. A seguir, siga as pegadas dos padres espanhóis na histórica Mission Santa Ysabel Asistencia, em Santa Ysabel 10. Depois, ande entre pinheirais densos no Palomar Mountain State Park 12 – lembre-se de levar itens para um piquenique.

De Julian, siga a SR 78 para oeste até Santa Ysabel, depois a SR 79 para o norte rumo à Mission Santa Ysabel Asistencia. Vire para oeste na SR 76 e à direita na SR 7 (E Grade Rd) para alcançar Palomar.

Na poderosa selva

Passe um dia vendo os animais no San Diego Zoo Safari Park 15, que pode ser explorado em carroças, caminhões de safári e segways.

O modo mais fácil de ir ao San Diego Zoo Safari Park é saindo da I-15 em Escondido e pegando a San Pasqual Valley Hwy (SR 78) para leste até o parque.

Índice

Números em **negrito** são de entradas principais

Frases

EM EMERGÊNCIAS

Socorro	**Help**	*rrélp*
Pare	**Stop**	*stóp*
Chame um médico	**Call a doctor**	*koladóktor*
Chame uma ambulância	**Call an ambulance**	*kol an émbiulens*
Chame a polícia	**Call the police**	*kol dê pôlís*
Chame os bombeiros	**Call the fire department**	*kol dê fáier départment*
Onde fica o telefone mais próximo?	**Where is the nearest telephone?**	*ueriz dê nírest télefoun?*
Onde fica o hospital mais próximo?	**Where is the nearest hospital?**	*ueriz dê nírest rróspital?*

FRASES ÚTEIS

Como vai?	**How are you?**	*rrauáriu*
Muito bem, obrigado	**Very well, thank you**	*véri uél, fénkiu*
Muito prazer em conhecer você	**Nice to meet you**	*náis tu mítiu*
Está bem/bom	**That's fine**	*déts fáin*
Quantos metros/ quilômetros são até ...?	**How far is it to ...**	*rrau farízit tu*
Como se vai para ...?	**Which way to ...?**	*úitch uei tu*
Você fala português?	**Do you speak portuguese?**	*du iu spík pôrtiuguíz?*
Você fala espanhol?	**Do you speak spanish?**	*du iu spík spênish?*
Não entendo	**I don't understand**	*ai dount anderzténd*
Sinto muito	**I'm sorry**	*áim ssóri*

ATRAÇÕES TURÍSTICAS

galeria de arte	**art gallery**	*art guélerí*
catedral	**cathedral**	*kfídral*
igreja	**church**	*tchêrtch*
jardim	**garden**	*gárden*
biblioteca	**library**	*láibreri*
museu	**museum**	*miuzíam*
informação turística	**tourist information**	*tôrist infôrmêishan*
a prefeitura	**townhall**	*táunról*
fechado por férias/feriado	**closed for holiday**	*klouzd for rrólidei*
ponto de ônibus	**bus stop**	*bástop*
estação de trem	**train station**	*trêin stêishan*

NO HOTEL

Tem quarto disponível?	**Do you have a vacant room?**	*du iu rev â vêikant rum?*
quarto para dois	**double room**	*dábô rúm*
com cama de casal	**with double bed**	*uêf dábô bed*
quarto com duas camas	**twin room**	*tuên rúm*
quarto de solteiro/ individual	**single room**	*cêngol rúm*
quarto com banheiro banheiro	**room with private bathroom/ en suite bathroom**	*rúm uêf práivête béfrum/ en sút béfrum*
chuveiro	**shower**	*sháuer*
chave	**key**	*kí*
Eu tenho uma reserva	**I have a reservation**	*ai rrev â rezêrvêishan*

TEMPO

um minuto	**one minute**	*uán mênat*
uma hora	**one hour**	*uán áuar*
meia hora	**half an hour**	*rráfen áuar*
segunda-feira	**Monday**	*mândei*
terça-feira	**Tuesday**	*túzdei*
quarta-feira	**Wednesday**	*uênizdêi*
quinta-feira	**Thursday**	*fêrzdêi*
sexta-feira	**Friday**	*fráidêi*
sábado	**Saturday**	*satêrdêi*
domingo	**Sunday**	*sândêi*

Frases Úteis ao Dirigir

PLACAS COMUNS NAS ESTRADAS

A maioria das placas vistas na Califórnia segue as convenções internacionais, mas o visitante pode encontrar:

all directions	todas as direções
attention	atenção
customs	alfândega
dangerous turn	curva perigosa
dangerous crossroads	cruzamento perigoso
diversion	desvio
do not enter	entrada proibida
falling rocks	desabamentos
first aid	primeiros socorros
heavy vehicles	veículos pesados
keep right	mantenha-se à direita
level crossing	passagem de nível
main road	via principal
no parking	proibido estacionar
no stopping	proibido parar
not a through street	passagem proibida
one-way street	mão única
other directions	outras direções
parking on alternate sides	estacione em lados alternados
pedestrian crossing	pedestres
pedestrian only area	exclusivo para pedestres
residents only	só para moradores
restricted parking	estacionamento restrito
risk of fog	sujeito a nevoeiro
road closed	estrada fechada
school	escola
secondary road	via secundária
slippery road surface	pista escorregadia
slow down	reduza a velocidade
slow lane	pista para veículos lentos
soft verge	acostamento irregular
toll	pedágio
toll motorway	via com pedágio
uneven road surface	pista irregular
workers on the road	obras

INDICAÇÕES DE DIREÇÃO

at the next crossroads	no próximo cruzamento
first on the right	primeira à direita
go forward	continue
go past ...	passe ...
left	esquerda
reverse	marcha à ré
right	direita
second on the left	segunda à esquerda
straight on	em frente
turn right/left	vire à direita/esquerda

OUTRAS INDICAÇÕES

air pressure	pressão do ar
diesel	diesel
exit	saída
gas station	posto de gasolina
gasoline/gas	gasolina

oil	óleo
parking	estacionamento
parking area	estacionamento
parking meter	parquímetro
repairs	oficina
rest area	acostamento
service area	serviços
tire pressure	pressão dos pneus
turn off engine	desligue o motor
unleaded	sem chumbo
water	água
windshield wiper	limpador de para-brisa

FRASES COMUNS

Would you like an automatic or a manual?
O sr./sra. quer um carro automático ou manual?

May I see your license?
Posso ver sua carteira de habilitação?

May I see your passport?
Posso ver seu passaporte?

FRASES ÚTEIS

Preciso de gasolina/óleo/água.
I would like some gas/oil/water.
ai uôd laik sam gués/óil/uórer

Vocês consertam?
Do you do repairs?
du iu du ripérs

Poderia consertar a embreagem?
Can you repair the clutch?
kên iu ripér dê klâtch

Quanto tempo vai demorar?
How long will it take?
rrau lon uiliteik

Fica pronto hoje?
Can you repair it today?
kên iu ripérit túdei

Tem algum problema com o motor.
There is something wrong with the engine.
dériz sanfin rón uif dê êndjin

O motor está aquecendo demais.
The engine is overheating.
dê êndjin iz ôuver rrítin

Preciso de um pneu novo.
I need a new tire.
ai níd a níu táier

O sr. (a sra.) pode trocar isto?
Can you replace this?
kên iu riplêis díz

A seta não funciona.
The indicator is not working.
dê indikêitor iz nót uôrkin

Tem estacionamento aqui perto?
Is there a parking near here?
izdér a párkin níer rríer

Posso estacionar aqui?
Can I park here?
Kên ai park rríer

Gostaria de alugar um carro.
I'd like to rent a car.
aid laik tu rênt a kar

Quero um carro automático/manual.
I'd like an automatic/a manual car.
aid laik an ótométik/a meniuél kar

Qual o preço da diária?
How much is it for one day?
rrau mátchizit fór uán dei

Vocês cobram por quilômetro rodado?
Is there a mileage charge?
izdêr a máilij tchárdj

Posso alugar uma cadeira para crianças?
Can we hire a baby/child seat?
kên uí rráier a bêibi/tcháild sit

Quando será preciso devolver?
When do I have to return it?
úen duai rrev tu ritêrnit

Onde fica a oficina mais próxima?
Where is the nearest garage?
ueriz dê nírest garadj

Como faço para chegar a ...?
How do I get to ...?
rrau duai gêtu

É esse o caminho para ...?
Is this the road to ...?
izdês dê rôud tu

PALAVRAS ÚTEIS

automático	**automatic**	*ótométik*
câmbio	**transmission**	*transmishan*
caminhão	**truck**	*trâk*
capô	**hood**	*rrûd*
carro	**car**	*kar*
carroceria	**trunk**	*trânk*
carteira de habilitação	**driving license**	*draivin laissens*
correia do ventilador	**fanbelt**	*fénbelt*
cruzamento	**crossroads**	*krosrôuds*
derrapar	**skid**	*skid*
dirigir	**drive**	*draiv*
documentos do veículo	**vehicle registration**	*víicol redjistreishan*
embreagem	**clutch**	*klûtch*
escapamento	**exhaust**	*égzóst*
estacionamento	**parking**	*párkin*
estrada	**road**	*rôud*
faróis	**headlights**	*rrédlaits*
ferryboat	**car ferry**	*kar féri*
freio	**brakes**	*brêiks*
gasolina	**gasoline/gas**	*guésoline/gués*
limite de velocidade	**speed limit**	*spíd límit*
limpador de para-brisa	**windshield wiper**	*uíndshild uáiper*
luzes traseiras	**rear lights**	*rir laits*
manual	**manual**	*meniuél*
marcha	**gear**	*guíer*
motocicleta	**motorcycle**	*mótorssaicol*
motor	**engine**	*êndjin*
oficina	**garage**	*garadj*
para-brisa	**windshield**	*uíndshild*
peças de reposição	**spare parts**	*spér parts*
placa	**number plate**	*nâmber plêit*
pneu	**tire**	*táier*
retrovisor (espelho)	**mirror**	*míror*
roda	**wheel**	*uil*
rodovia	**highway**	*háiuêi*
semáforo	**traffic lights**	*tréfik laits*
seta	**turn signal**	*târn sáinêl*
trailer	**trailer**	*treiler*
van	**van**	*van*
vela	**spark plug**	*spark plâg*
velocidade	**speed**	*spíd*
velocímetro	**speedometer**	*spidomíter*
volante	**steering wheel**	*stírin uil*

Agradecimentos

A Dorling Kindersley agradece a todas as pessoas que colaboraram na preparação deste guia.

Colaboradores

Christopher P. Baker, ganhador do prêmio Lowell Thomas de "Jornalista de Turismo do Ano" em 2008, é autor de mais de vinte guias, entre eles os guias Top 10 de Cuba, Porto Rico e California's Wine Country, da DK.

Lee Foster é um premiado autor-fotógrafo de turismo especializado em imagens da Califórnia. Ao longo dos anos, ganhou oito prêmios Lowell Thomas.

Checagem

Lisa Cope

Revisão

Aruna Ghose

Índice

Helen Peters

Cartografia

Produção de mapas
John Plumer, JP Map Graphics

Fontes de Dados
Mapeamento derivado do US Geological Survey, National Geospatial Program

Design e Edição

Publisher Vivien Antwi

Gerente editorial Christine Stroyan

Editora de arte sênior Mabel Chan

Editores de cartografia Casper Morris, Stuart James

Editor de arte do projeto Shahid Mahmood

Editoras sênior Michelle Crane, Georgina Palffy

Editora Vicki Allen

Pesquisa iconográfica Ellen Root

Diagramação Jason Little

Participação Especial

Christopher P. Baker, Andres F. Puma, Dr. Vanessa R. Sheldon, Robert D. Ecker, Lisa Cope, Carolyn Patten, Robert Cooper

Fotografia

Christopher P. Baker, Lee Foster, Robert Holmes

Fotografias Adicionais

Dave King; Neil Lukas; Peter Peevers; Neil Setchfield; Tony Souter; Chris Stowers

Permissões para Uso de Imagens

The Ahwahnee, Yosemite Valley; Alderbrook Manor; Boonville's Mercantile Stores; Cyrus in Healdsburg; Empire Mine State Historic Park; Ferndale Museum; Grandma's House Restaurant; Historic Knight Foundry; Indian Grinding Rock State Historic Park; Keepers Quarters, Old Point Loma Lighthouse; Laws Railroad Museum e Historic Village; Mission San Diego de Alcalá; Menghini Winery; Murphy's Historic Hotel; Murphy's Gold Country; Railtown 1897 State Historic Park; Sutter's Mill, Marshall Gold Discovery State Historic Park; Scripps Institute of Oceanography; Tryyn Spoon Gallery.

As obras de arte foram reproduzidas com a gentil permissão dos seguintes detentores de direitos autorais:

Rock Balancing Act © Bill Dan 34c; *Saint Francis* © Beniamino Benvenuto Bufano/ Robert Mondavi Winery 57ad; *Three Ages of Woman* © John Fisher 76c; Mural no *Andy's Auto Supply* © Kenna Allen 117ac; *Mural Temperance* © Vicki Andersen 137bd; *Monumento de Claude Chana* © com a gentil permissão de The Management, Auburn City 157ad; *Desenhos na Hospital Rock* © NPS Photo 177ad; Mural no *Old Guest House Museum*; © T.Scott Sayre 195ae; Mural *Oasis of Mara* © Michael Collins 205ae; Mural *Spirit of the Desert* © Cory Ench 207ae; Mural no *San Bernardino Police Department* © Christine Curry Coates 223ae; Escultura *The Cardiff Kook* © www.the cardiffkook.org 231b.

Créditos de Imagem

Os editores agradecem às seguintes pessoas, bancos de imagem e empresas pela autorização para reproduzir suas fotografias:

a=acima, no alto; b=abaixo; e=embaixo; c=centro; e=esquerda; d=direita

akg-images: mapa histórico 26-7. **Alamy Images**: Ambient Images Inc 226-7; Anthony Dunn 84-5; Eagle Visions Photography / Craig Lovell 110-11; Ei Katsumata - FLP 94-5; Dennis Frates 52-3; JTB Media Creation, Inc. 236-7; Robert Harding Picture Library Ltd / Michael DeFreitas 142-3; Witold Skrypczak 102-103, 154-5; William Symington 122-3. **Amtrak**: 11be. **Courtesy California State Parks**, 2011: 147bd. **Corbis**: Kevin Burke 218-19, Ted Streshinsky 9bd, Rudy Sulgan 2-3. **Getty Images**: Lonely Planet Images / Stephen Saks 152-3. **Greyhound Lines, Inc.**: 10ad. **Masterfile**: F. Lukasseck 162-3. **San Diego Zoo Global**: Ken Bohn 244-5. **San Francisco Travel Association**: Alain McLaughlin 10be, 10bd.

Capa

Frente: **4Corners**: SIME / Giovanni Simeone; Contracapa: **Lee Foster**: Lee Foster cd; **Robert Holmes Photography**: Robert Holmes ce, c; Lombada: **4Corners**: SIME / Giovanni Simeone t

Todas as outras imagens © Dorling Kindersley

Para informações adicionais, acesse: www.dkimages.com

Sinalização

ORIENTAÇÕES GERAIS

Proibido virar à esquerda

Proibido virar à direita

Retorno proibido

Parada obrigatória

Dê a preferência

Proibido estacionar

Entrada proibida

Sentido proibido

Duas pistas, vire à esquerda

Faixa exclusiva para ônibus adiante

Três pistas

Rodovia dividida

Proibido bloquear o cruzamento

Proibido ultrapassar

Vaga para emergência

Curva à esquerda

Mantenha a direita

Curva à esquerda no sinal verde

Proibido virar no sinal vermelho

Proibido estacionar

Mão única

Proibido fazer curvas

Com trânsito lento, mantenha a direita

Limite de velocidade

Proibido parar nas pistas

Pista direita, vire à direita

Duas conversões

Preferência para o trânsito ascendente

Ciclofaixa

Mão dupla adiante